THE TEXT OF THE FOURTH GOSPEL
IN THE WRITINGS OF ORIGEN

Volume One

SOCIETY OF BIBLICAL LITERATURE
The New Testament in the Greek Fathers

Edited by
Bruce M. Metzger

Number 3
THE TEXT OF THE FOURTH GOSPEL
IN THE WRITINGS OF ORIGEN
Volume One

by
Bart D. Ehrman
Gordon D. Fee
Michael W. Holmes

THE TEXT OF THE FOURTH GOSPEL
IN THE WRITINGS OF ORIGEN
Volume One

Bart D. Ehrman
Gordon D. Fee
Michael W. Holmes

Atlanta, Georgia
Scholars Press

THE TEXT OF THE FOURTH GOSPEL IN THE WRITINGS OF ORIGEN

Volume One

Bart D. Ehrman
Gordon D. Fee
Michael W. Holmes

©1992
The Society of Biblical Literature

BS
2615.2
. E367
1992

Library of Congress Cataloging in Publication Data
Ehrman, Bart D.
The text of the fourth Gospel in the writings of Origen / Bart D. Ehrman, Gordon D. Fee, and Michael W. Holmes.
p. cm. — (The New Testament in the Greek fathers; no. 3)
Includes bibliographical references.
ISBN 1-55540-788-9 (cloth: alk. paper). — ISBN 1-55540-789-7 (pbk.: alk. paper)
1. Bible. N.T. John—Criticism, Textual. 2. Bible. N.T. John--Quotations, Early. 3. Origen—Knowledge—Text of the Gospel of John. I. Fee, Gordon D. II. Holmes, Michael William. III. Title. IV. Series.
BS2615.2E367 1992
226.5'048—dc20
92-33409
CIP

Printed in the United States of America
on acid-free paper
∞

CONTENTS

Editor's Forward   vii

Preface   ix

Chapter One: Origen and the Text of
the New Testament   1

Chapter Two: Introduction to the
Critical Apparatus   21

     Abbreviations of Origen's Works   30

     Summary of Sigla and Abbreviations   36

Chapter Three: The Fourth Gospel in
Origen: Text and Apparatus   38

Chapter Four: The Fourth Gospel according
to Origen: The Running Text   345

Appendix One: Catena Fragments and
Latin References   368

Appendix Two: Indeterminable References
and Complex Citations   461

Appendix Three: Origen in the Apparatus
of the NA^{26} 471

Appendix Four: Origen in the Apparatus
of the UBS^3 483

Appendix Five: Heracleon in the Apparatus
of the NA^{26} 487

Appendix Six: Heracelon in the Apparatus
     of the UBS^3 489

Bibliography   490

EDITOR'S FORWARD

The literary productivity of Origen, generally acknowledged to be the greatest scholar of Christian antiquity, was amazing. Whether the total of his commentaries, treatises, tracts, homilies, and letters reached six thousand, as Epiphanius says (*Haer.* lxiv. 3), or were a third of this number, as Jerome declares (*adv. Ruf.* ii. 22), it cannot be denied that Origen was an indefatigable worker. For assistance in producing such a voluminous output, he was fortunate in having the friendship of a wealthy disciple who provided, so Eusebius tells us, "more than seven shorthand-writers, who relieved each other at fixed intervals, and as many copyists, as well as young women skilled in calligraphy" (*Hist. Ecc.* VI. xxiii. 2). Unhappily, not all that Origen produced has come down to us today, for after he had been condemned as a heretic in 553 at the Second Council of Constantinople, there was naturally less interest on the part of scribes to transmit his works. Despite this circumstance, however, more has survived of his writings than of any other ante-Nicene Church Father, and the data-base of the *Thesaurus Linguae Graecae* credits him with some two million words that are extant today.

From this rich treasure three industrious scholars have collected all of Origen's repeated quotations from the Fourth Gospel and have arranged these thousands of citations in scriptural sequence. That Origen's quotations of the same passage should now and then differ, to a greater or lesser degree, should not be thought surprising. Lapses of memory and the need to adjust the quotation to the syntax of the sentence would give rise to slightly different wording. Likewise for longer sections of Scripture, which Origen would have consulted in written form, we cannot assume that he always had at hand the same manuscript copy. Furthermore, the transmission of

Origen's works were, of course, subject to the usual amount of scribal inattentiveness and/or deliberate assimilation to the form of text with which the copyist was familiar. It is consequently of great assistance that Ehrman, Fee, and Holmes have not only assembled such a great amount of raw data from Origen's writings, but have also provided for the student an informed judgment as to which form of multiple citations represents most nearly the text that Origen was then utilizing.

It is obvious that the textual critic of the Greek New Testament, as well as all who are interested in assessing the use that Origen made of the Scriptures in his homilies, scholia, and commentaries, will find the present work invaluable. Until additional discoveries bring to light copies of Origen's writings not now available, the present work will remain indispensable for all who are concerned with *Origeniana*.

Bruce M. Metzger

PREFACE

This is the first of a two-volume analysis of the quotations of the Fourth Gospel in the writings of Origen. When we began the project in earnest in 1988, we envisaged a one-volume work that might take a year and a half to complete. The quantities of our materials and the complexities of the project, however, quickly brought a sense of reality to our expectations. The present volume presents all of the evidence for Origen's text of John; the forthcoming second volume will provide a detailed analysis and evaluation of these data.

A considerable portion of the material was collected by Gordon Fee in connection with his work for the International Greek New Testament Project. Fee's preliminary work consisted of a full listing of all of Origen's quotations of the Gospel of John, cited individually on several thousand note cards, and a full collation of the Fourth Gospel against a number of important textual witnesses. Bart Ehrman and Michael Holmes worked to verify these data from the published editions of Origen's works, to supplement them from more recent editions, and to produce the apparatus from published collations, printed editions, and in some cases, microfilms of the actual manuscripts of the Fourth Gospel. The work was divided evenly, with Ehrman producing the text and apparatus for John chapters 1-7, Holmes for 8-21. Despite this division of labor, the project was collaborative from start to finish, with difficult decisions (e.g., concerning textual reconstructions) always being reached in concert. With respect to the rest of the volume, Ehrman wrote the Introduction (Chapter One) and the Introduction to the Critical Apparatus (Chapter Two); Holmes produced the Bibliography.

All three of us would like to express our gratitude to the individuals and institutions that have assisted us in our labors. Judy Ellis, C. W. Thompson, and Jay Minnick, graduate students in Ancient Mediterranean Religions at the University of North Carolina at Chapel Hill, helped verify the data and check the collations. Their assistance was made possible through the support of the Department of Religious Studies at UNC, a UNC Faculty Council Research Grant, and a project grant from the Research and Publications Committee of the Society of Biblical Literature, chaired by Beverly Gaventa. Two grants from the Bethel College Alumni Association and a research grant from the Bethel College Academic Computer Committee, all for computer hardware and software, greatly facilitated our efforts. We would also like to thank Prof. Alan Scott of Barnard College for his helpful comments on the introductory chapter, and especially Bruce M. Metzger for serving as the editor of the volume for the series, *The New Testament in the Greek Fathers*.

Bart D. Ehrman, University of North Carolina at Chapel Hill
Gordon D. Fee, Regent College
Michael W. Holmes, Bethel College

CHAPTER ONE
Origen and the Text of the New Testament

Origen: A Life in Retrospect

No church father of the first three centuries proved more influential for the history of biblical exegesis or more instrumental for the development of Christian theology than Origen of Alexandria.[1] Nor did any other spark such controversy in his own day or generate such scholarly interest in our own. Esteemed a bastion of orthodoxy while living, called upon not infrequently to confute and convert Christians of heretical leanings, Origen himself came to be regarded by posterity as a dangerous heretic. Within a century of his death

---

[1] Scholars have reached no consensus with regard to a number of details of Origen's biography, in no small measure because of their differing evaluations of our sources, esp. the early Christian historiographers. Even so, there is for the most part a broad agreement on the basic chronology of Origen's life, and it is this chronology that provides the framework for the present investigation. Our chief source of information is Eusebius, who devotes an inordinate amount of space to Origen in Book VI of his *Ecclesiastical History*. For compelling arguments against the uncritical acceptance of Eusebius's account, however, see esp. Manfred Hornschuh, "Das Leben des Origenes und die Entstehung der alexandrinischen Schule," *ZKG* 71 (1960) 1-25, 193-214, and Patricia Cox, *Biography in Late Antiquity: A Quest for the Holy Man* (Berkeley: University of California Press, 1983) 69-101. Other ancient sources include a panegyric written by one of Origen's students of his Caesarean period, perhaps Gregory Thaumaturgus, and a number of fragmentary references in Origen's own writings and in works such as the *Apology for Origen* by Eusebius and Pamphilus. As might be imagined, the secondary literature on Origen is immense. See esp. Henri Crouzel, *Bibliographie critique d'Origène.* (Instrumenta Patristica VIII; Stenbrugis, Belgium: Abbatia Sancti Petri, 1971); *Supplement*, 1982. For reasonably thorough and eminently readable treatments, see the studies of Henri Crouzel (*Origen*, tr. A. S. Worrall [San Francisco, Harper & Row, 1989]) and Joseph W. Trigg (*Origen: The Bible and Philosophy in the Third-Century Church* [Atlanta: John Knox, 1983]). The latter is self-consciously dependent upon the detailed investigation of Pierre Nautin, *Origène: sa vie et son oeuvre* (Paris: Beauchesne, 1977).

he stood charged with having inspired the subordinationist Arian Christology;[2] soon thereafter the dispute over his orthodoxy polarized Jerome and Rufinus, two of the giants of Latin Christendom. Within three centuries Origen and his followers were condemned as heretics by the sixth oecumenical council, the Second Council of Constantinople (553 C.E.). The controversy over Origen's teachings and his posthumous condemnation by the Church led to the suppression of his writings. Much of his voluminous output was lost in the Greek language in which it was penned; most of the surviving material comes to us in Latin translation, the work of followers in the West who admit to changing those portions of his work they found unpalatable.

Not until after the Enlightenment was Origen accorded his rightful place as the greatest Christian theologian before Augustine. In part his greatness derived from sheer intellectual brilliance: he was capable of fantastic creativity while controlling prodigious quantities of data. His interests were wide-ranging in the secular sciences, particularly in the study of physics, geometry, astronomy, philology, and, esp., philosophy;[3] yet his quest to fathom the enigmas of the universe was bounded by theological convictions molded by the Christian rule of faith. In no small measure his preeminence among early Christian thinkers derives from historical accident: he plied his fertile and capacious mind in an age when this *regula fidei* had merely established the contours of Christian orthodoxy. No one had yet devised an all-encompassing system that plumbed the mysteries of faith to the depths demanded by those with the yearning and leisure to reflect on the nuances of such matters.

Born just a century removed from the writings of the NT (ca. 185 C.E.), Origen spent his early years among Alexandrian

---

[2] This accusation came to a fevered pitch near the end of the fourth century in the bitter polemic of Epiphanius. See esp. Jon Dechow, "The Heresy Charges Against Origen," in *Origeniana Quarta*, ed. Lothar Lies (*Innsbrucker theologische Studien*, 19; Innsbruck: Tyrolia Verlag, 1987) 112-13.

[3] See Gregory Thaumaturgus, *Panegyric* 7ff, and the discussion of Alan Scott, *Origen and the Life of the Stars* (Oxford: Clarendon, 1991) 114-15, along with the references he provides there.

Christians whose ecclesiastical history remains shrouded in obscurity.[4] What is clear is that the leaders of this church played a scant role in the development of Christianity at large.[5] Locally they were known more for their fortitude in a hostile environment -- not the stuff of particular historical moment -- than for any critical acumen or intellectual prowess. There were of course exceptions. Origen's own father Leonides, while remembered best for his martyrdom under the Emperor Septimius Severus and for the *Wunderkind* he left behind, was himself perhaps a man of ability and learning. He at least appears to have been a Roman citizen[6] and he trained his son in the secular as well as the sacred sciences.[7] Moreover, as a young man, Origen had other models for Christian scholarship: although he never names his Alexandrian compatriot Clement, he may have heard him lecture before his abrupt flight from the city under threat of persecution.[8] All the same, the dearth of

---

[4] See most recently the sketch by C. Wilfred Griggs, *Early Egyptian Christianity: From Its Origins to 451 C. E.* (Leiden: E. J. Brill, 1990) 3-79.

[5] Thus of the eleven predecessors of Demetrius (bishop from 189 C.E.), Eusebius is able only to indicate their names and the length of their terms. Walter Bauer, in his famous assessment of this succession list, calls it nothing but a "mere echo and a puff of smoke" (*Orthodoxy and Heresy in Earliest Christianity*, tr. Robert Kraft et. al. [Philadelphia: Fortress, 1971] 45); Griggs, otherwise trusting of our earliest sources, considers the list to be a fabrication either of a third-century author or of Eusebius himself (*Early Egyptian Christianity*, p. 39, n. 53).

[6] He was executed by beheading (Eusebius *H.E.* VI, 1), the mode customarily reserved for citizenry. See Crouzel, *Origen*, 5-6.

[7] Porphyry claimed that Origen's parents were pagan and that he was educated as a Greek, a claim contradicted by Eusebius (who preserves Porphyry's account [*H.E.* 6, 19, 7]). See the discussions of Hornschuh, "Das Leben des Origenes," 13-16 (who accepts Porphyry's account) and Crouzel, *Origen* 4-6 (who accepts Eusebius's). Henry Chadwick (*Early Christian Thought and the Classical Tradition* [Oxford: Clarendon Press, 1966] 66-67) proposes a compromise position: Origen's parents were pagan at his birth, but converted soon thereafter, and so raised him as a Christian.

[8] Eusebius claims that Origen was Clement's student in the catechetical school (*H.E.* VI, 6), a claim that most modern historians have treated gingerly (cf. Crouzel, *Origen*, 7; for a more thorough skepticism, see Hornschuh, "Das Leben des Origene" and, esp., G. Bardy, "Aux origines l'école d'Alexandrie," *RSR* 27 [1937] 65-90). On the state of theological education in Alexandria before Origen, see the comments of R. M. Grant, "Theological

capable scholars in the church of Alexandria is shown by Origen's own rise to prominence as the chief catechetical instructor while only eighteen years of age. To be sure, certain details of Eusebius's account -- our only source for most of Origen's life -- remain in dispute. But his claim that the lectures of the teen-ager Origen attracted large crowds of both pagans and Christians says perhaps as much about the state of scholarship in the Alexandrian church as it does about Origen's own remarkable abilities.[9]

It appears in fact that most of Origen's role models for the Christian scholar would have come from circles that proved suspect to the proto-orthodox church leaders who emerged early in his career.[10] We are best informed, of course, of Alexandria's Christian Gnostics. Both Basilides and Valentinus forged their intellectual systems there, Basilides remaining in residence his entire life, Valentinus leaving for Rome relatively early in his career. Valentinus's relocation is often taken to intimate the prominence of the Roman church of the day, but one cannot help wondering if it speaks equally to the resistance to creative inquiry in some circles, perhaps the most powerful, of the Alexandrian church. Indeed, it appears that these Gnostic intellectuals operated within, not outside of, the context of the Christian church at large: the Valentinians in particular participated in the worship and life of the community of faith, teaching their followers that the basic elements of Christian

---

Education at Alexandria," in *The Roots of Egyptian Christianity*, eds. Birger A. Pearson and James E. Goehring (Philadelphia: Fortress, 1986) 178-89.

[9] Eusebius claims that all the Christian teachers fled Alexandria during the persecution of Septimius Severus (*H.E.* VI, 3, 1). But one cannot help noticing that of "all" these educators Eusebius can name only one (Clement) and that he mentions only one other Christian educator before this persecution (Pantaenus, about whom we know practically nothing). On these grounds, we should not suppose that Alexandria boasted any superfluity of proto-orthodox teachers before Origen's day. See further Hornschuh, "Das Leben des Origenes."

[10] Prior to Demetrius there is no evidence of *any* strong (proto-) orthodox leader in the Alexandrian church.

doctrine -- i.e. the *regula fidei* -- provided an understanding of theological truth adequate only for the neophyte and unlearned. Those who had advanced beyond the rudiments of faith could perceive the real mysteries of God.[11] For these true "Knowers" (= "Gnostics"), the Bible and the orthodox doctrines derived from it were true on only the superficial level; the full truth of God shows these doctrines to be symbolic expressions of the cosmic mysteries that have been revealed from on high to the insiders, the chosen few. Stated baldly, this position appears not so unlike that of Origen and his predecessor Clement, who also divided believers into the camps of the simple and the advanced. At the same time, one can see how those who accepted the literal truth of the rule of faith and who saw no need to go beyond it would object to such a two-tiered understanding of the Christian constituency. It may be that the opposition that Origen was to face later in his career resulted from the resilient antagonism of the Alexandrian church leaders, particularly the bishop Demetrius, himself not known for any intellectual genius, toward the kind of elitist Christian scholarship epitomized in the exorbitant claims of the Christian Gnostics.

While Origen may have found but few predecessors among the proto-orthodox Christians of Alexandria, there was no lack of role models for serious scholarship in the society of Alexandria at large.[12] Indeed, nowhere in the Roman world was there a more significant community of scholars, where schools of secular learning enjoyed a more vibrant tradition of inquiry and investigation. Alexandria was home to some of the greatest minds of the age, a city renowned for its academic resources and schools, a mecca for students seeking a refined education. Origen himself studied with one of the brightest lights of Alexandria, the philosopher Ammonius Saccus who was later to

---

[11] See esp. Klaus Koschorke, *Die Polemik der Gnostiker gegen des kirchliche Christendum* (*NHS*, 12; Leiden: E. J. Brill, 1978).

[12] See Trigg, *Origen*, 3-7, 66-75, and the literature he cites there. For the beginnings of the School of Alexandria, see, e.g., the standard discussion of John Edwin Sandys, *A History of Classical Scholarship* (New York: Hafner, 1958) 103-66.

train Plotinus, the greatest of the neo-Platonists.[13] Origen's training in the Platonic tradition made a significant impact on his attempt to discern the secrets of divine revelation; although he conscientiously strove toward eclecticism in his philosophical approach to theology, modern scholarship rightly sees him as a salient spokesman of the Middle-Platonic tradition.[14]

More than philosophy, however, it was Origen's belief in the Bible that guided his quest for truth. Here too his views did not drop from the sky unmediated, but show clear connections with other learned circles in Alexandria. Origen's allegorical exegesis of the Old and New Testaments, an exegesis which forms both the foundation and superstructure of his theological system, coincides rather closely with literary theories long advocated by Alexandrian pagans interested in the sacred words of Homer.[15] Contrary to what is sometimes thought, however,

---

[13] For a recent statement of the thorny issue of whether Plotinus and Origen actually studied under Ammonius together, see Trigg, *Origen*, 259-60.

[14] See the classic studies of Hal Koch, *Pronoia und Paideusis: Studien über Origenes und sein Verhältnis zum Platonismus* (Berlin: Walter de Gruyter, 1932; reprinted, New York: Garland, 1979) and Carl Andresen, *Logos und Nomos: Die Polemik des Kelsos wider das Christentum* (Berlin: Walter de Gruyter, 1955). For a caveat concerning the appropriateness of the label "Middle-Platonist" for Origen, see now A. Scott, *Origen and the Life of the Stars*, xiii, and the literature he cites there.

[15] Here we can scarcely provide a detailed discussion of Origen's exegetical method, its pagan and Jewish antecedents, or its parallels in gnostic approaches to interpretation: these subjects are vast and have been treated with competence in a number of full-length studies. In addition to the biographical works cited in note 1 above, see e.g. M. F. Wiles, "Origen as Biblical Scholar," in the *Cambridge History of the Bible*, ed. P. R. Ackroyd and C. F. Evans (Cambridge: University Press, 1970) 1. 454-89; R. P. C. Hanson, *Allegory and Event: A Study of the Sources and Significance of Origen's Interpretation of Scripure* (London: SCM Press, 1959); Bernard Neuschäfer, *Origenes als Philologe* (Schweizerische Beiträge zur Altertumswissenschaft; Basel: Friedrich Reinhardt, 1987); and Karen Torjesen, *Hermeneutical Procedure and Theological Method in Origen's Exegesis* (Berlin: Walter de Gruyter, 1986). On the use of similar exegetical methods among Origen's pagan, Jewish, and Christian predecessors in Alexandria, see Jean Pépin, *Mythe et allégorie: les origines grecques et les contestations judéo-chrétiennes*, 2nd ed. (Paris: Études Augustiniennes, 1976), and esp. now David Dawson, *Allegorical Readers and Cultural Revision in Ancient Alexandria* (Berkeley, CA: University of California Press, 1992).

Origen's hermeneutic does not deny the validity of the literal meaning of texts. As he himself states,[16] and as becomes increasingly clear by reading his biblical commentaries, Origen understood the words of Scripture (both Old and New Testaments) to contain the Word of God. The literal meaning of these texts, as this can be uncovered by traditional methods of grammatical and historical analysis, was for the most part inspired and true. But when the literal interpretation of the Scriptural text results in contradiction or in patent nonsense, one is to recognize these "skandala" as Providential pointers to a deeper more spiritual meaning beneath the literal. This deeper meaning is then to be uncovered not via grammatico-historical canons of criticism but by reflecting upon the text with a Spirit-inspired creativity, a creativity always to be informed by the whole mystery of God as contained in the text of Scripture.

And so, following methods developed by secular scholars of Alexandria for construing the sacred tales of Homer, methods that were similarly used by Alexandrian Jews such as Philo for interpreting the Old Testament, Origen subjected the Christian Scriptures both to the most assiduous kinds of historical criticism to uncover their literal meaning and to the most creative kinds of allegorical criticism to discern their symbolic.

From the time he assumed some official role in instructing catechumenates in the faith until he permanently relocated in Caesarea of Palestine, Origen spent some twenty-five or thirty years occupied in research and teaching. Probably the most consequential event of these years was his conversion of a wealthy Alexandrian, Ambrose, away from Valentinian Gnosticism to the orthodox Christian faith. Ambrose's gratitude to Origen and his fixation on his critical abilities found expression in one of the most remarkable patronages of antiquity. Supplying Origen with a team of stenographers and copyists, and constantly pressing him to produce as many scholarly commentaries and treatises as humanly possible, Ambrose deserves a great deal of credit for making Origen one

---

[16] *De Principiis*, IV, 2-3.

of the two or three most prolific authors of Greek literature. Although no one knows exactly how many books he eventually produced with Ambrose's largess (which, with mild humor, Origen sometimes construes as duress), the number may well have reached a thousand.[17] Jerome names the works that he knew, probably those assembled by Pamphilus in the Library of Caesarea, citing nearly 120 volumes of commentary on the NT Scriptures, somewhat more than that number on the OT, along with other lengthy treatises ("On First Principles," e.g.,in four volumes) and some 300 homilies.[18] Moreover, we know of a number of other books not included in Jerome's list that are certainly authentic as well.[19]

Most of this literature, however, was not produced while Origen taught in Alexandria, but after he relocated to Caesarea. We have already intimated that his intellectual abilities made him as anomalous at home as they made him famous abroad. Both factors may well have contributed to the prolonged tensions he experienced with his bishop Demetrius. It is difficult to judge how the controversies in which Origen found himself embroiled on his occasional travels exacerbated the problems he faced at home. In any case, it is clear that his fateful trip to Caesarea around 230 C.E. precipitated a final falling out with his bishop.[20] During this stay, two of the area's prominent bishops, Theoctistus of Caesarea and Alexander of Jerusalem, invited Origen to preach before the worshipping community, an opportunity never afforded him as a layperson at home. Learning of these pulpit activities, Demetrius castigated Origen's hosts in an angry letter, to which Theoctistus and Alexander offered a conciliatory reply, citing a number of precedents for sermons by the laity. Origen's angry bishop was

---

[17] Thus Henri de Lubac, *Histoire et Esprit, l'intelligence de l'Écriture d'après Origène* (Paris: Éditions Montaign, 1950) 38.

[18] Jerome, Letter 33 to Paula, cited in Crouzel, *Origen*, 37-39.

[19] Including two of his major works, the *Contra Celsum* and the Hexapla (in some fifty volumes).

[20] On the problem of the dating of this initial visit, and the entire conflict with Demetrius, see Trigg, *Origen* 130-46.

mollified for the time; but the rift that had surfaced was never fully healed. At Demetrius's urging Origen returned to Alexandria on good terms. But soon thereafter he journeyed to Greece, choosing to take the long land route that -- perhaps not coincidentally -- passes through Caesarea. While there, Theoctistus ordained him to the priesthood, in clear defiance of Demetrius. The result was a final breach: dismissed from the church of Alexandria Origen chose to relocate permanently in Caesarea (ca. 233 C.E.). There he taught, preached, and wrote for nearly twenty years. It was during this time that he produced most of his work: despite his relocation, Ambrose continued not only to support his literary activities but pressed him yet more to produce day and night. And so he continued to develop his theological system, to take on students,[21] to engage in controversy,[22] and to dictate his scholarship until his death in mid-century, after suffering imprisonment and torture during the brief but harrowing persecution under the Emperor Decius.[23]

Origen and the Text of the New Testament

Virtually every facet of Origen's thought and every word of his writings have been scrutinized by modern scholarship. As might be expected, particular energy has been expended on analyzing and assessing his contributions to Christian theology, particularly with respect to certain critical doctrines: his Christology as an antecedent for both the Arian and Athanasian positions at Nicea, his doctrine of free will in view of developments in the hands of Augustine, his understanding of

---

[21] Thus the author of the *Panegyric* stayed with Origen from about 240-48 C.E. See Trigg, *Origen*, 167-71.

[22] Thus his dispute with the bishop Heraclides, a transcript of which was uncovered in 1941 in a MS cache near Toura, Egypt (along with several other of Origen's writings and several Biblical commentaries of his follower Didymus the Blind). Also at this time, his Dispute with Beryllus. Both disputes centered on Christology.

[23] The precise date of his death is disputed, some placing it as early as 251 C.E. (Nautin), others as late as 255 (Griggs, *Early Egyptian Christianity*, 67).

Scripture in light of the debates over allegory that surfaced
somewhat earlier during the Gnostic controversies and
somewhat later in the disputes between the Alexandrian and
Antiochan exegetical schools. His ties to the philosophical
constructs of Middle-Platonism have exercised not a few
scholars otherwise not drawn to the study of early Christianity,
and his work on the text of the OT, the so-called Hexapla, has
been scrutinized in an inordinate amount of concerted if
ultimately inconclusive study.

Origen has proved important for the field of NT
scholarship as well, as he is the first Christian author to provide
lengthy expositions of the NT text, expositions that are valuable
both for those interested in the history of exegesis and for those
concerned with the status of the NT text in the Christian world
of Origen's day. The present study shares these more narrow
text-critical concerns. It would be a mistake, however, to
construe them as unrelated to the broader historical and
theological interests of other scholars of Christian antiquity.
Indeed, as we will argue momentarily, given the importance of
the words of the text for Origen's theology and his location in
two of the prominent centers of third-century Christendom, an
analysis of his NT text can provide a significant yield for those
not otherwise interested in the history of the transmission of the
NT text.

All the same, before discussing the broader implications of
this study, we do well to say something concerning its immediate
text-critical significance. Our comments here will be kept brief,
as this matter will form the framework of our second volume.

The Text-Critical Significance of the Study

Since the eighteenth-century critic Johann Jakob
Griesbach, scholars have recognized that Origen's quotations of
the NT constitute data of unparalleled significance for
reconstructing the original text of the Greek NT.[24] As we have

---

[24] This was the subject of Griesbach's *Habilitationschrift* in 1771. For
a survey of scholarship through the early years of the twentieth century, see
Ernst Hautsch, *Die Evangelienzitate des Origenes* (Leipzig: J. C. Hinrichs,
1909). See further note 30 on p. 13 below. We will provide a fuller history of
research in our second volume.

indicated, he is the first Christian author to provide extensive quotations of the NT in Greek, and he does so with a careful attention to the very words of the text. To be sure, Origen frequently paraphrases biblical passages, and with unsettling regularity he quotes the same passage in somewhat different forms. Nonetheless, in most instances his writings provide us with enough data to reconstruct with reasonable accuracy the text of the MSS that lay before him as he learned Scripture and engaged in its exposition. Furthermore, his residence in Alexandria -- already mentioned as significant for other reasons -- is of singular importance for those interested in the original wording of the NT text and in the history of its subsequent transmission. Among the scholarly traditions kept alive in Alexandria was the literary concern to establish the texts of ancient writings that had experienced corruption in the surviving copies.[25] In particular, Alexandrian scholars had devised methods for eliminating embellishments and for restoring earlier readings to the writings of Homer, works that had undergone corruption far more severe than anything the Christian Scriptures were destined to experience. There is a considerable body of evidence to suggest that this general scholarly competence in restoring ancient texts made its impact upon Christian scribes in Alexandria, who worked with unusual assiduity to preserve the sacred traditions of the NT from the corrupting influences evidenced elsewhere throughout the Christian world.[26] As a result, among the several thousand NT MSS that survive, those that can be linked to the Alexandrian tradition are by and large considered superior witnesses to the texts of the autographs.

Next to Clement, whose quotations of the NT have already been reliably collected and analyzed,[27] Origen is the first

---

[25] See, e.g., Sandys, *History of Classical Scholarship*, 103-66, esp. 119-45.

[26] See esp. Günther Zuntz, *The Text of the Epistles: A Disquisition Upon the Corpus Paulinum* (London: Oxford University, 1953) 271-76.

[27] Michael Mees, *Die Zitate aus dem Neuen Testament bei Clemens von Alexandrien* (Rome: Istituto di Letteratura Cristiana Antica, 1970).

Alexandrian Christian to provide us with first-hand information concerning the status of the text prior to the production of the famous codices that are normally taken to be our chief representatives of the Alexandrian tradition. Just on this level, Origen's importance cannot be underestimated. But his significance for the history of the Alexandrian text in fact works at a far more basic level. Textual critics frequently speak of this text as if it were a known quantity that is easily locatable to lower Egypt. In point of fact, most of the NT MSS that are normally designated "Alexandrian" have no obvious point of contact with the city itself -- no colophon, for example, indicating Alexandria as the place of production. Indeed, our earliest MSS have been unearthed in Egypt simply because of the accidents of climate: dry hot sand is the codical fountain of youth. In most cases, there is absolutely no telling how such MSS came to be placed in the sands, or, yet more germane to our discussion, where such MSS were actually produced. It is worth noting that our best representatives of the so-called Alexandrian text were in fact discovered elsewhere: Codex Vaticanus turned up in the Vatican library in Rome, Codex Sinaiticus at St. Catherine's monastery in the Sinai.[28] Why then are they called Alexandrian? Because their text appears to coincide so closely with the text we are fairly certain *was* localized in Alexandria, on the basis of our study of church fathers such as Clement and Origen who lived and wrote there.

But the curiosity is that Clement's text was influenced by the so-called "Western" tradition, i.e. the wild second-century text that evidences precisely the uncontrolled sort of corruption that Alexandrian scribes were so intent upon eliminating.[29] And the writings of Origen, for all their significance to the study,

---

[28] Furthermore, there are reasons to believe that these two witnesses were neither produced nor used in Alexandria. See the discussion of Bruce M. Metzger, *The Text of the New Testament*, 2nd ed. (New York: Oxford University, 1968) 42-48.

[29] This is a standard judgment urged most strongly by P. M. Barnard, *The Biblical Text of Clement of Alexandria of the Gospels and Acts* (TextS 5, 5; London, 1899). For a varying perspective, see Mees, *Die Zitate*.

have never been subjected to an exhaustive and systematic text-critical investigation. It is this lacuna, perhaps the most significant in the entire field of NT textual research, that the present investigation will begin to fill.

This is not to say that no one has thought to study the NT quotations of Origen and to determine their textual affinities. Quite to the contrary, numerous investigations have in fact been undertaken and published. But most of these studies have been plagued by inadequacies of presentation and method that render their findings unusable.[30] In terms of presentation, no previous

---

[30] As already mentioned, we will devote a section of our second volume to a history of research. Here we can simply cite the following as among the most significant studies since the turn of the century: Hautsch, *Die Evangelienzitate* (see note 24 on p. 10 above); Hermann von Soden, *Die Schriften des Neuen Testaments in ihren ältesten erreichbaren Textgestalt* (Berlin: Alexander Druckner, 1902-13) I, 2.1510-20; Kirsopp Lake, Robert P. Blake, and Silva New, "The Caesarean Text of the Gospel of Mark," *HTR* 21 (1928) 207-404, esp. 259-77; B. H. Streeter, *The Four Gospels: A Study of Origins*, 5th Impression (London: Macmillan, 1936) 91-102; R. V. G. Tasker, "The Quotations from the Synoptic Gospels in Origen's *Exhortation to Martyrdom*," *JTS* 36 (1935) 60-65; idem, "The Text of the Fourth Gospel Used by Origen in his Commentary on John," *JTS* 37 (1936) 146-55; idem, "The Text of St Matthew Used by Origen in his Commentary on St. Matthew," *JTS* 38 (1937) 60-64; K. W. Kim, "The Matthean Text of Origen in His *Commentary on Matthew*," *JBL* 68 (1949) 125-39; idem, "Origen's Text of John in His *On Prayer, Commentary on Matthew, and Against Celsus*," *JTS* n.s. 1 (1950) 74-84; B. M. Metzger, "Explicit References in the Works of Origen to Variant Readings in the NT MSS," in *Biblical and Patristic Studies in Memory of R. P. Casey*, ed. J. Neville Birdsall and Robert W. Thomson; reprinted in B. M. Metzger, *Historical and Literary Studies: Pagan, Jewish, and Christian* (NTTS, VIII; Leiden: E. J. Brill, 1968) 88-103; G. D. Fee, "The Text of John in Origen and Cyril of Alexandria: A Contribution to Methodology in the Recovery and Analysis of Patristic Citations," *Bib* 52 (1971) 357-94; idem, "Origen's Text of the New Testament and the Text of Egypt," *NTS* 28 (1982) 348-64; W. L. Petersen, "The Text of the Gospels in Origen's Commentaries on John and Matthew," in *Origen of Alexandria: His World and His Legacy*, eds. Charles Kannengiesser and William L. Petersen (Notre Dame, IN: University of Notre Dame Press, 1988) 34-47; B. D. Ehrman, "Heracleon, Origen, and the Text of the Fourth Gospel," in *Vigiliae Christianae* (forthcoming), and idem, "Heracleon and the 'Western' Textual Tradition," *New Testament Studies* (forthcoming).

study has actually cited the data necessary for a full analysis. Indeed, there are reasons to think that none of our predecessors took the trouble to amass all the data before drawing their conclusions. If they did, they never presented these data for readers to make an independent assessment, forcing subsequent scholars simply to take their word for the physiognomy of the reconstructed text.[31] In contrast, our study presents every shred of evidence available for determining the consanguinity of Origen's text of the Fourth Gospel.

Equally unfortunate are the methodological deficiencies of most previous investigations. Chief among these is the faulty method of establishing textual consanguinity that held sway until the middle of the present century. This method involved ascertaining the number of times a textual witness (whether MS or church father) deviated from the Received Text (the *Textus Receptus*) and comparing these deviations to those attested by other witnesses so as to establish a basic level of agreement among them. The problems of this method are now well known to practitioners in the field: among other things it fails to consider textual alignments in portions of the text not divergent from the TR, so that final conclusions are drawn from only a random and unreliable portion of the evidence. The correctives to this method are now firmly entrenched in the discipline and need not occupy us here; they will be explained in the second volume of our work. At this juncture it is enough to say that no one has yet provided a full accounting of Origen's Scriptural citations and subjected these to a complete and reliable textual analysis. For those interested in establishing the text of the NT in third-century Alexandria and Caesarea, and ultimately the text as it came from the pens of the NT authors themselves, such a study has become a *sine qua non*.

Of yet broader importance for those interested in purely textual matters is the business of Origen's relocation to Caesarea around 233 C.E. Textual critics have long recognized

---

[31] The one exception is Gordon Fee's study of John 4 in Origen and Cyril, cited in note 30 on p. 13 above.

the significance of this move: since some of Origen's writings were penned in Alexandria and others in Caesarea, there is a *prima facie* assumption that any changes in the character of his NT citations after his move are the result of the different MSS that he or his amanuenses acquired in his new home. That is to say, Origen's quotations may tell us something about the development of the NT text not only in his native city of Alexandria, but also in Palestinian Caesarea, another important center of early Christendom.

Previous scholarship has in fact established on fairly secure grounds that Origen's citations of the Gospel according to Mark did change subsequent to his move, making it appear that the MSS available in Caesarea differed in important ways from those in Alexandria.[32] This conclusion proves significant for those interested in writing the history of the transmission of the NT text, for it shows that in different urban centers of Christendom during the first several centuries one could find different forms of the text. This could mean that scribes in one location, if not systematically at least typically, changed their texts in certain ways, creating a specifically "Caesarean" or "Roman" or "Alexandrian" text.[33] Text critics have considered this important primarily because it helps explain characteristic readings of MSS that appear to belong to the same textual family, and because it assists somewhat in deciding which readings are the result of local changes and which are original. In addition, as we shall see, the identification of local texts, if in fact they can be identified with any kind of reliability, may have much broader implications for historians of early Christianity.

The Broader Significance of the Study

If the texts of different locales represent changes characteristically made by resident copyists, one must query why these changes came about: what in the scribes' social, political,

---

[32] See Fee, "Origen's Text of the NT," 350-53.

[33] The classic statement of this view is found in Streeter, *The Four Gospels*, 26-148.

or ideological contexts might have led them to change their texts in more or less well-defined ways? In particular, one might ask how the kinds of conflicts that scribes recognized or even participated in -- conflicts, say, with Gnostics, or non-Christian Jews, or state authorities -- how these conflicts indigenous to this or that city may have affected the way scribes transmitted their texts. Were the words of Scripture modified in order to make them more immediately relevant to the conflicts of the day?

The question itself raises some very interesting issues for understanding the development of the Christian movement. While it is certainly true that the texts that Christians considered sacred informed their theological views and their social interactions, the converse relationship can be demonstrated as well: the beliefs, practices, and social lives of Christians also made an impact on the text of the NT.[34] To determine how this symbiotic relationship worked itself out must be the goal of any study of the Patristic citations of the NT. Specifically with respect to Origen, we know of his personal interactions with Gnostics, Jewish Christians, and non-Christian Jews, and we know of his opposition to persons long dead, whose writings nonetheless continued to threaten ecclesiastical Christianity: Marcion, whose doctrine of the two Gods stands behind a good deal of Origen's affirmation of the goodness of creation and his

---

[34] The ideological and theological prejudices of scribes have been shown to have affected the ways scribes transmitted their texts, both with respect to specific NT MSS (see e.g. Eldon J. Epp's study of the anti-Judaic biases of codex Bezae: *The Theological Tendency of Codex Bezae Cantabrigiensis in Acts* [*SNTSMS* 3; Cambridge: University Press, 1966]) and for particular textual corruptions (see e.g. Bart D. Ehrman, "1 John 4:3 and the Orthodox Corruption of Scripture," *ZNW* 79 [1988] 221-43 and idem and Mark A. Plunkett, "The Angel and the Agony: The Textual Problem of Luke 22:43-44," *CBQ* 45 [1983] 401-16). For a wide-ranging treatment see Bart D. Ehrman, *The Orthodox Corruption of Scripture: The Effect of Early Christological Controversies on the Text of the New Testament* (New York: Oxford, forthcoming) and, more briefly, idem, "The Text of Mark in the Hands of the Orthodox," in *Biblical Hermeneutics in Historical Perspective: Essays in Honor of Karlfried Froehlich*, eds. Mark S. Burrows and Paul Rorum (Grand Rapids: Eerdmans, 1991) 19-31.

insistence on the unity of the Testaments; the pagan critic Celsus, whose attacks on the absurdity of Christianity led to Origen's prolix refutation in the *Contra Celsum*; and the Valentinian Heracleon, whose Commentary on the Fourth Gospel served as the immediate occasion for Origen to produce his own. Did these various polemical contexts affect the way Origen cited his Scriptural text? Did he ever change the wording of his text for the sake of his argument? Did his theological views ever influence the way he "remembered" the text of Scripture?

Perhaps more significantly, although yet more elusively, a study of this kind must ask about the anonymous Christian scribes who produced the NT MSS available to Origen and his amanuenses in Alexandria and Caesarea. Were *they* affected by their social and theological contexts? Were scribes in one or both of Origen's locales prone to modify their texts in light of their socio-historical context?[35] Questions such as these can be

---

[35] At this stage of our study we can at least express our expectation that we will find that Origen himself was less likely to change his text than were the scribes who produced the MSS he used. We know beyond any doubt that scribes frequently modified the texts they inherited, and that they sometimes did so conscientiously for discernible reasons: e.g. to harmonize one text with another, or to improve the grammar of a passage, or to "correct" what the text *said* to make it conform with what it was already known to *mean* (see the works cited in note 34 above). Origen, on the other hand, *celebrated* precisely the kinds of textual difficulties that troubled so many scribes, in part because these literary and theological tensions demonstrated the need to move beyond the literal interpretation to the allegorical. As a result, we might expect that Origen was not at all concerned to transform the "surface" meaning of a text into conformity with its "real" meaning. For him, any form of the text proved amenable, even variant readings that he found scattered throughout the MS tradition.

If this expectation is in fact realized in the analysis of our second volume, we will be in the fortunate position of having uncovered in Origen's citations the actual state of the text of the Fourth Gospel in Alexandria and Caesarea in the early third century (since Origen himself would not have modified that text for his exposition); moreover, we will thereby be enabled to ascertain how that text *had* been modified by scribes during the first century and a half of its transmission.

answered only after some considerable labor has been expended in establishing the precise contours of Origen's text of the NT. Our initial goals are to ascertain the wording of the NT MSS available to him and to determine its relationship to the "original" text (i.e., to determine whether the scribes who produced these MSS, or their predecessors, had modified the text they had received). We will then be in a better position to ask how Origen himself handled the text of the Fourth Gospel.

The question of whether the texts of Alexandria and Caesarea differed is particularly thorny: since Origen had already memorized a considerable portion of Scripture before his relocation in middle age, even Scriptural quotations found in works produced in Caesarea may occasionally (usually?) preserve the form of the text that he had learned as a boy in Alexandria. Moreover, there is no way to know whether he brought some of his MSS with him to Caesarea when he moved. All the same, since there are reasons for thinking that he began to use Caesarean MSS of the Gospel of Mark after his relocation, we are encouraged to investigate the possibility that something comparable happened for the Gospel of John.

For all of these matters, we can only anticipate that the results of the study will reach far beyond their text-critical importance, an importance which itself is not to be undersold, and that the outcome will merit the painstaking labor required to get us there.

The Data for the Study

Finally, a word must be said concerning the data to be used for our investigation. As we have already indicated, the bulk of Origen's writings has been lost due to his condemnation in the mid-sixth century. Those that survive in Greek include portions of his Commentary on John (Books 1 and 2, written in Alexandria, Books 6, 10, 13, 19, 20, 28, and 32 in Caesarea), eight books of the Commentary on Matthew, the *Contra Celsum*, twenty homilies on the book of Jeremiah and one on 1 Samuel 28, smaller works such as the *Disputatio cum Heraclide, De Oratio*, and the *Exhortatio ad Martyrium*, and fragments of other writings (including portions of *De Principiis*) preserved in the

Philocalia, the anthology of his writings made by Basil the Great and Gregory of Nazianzus. All of these materials are now available in good critical editions, and provide us with precisely the kind of information we need for our study.

We also have a sizable portion of Greek material of little use for us here, viz. the fragmentary collections of catenae that preserve comments attributed to Origen (and other ecclesiastical authors) by compilers from the Middle Ages. The problems of attribution in these materials are well known, as are the generally unreliable ways they transmit the Patristic sources even when their attributions are relatively secure.[36] As we will explain in the following chapter, we will cite all such evidence *in toto,* even though its dubious character constrains us to exclude its testimony when working to establish Origen's textual affinities in our second volume.[37]

Equally unusable are the materials that have come down to us only in Latin translation, including the majority of Origen's OT commentaries and homilies, portions of the Commentary on Matthew not preserved in Greek, and such significant works as *De Principiis.* Versional materials are generally problematic for textual analyses, but the peculiar circumstances surrounding the Latin renditions of Origen virtually annul any text-critical value they might otherwise be expected to have. The two chief translators of Origen, Jerome and Rufinus, both acknowledge a rather loose approach to the task.[38] Their translations eventually became a source of contention between them: after translating a number of Origen's works, Jerome began to castigate their teachings and to malign his former intimate Rufinus for not following suit. Rufinus maintained that his

---

[36] See Fee, "Text of Origen and Cyril," 362-63 and esp. Ronald Heine, "Can the Catena Fragments of Origen's Commentary on John Be Trusted?" *VC* 40 (1986) 118-34.

[37] See below, p. 21.

[38] See G. W. Butterworth, in the Introduction to *Origen on First Principles* (Gloucester, MA: Peter Smith, 1973) xxxi-liii, and especially Torjesen, *Hermeneutical Procedure and Theological Method,* 12-18, and the literature she cites there.

renditions silently modified those portions of Origen that were too readily construed as heretical (urging that he had in fact simply corrected the text to its original state, prior, that is, to its corruption by heretical scribes). Moreover, he pointed out that Jerome himself had followed a similar procedure in his own translations.

In comparing the Latin translations of Origen with the Greek fragments that survive, it is clear that Rufinus was right: both translators worked to make Origen palatable to their orthodox audiences. In general the result is less a literal translation than a paraphrase. Most scholars now acknowledge that these renditions can in all probability be trusted to provide the essence of Origen's thoughts on one point or another; but they do *not* necessarily reflect the way Origen actually expressed himself in Greek.[39] This conclusion has devastating implications for the study of Origen's citations of Scripture. There is no reason to believe that Jerome, Rufinus, or any other translator retained the idiosyncratic characteristics of Origen's NT text; they instead modified his quotations into conformity with the text as they knew it in the West some 150 years later. And so, for those interested in knowing specifically about Origen's text of the NT, the only avenue is to collect and analyze the quotations and allusions of his writings that have survived relatively intact in Greek, as these are available in modern critical editions.

---

[39] Thus Torjesen (*Hermeneutical Procedure and Theological Method*, 18), citing a consensus judgment among contemporary scholars. Even the most sanguine view of Rufinus as a translator (e.g., most recently, A. Scott, *Origen and the Life of the Stars*, 168-72) cannot admit to his *verbal* accuracy, which is, of course, an absolute *sine qua non* for the present study.

CHAPTER TWO
Introduction to the Critical Apparatus

In the chapters that follow we have cited all the available evidence for reconstructing Origen's text of the Fourth Gospel and have collated this text against a range of NT manuscripts. An evaluation of these data and a discussion of their historical significance will comprise the second volume of our work.

The Text

We have provided three lists of Origen's biblical quotations and allusions. The first and most important (Chapter Three) draws its material from Origen's Greek commentaries and treatises. Since these are our only reliable sources for reconstructing his text,[1] they alone are accompanied by a critical apparatus. The second list (Appendix One) presents quotations and allusions found in the Greek catenae and in Latin translation, cited in canonical sequence.[2] The third list (Appendix Two) gives quotations and allusions whose precise point of reference, for one reason or another, cannot be determined (e.g., when Origen fails to indicate which of two closely-worded passages of the Fourth Gospel he is quoting).[3] Anyone interested in seeing the available data in their totality may have recourse to all three lists. Those chiefly concerned with checking the basis of our textual analysis should refer to the relatively certain materials of the first list alone. This is the list on which we have based our final reconstruction of Origen's text, the denouement of the present volume (Chapter Four).

---

[1] See above, pp. 18-20.

[2] With the Greek material always given first.

[3] Here we should note that the Scriptural referent for several of the quotations and allusions included in our first list may, in isolation, seem to be "indeterminable." As a rule, this is only because we have not been able to include Origen's accompanying discussion: contextual considerations often remove all reasonable doubts concerning the point of reference.

The following introductory remarks are chiefly concerned with the first list and its apparatus. References are arranged here according to canonical sequence, each being labeled as a Lemma [L], Citation [C], Adaptation [Ad], or Allusion [All].[4] For the purposes of this study, the term "citation" refers to a verbally exact quotation of the biblical text; these are generally of the greatest value in determining Origen's affinities. An "adaptation" denotes a quotation that has been somewhat modified (syntactically or materially) in light of the context of Origen's discussion;[5] the term "allusion" signifies a clear echo of a passage which nonetheless lacks a sustained verbal agreement. For the sake of convenience, we will use the term "quotations" to refer to all lemmata, citations, and adaptations; the term "references" will signify all quotations and allusions.

Allusions present a particularly thorny dilemma for a study of this kind; in the interest of completeness it would seem desirable to include every echo of a biblical text, however distant. At the same time, most faint echoes are of no use for our goal of textual reconstruction. We have chosen, therefore, to steer a middle course between providing too many data and too few, citing a large number of allusions to the text -- and certainly all the textually significant ones -- but not including an exhaustive listing of every solitary echo of a passage (e.g., when a word or short phrase is being commented on *in loc*).

---

[4] For determining Origen's text, the lemmata are generally of less value than citations made in the course of commentary, for reasons that are now well-known. See, e.g., Gordon D. Fee, ANRW, II. 26. 1. 246-65. With the exception of John 2:12-25, however, we have judged that the lemmata of Origen's John Commentary provide a generally reliable indication of his own text, rather than, say, that of his amanuenses or subsequent copyists. On 2:12-25, see Fee, "The *Lemma* of Origen's Commentary on John, Book X -- An Independent Witness to the Egyptian Textual Tradition?" *NTS* 20 (1973) 78-81.

[5] As anyone who has worked with this kind of material knows, it is often difficult to differentiate neatly between fairly exact adaptations and fairly loose citations. Fortunately this difficulty creates few real problems, since the labels are merely designed to enable a reader to gauge the approximate accuracy of a given reference.

References are sequenced by category, with all lemmata given first, followed by citations, then adaptations, and then allusions. Within each category references are listed according to the portion of verse they attest; when multiple quotations attest the same portion of the verse, those from the *Commentary on John* are given first, and all others are alphabetized.[6] Given the special value attached to lengthy quotations of a text -- in general they indicate an author's deliberate attempt to give the text as he recalls it or as he has actually found it after "looking it up" -- we have used a plus sign (+) at the end of a quotation to indicate that it continues without break into the next verse, and at the beginning of a quotation (i.e., in the next verse) to indicate that it represents a continuation of the verse preceding (see e.g. the quotation of John 1:1-2 in Heracl 1, 7-8 on pp. 38 and 42 below).

When Origen quotes a verse only once, or in exactly the same way on several occasions, this text serves as the base against which the MSS of the apparatus have been collated. When he cites a verse on two or three occasions, and these citations differ in only minor details, one of them has typically been determined to be representative of Origen's text (e.g., on the basis of his ensuing discussion). In these instances we have marked the preferred citation with a double asterisk [C]** (see 1:36) and provided an explanatory footnote if necessary. This citation then serves as the base of collation. When Origen quotes a verse more than three times or in a wide variety of ways, we have reconstructed the wording of his text as the final entry, designating this reconstruction as "Text" (see, e.g., John 1:1 below), and used this reconstructed "Text" as the collation base. On occasion, the reconstructed "Text" entails a simple reproduction of the wording found in one of the (several) references, e.g. when only one of the multiple quotations or allusions is a precise citation, or when a number of the citations

---

[6] Allusions are not listed according to the portion of the verse to which they refer, but are simply alphabetized (following those drawn from the *Commentary on John*).

agree *verbatim*. When, however, there is disagreement among the surviving references, we have used the available evidence to attempt a *bona fide* reconstruction. If the basis of our decision is not obvious, or if we ourselves have serious doubts, we have included a footnote to explain the situation.[7]

In some instances it cannot be determined which of two or more forms of text is to be ascribed to Origen. It is altogether conceivable, of course, that Origen either deliberately or unconsciously quoted variant forms of the tradition. When such difficulties occur, our reconstructed "Text" indicates a split in Origen's witness by enclosing the alternatives in square brackets ([ ]; see, e.g., John 1:26).

We cite Origen's works according to the abbreviations listed below (pp. 31-35), normally by book and chapter. For *De Principiis* and the John Commentary we have noted paragraph divisions as well, except for books 4 and 5 of the latter, for which divisions are not supplied by the editors. References to catenae in the second list indicate the catena number within the edition being used. In the case of the Psalms materials, the catenae are cited according to Psalm and verse number (thus Ps.Cat 25, 4 = catena on Ps. 25:4); Psalm Homilies are indicated by Homily and Section number (thus Ps.Hom 5, 3 = Homily number 5 on the Psalms, Section 3). Otherwise Homilies are cited according to book and chapter of the work in question (so Ier.Hom 5, 20 = Book 5, Chapter 20 of the Homilies on Jeremiah).

---

[7] With regard to the conventions of our reconstructed "Text," we have used square brackets to indicate words that Origen positively attests, when we cannot be certain regarding their particular form (e.g. in a number of reconstructions based on adaptations), *and* for words that Origen attests but that, for one reason or another, we have reason to doubt as belonging in his text (e.g. 4:13), *and* for instances in which Origen appears to attest a variety of forms of the text (see below). When, however, there is virtual certainty concerning the accuracy of our reconstruction (e.g. in the retroversion of a participle that Origen, for contextual reasons, generated out of a finite verb), no brackets are indicated. We use elipses (...) wherever there is no evidence to indicate whether or not Origen had a word in his text (e.g., missing introductory conjunctions).

Special problems of citation adhere to the *Philocalia*, the anthology of Origen's works collected after his death, since some of these writings have survived independently while others have not. References drawn from works that *are* otherwise extant are cited according to their original source; references that survive only in the *Philocalia* (or only in Greek in the *Philocalia*) are cited both according to the original source *and* according to the chapter and verse of the *Philocalia*. Similarly, when a biblical quotation or allusion is found in a Latin translation for which the Greek original still survives (e.g., portions of the Matthew Commentary), we cite the Greek reference in our primary list, but not the Latin in the second.

Since part of the analysis in volume two will involve a discussion of whether Origen changed MSS upon his relocation to Caesarea, all references taken from works written prior to his move are preceded with a superscript A (= Alexandrian).[8]

The Apparatus

The critical apparatus indicates variant readings attested among a range of textual witnesses for every portion of the Fourth Gospel for which Origen's text can be determined. The witnesses represent major textual groupings that have been established according to traditional methods of quantitative analysis,[9] and are listed at the end of the present chapter.[10] The

---

[8] We have noted the provenance of each of Origen's works in the list provided below.

[9] We have chosen to use Old Latin MSS as part of the "Western" text simply because without at least two family members, one can scarcely speak in terms of a textual "group," a consideration insufficiently weighed by some previous researchers (e.g., Larry Hurtado, *The Pre-Caesarean Text of Mark* [Grand Rapids: Eerdmans, 1981] 15, who pleads his ignorance of Latin as a rationale for not using any Western witness except D). We have chosen not to use Syriac witnesses because these do not stand in sufficient proximity to the other members of the group, a circumstance that altogether limits their usefulness for studies that are specifically aimed at establishing quantifiable relationships of MSS. Adding their testimony would simply skew the statistical analysis by unnecessarily inflating the percentages of agreements of all the witnesses with one another, since in many instances they represent an aberrant tradition not readily identifiable with the Western group itself.

[10] Bibliographical information on the published collations and editions that we used for these witnesses is provided at the end of the present volume.

collation base is Origen's reconstructed text.[11] All variations from this text are noted, apart from the standard exceptions: ουτω / ουτως, *nu-ephelkustikon*, nonsense readings, most instances of itacism[12] and other minor differences of spelling.[13] Moreover, given the problems peculiar to Patristic citations of the text, we have generally *not* indicated variations involving introductory conjunctions. As a rule, for a study of this kind, these kinds of data are of no genetic significance.[14] Exceptions will be explained in the footnotes.

In a number of instances Origen's text is only sparsely attested (e.g., in only a solitary adaptation or allusion) and so cannot be reconstructed. In such cases, we have collated all the witnesses against one another to uncover any units of variation in the tradition. When there are grounds to conclude that Origen's allusive testimony can be cited in support of one or another reading, we provide an apparatus *only* for the relevant units of variation and mark the reference with an asterisk (e.g. "[Ad]*"; see 1:13). In such instances we have not cited other

---

Occasionally our sources disagreed concerning the reading of one of these witnesses, e.g. when the NA[26] or Tischendorf gave one reading but the published collation another. In most instances we gave the palm to the NA[26]. Moreover, as a rule, we relied upon Gordon Fee's collations of the papyri over the published editions; we checked Tregelles' account of MS 33 against the microfilm of the MS, and we relied on the collations of MSS 579, 700, and 892 completed for the International Greek New Testament Project, kindly made available to us by Paul McReynolds.

[11] See above, pp. 23-24.

[12] Including those that may affect the sense, but are nonetheless genetically insignificant (in that they could as easily represent inadvertent agreements as genetic relations), e.g. κρινει / κριυη.

[13] Including such differences as αλλα / αλλ', ῳκοδομηθη / οικοδομηθη, and ειπαν / ειπον.

[14] Since they are commonly added or deleted in order to adapt a quotation to its context. See Fee, ANRW, II. 26. 1 246-65, and James Brooks, *The New Testament Text of Gregory of Nyssa* (SBLNTGF 2; Atlanta: Scholars, 1991) 26.

variant readings that may occur in the textual tradition of the verse, since for these readings, Origen's testimony is mute.[15]

The apparatus of each verse begins by listing witnesses that are lacunose ("Lac."), using the sigla "inc." (= beginning with) and "expl." (= ending with) to indicate the extent of surviving text for witnesses that are partially lacunose. MSS that are highly fragmentary (i.e., that preserve only bits and pieces of a verse) are listed as lacunose in parentheses, and are individually cited in the apparatus as lacunose for each unit of variation they lack.

Variations attested by two or more witnesses (including Origen) are cited first in the apparatus, in the order in which they occur in Origen's reconstructed text. These are divided by a broken line from a list of singular readings (given separately to reinforce the fact that they cannot be used to establish textual affinities). The siglum "rell" (= *reliqui*, i.e., all the rest) indicates the support of all witnesses that have not explicitly been cited for another variant within any given unit of variation (except, of course, those witnesses that are lacunose).

A witness is cited in parentheses when it attests a slightly different form of a reading without compromising its essential support. An asterisk (*) indicates the first hand of a witness; a superscript "c" (c) designates a corrector.[16] Multiple correctors are not distinguished from one another. When Origen provides unambiguous attestation for more than one reading found elsewhere in the tradition, we cite his support for each.[17] In the quantitative analysis he will be counted both for and against each variant.[18]

---

[15] So too we do not include variants for which Origen does not provide definitive evidence one way or another. On these grounds, for example, we have not cited the presence or absence of the article with Ιησους in 1:43 (*post* αυτω).

[16] The quantitative and profile analyses will tabulate the first and subsequent hands separately.

[17] In parentheses. See, e.g., the apparatus for 1:26 (εστηκεν / στηκει).

[18] Rather than simply counting him as lacunose; otherwise his support could not be considered when he attests two readings but not a third. When Origen provides unambiguous support for different readings in his Alexandrian and Caesarean periods, we will tabulate his textual affinities for each locale.

The Old Latin evidence presents problems of its own that are familiar to practitioners in the field. Sometimes its testimony is mute, e.g. in variations that involve the presence or absence of the article. In other instances its witness is ambiguous, as in changes involving verb tenses or word order. We have had to make decisions *en route* and in doing so have tried to follow several guidelines. In general, we do not cite the Latin unless we are reasonably confident that the reading represents a Greek variation. Changes in verb tenses are noted only when they create an unambiguous change in meaning[19] or, more commonly, when they support a variant tense attested elsewhere among the Greek witnesses.[20] So too, changes in word order are cited only when these reflect an obvious change in nuance or clearly support some Greek witnesses over others. Whenever we judge the Latin evidence to be unusable, we list the OL MSS with the siglum "NA" (= "not applicable") after the final reading of the unit of variation. In these instances, of course, the Latin is not included among the witnesses designated as "rell." We do not, however, mark the Latin witnesses as "not applicable" in cases of singular readings, since in these instances *none* of the witnesses can be used to establish textual affinities. When the Latin evidence proves difficult to retranslate back into Greek, we include both a feasible retroversion and the Latin phrase itself, preceded by a question mark (see the apparatus at John 2:25).[21]

In the second volume we will discuss the textual differences between Origen and Heracleon. For the present, we

---

[19] The Latin may be useful for differentiating, for instance, between a present tense and an aorist; it cannot be used, however, to differentiate between the Greek future indicative and aorist subjunctive.

[20] Thus, we note the support of all three Latin witnesses for the Western reading εστιν in 1:4a, but not the singular reading εστιν found in MS b in 1:4b. In any case, since our overarching concerns are with MS *alignments*, our decision to include or exclude such variants will have no affect on the subsequent analysis (since in this instance MS b is aligned with no other MS).

[21] We do not, however, generally make retroversions for proper names. See, e.g., the apparatus at 18:7 (Nazarenum).

have footnoted every instance in which Origen appears to be citing Heracleon's form of the text, and indicated places where they appear to differ.[22]

The Representative Witnesses

The following textual witnesses are cited in the apparatus. Given our particular concern to locate Origen's place in the textual traditions of Alexandria and Caesarea, we have included a proportionately greater number of Alexandrian and (so-called) Caesarean witnesses than might otherwise be expected.[23] Moreover, since our preliminary sketch of Origen's affinities has confirmed the overwhelming consensus of earlier scholarship that his text is not closely aligned to the Byzantine text, we have chosen simply to use several of the earliest representatives of the Byzantine sub-traditions. Multiplying their number would serve only to inflate the statistical relations of all other witnesses both in relation to one another and to Origen. Finally, given the paucity of Greek sources for the so-called Western tradition, we have, as indicated, used several of the Old Latin manuscripts with the most certain affinities, acknowledging the various problems attendant to that decision.[24]

Here we might emphasize that the precise contours of these textual groupings are not critical for our purposes. Some scholars have expressed doubts, e.g., concerning the character of P[45], doubts that we happen to share; we ourselves question the traditional designation of 1241 as Alexandrian.[25] But the

---

[22] See further Bart D. Ehrman, "Heracleon, Origen, and the Text of the Fourth Gospel," in *Vigiliae Christianae* (forthcoming), and idem, "Heracleon and the 'Western' Textual Tradition," *New Testament Studies* (forthcoming)

[23] As we will emphasize in volume two, there is considerable question concerning the existence of a distinctively "Caesarean" text. At the same time, as the demonstration of this text's existence or non-existence is one of the goals of this study, it will be important for us not to prejudice the issue by ignoring these traditional classifications.

[24] See note 9 on p. 25 above.

[25] Gordon D. Fee, *Papyrus Bodmer II (P66): Its Textual Relationships and Scribal Characteristics* (SD 34; Salt Lake City: University of Utah Press, 1968) 79-80 and Bart D. Ehrman, *Didymus the Blind and the Text of the Gospels* (SBLNTGF 1; Atlanta: Scholars, 1986) 192-93, 205, 218-19.

advantages attendant to the provisional acceptance of these classifications, insofar as they are utilized with caution, far outweigh any disadvantages that may accrue. Moreover, these issues will have only a limited effect on the quantitative analysis, since differences among the various representatives tend to be evened out by the various profile methods that will be used in our second volume.[26]

> Primary Alexandrian: P[66] P[75] ℵ (8:39-21:25) B UBS[3]
> Secondary Alexandrian: C L W Ψ 33 579 892 1241
> Caesarean: P[45] Θ f[1] f[13] 565 700
> Western: ℵ (1:1-8:38) D a b e
> Byzantine: A E Δ Π Ω TR

Abbreviations of Origen's Works

Our abbreviations follow the format of the standard work on Origen's biblical citations, the Strasbourg publication *Biblia Patristica*, with two general exceptions: (1) as a rule, we avoid using the question mark to designate dubious references in the catenae and (2) we have added an abbreviation for the *Philocalia*, a work not cited there. We have not used the question mark because even those catenae that do appear to stem from Origen's exegetical works cannot be used for text-critical purposes, given the problems peculiar to the history of their transmission. At the same time, the question mark has been retained in one specific kind of instance, viz. when the *Biblia Patristica* cites two different volumes of Origen's work for a set of catenae, one with and the other without a question mark. Thus, as seen in the following list of abbreviations, Pr.Cat refers to the catena collected in the *Festschrift* for Danielou, while ? Pr.Cat refers to a volume of Migne's *Patrologia*.[27]

---

[26] For further discussion, see B. D. Ehrman, "The Use of Group Profiles for the Classification of New Testament Documentary Evidence," JBL 107 (1987) 465-86.

[27] This is not the case, e.g., for our citations from the catenae on the Psalms that are found in Migne. These are differentiated by the Strasbourg editors on the basis of their certainty as to the attribution to Origen, with probable attributions cited as Ps.Cat and dubious ones as ? Ps.Cat. Since none of these catenae can be used to reconstruct Origen's text in any case, we have not distinguished between them.

The use of the abbreviations of the Strasbourg publication should not be taken to suggest that we have simply reproduced the quotations and allusions that it indexes. Regrettably, even this great research tool is not always complete,[28] and it often includes references that prove to be so allusive as to be of no use for text-critical purposes. Instead, we have ourselves combed the works of Origen to ascertain biblical references, and have used a number of other indices -- usually those provided by the respective editors -- to corroborate our findings. Moreover, in several important instances we have used editions other than those employed by the editors of the *Biblica Patristica*.[29] All the same, the Strasbourg volume has proved useful for us in checking the accuracy of our collection of materials, and should prove valuable for those who wish to verify it for themselves.

We have used the following list of abbreviations for the works we cite. The Alexandrian [A] or Caesarean [C] provenance of each work is here specified.[30] Fuller bibliographical information on the editions can be found at the end of the present volume.

[C] Cels	*Contra Celsum* (SC 132 [1967], 136 [1968], 147 [1969], 150 [1969])
[C] Col.Com A	*Commentarii in Colossenses* (in Pamphilus Caesariensis, *Apologia pro Origene*, *PG* 17)
[C] Cor.Cat	*Fragmenta e catenis in Epistulam primam ad Corinthios* (*JTS* 9 [1908])

---

[28] One can see this by comparing our more extensive listing of materials found, e.g., in Ps.Cat on John 1:14, 16; 3:18; and 5:22.

[29] E.g. while we initially used the GCS edition of Origen's *Commentary on John* by E. Preuschen (10 [1903]), we finally relied upon the more recent SC volumes edited by C. Blanc (except for Books 28 and 32 and the catenae, which are not yet included in the SC volumes).

[30] Excepting, of course, the *Philocalia*, which represents an anthology of a number of Origen's works. We have included as Caesarean those works written in Athens and Nicomedia, as well as those fragmentary works (e.g., Ps.Cat K) whose provenance cannot be definitively established (since Origen produced most of his work there). Our information has chiefly been drawn from the studies of Trigg and Nautin, cited in note 1 on p. 1 above.

[C] Cor.Cat A	*Fragmenta e catenia in Epistulam primam ad Corinthios* (JTS 10 [1909])
[C] Ct.Cat	*Fragmenta e catenis in Canticum canticorum* (GCS 33 [1925])
[C] Ct.Cat A	*Fragmenta e catenis in Canticum canticorum* (*PG* 17)
[C] Ct.Com	*Commentarii in Canticum canticorum* (GCS 33 [1925])
[C] Ct.Hom	*Homiliae in Canticum canticorum (Song of Solomon)* (SC 37 [1953], 2nd ed. [1966])
[C] Dt.Cat	*Fragmenta e catenis in Deuteronomium* (*PG* 12)
[C] Ep.Greg	*Epistula ad Gregorium* (*Philocalia* 13; SC 148 [1969], text; SC 302 [1983], discussion)
[C] Eph.Cat	*Fragmenta e catenis in Ephesios* (*JTS* 3 [1902])
[C] Es.Hom	*Homiliae in Esaiam* (GCS 33 [1925])
[C] Ex.Cat A	*Fragmenta e catenis in Exodum* (*PG* 12)
[C] Ex.Hom	*Homiliae in Exodum* (GCS 29 [1920])
[C] Ex.Sco	*Scolia in Exodum* (*Philocalia* 27, 9-12; SC 226 [1976])
[C] Ez.Cat A	*Fragmenta e catenis in Ezechielem* (*PG* 13)
[C] Ez.Hom	*Homiliae in Ezechielem* (GCS 33 [1925])
[C] ? Fr	*Fragmenta varia* (*Scholia on the Apocalypse*; *TU* 38,3 [1911] 21-41).
[C] Fr C	*Fragmenta varia* (*Philocalia* 15, 19; SC 302 [1983])
[C] ? Fr A	*Fragmenta varia* (*Griechische literarische Papyri christlichen* Inhaltes 1 [Baden bei Wien, 1946])
[C] ? Fr E	*Fragmenta varia* (*Papyri Iandanae*, 5 [Leipzig-Berlin, 1931])
[C] Gal.Com	*Commentarii in Galatas* (in Pamphilius Caesariensis, *Apologia pro Origene*, *PG* 17)
[C] Gen.Cat A	*Fragmenta e catenis in Genesim* (CCG 2 [1977])
[C] Gen.Cat B	*Fragmenta e catenis in Genesim* (*PG* 12)

[C] Gen.Cat D   *Fragmenta e catenis in Genesim* (*Le Muséon* 92 [1979])
[C] Gen.Com A   *Commentarii in Genesem* (*Philocalia* 14; SC 302 [1983])
[C] Gen.Hom   *Homiliae in Genesim* (GCS 29 [1920])
[C] Heracl   *Disputatio cum Heraclide* (SC 67 (1960)
[C] Ier.Cat   *Fragmenta e catenis in Ieremiam* (GCS 6 [1901])
[C] Ier.Hom   *Homiliae in Ieremiam* (SC 232 [1976]; 238 [1977])
[C] Ier.Hom A   *Homiliae in Ieremiam* (SC 238 [1977])
[A/C] Io.Cat   *Fragmenta e catenis in Ioannem* (GCS 10 [1903])
[A Books 1-5; C Books 6, 10, 13, 19, 20, 28, 32] Io.Com
    Commentarii in Ioannem (SC 120 [1966; Books 1-5], 157 [1970; Books 6, 10], 222 [1975; Book 13], 290 [1982; Books 19, 20], GCS 10 [1903; Books 28 and 32])
[C] Iob.Cat   *Fragmenta e catenis in Iob* (*PG* 17)
[C] Iob.Cat B   *Fragmenta e catenis in Iob* (*Analecta Sacra* 2 [1884])
[C] Ios.Cat   *Fragmenta e catenis in Iosue* (GCS 30 [1921])
[C] Ios.Hom   *Homiliae in Iosue* (GCS 30 [1921])
[C] Iud.Hom   *Homiliae in Iudices* (GCS 30 [1921])
[A] Lam.Cat   *Fragmenta e catenis in Lamentationes* (GCS 6 [1901])
[C] Lev.Cat   *Fragmenta e catenis in Leuiticum* (GCS 29 [1920])
[C] Lev.Hom   *Homiliae in Leviticum* (GCS 29 [1920])
[C] Luc.Cat   *Fragmenta e catenis in Lucam* (GCS 49 [1959])
[C] Luc.Hom   *Homiliae in Lucam* (SC 87 [1962])
[C] Mart   *Exhortatio ad martyrium* (GCS 2 [1899])
[C] Mat.Cat   *Fragmenta e catenis in Matthaeum* (GCS 41,1 [1941])
[C] Mat.Com   *Commentarii in Matthaeum* (GCS 40 [1935])

[C] Mat.Com A	*Commentarii in Matthaeum* (GCS 38 [1933]; 2nd ed. [1976])
[C] Mat.Com B	*Commentarii in Matthaeum* (GCS 41,1 [1941])
[C] Num.Cat	*Fragmenta e catenis in Numeros* (*PG* 12)
[C] Num.Hom	*Homiliae in Numeros* (GCS 30 [1921])
[C] Orat	*De oratione* (GCS 3 [1899])
[C] Os.Com	*Commentarius in Osee* (*Philocalia* 8; SC 302 [1983])
[C] Pasc	*De Pascha* (Paris, 1979)
Philoc	*Philocalia* (SC 226, 302)
[A] Princ	*De Principiis* (SC 252 [1978], 253 [1978], 268 [1980], 269 [1980])
[A] Princ A	*De Principiis* (GCS 22 [1913])
[C] Pr.Cat	*Catenae in Proverbia* (*Epektasis: Melanges Patristiques Offerts au Cardinal Jean Danielou* [Paris, 1972])
[C] ? Pr.Cat	*Catenae in Proverbia* (*PG* 17)
[C] ? Pr.Cat A	*Catenae in Proverbia* (*PG* 13)
[C] Ps.Cat	*Fragmenta e catenis in Psalmos* (*PG* 12)
[C] Ps.Cat A	*Fragmenta e catenis in Psalmos* (*PG* 17)
[A] Ps.Cat B	*Fragmenta e catenis in Psalmos* (*Analecta sacra* 2 [1884])
[C] Ps.Cat C	*Fragmenta e catenis in Psalmos*. (*Analecta sacra* 3 [1883])
[C] Ps.Cat D	*Fragmenta e catenis in Psalmos*. (SC 189 [1972])
[C] Ps.Cat E	*Fragmenta e catenis in Psalmos*. (Cadiou, *Commentaires inédits des Psaumes. Étude sur les textes d'Origène contenus dans le manuscrit Vindobonensis* 8 [1936])
[C] Ps.Cat K	*Fragmenta e catenis in Psalmos* (*PG* 23)
[C] Ps.Com2 A	Commentary on Ps. 50 (*Philocalia* 1, 29; SC 302 [1983])
[C] Ps.Hom	*Homiliae in Psalmos* (*PG* 12)
[C] Ps.Hom A	*Homiliae in Psalmos* (*PG* 12)
[C] Ps.Hom B	*Homiliae in Psalmos* (*PG* 12)

[C] Qo.Cat	*Fragmenta e catenis in Ecclesiasten* (*L'esegesi di Origene al libro dell' Ecclesiaste* [Reggio Calabria, 1975])
[C] Reg.Hom	*Homiliae in primum Regnorum librum* (GCS 6 [1901])
[C] Reg.Hom A	*Homiliae in primum Regnorum librum* (GCS 33 [1925])
[C] Rom.Cat	*Fragmenta e catenis in Romanos* (*BZ* 18 [1929])
[C] Rom.Cat A	*Fragmenta e catenis in Romanos* (JTS 13 [1911-12])
[C] Rom.Cat B	*Fragmenta e catenis in Romanos* (JTS 14 [1912-13])
[C] Rom.Com	*Commentarii in Romanos* (*Le Commentaire d'Origène sur Rom. 3,5-5,7*, Le Caire, 1957)
[C] Rom.Com A	*Commentarii in Romanos* (*PG* 14)
[C] Rom.Com C	*Commentarii in Romanos* (*Philocalia* 9; SC 302 [1983])
[C] Th.Com	*Commentarii in 1 Thessalonicences* (*Saint Jérôme, Lettres* 6 [1958])

Summary of Sigla and Abbreviations Used in Text and Apparatus
(For fuller discussion, see above)

[Ad]	Adaptation
[Ad]*	Adaptation that attests the units of variation presented in the apparatus (and no others for the verse)
[All]	Allusion
[All]*	Allusion that attests the units of variation presented in the apparatus (and no others for the verse)
[C]	Citation
[C]**	Citation taken to be representative of Origen's text, and used as the collation base
expl.	*explicit*: indicates the final word of the text that is attested in a partially lacunose witness.
inc.	*incipit*: indicates the first word of the text that is attested in a partially lacunose witness
[L]	Lemma
lac.	lacunose: designates manuscripts that lack a verse or portion of verse, usually due to physical damage, but sometimes due to scribal error
NA	Not Applicable: used for witnesses whose testimony, for one reason or another, cannot be used for the reading in question (used most commonly for OL MSS)
rell	*reliqui*: designates all witnesses not explicitly cited as lacunose or as attesting another reading within the unit of variation.
TEXT	Indicates the reconstructed text used as the collation base.
vid.	*videtur*: used for a witness that is physically damaged *in loc.*, but that nonetheless appears to support a reading.
+	Signifies a continuous quotation: when found at the end of a reference, a quotation that continues without break into the following

verse; when found at the beginning, a quotation that is itself a continuation.

( ) Parentheses are used (*a*) in the list of Lacunose witnesses, to indicate MSS that are partially lacunose (these are then explicitly cited as lacunose in every unit of variation for which they do not have text); (*b*) in the apparatus, to designate MSS that attest a reading in a slightly altered form; and (*c*) in the apparatus, to indicate witnesses whose support is for some reason split (e.g., when Latin MSS may support either of two variations, but not a third, or when Origen's clearly attests more than one reading).

[ ] Brackets are used (*a*) for words that Origen attests, when the form is in question; (*b*) for words that Origen appears to attest, when there are residual doubts; and (*c*) for diverging forms of the text, both/all of which Origen appears to attest.

... Elipses are used whenever there is no intimation of Origen's support (or lack of support) for a commonly attested word (e.g., missing introductory conjunctions).

----- A broken line in the apparatus separates singular readings from those attested by at least two witnesses.

* Designates the original hand of a MS.

c Indicates a corrector.

CHAPTER THREE
The Fourth Gospel in Origen: Text and Apparatus
John Chapter One

John 1:1

^A εν αρχη ην ο λογος (Io.Com 1, 16, 90) [L]

^A και ο λογος ην προς τον θεον, και θεος ην ο λογος (Io.Com 2, 1, 1) [L]

^A εν αρχη ην ο λογος και ο λογος ην προς τον θεον (Io.Com 2, 1, 19) [C]

^A εν αρχη ην ο λογος ... ο λογος ην προς τον θεον ... και θεος ην ο λογος (Io.Com 2, 1, 11) [C]

^A εν αρχη ην ο λογος ... και ο λογος ην προς τον θεον ... και θεος ην ο λογος (Io.Com 2, 1, 12) [C]

^A εν αρχη ην ο λογος ... ο λογος ην προς τον θεον, και θεος ην ο λογος (Io.Com 2, 4, 35) [C]

εν αρχη ην ο λογος, και ο λογος ην προς τον θεον, και θεος ην ο λογος (Cels 5, 24) [C]

εν αρχη ην ο λογος, και ο λογος ην προς τον θεον, και θεος ην ο λογος (Cels 6, 65) [C]

εν αρχη ην ο λογος, και ο λογος ην προς τον θεον, και θεος ην ο λογος + (Heracl 1, 7) [C]

εν αρχη ην ο λογος, και ο λογος ην προς τον θεον, και θεος ην ο λογος (Ier.Hom 9, 1) [C]

εν αρχη [ην ο] λογος, και λογος ην προς [τον] θεον, και θεος ην ο λογος + (Pasc 11, 8) [C]

^A εν αρχη ην ο λογος (Io.Com 1, 17, 103) [C]

^A εν αρχη ην ο λογος (Io.Com 1, 17, 105) [C]

^A εν αρχη ην ο λογος (Io.Com 1, 19, 109) [C]

^A εν αρχη ην ο λογος   (Io.Com 1, 19, 113)   [C]

^A εν αρχη ην ο λογος   (Io.Com 1, 39, 289)   [C]

^A εν αρχη ην ο λογος   (Io.Com 1, 39, 292)   [C]

^A εν αρχη ην ο λογος   (Io.Com 2, 9, 69)   [C]

^A εν αρχη ην ο λογος   (Io.Com 2, 19, 130)   [C]

^A εν γαρ αρχη ην ο λογος   (Io.Com 1, 31, 222)   [C]

εν αρχη ην ο λογος   (? Fr 7)   [C]

^A και ο λογος ην προς τον θεον ... και θεος ην ο λογος
   (Io.Com 2, 1, 12)   [C]

^A και ο λογος ην προς τον θεον   (Io.Com 2, 1, 9)   [C]

^A και ο λογος ην προς <τον > θεον   (Io.Com 2, 1, 10)   [C]

^A και ο λογος ην προς τον θεον   (Io.Com 2, 9, 65)   [C]

^A ο λογος ην προς τον θεον   (Io.Com 2, 1, 1)   [C]

^A ο λογος ην προς τον θεον   (Io.Com 2, 1, 3)   [C]

^A ο λογος ην προς τον θεον   (Io.Com 2, 1, 11)   [C]

^A θεος ην ο λογος   (Io.Com 1, 37, 275)   [C]

^A θεος ην ο λογος   (Io.Com 1, 37, 276)   [C]

^A θεος ην ο λογος   (Io.Com 2, 1, 11)   [C]

θεος ην ο λογος   (Io.Com 28, 15, 159)   [C]

^A εν αρχη ην ο λογος του θεου, και ο λογος του θεου ην προς
   τον θεον, και θεος ην ο λογος του θεου   (Io.Com 2, 4, 37)
   [Ad]

^A εν αρχη ην ο λογος του θεου   (Io.Com 2, 4, 41)   [Ad]

^A ο λογος ην εν αρχη   (Io.Com 1, 19, 112)   [Ad]

^A ο λογος εν αρχη ην   (Io.Com 1, 19, 118)   [Ad]

A ινα εν αρχη η ο λογος (Io.Com 1, 19, 111) [All]

A εστι και ο εν αρχη λογος προς τον θεον θεος λογος
    (Io.Com 1, 23, 150) [All]

A μη κωλυεσθαι ειναι προς τον θεον ... αλλα οντα εν τη αρχη, τη
    σοφια, ειναι προς τον θεον (Io.Com 1, 39, 289) [All]

A εικων ο προς τον θεον εστι λογος, ος εν αρχη ην, τω ειναι
    προς τον θεον αει μενων θεος (Io.Com 2, 2, 18) [All]

A εχει προς τον εν αρχη λογον προς τον θεον οντα λογον
    θεον, ου ο θεος λογος προς τον θεον (Io.Com 2, 3, 20)
    [All]

A ο εν αρχη λογος ο προς τον θεον ων ο θεος λογος (Io.Com
    2, 3, 21) [All]

A τινες μετεχουσιν αυτου του εν αρχη λογου και προς τον
    θεον λογου, και θεου λογου (Io.Com 2, 3, 28) [All]

A εν τινι ην ο λογος, οτι εν αρχη, και προς τινα ουτος ην, οτι
    προς τον θεον, και τις ο λογος ην, οτι θεος (Io.Com 2, 4,
    35) [All]

A περι του λογου, λογον ...τον εν αρχη προς τον θεον και θεον
    λογον (Io.Com 2, 37, 228) [All]

αυτος γαρ ο εν αρχη λογος ην, ο προς τον θεον, ο λογος θεος
    (Io.Com 6, 17, 94) [All]

ζητειν τον εν αρχη λογον, προς τον θεον λογον (Io.Com 19,
    12, 74) [All]

αλλ' ο εν αρχη προς τον θεον υιος αυτου θεος λογος (Io.Com
    20, 42, 398) [All]

διοπερ ο εν αρχη προς τον θεον λογος, οστις και θεος λογος
    ην (Io.Com 20, 11, 85) [All]

ο γαρ λογος εν αρχη προς τον θεον, ο θεος λογος (Io.Com 32,
    25, 324) [All]

καν ο εν αρχη προς τον θεον λογος ...ερχηται προς ημας (Cels
    4, 5) [All]

ο ... λογος, θεος και αυτος ων   (Cels 4, 5)   [All]

η ως εν γενει ειδη του εν αρχη λογου προς τον θεον θεου
λογου   (Cels 5, 22)   [All]

καθο λογος ην, και προς θεον ην, και θεος ην   (Cels 6, 68)
[All]

ο θειος λογος εισαγει τον εν αρχη προς τον θεον θεον λογον
γινομενον σαρκα   (Cels 7, 42)   [All]

ο εν αρχη λογος ων και προς τον θεον ων και θεος ων   (Cels 8,
6)   [All]

θεος ην λογος προς τον πατερα   (Ier.Hom 1, 8)   [All]

ουδενος γαρ ο λογος ζωον, ουδενος ο λογος θεος, ουδενος γαρ
ο λογος εν αρχη προς εκεινον ην, ου ο λογος ην, καν ει
μονος, απο τινος ην αρχης   (Ier.Hom 20, 1)   [All]

μη συνιδων το απορρητον ... του εν αρχη προς τον θεον λογου
και αυτου θεου οντος   (Ier.Hom; Philoc 1, 28)   [All]

ως ην εν αρχη προς τον θεον, θεος λογος ων   (Mat.Com 12, 4)
[All]

ει δε και λογος τις εστιν ο Ηλιας υποδεεστερος λογου του εν
αρχη προς τον θεον θεου λογου   (Mat.Com 13, 2)   [All]

ινα γενηται οποιος ην εν αρχη προς τον θεον, θεος λογος ων
(Mat.Com 15, 24)   [All]

ουτως και ο σωτηρ προηγουμενως <μεν > υιος ων του θεου και
θεος εστι   (Mat.Com 17, 20)   [All]

ινα εκεινου αξιωθωμεν και τρεφομενοι τω εν αρχη προς θεον
θεω λογω θεοποιηθωμεν   (Orat 27, 13)   [All]

Αδια του εν αρχη προς τον θεον λογου   (Princ 4, 2, 7)   [All]

της ... επιφανειας του σωτηρος ημων λογου του εν αρχη προς
τον θεον   (Ps.Com2 A; Philoc 1, 29)   [All]

TEXT: εν αρχη ην ο λογος, και ο λογος ην προς τον θεον, και
θεος ην ο λογος

Lac.: P⁴⁵ C W

και² rell] add ο L

John 1:2

^Aουτος ην εν αρχη προς τον θεον (Io.Com 2, 4, 34) [L]

^Aουτος ην εν αρχη προς τον θεον (Io.Com 2, 9, 64) [L]

^Aουτος ην εν αρχη προς τον θεον (Io.Com 1, 39, 290) [C]

^Aουτος ην εν αρχη προς τον θεον (Io.Com 2, 4, 34) [C]

^Aουτος ην εν αρχη προς τον θεον (Io.Com 2, 4, 35) [C]

^Aουτος ην εν αρχη προς τον θεον (Io.Com 2, 9, 64) [C]

^Aουτος... ην εν αρχη προς τον θεον (Io.Com 2, 9, 66) [C]

^Aουτος ην εν αρχη προς τον θεον (Io.Com 2, 9, 67) [C]

^Aουτος ην εν αρχη προς τον θεον (Io.Com 2, 9, 68) [C]

^Aουτος ην εν αρχη προς τον θεον (Io.Com 2, 9, 69) [C]

+ ουτος ην εν αρχη προς τον θεον + (Heracl 1, 8) [C]

+ ουτος ην [εν] αρχη προς τον θεον (Pasc 11, 10) [C]

^Aουτος γαρ φησιν ην εν αρχη προς τον θεον (Io.Com 2, 9, 66)
[Ad]

οστις εν αρχη προς τον θεον (Cels 6, 68) [Ad]

ως ην εν αρχη προς τον θεον (Mat.Com 12, 4) [Ad]

ινα γενηται οποιος ην εν αρχη προς τον θεον (Mat.Com 15,
24) [Ad]

^Aαπο του σεσαρκωσθαι εφ' ο ην εν αρχη προς τον θεον
(Io.Com 1, 7, 43) [All]

^Aλογον ημων νοουντων τον εν αρχη προς τον θεον και θεον
λογον (Io.Com 2, 37, 228) [All]

^Aο πας δη του θεου λογος ο εν αρχη προς τον θεον   (Io.Com 5, 5; Philoc 5, 4) [All]

ως και ο λογος ου δια τινος ο εν αρχη προς τον θεον και η σοφια (Io.Com 6, 6, 38) [All]

μη αναγραψαντι του εν αρχη προς τον θεον λογου   (Io.Com 10, 8, 32) [All]

απο του εν αρχη προς τον θεον λογου (Io.Com 19, 9, 56) [All]

ετι ο πιστευσας τω εν αρχη προς τον θεον λογω   (Io.Com 19, 23, 155) [All]

ενουμενων τω εν αρχη προς τον θεον λογω   (Io.Com 20, 16, 134) [All]

και ειδης αυτον λογον εν αρχη προς τον θεον   (Ier.Hom 1, 8) [All]

ο δε λογος ο εν αρχη προς τον θεον ου τεταρακται   (Ier.Hom 14, 6) [All]

ταυτα υπο του εν αρχη προς τον θεον λογου θεου σπειρεται (Mat.Com 10, 2) [All]

ο εν αρχη προς τον θεον θεος λογος ουκ επιδημει ψυχη (Mat.Com 10, 14) [All]

εν αρχη προς τον θεον θεος λογος (Rom.Com 5, 8) [All]

TEXT: ουτος ην εν αρχη προς τον θεον

Lac.: P⁴⁵ C W

John 1:3

^Aπαντα δι' αυτου εγενετο   (Io.Com 2, 10, 70) [L]

^Aπαντα δι' αυτου εγενετο και χωρις αυτου εγενετο ουδε εν (Io.Com 2, 15, 108) [C]

παντα δι' αυτου εγενετο και χωρις αυτου εγενετο ουδε εν (Io.Com 6, 38, 188) [C]

παντα δι' αυτου εγενετο και χωρις αυτου εγενετο ουδεν
(Io.Com 13, 19, 118) [C][1]

+ παντα δι' αυτου εγενετο, και χωρις αυτου εγενετο ουδε εν
(Heracl 1, 9) [C]

^Aπαντα δι' αυτου εγενετο   (Io.Com 1, 39, 290) [C]

^Aπαντα δι' αυτου εγενετο   (Io.Com 2, 10, 73) [C]

^Aπαντα δι' αυτου εγενετο   (Io.Com 2, 11, 79) [C]

^Aπαντα δι' αυτου εγενετο   (Io.Com 2, 11, 86) [C]

^Aπαντα δι' αυτου εγενετο   (Io.Com 2, 12, 89) [C]

^Aπαντα δι' αυτου εγενετο   (Io.Com 2, 12, 89) [C]

^Aπαντα δι' αυτου εγενετο   (Io.Com 2, 13, 91) [C]

^Aπαντα δι' αυτου εγενετο   (Io.Com 2, 14, 100) [C][2]

^Aπαντα δι' αυτου εγενετο   (Io.Com 2, 14, 102) [C]

^Aπαντα δι' αυτου εγενετο   (Io.Com 2, 15, 110) [C]

^Aκαι χωρις αυτου εγενετο ουδε εν   (Io.Com 2, 13, 91) [C]

^Aκαι χωρις αυτου εγενετο ουδε εν   (Io.Com 2, 14, 100) [C]

^Aχωρις αυτου εγενετο ουδε εν   (Io.Com 2, 14, 101) [C]

^Aχωρις αυτου εγενετο ουδε εν   (Io.Com 2, 15, 105) [C]

---

[1] It is to be noted that on this occasion Origen quotes the text as cited by Heracleon. As happens in a number of other instances (see, e.g., 4:17, 37), Heracleon's text conforms closely with the Western tradition (ουδεν), over against Origen's Alexandrian text (ουδε εν). The significance of this difference will be explored in our second volume. For full analyses, see Bart D. Ehrman, "Heracleon, Origen, and the Text of the Fourth Gospel," in *Vigiliae Christianae* (forthcoming), and idem, "Heracleon and the 'Western' Textual Tradition," *New Testament Studies* (forthcoming).

[2] Origen appears to be citing Heracleon's text here.

^Aπαντα δι' αυτου εγενετο και ουχι παντα δι' αυτου ην, και
χωρις αυτου εγενετο ουδε εν ουχι δε χωρις αυτου ην ουδε
εν (Io.Com 2, 19, 131) [Ad]

^Aδι' ου τα παντα εγενετο (Io.Com 1, 36, 266) [All]

δι' ου τα παντα εγενετο (Io.Com 6, 6, 31) [All]

δι' ου τα παντα εγενετο (Io.Com 6, 38, 188) [All]

^Aτινα τα δια του λογου γεγευημενα παντα και τι το χωρις
αυτου γενομενον μεν, ον δε ουδεποτε και δια τουτο ουδεν
καλουμενον (Io.Com 2, 13, 99) [All]

^Aταχα ουν παντα μεχρι και των χειρονων δια του λογου
γεγενηται και χωρις αυτου απλουστερον ημων
εκλαμβανοντων το ουδεν, εγενετο ουδεν (Io.Com 2, 15,
107) [All]

πλην πειθομενοι καλως υπο του λογου παντα γινεσθαι
(Io.Com 13, 28, 170) [All]

ατε λογος θεος δι' ου τα παντα εγενετο (Cels 6, 69) [All]

ο θεος λογος, δι' ου τα παντ' εγενετο (Cels 6, 71) [All]

δι' ου τα παντα γεγονεν (Heracl 2, 11) [All]

ουκ ειπεν η γραφη παντα δια του θεου εγενετο αλλα παντα δια
του λογου (Rom.Com 5, 12) [All]

TEXT: παντα δι' αυτου εγενετο και χωρις αυτου εγενετο ουδε
εν

Lac.: P⁴⁵ C [inc. ουδε] W

ουδε εν ℵ^c rell] ουδεν P⁶⁶ ℵ* D f¹ [NA: a b e]

John 1:4
^Aο γεγονεν <εν > αυτω ζωη ην, και η ζωη ην το φως των
ανθρωπων (Io.Com 2, 16, 112) [L]

^Aο γεγονεν εν αυτω ζωη ην, και η ζωη ην το φως των
ανθρωπων (Io.Com 2, 18, 128) [C]

^Aο γεγονε, γαρ φησιν, εν αυτω ζωη ην, και η ζωη ην το φως των ανθρωπων + (Io.Com 1, 25, 159) [C]

^Aο γεγονεν εν αυτω ζωη ην (Io.Com 1, 19, 112) [C]

^Aο γεγονεν εν αυτω ζωη ην (Io.Com 1, 31, 223) [C]

^Aο γεγονεν εν αυτω ζωη ην (Io.Com 2, 16, 114) [C]

^Aο γεγονεν εν αυτω ζωη ην (Io.Com 2, 21, 137) [C][3]

^Aη ζωη ην το φως των ανθρωπων (Io.Com 2, 22, 143) [C]

^Aκαι ο γεγονεν εν τω λογω ζωη ην, και η ζωη ην το φως των ανθρωπων (Io.Com 2, 12, 89) [Ad]

^Aει γε ζωη εστι το φως των ανθρωπων (Io.Com 2, 19, 130) [Ad]

^Aουτως ο γεγονεν εν αυτω ουχι ο ην εν αυτω ζωη ην (Io.Com 2, 19, 131) [Ad]

^Aτινα μεντοι γε των αντιγραφων εχει, και ταχα ουκ απιθανως· ο γεγονεν εν αυτω ζωη εστιν (Io.Com 2, 19, 132) [Ad]

^Aη ζωη ην το των ανθρωπων μονων φως (Io.Com 2, 22, 141) [Ad]

^Aο γεγονε, γαρ φησιν, εν αυτω δηλονοτι τω προειρημενω λογω ζωη ην (Io.Com 2, 24, 155) [Ad]

ο γεγονεν εν τω λογω ζωη ην, και η ζωη ην το φως των ανθρωπων (Cels 6, 5) [Ad]

^Aφως τυγχανον αληθινον και φως των ανθρωπων (Io.Com 1, 9, 53) [All]

^Aωσπερ ουν η ζωη γεγονεν εν τω λογω (Io.Com 1, 19, 112) [All]

---

[3] Origen refers to Heracleon's interpretation of this passage here, although he does not appear to be directly quoting his text. A close examination of the context of Origen's discussion suggests that Heracleon's text read ο γεγονεν εν αυτω ζωη εστιν, along with ℵ and D. See further Ehrman, "Heracleon, Origen, and the Text of the Fourth Gospel," and our discussion in volume two.

ᴬ εστι δε το φως των ανθρωπων   (Io.Com 1, 25, 159) [All]

ᴬ και δια τουτο γινεται φως των ανθρωπων   (Io.Com 1, 20, 120)
   [All]

ᴬ προσαγορευεται ηπερ φως των ανθρωπων   (Io.Com 1, 26,
   168) [All]

ᴬ ο σωτηρ λεγεται και φως αληθινον και φως των ανθρωπων
   (Io.Com 1, 26, 179) [All]

ᴬ φως εστιν ανθρωπων και φως αληθινον   (Io.Com 1, 27, 181)
   [All]

ᴬ τουτο δη το φως, ο γεγονεν εν τω λογω, τυγχανον και ζωη
   (Io.Com 2, 26, 167) [All]

και εν τω λογω εν αρχη προς τον θεον γεγονεν η ζωη
   (Io.Com 20, 39, 369) [All]

ητις αμα και φως εστιν των ανθρωπων   (Io.Com 20, 39, 370)
   [All]

εχοντας τηλικουτον νοητον γνωσεως φως και ... φως ανθρωπων
   (Cels 5, 10) [All]

TEXT: ο γεγονεν εν αυτω ζωη ην, και η ζωη ην το φως των
   ανθρωπων

Lac.: P⁴⁵ W

ην¹ rell] εστιν ℵ D a b e

εν rell] omit P⁶⁶

των ανθρωπων Bᶜ rell] omit B*

John 1:5

ᴬ και το φως εν τη σκοτια φαινει, και η σκοτια αυτο ου
   κατελαβεν   (Io.Com 2, 25, 158) [L]

ᴬ + και το φως εν τη σκοτια φαινει, και η σκοτια αυτο ου
   κατελαβε   (Io.Com 1, 25, 159) [C]

A το φως εν τη σκοτια φαινει   (Io.Com 2, 37, 226)   [C]

το φως εν τη σκοτια φαινει   (Cels 7, 51)   [C]

A η σκοτια αυτο ου κατελαβεν   (Io.Com 2, 27, 168)   [C]

A η σκοτια αυτο ου κατελαβεν   (Io.Com 2, 27, 168)   [C]

A της κακιας σκοτισθεντες δεονται φωτος του εν τη σκοτια
   φαινοντες και υπο σκοτιας μη καταλαμβανομενου   (Io.Com
   1, 20, 120)   [All]

A φησει ου ταυτον ειναι το φαινον εν τη σκοτια φως και μη
   καταλαμβανομενον υπ' αυτης   (Io.Com 2, 23, 149)   [All]

A τουτο δη το φως ο γεγονεν εν τω λογω τυγχανον και ζωη
   φαινει εν τη σκοτια των ψυχων ημων'   (Io.Com 2, 26, 167)
   [All]

A εγγισασα η σκοτια του φωτος ηφανιζετο· πλην εκατερως η
   σκοτια ου κατελαβε το φως   (Io.Com 2, 27, 170)   [All]

αλλ' η σκοτια και ο ανειληφως αυτην ου κατειληφεν το
   διωκομενον φως   (Io.Com 32, 24, 316)   [All]

το εν τη σκοτια φαινον και μη καταλαμβανομενον υπ' αυτης
   (Io.Com 20, 39, 370)   [All]

TEXT: και το φως εν τη σκοτια φαινει, και η σκοτια αυτο ου
   κατελαβε

Lac: P45 W

εν τη σκοτια φαινει rell] φαινει εν τη σκοτια b e

αυτο rell] αυτον a e

John 1:6

A εγενετο ανθρωπος απεσταλμενος παρα θεου, ονομα αυτω
   Ιωαννης   (Io.Com 2, 29, 175)   [L]

εγενετο ανθρωπος απεσταλμενος παρα θεου, ονομα αυτω
   Ιωαννης   (Io.Com 32, 17, 202)   [C]

ᴬο γενομενος ανθρωπος απεσταλμενος παρα θεου, ῳ ονομα
  Ιωαννης + (Io.Com 2, 37, 225) [Ad]

επει ο Ιωαννης ηλθεν εις μαρτυριαν ανθρωπος απεσταλμενος
  παρα θεου (Io.Com 6, 18, 98) [All]

TEXT: εγενετο ανθρωπος απεσταλμενος παρα θεου ονομα
  αυτῳ Ιωαννης

Lac: P⁴⁵ W

θεου ℵᶜ Dᶜ rell] add ην ℵ* D* [NA: a b e]

θεου Dᶜ rell] κυριου D*

John 1:7
ᴬουτος ηλθεν εις μαρτυριαν, ινα μαρτυρηση περι του φωτος,
  ινα παντες πιστευσωσι δι' αυτου (Io.Com 2, 34, 199) [L]

ᴬουτος ηλθεν εις μαρτυριαν, ινα μαρτυρηση περι του φωτος
  (Io.Com 2, 29, 179) [C]

ᴬουτος ηλθεν εις μαρτυριαν, ινα μαρτυρηση περι του φωτος
  (Io.Com 2, 37, 223) [C]

ᴬουτος ηλθεν εις μαρτυριαν, ινα μαρτυρηση περι του φωτος
  (Io.Com 2, 37, 229) [C]

ᴬ + ηλθεν εις μαρτυριαν, ινα μαρτυρηση περι του φωτος
  (Io.Com 2, 37, 225) [C]

ᴬινα παντες πιστευσωσι δι' αυτου (Io.Com 2, 37, 229) [C]

ινα παντες πιστευσωσι δι' αυτου (Io.Com 6, 18, 99) [C]

ᴬκαι απεσταλη ινα μαρτυρηση περι του φωτος (Io.Com 2, 29,
  176) [Ad]

επει ο Ιωαννης ηλθεν εις μαρτυριαν ανθρωπος απεσταλμενος
  παρα θεου ινα μαρτυρηση περι του φωτος, ινα παντες
  πιστευσωσι δι' αυτου (Io.Com 6, 18, 98) [Ad]

επει εληλυθεν ουτος ινα παντες πιστευσωσι δι' αυτου
  (Io.Com 6, 38, 192) [Ad]

^Aαπεστελλεται ... και μαρτυρειν περι του φωτος   (Io.Com 2, 29, 178) [All]

^Aκαι Ιωαννης τοινυν ηλθεν, ινα μαρτυρηση περι του φωτος (Io.Com 2, 35, 212) [All]

^Aαλλ' ουδε ηλθεν εις μαρτυριαν, ινα μαρτυρηση περι του λογου (Io.Com 2, 37, 228) [All]

TEXT: ουτος ηλθεν εις μαρτυριαν, ινα μαρτυρηση περι του φωτος, ινα παντες πιστευσωσι δι' αυτου

Lac: P⁴⁵ W

πιστευσωσι rell] πιστευσουσιν D

John 1:9

^Aην το φως το αληθινον, ο φωτιζει παντα ανθρωπον, ερχομενον εις τον κοσμον   (Io.Com 1, 25, 159) [C]

το φως το αληθινον, ο φωτιζει παντα ανθρωπον, ερχομενον εις τον κοσμον   (Io.Com 20, 33, 288) [C]

ην το φως το αληθινον ο φωτιζει παντα ανθρωπον ερχομενον εις τον κοσμον   (Cels 6, 59) [C]

ην γαρ το φως το αληθινον ο φωτιζει παντα ανθρωπον ερχομενον εις τον κοσμον +   (Ier.Hom 9, 1) [C]

ην το φως το αληθινον ο φωτιζει παντα ανθρωπον ερχομενον εις τον κοσμον   (Ier.Hom 14, 10) [C]

^Aκαι ετερον αγαθον φως του κοσμου φως τυγχανον αληθινον και φως των ανθρωπων (Io.Com 1, 9, 53) [All]

^Aεστι δε το φως των ανθρωπων και το φως το αληθινον (Io.Com 1, 25, 159) [All]

^Aεστι δε ο χριστος, φως τυγχανον κοσμου, φως αληθινον (Io.Com 1, 26, 167) [All]

^Aο σωτηρ λεγεται και φως αληθινον και φως των ανθρωπων (Io.Com 1, 26, 179) [All]

ᴬτουτο το φως φως αληθινον   (Io.Com 2, 23, 151)   [All]

ᴬφως εστιν ανθρωπων και φως αληθινον   (Io.Com 1, 27, 181)
   [All]

οτε το φως το αληθινον πεποιηκεν ...   (Io.Com 13, 46, 306)
   [All]

εχοντας τηλικουτον νοητον γνωσεως φως και...φως αληθινον
   (Cels 5, 10)   [All]

πως ο υιος του θεου φως αληθινον εστιν, ο φωτιζει παντα
   ανθρωπον ερχομενον εις τον κοσμον   (Cels 5, 11)   [All]

φως αληθινον φωτιζει παντα ανθρωπον ερχομενον εις τον
   αληθινον και νοητον κοσμον   (Cels 6, 5)   [All]

φησι προσειληφεναι την επι γης των μεν εν ουρανω και
   προτερον υπο του λογου πεφωτισμενων   (Orat 26, 4)   [All]

TEXT: ην το φως το αληθινον, ο φωτιζει παντα ανθρωπον,
   ερχομενον εις τον κοσμον

Lac.: P45 W

John 1:10
   εν τω κοσμω γαρ ην και ο κοσμος δι' αυτου εγενετο και ο
   κοσμος αυτον ουκ εγνω   (Io.Com 32, 28, 356)   [C]

   εν τω κοσμω ην και ο κοσμος δι' αυτου εγενετο   (Io.Com 6,
   39, 195)   [C]

   + εν τω κοσμω ην και ο κοσμος δι' αυτου εγενετο και ο
   κοσμος αυτον ουκ εγνω +   (Ier.Hom 9, 1)   [C]

   εν τω κοσμω ην και ο κοσμος αυτον ουκ εγνω   (Mat.Com 13,
   20)   [C]

   επει ουδεπω του κοσμου εξεληλυθασιν ο δε κοσμος αυτον ουκ
   εγνω   (Io.Com 6, 39, 195)   [All]

   εν τω κοσμω γαρ ην το αληθινον φως, τω περιγεω τοπω τω
   κατα την ημετεραν <οικουμενην> νοουμενω και ο κοσμος
   αυτον ουκ εγνω   (Mat.Com 13, 20)   [All]

TEXT: εν τω κοσμω ην και ο κοσμος δι' αυτου εγενετο και ο
κοσμος αυτον ουκ εγνω

Lac.: P⁴⁵ W

αυτου ℵᶜ rell] αυτον ℵ*

John 1:11
+ εις τα ιδια ηλθεν και οι ιδιοι αυτον ου παρελαβον   (Ier.Hom
9, 1) [C]

Lac.: P⁴⁵ W

John 1:12
οσοι δε ελαβον αυτον εδωκεν αυτοις εξουσιαν τεκνα θεου
γενεσθαι τοις πιστευουσιν εις το ονομα αυτου   (Io.Com 20,
33, 288) [C]

οσοι δε ελαβον αυτον εδωκεν αυτοις εξουσιαν τεκνα θεου
γενεσθαι τοις πιστευουσιν εις το ονομα αυτου   (Orat 22, 2)
[C]

οσοι ελαβο[ν αυ]τον ε[δ]ωκεν αυτοις εξουσιαν τεκνα θεου
γενεσθαι +   (Pasc 40, 37) [C]

ουκ οργης υιος προ του λαβειν εξουσιαν τεκνον θεου γενεσθαι
(Io.Com 20, 33, 291) [All]

λαβοντες ουν εξουσιαν τεκνα θεου γενεσθαι, παντα
πραττωμεν ...   (Io.Com 20, 34, 306) [All]

οτε λαβων ηδη εξουσιαν τεκνον θεου γενεσθαι   (Io.Com 20,
34, 309) [All]

TEXT: οσοι δε⁴ ελαβον αυτον εδωκεν αυτοις εξουσιαν τεκνα
θεου γενεσθαι τοις πιστευουσιν εις το ονομα αυτου

---

⁴ In this instance we can be relatively certain of the introductory δε: Origen
gives identical quotations of the text, with the conjunction, in two different works. It
is particularly to be noted that the conjunction does not serve to fit the quotation
into its wider context in Io.Com 20, 33, 288. It therefore appears to have derived
from Origen's own form of the text.

Lac.: P⁴⁵ W

δε rell] omit D e

John 1:13
+ οι ουκ εξ αιματων ουδε εκ θεληματος ανδρος αλλ ᾿ εκ θεου
εγεννηθησαν (Pasc 41, 2) [Ad]*⁵

Lac.: P⁴⁵ W

οι rell] omit D a; ος b

ουδε εκ θεληματος ανδρος ℵᶜ Bᶜ Dᶜ rell] ουδε θεληματος
ανδρος ℵ* D*; omit B*

εγεννηθησαν Bᶜ rell] εγενηθησαν P⁷⁵ A B* Δ Θ Ω;
εγεννηθη b

εκ² rell] add του E

John 1:14
και ο λογος σαρξ εγενετο ... και εσκηνωσεν εν ημιν ...
εθεασαμεθα την δοξαν αυτου (Orat 27, 4) [C]

ο λογος σαρξ εγενετο και εσκηνωσεν εν ημιν (Ier.Hom 9, 1)
[C]

ο λογος σαρξ εγενετο και εσκηνωσεν εν ημιν (Mat.Com 14,
17) [C]

ᴬο λογος σαρξ εγενετο (Io.Com 1, 18, 107) [C]

---

⁵ The agreement of Origen and E* in omitting ουδε εκ θεληματος σαρκος
(*post* αιματων) is to be attributed to the looseness of the citation, rather than to a
textual affinity. It is to be noted that Origen also fails to cite the final clause of v. 12
in the earlier portion of the quotation. We have consequently labeled the reference
an adaptation, and not cited the omission in the apparatus.

^Aο λογος σαρξ εγενετο   (Io.Com 1, 37, 275)   [C]

^Aο λογος σαρξ εγενετο   (Io.Com 1, 37, 276)   [C]

^Aο λογος σαρξ εγενετο   (Io.Com 2, 37, 228)   [C]

ο λογος σαρξ εγενετο   (Io.Com 20, 11, 85)   [C]

ο λογος σαρξ εγενετο   (Cels 6, 9)   [C]

και ο λογος σαρξ εγενετο   (? Fr 7)   [C]

και εθεασαμεθα την δοξαν αυτου, δοξαν ως μονογενους παρα
   πατρος πληρης χαριτος και αληθειας   (Mat.Com 12, 30)   [C]

εθεασαμεθα την δοξαν αυτου, δοξαν ως μονογενους παρα
   πατρος πληρης χαριτος και αληθειας   (Cels 6, 68)   [C]

δοξαν ως μονογενους παρα πατρος πληρης χαριτος και
   αληθειας   (Reg.Hom 7)   [C]

ειδομεν την δοξαν αυτου ... δοξαν ως μονογενους παρα πατρος
   πληρης χαριτος και αληθειας   (Fr C, Cels?; Philoc 15, 19)
   [C][6]

ειδομεν την δοξαν αυτου   (Fr C, Cels?; Philoc 15, 19)   [C]

ο λογος σαρξ εγενετο ινα κατασκηνωση εν ημιν   (Fr C, Cels?;
   Philoc 15, 19)   [Ad]

^Aου λογου την δοξαν ειδεν ο Ιωαννης αληθως μονογενους ως
   απο πατρος   (Io.Com 1, 37, 276)   [All]

^Aτον γενομενον σαρκα λογον το παν νομισαντες ειναι του
   λογου   (Io.Com 2, 3, 29)   [All]

^Aη περι λογου γενομενου σαρκος   (Io.Com 2, 37, 228)   [All]

του λογου του θεου διδασκοντος αυτους πριν γενηται σαρξ
   (Io.Com 6, 4, 17)   [All]

Ιορδανην μεντοι γε νοητεον <τον > του θεου λογον τον
   γενομενον σαρκα και σκηνωσαντα ην ημιν   (Io.Com 6, 42,
   220)   [All]

---

[6] On the difficulty of identifying the work from which this chapter of the
Philocalia has been drawn, see the discussion of M. Harl, *SC* 302, pp. 440-42.

περι του γενομενου σαρκος λογου (Io.Com 10, 8, 32) [All]

ποιησαι ο γενομενος σαρξ λογος (Io.Com 13, 37, 237) [All]

φησιν ο γενομενος σαρξ λογος (Io.Com 13, 40, 268) [All]

οι τον χριστον παραδεξαμενοι και τεθεαμενοι την δοξαν αυτου
  αποστολοι (Io.Com 13, 46, 305) [All]

περικειται ο γενομενος σαρκος λογος (Io.Com 32, 4, 44)
  [All]

σαρξ ουν εγενετο και γενομενος σαρξ εσκηνωσεν εν ημιν
  (Cels 6, 8) [All]

οπερ σαρξ εγενετο σαρξ (Cels 6, 68) [All]

ατε ων λογος θεος, δι' ου τα παντα εγενετο και εσκηνωσεν εν
  ημιν (Cels 6, 69) [All]

θεον λογον γινομενον σαρκα (Cels 7, 42) [All]

καθοτι ο λογος γεγονε σαρξ (Cels 7, 43) [All]

σαρξ γαρ γεγονεν ο λογος (? Fr 20) [All]

πολλα δ' αν και περι αυτου λεγοιτο του λογου, ος γεγονε σαρξ
  (Mat.Com 11, 14) [All]

και γεγονεν εν τω υπερ αυτον λογω οστις τοις μεν εν σαρκι
  ζωσι σαρξ εγεγονει (Mat.Com 12, 4) [All]

και το μονογενες αυτου τω πατρι θεω και το της χαριτος
  πληρες ομοιως δε και της αληθειας (Mat.Com 12, 30) [All]

TEXT: και ο λογος σαρξ εγενετο και εσκηνωσεν εν ημιν και
  εθεασαμεθα την δοξαν αυτου, δοξαν ως μονογενους παρα
  πατρος πληρης χαριτος και αληθειας

Lac.: P⁴⁵ W

μονογενους rell] add υιον a (? unici filius)

παρα rell] omit e

πληρης rell] πληρη D

και⁴ Bᶜ rell] omit B*

John 1:15

ο Ιωαννης μαρτυρει περι αυτου και κεκραγε λεγων   (Io.Com 6,
18, 100) [C]

ουτος ην ο ειπων ο οπισω μου ερχομενος εμπροσθεν μου
γεγονεν οτι πρωτος μου ην   (Io.Com 6, 6, 34) [C]

ουτος ην ο ειπων ο οπισω μου ερχομενος   (Io.Com 6, 3, 13)
[C]

ᴬο οπισω μου ερχομενος εμπροσθεν μου γεγονε   (Io.Com 2,
35, 214) [C]

ο οπισω μου ερχομενος εμπροσθεν μου γεγονεν οτι πρωτος
μου ην   (Io.Com 6, 6, 33) [C]

ο οπισω μου ερχομενος εμπροσθεν μου γεγονεν   (Reg.Hom
7) [C]

ο οπισω μου ερχομενος εμπροσθεν μου γεγονεν   (Reg.Hom
7) [C]

εμπροσθεν μου γεγονεν οτι πρωτος μου ην   (Io.Com 6, 6, 35)
[C]

εμπροσθεν γεγονεν οτι πρωτος μου ην   (Io.Com 6, 6, 36) [C]

ᴬος μαρτυρων κεκραγε λεγων ο οπισω μου ερχομενος
εμπροσθεν μου γεγονεν οτι πρωτος μου ην +   (Io.Com 2,
35, 212) [Ad]

TEXT: ο Ιωαννης ⁷ μαρτυρει περι αυτου και κεκραγε λεγων·
ουτος ην ο ειπων ο οπισω μου ερχομενος εμπροσθεν μου
γεγονεν οτι πρωτος μου ην

---

⁷ Only one citation includes the first portion of the verse; since it employs the
article with Ιωαννης, however, we assume, lacking other evidence, that this was
Origen's text. Singular variations of this kind will have no effect on the quantitative
analysis, since there we will consider only readings shared by two or more witnesses.

Lac.: P⁴⁵ W

λεγων ℵ^c rell] omit ℵ* D b

ην¹ rell] εστιν a b e

ο ειπων ℵ^c B* C*] ον ελεγον C^c (a b e); ον ειπον B^c (a b e) rell; omit ℵ*

ο¹] omit rell

περι αυτου rell] omit b

ειπων (D*) rell] add υμιν (D^c)

ο³ P⁶⁶^c rell] omit P⁶⁶*

ερχομενος ℵ^c rell] add ος ℵ*

John 1:16

^{A} + οτι εκ του πληρωματος αυτου ημεις παντες ελαβομεν και χαριν αντι χαριτος + (Io.Com 2, 35, 212) [C]

^{A}εκ του πληρωματος αυτου ημεις παντες ελαβομεν (Io.Com 2, 35, 213) [C]

εκ του πληρωματος αυτου ημεις παντες ελαβομεν και χαριν αντι χαριτος + (Io.Com 6, 3, 14) [C][8]

εκ του πληρωματος δε αυτου ημεις παντες ελαβομεν ... χαριν αντι χαριν (Io.Com 6, 3, 15) [C]

οτι εκ του πληρωματος αυτου ημεις παντες ελαβομεν και χαριν αντι χαριτος (Io.Com 6, 6, 33) [C]

οτι εκ του πληρωματος αυτου ημεις παντες ελαβομεν (Io.Com 6, 6, 35) [C]

επει εκ του πληρωματος αυτου εγω τε και οι προ εμου προφηται ειληφαμεν χαριν την θειοτεραν και μειζονα και προφητικην αντι χαριτος (Io.Com 6, 6, 35) [All]

---

[8] Origen appears to be citing Heracleon's text here.

προειρημενον εκ του πληρωματος χριστου ειληφοτα χαριτος
τηλικαυτης μετεσχηκοτα   (Io.Com 6, 13, 74)   [All]

εκ γαρ του πληρωματος αυτου λαβοντες οι προφηται λεγουσι
(Ier.Hom 50, 2; Philoc 1, 28)   [All]

TEXT: οτι εκ του πληρωματος αυτου ημεις παντες ελαβομεν
και χαριν αντι χαριτος

Lac.: P⁴⁵ D (expl. παντες) W

οτι P⁶⁶·⁷⁵ ℵ B C* D L 33 579 a b e UBS] και Cᶜ rell

και rell] omit a b e [D lac.]

John 1:17
A + οτι ο νομος δια Μωσεως εδοθη, η χαρις και η αληθεια δια
Ιησου Χριστου εγενετο +   (Io.Com 2, 35, 212)   [C]

+ οτι ο νομος δια Μωϋσεως εδοθη, η χαρις και η αληθεια δια
Ιησου Χριστου εγενετο   (Io.Com 6, 3, 14)   [C]⁹

η χαρις και η αληθεια δια Ιησου Χριστου εγενετο   (Io.Com 6, 6,
37)   [C]

η χαρις και η αληθεια δια Ιησου Χριστου εγενετο   (Io.Com 6, 6,
42)   [C]

την αληθειαν δια Ιησου Χριστου γεγενησθαι νενοηκοτα
(Io.Com 6, 13, 74)   [All]

εκλαβειν την δια Ιησου Χριστου γεγενημενην του
πνευματικου νομου αληθειαν   (Io.Com 6, 51, 267)   [All]

ουκ εν τυποις προσκυνειν δει τω πατρι αλλ' εν αληθεια, ητις
δια Ιησου Χριστου εγενετο μετα το δοθηναι τον νομον δια
Μωυσεως   (Cels 7, 70)   [All]

TEXT: οτι ο νομος δια Μωσεως εδοθη, η χαρις και η αληθεια δια
Ιησου Χριστου εγενετο

---

⁹ Origen appears to be citing Heracleon's text here.

Lac.: P⁴⁵ D W

χαρις rell] add δε P⁶⁶ a b e

οτι rell] τι Ω

Χριστου ℵᶜ rell] omit ℵ*

John 1:18

A + θεον ουδεις εωρακε πωποτε· ο μονογενης θεος ο ων εις
τον κολπον του πατρος εκεινος εξηγησατο (Io.Com 2, 35,
212) [C]

θεον ουδεις εωρακε πωποτε (Cels 7, 27) [C]

ο μονογενης θεος ο ων εις τον κολπον του πατρος εκεινος
εξηγησατο (Io.Com 32, 20, 264) [C]

μονογενης θεος ο ων εις τον κολπον του πατρος εκεινος
εξηγησατο (Io.Com 6, 3, 13) [C][10]

ουχ υγιως δε ο Ηρακλεον υπολαμβανει ουδεις τον θεον
εωρακεν πωποτε (Io.Com 6, 3, 13) [Ad]

θεον ουδεις εωρακε πωποτε και μονογενης γε ων θεος ο ων
εις τον κολπον του πατρος εκεινος εξηγησατο (Cels 2, 71)
[Ad]

πως θεον ουδεις εωρακεν πωποτε και το τον μονογενη εις τον
κολπον οντα του πατρος την εξηγησιν αυτω (Io.Com 6, 3,
14) [All]

περι θεου και του μονογενους τον εις τον κολπον του πατρος
διηγησαμενον τα τοσαυτα (Io.Com 6, 13, 74) [All]

---

[10] Heracleon's text may have influenced the form of this citation. See Ehrman,
"Heracleon, Origen, and the Text of the Fourth Gospel," and our discussion in
volume two.

εξηγησατο εις τον κολπον του πατρος   (Io.Com 6, 3, 15)
[All][11]

νοησας τις ουν πως δει ακουειν περι μονογενους θεου υιου
του θεου   (Cels 7, 43)   [All]

ο επι πασι πιστευεται και ο τουτου μονογενης υιος λογος και
θεος   (Cels 7, 49)   [All]

θεος δε και ο μονογενης αυτου λογος παρεστι ημιν   (Cels 8, 1)
[All]

την εικονα του θεου του αορατου, τον μονογενη θεον   (Cels 8,
17)   [All]

TEXT: θεον ουδεις εωρακε πωποτε· ο μονογενης[12] θεος ο ων
εις τον κολπον του πατρος εκεινος εξηγησατο

Lac.: P45 D W

πωποτε rell] add ει μη   a b e

ο μονογενης θεος P75 אᶜ 33] μονογενης θεος P66 א* B C*
L UBS; ο μονογενης υιος Cᶜ rell

---

[11] C. Blanc (*SC* 157, p. 140) follows Preuschen in supplying the missing words,
so as to read εξηγησατο <ο ων > εις τον κολπον του πατρος. It appears, however,
that the manuscript tradition is correct in giving the shorter text, and that in doing
so it has preserved the form of the text known to Heracleon (cf. א and a). See
Ehrman, "Heracleon and the 'Western' Textual Tradition," and, especially, idem,
"Heracleon, Origen, and the Text of the Fourth Gospel." We will take up the matter
further in our second volume.

[12] Origen's text almost certainly attests the article with μονογενης: this is the
text of the two clearest citations in the John commentary and five of the seven
references to the text both there and in the *Contra Celsum*. Only one clear
quotation lacks the article (Io.Com 6, 3, 13), and there it may simply be for
contextual reasons: Origen refers to the verse as a cross reference to indicate the
terminus of the passage he is about to discuss. There may be reasons to think,
however, that the absence of the article in this instance is due to the form of the text
that Origen found in Heracleon's exposition, on which he is commenting. We will
expound these reasons more fully in our second volume See further Ehrman,
"Heracleon, Origen, and the Text of the Fourth Gospel," and idem, "Heracleon and
the 'Western' Textual Tradition".

ο ων   א^c rell] omit א* (a)

εωρακε πωποτε rell] πωποτε εωρακε P⁷⁵

εις rell] omit a

John 1:19

και αυτη εστιν η μαρτυρια του Ιωαννου (Io.Com 6, 3, 13) [L]

τοτε απεστειλαν οι Ιουδαιοι εξ Ιεροσολυμων ιερεις και
Λευιτας ινα ερωτησωσιν αυτον· συ τις ει; + (Io.Com 6, 9,
4) [L]

συ τις ει; (Io.Com 6, 8, 51) [C]

συ τις ει; (Io.Com 6, 9, 56) [C]

συ τις ει; (Io.Com 6, 9, 56) [C]

συ τις ει; (Io.Com 19, 24, 160) [C]

^Aκαι αυτη η μαρτυρια εστιν Ιωαννου μετ᾽ εκεινην δευτερα
οτε προς τους αποστειλαντας εξ Ιεροσολυμων ιερεις και
Λευιτας (Io.Com 2, 35, 214) [All]

ηδη ουν ιδωμεν την δευτεραν Ιωαννου μαρτυριαν. απο
Ιεροσολυμων Ιουδαιοι, ως συγγενεις οντες του βαπτιστου
απο γενους ιερατικου τυγχανοντος, ιερεις πεμπουσι και
Λευιτας πευσομενους οστις ποτε ειη ο Ιωαννης (Io.Com 6,
7, 43) [All]

μια μεν απο Ιεροσολυμων υπο Ιουδαιων πεμποντων ιερεις και
Λευιτας, ινα ερωτησωσιν αυτον· συ τις ει; (Io.Com 6, 8, 50)
[All]

τι δηποτε των ιερεων και Λευιτων πυνθανομενων Ιωαννου
ουχι ει αυτος ειη ο χριστος, αλλα· συ τις ει; (Io.Com 6, 9,
56) [All]

οι Ιουδαιοι απο Ιεροσολυμων τους ιερεις και Λευιτας πεμπουσι
προς τον Ιωαννην δια του· συ τις ει (Io.Com 6, 9, 61) [All]

θελων δ᾽ ετι παραστησαι δια τι ιερεις και Λευιται οι
επερωτωντες απο των Ιουδαιων πεμφθεντες εισιν (Io.Com
6, 21, 115) [All]

δυο ταγματα πεμποντων παρα τω Ιωαννη αναγεγραπται, εν
μεν Ιουδαιων των απο Ιεροσολυμων αποστελλοντων ιερεις
και Λευιτας　(Io.Com 6, 28, 147)　[All]

δευτεραν δε προς τους ιερεις και Λευιτας τους απο
Ιεροσολυμων υπο Ιουδαιων απεσταλμενους　(Io.Com 6, 49,
257)　[All]

TEXT: και αυτη εστιν η μαρτυρια του Ιωαννου οτε απεστειλαν
οι Ιουδαιοι εξ Ιεροσολυμων ιερεις και Λευιτας ινα
ερωτησωσιν αυτον· συ τις ει;

Lac.: P45 D W

του ΠＣ rell] omit Π* f1　[NA: a b e]

απεστειλαν　Cc rell] add προς αυτον　B C* 33 892 a b UBS

Λευιτας　P66* rell] add προς αυτον　P66cvid Α Θ Π Ψ f13 579 e

ερωτησωσιν　rell] ερωτησουσιν　P75 L Δ 33 579;
επερωτησωσιν　ℵ　[NA: a b e]

οι　rell] omit 1241

ιερεις　rell] ιερον　a

John 1:20
+ και ωμολογησε και ουκ ηρνησατο και ωμολογησεν οτι εγω
ουκ ειμι ο χριστος　(Io.Com 6, 9, 54)　[L]

εγω ουκ ειμι ο χριστος　(Io.Com 6, 7, 43)　[C]

εγω ουκ ειμι ο χριστος　(Io.Com 6, 9, 56)　[C]

ουκ ειμι ο χριστος　(Io.Com 6, 7, 43)　[C]

Α ομολογει ουκ αρνουμενος το αληθες, ως αρα ουκ αυτος ειη ο
χριστος　(Io.Com 2, 35, 214)　[All]

και Ιωαννης μεν προς τους εληλυθοτας ομολογησας και μη
αρνησαμενος υστεραν　(Io.Com 6, 9, 55)　[All]

TEXT: και ωμολογησε και ουκ ηρνησατο και ωμολογησεν οτι
εγω ουκ ειμι ο χριστος

Lac.: P⁴⁵ D W

και ουκ ηρνησατο και ωμολογησεν C* (a) rell] και ουκ
ηρνησατο ωμολογησεν Cᶜ L f¹ 33 b; και ουκ ηρνησατο ℵ (e);
omit 579

εγω ουκ ειμι C* rell] ουκ ειμι εγω Cᶜ E Θ Π Ω f¹. ¹³ 565 700
892 1241 TR

ηρνησατο rell] add αυτοις e

John 1:21

και ηρωτησαν αυτον· τι ουν; συ Ηλιας ει; και λεγει ουκ ειμι
(Io.Com 6, 10, 62) [L]

ο προφητης ει συ; και απεκριθη ου (Io.Com 6, 15, 88) [L]

τι ουν; συ Ηλιας ει; και ειπεν ουκ ειμι (Io.Com 6, 9, 58) [C]

τι ουν; συ Ηλιας ει; ... ο προφητης αρα ει συ (Io.Com 6, 8, 51)
[C]

συ Ηλιας ει; (Io.Com 6, 13, 77) [C]

ο προφητης ει συ; απεκριθη ου (Io.Com 6, 15, 89) [C]

ο προφητης ει συ; (Io.Com 6, 15, 89) [C]

ο προφητης ει συ; (Io.Com 6, 21, 115) [C]

συ Ηλιας ει; λεγει Ιωαννης ουκ ειμι (Io.Com 6, 10, 62) [Ad]

προς τους ιερεις και Λευιτας το· ουκ ειμι (Io.Com 6, 11, 70)
[Ad]

ᴬ ως αρα ουκ αυτος ειη ο χριστος ουδε Ηλιας ουδε ο προφητης
(Io.Com 2, 35, 214) [All]

λεγει δε μη τυγχανειν Ηλιας παλιν ομολογων δια του ουκ ειμι
το αληθες (Io.Com 6, 6, 44) [All]

τριτον ερωτωσιν ουχι ει προφητης ειη, αλλ᾿ ει ο προφητης
(Io.Com 6, 7, 45) [All]

ως αρα Ιωαννης ωμολογησεν μη ειναι ο χριστος, αλλα μηδε
προφητης μηδε Ηλιας (Io.Com 6, 15, 92) [All][13]

TEXT: και ηρωτησαν αυτον· τι ουν; συ Ηλιας ει; και λεγει ουκ
ειμι· ο προφητης ει συ; και απεκριθη ου

Lac.: P⁴⁵ D W

αυτον rell] add παλιν אᶜ a; add παλιν λεγοντες b e; παλιν
א*; add και ειπον αυτω 1241

συ Ηλιας ει P⁶⁶· ⁷⁵ C* Ψ 33 e UBS] Ηλιας ει א (B) L a;
Ηλιας ει συ Cᶜ rell

και² rell] omit א a b [565 lac.]

ειμι rell] add τι ουν a b; add απεκριθησαν e [565 lac.]

ηρωτησαν rell] επηρωτησαν א*

τι ουν rell] τις ουν P⁶⁶; συ ουν τι B; τι ουν ει e; omit b

και ... προφητης rell] omit 565

ο אᶜ rell] omit א* [565 lac.]

προφητης rell] add ουν e [565 lac.]

και³ rell] omit f¹

απεκριθη rell] λεγει a

ου rell] ουκ ειμι e

---

[13] Origen is paraphrasing Heracleon's text in order to emphasize that he failed
to account for the article before προφητης. Here again, Heracleon appears to
embody the Western tradition (προφητης] ο προπφητης; cf. א. Unfortunately, D is
lacunose). See further Ehrman, "Heracleon, Origen, and the Text of the Fourth
Gospel," idem, "Heracleon and the 'Western' Textual Tradition," and our discussion
in volume two.

John 1:22

ειπον ουν αυτω· τις ει; ινα αποκρισιν δωμεν τοις πεμψασιν
ημας· τι λεγεις περι σεαυτου;   (Io.Com 6, 16, 93) [L]

τις ει; ινα αποκρισιν δωμεν τοις πεμψασιν ημας· τι λεγεις περι
σεαυτου;   (Io.Com 6, 8, 51) [C]

τις ει; ινα αποκρισιν δωμεν τοις πεμψασιν ημας· τι λεγεις περι
σεαυτου;   (Io.Com 6, 9, 59) [C]

Lac.: P45 D W

αυτω   P66* Ec rell] add συ   P(66c). 75 E*; omit b e

τις ει rell] ειπε ουν ημιν· τις ει a; ειπε ουν ημιν b; τις ουν
ει· ειπε ημιν e

ινα rell] add αναστρεφοντες e (? reversi)

John 1:23

εφη εγω φωνη βοωντος εν τη ερημω· ευθυνατε την οδον
κυριου, καθως ειπεν Ησαιας ο προφητης   (Io.Com 6, 17, 94)
[L]

A φωνη βοωντος εν τη ερημω· ευθυνατε την οδον κυριου,
καθως ειπεν Ησαιας ο προφητης   (Io.Com 2, 35, 214) [C]

φωνη βοωντος εν τη ερημω· ευθυνατε την οδον κυριου
(Io.Com 6, 7, 47) [C]

φωνη βοωντος εν τη ερημω· ευθυνατε την οδον κυριου
(Io.Com 6, 24, 128) [C]

εγω φωνη βοωντος εν τη ερημω   (Io.Com 6, 9, 55) [C]

εγω φωνη βοωντος εν τη ερημω   (Io.Com 6, 9, 56) [C]

εγω φωνη βοωντος εν τη ερημω   (Io.Com 6, 20, 108) [C]

εγω φωνη βοωντος εν τη ερημω   (Io.Com 6, 21, 118) [C][14]

---

[14] Origen appears to be citing Heracleon's text here.

εγω φωνη βοωντος εν τη ερημω   (Io.Com 6, 32, 164) [C]

ευθυνατε την οδον κυριου   (Io.Com 6, 19, 103) [C]

ευθυνατε την οδον κυριου   (Io.Com 6, 24, 129) [C]

ευθυνατε την οδον κυριου   (Io.Com 6, 43, 225) [C]

A εγω φωνη βοωντος εν τη ερημω· ετοιμασατε την οδον
   κυριου, ευθειας ποιειτε τας τριβους αυτου   (Io.Com 2, 32,
   194) [All]

καλως δε και το μη ειναι αυτον την φωνην λεγοντος εν τη
   ερημω, αλλα βοωντος εν τη ερημω   (Io.Com 6, 18, 99) [All]

ειναι αυτον την φωνην ... βοωντος εν τη ερημω ... ευθυνατε την
   οδον κυριου   (Io.Com 6, 18, 99) [All]

TEXT: εφη εγω φωνη βοωντος εν τη ερημω· ευθυνατε την οδον
   κυριου, καθως ειπεν Ησαιας ο προφητης

_____

Lac.: P45 D W

εφη rell] ο δε εφη f13; και εφη e; οις λεγει b; ος
αποκρινεται a

κυριου rell] add ευθειας ποιειτε τας τριβους του θεου ημων
   e

καθως ... προφητης rell] omit b

John 1:24
και απεσταλμενοι ησαν εκ των φαρισαιων + (Io.Com 6, 22,
   119) [L]

απεσταλμενοι ησαν εκ των φαρισαιων + (Io.Com 6, 25, 132)
   [C]

και τριτη γινεται προς απεσταλμενους εκ των φαρισαιων
   (Io.Com 6, 8, 48) [All]

TEXT: και απεσταλμενοι ησαν εκ των φαρισαιων

Lac.: P⁴⁵ D W

και P66. 75 ℵ* A* B C* L Ψ UBS] add οι ℵc Ac Cc rell [NA: a b e]

εκ rell] add των Λευειτων και (a) e

John 1:25

+ και ηρωτησαν αυτον και ειπαν αυτω· τι ουν βαπτιζεις ει συ ουκ ει ο χριστος ουδε Ηλιας ουδε ο προφητης; (Io.Com 6, 22, 119) [L]

+ και ηρωτησαν αυτον (Io.Com 6, 25, 132) [C]

τι ουν βαπτιζεις ει συ ουκ ει ο χριστος ουδε Ηλιας ουδε ο προφητης; (Io.Com 6, 8, 52) [C]

τι ουν βαπτιζεις ει συ ουκ ει ο χριστος ουδε Ηλιας ουδε ο προφητης; (Io.Com 6, 22, 120) [C]

τι ουν βαπτιζεις ει συ ουκ ει ο χριστος ουδε Ηλιας ουδε ο προφητης; (Io.Com 6, 23, 124) [C]

τι ουν βαπτιζεις ει συ ουκ ει ο χριστος ουδε Ηλιας ουδε ο προφητης; (Io.Com 6, 28, 146) [C]

τι ουν βαπτιζεις ει συ ουκ ει ο χριστος ουδε Ηλιας ουδε ο προφητης; (Io.Com 6, 38, 189) [C]

τι ουν βαπτιζεις ει συ ουκ ει ο χριστος (Io.Com 6, 30, 154) [C]

τι ουν βαπτιζεις ... ει συ ουκ ει ο χριστος (Io.Com 6, 30, 154) [C]

και βουλομενους μαθειν τι δηποτε βαπτιζει, μητε Χριστος μητε Ηλιας μητε ο προφητης τυγχανων (Io.Com 6, 8, 48) [All]

TEXT: και ηρωτησαν αυτον και ειπαν αυτω· τι ουν βαπτιζεις ει συ ουκ ει ο χριστος ουδε Ηλιας ουδε ο προφητης;

Lac.: P⁴⁵ D W

και ηρωτησαν αυτον (1241) rell] omit ℵ e; ινα ερωτησωσιν αυτον b; μαθηται και Λευιται a

και ειπαν αυτω rell] ειπαν αυτω a b; λεγοντες e

ουδε ... ουδε P⁶⁶·⁷⁵ℵ A B C L Ψ f¹ 33 579 UBS] ουδε ... ουτε Θ; ουτε ... ουτε rell [NA: a b e]

ο² rell] omit C Δ [NA: a b e]

ηρωτησαν rell] ηρωτουν 1241

John 1:26

απεκρινατο αυτοις ο Ιωαννης λεγων· εγω βαπτιζω εν υδατι· μεσος υμων εστηκεν ον υμεις ουκ οιδατε +   (Io.Com 6, 30, 153) [L]

εγω βαπτιζω εν υδατι· μεσος δε υμων εστηκεν ον υμεις ουκ οιδατε +   (Io.Com 6, 8, 48) [C]

εγω βαπτιζω εν υδατι (Io.Com 6, 31, 158) [C]

ᴬμεσος υμων εστηκεν ον υμεις ουκ οιδατε +   (Io.Com 2, 35, 215) [C]

ᴬμεσος υμων εστηκεν ον υμεις ουκ οιδατε (Io.Com 2, 35, 215) [C]

μεσος υμων εστηκεν ον υμεις ουκ οιδατε (Io.Com 6, 30, 156) [C]

μεσος υμων εστηκεν ον υμεις ουκ οιδατε (Io.Com 6, 38, 188) [C]

μεσος υμων στηκει ον υμεις ουκ οιδατε (Io.Com 32, 30, 378) [C]

μεσος υμων στηκει ον υμεις ουκ οιδατε (Io.Com 32, 30, 380) [C]

μεσος υμων στηκει ον υμεις ουκ οιδατε (Cels 2, 9) [C]

μεσος υμων στηκει ον υμεις ουκ οιδατε +   (Cels 2, 9) [C]

μεσος υμων στηκει ον υμεις ουκ οιδατε + (Cels 5, 12) [C]

μεσος υμων εστηκεν (Io.Com 6, 30, 154) [C]

μεσος υμων εστηκεν (Io.Com 6, 30, 155) [C]

μεσος υμων στηκει (Io.Com 6, 39, 194) [C][15]

μεσος υμων εστηκεν (Io.Com 6, 39, 197) [C]

ον υμεις ουκ οιδατε (Io.Com 6, 30, 155) [C]

ον υμεις ουκ οιδατε (Io.Com 6, 38, 190) [C]

ον υμεις ουκ οιδατε (Io.Com 6, 39, 195) [C]

εγω γαρ φησιν βαπτιζω εν υδατι (Io.Com 6, 30, 154) [Ad]

ου μονον γινωσκομενος ως μεσος εστηκως (Io.Com 6, 49, 257) [All]

TEXT: απεκρινατο αυτοις ο Ιωαννης λεγων· εγω βαπτιζω εν
υδατι· μεσος υμων [εστηκεν / στηκει][16] ον υμεις ουκ οιδατε

Lac.: P[45] D W

απεκρινατο L 33 579] και απεκριθη e; αποκριθεις a;
απεκριθη rell

λεγων rell] omit P[75] f[1] e

εγω rell] add μεν f[13] b

---

[15] Origen appears to be citing Heracleon's text here. See the following
footnote.

[16] With the exception of Io.Com 6, 39, 194 -- which happens to preserve
Heracleon's text -- the alternation of εστηκεν / στηκει follows a regular pattern:
Origen used the perfect tense early in his career (John Commentary, Books 1-6),
the present tense late (Book 32, and the *Contra Celsum*). This appears then to be
an instance in which he continued using an Alexandrian MS during his early
residence in Caesarea, before changing MSS later. See further Ehrman,
"Heracleon, Origen, and the Text of the Fourth Gospel," idem, "Heracleon and the
'Western' Textual Tradition," and our discussion in volume two.

βαπτιζω rell] add υμας Δ Θ a b

υδατι rell] add εις μετανοιαν a (b)

μεσος P66. 75 א B C* L UBS] add δε Cc rell

εστηκεν (Origen) rell] στηκει (Origen) B L f1 a b e;
εισστηκει P75 (א)

----

o rell] omit A

εν אc rell] add τω א*

υμων στηκει rell] στηκει εντος υμων a

John 1:27

+ οπισω μου ερχομενος ου ουκ ειμι εγω αξιος ινα λυσω αυτου
τον ιμαντα του υποδηματος (Io.Com 6, 30, 153) [L]

A + οπισω μου ερχομενος ου ουκ ειμι αξιος εγω ινα λυσω
αυτου τον ιμαντα του υποδηματος (Io.Com 2, 35, 215) [C]

+ ο οπισω μου ερχομενος ου ουκ ειμι εγω αξιος ινα λυσω
αυτου τον ιμαντα του υποδηματος (Io.Com 6, 8, 48) [C]

οπισω μου ερχομενος (Io.Com 6, 39, 197) [C][17]

+ οπισω μου ερχομενος (Cels 2, 9) [C]

+ οπισω μου ερχομενος (Cels 5, 12) [C]

ου ουκ ειμι εγω αξιος ινα λυσω αυτου τον ιμαντα του
υποδηματος (Io.Com 6, 30, 157) [C]

ου ουκ ειμι εγω αξιος ινα λυσω τον ιμαντα του υποδηματος
αυτου (Mat.Com 17, 32) [C][18]

---

[17] Origen appears to be citing Heracleon's text here. See further Ehrman,
"Heracleon and the 'Western' Textual Tradition."

[18] Interestingly for identifying the source of this quotation, Origen claims that
it is the reading of Mark, Luke, *and* John. It differs from Origen's other citations of
John 1:27 in relocating αυτου to follow υποδηματος, as happens in the texts of Mark
1:7 and Luke 3:16.

ουκ ειμι εγω αξιος ινα λυσω αυτου τον ιμαντα του υποδηματος
(Io.Com 6, 36, 185) [C]

ουκ ειμι αξιος ινα λυσω αυτου τον ιμαντα του υποδηματος
(Io.Com 6, 39, 198) [C][19]

αξιον αναγραφει ο Ιωαννης (Io.Com 6, 36, 180) [All]

παρα δε τω Ιωαννη ουκ ειναι αξιος (Io.Com 6, 36, 182) [All]

TEXT: οπισω[20] μου ερχομενος ου ουκ ειμι εγω αξιος ινα λυσω
αυτου τον ιμαντα του υποδηματος

Lac.: P⁴⁵ D W

οπισω (P⁶⁶. ⁷⁵)ℵ B (C*) (L) (Θ) (f¹) (33) (579) (1241) (a)
(UBS)] αυτος εστιν ο οπισω Cᶜ rell

οπισω ℵ* B] ο οπισω ℵᶜ rell

ερχομενος P⁶⁶. ⁷⁵ℵ B C* L Ψ f¹ 33 579 1241 b UBS] add ος
εμπροσθεν μου γεγονεν Cᶜ rell

[21] ουκ ειμι εγω αξιος (P⁶⁶ᶜ) B Ψ f¹³ 579 UBS] ουκ ειμι αξιος
εγω 1241 a; ουκ ειμι αξιος (P⁶⁶*. ⁷⁵)ℵ C L 33 565; εγω ουκ
ειμι αξιος rell

αξιος rell] ικανος P⁶⁶. ⁷⁵

---

[19] Origen appears to be citing Heracleon's text, which differs slightly from his own (see the apparatus). Moreover, the context of Origen's discussion, in which he disputes his opponent's exegesis, demonstrates that Heracleon supported P⁶⁶ and P⁷⁵ in reading ικανος for αξιος. See further Ehrman, "Heracleon, Origen, and the Text of the Fourth Gospel," idem, "Heracleon and the 'Western' Textual Tradition," and our discussion in volume two.

[20] We take Origen's text as secure in the omission of the article before οπισω. He cites the passage in this way five of six occasions, four of which represent continuous quotations of vv. 26-27 without a break. Preuschen omits the article in his edition of Io.Com 6, 8, 48 as well, in light of the consistent pattern attested elsewhere.

[21] We are taking as the reading of f¹³ the text found in MSS 13, 69, 453, and 788. Other family members read without εγω.

αυτου τον ιμαντα του υποδηματος rell] τον ιμαντα του
υποδηματος αυτου P⁶⁶ a b (e)

του υποδηματος rell] omit 579

John 1:28

ταυτα εν Βηθαβαρα εγενετο περαν του Ιορδανου, οπου ην
Ιωαννης βαπτιζων (Io.Com 6, 40, 204) [L]

οτι μεν σχεδον εν πασι τοις αντιγραφοις κειται· ταυτα εν
Βηθανια εγενετο ουκ αγνοουμεν και εοικεν τουτο και ετι
προτερον γεγονεναι· και παρα Ηρακλεωνι γουν Βηθανιαν
ανεγνωμεν, επεισθημεν δε μη δειν Βηθανια αναγινωσκειν,
αλλα Βηθαβαρα, γενομενοι εν τοις τοποις επι ιστοριαν των
ιχνων Ιησου και των μαθητων αυτου και των προφητων
(Io.Com 6, 40, 204) [All]*

περαν δε του Ιορδανου κατα τα εξω της Ιουδαιας (Io.Com 6,
42, 220) [All]

ευθυνατε την οδον κυριου προσιοντος περαν του Ιορδανου
(Io.Com 6, 43, 225) [All]

πρωτον μεν γαρ εν Βηθαβαρα παρα τω Ιορδανη βαπτιζομενος
γινεται (Io.Com 13, 64, 455) [All]

TEXT: ταυτα εν Βηθανια²² εγενετο περαν του Ιορδανου, οπου
ην Ιωαννης βαπτιζων

Lac.: P⁴⁵ D W

---

²² It is to be recalled that we are interested in determining what Origen's MSS
read, not what he, on the basis of his own scholarly work, believed the original text
of the Fourth Gospel to have been. He himself emended Βηθανια, the reading
found in his MSS of the Fourth Gospel, to Βηθαβαρα; this emendation itself proved
influential, as later scribes incorporated it into their texts. Origen admits, however,
that his preference is based not on MS evidence, but on having realized that his
MSS could not be correct: Bethany is not near the River Jordon (Io.Com 6, 40, 204).
His statement that "nearly" all MSS read Βηθανια should probably be taken, then, as
hyperbole; so far as we can tell, none of his MSS read otherwise.

Βηθανια **א*** C* Ψ* rell] Βηθαβαρα **א**c Cc Π Ψc f1. 13 33 TR;
Βηθαραβα **א**c

εν Βηθανια εγενετο (**א**c) rell] εγενετο εν Βηθανια P66 **א***
a b e

ην rell] add o P66. 75**א** B C UBS [NA: a b e]

Ιωαννης rell] add το πρωτον (C) f13 1241

Ιορδανου rell] add ποταμου **א**

John 1:29

τη επαυριον βλεπει τον Ιησουν ερχομενον προς αυτον
  (Io.Com 6, 49, 252) [L]

και λεγει· ιδε ο αμνος του θεου ο αιρων την αμαρτιαν του
  κοσμου (Io.Com 6, 51, 264) [L]

A ιδε ο αμνος του θεου ο αιρων την αμαρτιαν του κοσμου
  (Io.Com 1, 3, 17) [C]

A ιδου ο αμνος του θεου ο αιρων την αμαρτιαν του κοσμου
  (Io.Com 1, 4, 21) [C]

A ιδε ο αμνος του θεου ο αιρων την αμαρτιαν του κοσμου
  (Io.Com 1, 22, 137) [C]

A ιδε ο αμνος του θεου ο αιρων την αμαρτιαν του κοσμου
  (Io.Com 1, 32, 234) [C]

A ιδε ο αμνος του θεου ο αιρων την αμαρτιαν του κοσμου +
  (Io.Com 2, 35, 216) [C]

ιδε ο αμνος του θεου ο αιρων την αμαρτιαν του κοσμου
  (Io.Com 6, 58, 300) [C]

ιδε ο αμνος του θεου ο αιρων την αμαρτιαν του κοσμου
  (Io.Com 6, 59, 304) [C]

ο αμνος του θεου ο αιρων την αμαρτιαν του κοσμου   (Io.Com
  28, 18, 155) [C]

ο αμνος του θεου ο αιρων την αμαρτιαν του κοσμου   (Pasc 23,
  15) [C]

βλεπει ο Ιωαννης τον Ιησουν ερχομενον προς αυτον και λεγει·
ιδε ο αμνος του θεου ο αιρων την αμαρτιαν του κοσμου
(Io.Com 6, 49, 253)   [Ad]

ουτος εστιν ο αμνος του θεου ο αιρων την αμαρτιαν του
κοσμου   (Io.Com 6, 53, 273)   [Ad]

ουτος εστιν ο αμνος του θεου ο αιρων την αμαρτιαν του
κοσμου   (Io.Com 10, 19, 96)   [Ad]

και τον αμνον του θεου τον αιροντα την αμαρτιαν του κοσμου
(Io.Com 19, 19, 120)   [Ad]

ουτος εστιν ο αμνος του θεου ο αιρων την αμαρτιαν του
κοσμου   (Gen.Com A 3, 25; Philoc 14, 2)   [Ad]

ο αληθως αμνος ο αιρων την αμαρτιαν του κοσμου   (Pasc 44,
22)   [Ad]

ᴬο αμνος του θεου, ινα αρη την αμαρτιαν του κοσμου
(Io.Com 1, 32, 233)   [All]

νυν δε ο Ιησους μετα τα προεξετασθεντα μαρτυρια Ιωαννου
περι αυτου αυτος βλεπεται υπο του βαπτιστου ερχομενος
προς αυτον   (Io.Com 6, 49, 252)   [All]

περι του αμνου του θεου δια τουτο θυομενου, ινα αρη αμαρτιαν
ουκ ολιγων, αλλ᾽ ολου του κοσμου   (Io.Com 6, 55, 284)
[All]

παντος τε του κοσμου αρας την αμαρτιαν   (Io.Com 6, 56, 290)
[All]

νοησωμεν τον αμνον του θεου αιροντα την αμαρτιαν του
κοσμου   (Io.Com 6, 57, 296)   [All]

<του > αιροντος δε την αμαρτιαν του κοσ <μου > αμνου
(Io.Com 6, 58, 298)   [All]

παλιν εν τω τοπω ο Ηρακλεων γενομενος χωρις πασης
κατασκευης και παραθεσεως μαρτυριων αποφαινεται οτι το
μεν αμνος του θεου ως προφητης φησιν ο Ιωαννης, το δε ο
αιρων την αμαρτιαν του κοσμου ως περισσοτερον προφητου
(Io.Com 6, 60, 306)   [All]

μηποτε αυτη εστιν η σαρξ του αιροντος την αμαρτιαν του
κοσμου αμνου   (Io.Com 10, 17, 99)   [All]

ως αμνου, ινα πρωτον αρη ημων την αμαρτιαν   (Io.Com 19, 6, 39) [All]

ως αμνος θεου και ηρεν την αμαρτιαν του κοσμου   (Io.Com 28, 25, 237) [All]

ουκ εκωλυσεν ως αμνος του θεου ιν᾽ αρη την αμαρτιαν του κοσμου   (Cels 2, 10) [All]

παραδους αυτον αμνον οντα εαυτου ιν᾽ αρη την αμαρτιαν του κοσμου ο υπερ παντος αυτου αποθνησκων αμνος θεου (Cels 8, 43) [All]

... και ολου του κοσμου ινα αυτου αρη την αμαρτιαν   (Mat.Com 13, 8) [All]

TEXT: τη επαυριον βλεπει[23] τον Ιησουν ερχομενον προς αυτον και λεγει· ιδε ο αμνος του θεου ο αιρων την αμαρτιαν του κοσμου

Lac.: P[45] D W

βλεπει C*Θ* rell] add ο Ιωαννης Cᶜ E Θᶜ Ω f[13] b e TR

θεου rell] add ιδε a b

την αμαρτιαν rell] τας αμαρτιας e

---

[23] In general we have not preferred the text of the lemmata over that found in the commentary *ad loc.* In the present instance we should point out that, perhaps contrary to appearances, the text of Io.Com 6, 49, 253 does not evidence Origen's attestation of ο Ιωαννης as the expressed subject of the sentence. Prior to the quotation Origen refers to the confession of Elizabeth, John's mother; he now shifts to the confession made by John himself. He mentions John's name, therefore, for contextual reasons, not because he found the name in his MSS of the Fourth Gospel.

John 1:30

ᴬ ουτος εστιν υπερ ου εγω ειπον οτι οπισω μου ερχεται ανηρ
ος εμπροσθεν μου γεγονεν, οτι πρωτος μου ην + (Io.Com
1, 22, 137) [C]

ᴬ + ουτος εστιν υπερ ου εγω ειπον οτι οπισω μου ερχεται
ανηρ ος εμπροσθεν μου γεγονεν, οτι πρωτος μου ην +
(Io.Com 2, 35, 216) [C]

ουτος εστι περι ου εγω ειπον   (Reg.Hom 7) [C]

οπισω μου ερχομενος   (Io.Com 6, 30, 156) [Ad]

ᴬ αλλα και ανηρ προς τουτοις λεγεται οπισω Ιωαννου
ερχομενος, εμπροσθεν αυτου γεγενημενος και προ αυτου
ων   (Io.Com 1, 32, 236) [All]

TEXT: ουτος εστιν υπερ ου εγω ειπον οτι οπισω μου ερχεται
ανηρ ος εμπροσθεν μου γεγονεν, οτι πρωτος μου ην[24]

Lac.: P⁴⁵ D W

υπερ P⁶⁶. ⁷⁵ℵ* B C* UBS] περι ℵᶜ Cᶜ rell [NA: a b e]

ουτος rell] αυτος 700

οτι¹] υμιν f¹³; omit rell

John 1:31

ᴬ + καγω ουκ ηδειν αυτον, αλλ' ινα φανερωθη τω Ισραηλ δια
τουτο ηλθον εγω εν υδατι βαπτιζων   (Io.Com 2, 35, 216)
[C]

ᴬ + καγω ουκ ηδειν αυτον   (Io.Com 1, 22, 137) [C]

---

[24] The clear citations in two different books of the John Commentary
demonstrate that Origen read υπερ rather than περι. The presence of the latter in
the Homily on Kings could conceivably represent a different text acquired after his
move to Caesarea, but more plausibly represents a loose form of citation in a brief
reference to the text. The presence of οτι in both of the full citations suggests that
this is a genuine variant reading of Origen, despite its absence from the manuscript
tradition of the Fourth Gospel otherwise.

^Aφησιν ο βαπτιστης οτι ουκ ηδει (Io.Com 1, 32, 236) [All]

Lac.: P⁴⁵ D W

ηλθον εγω C^c rell] εγω ηλθον C* 700 1241 b

εν P⁶⁶. ⁷⁵ℵ B C L Θ Ψ f¹ 33 579 892 1241 UBS] add τω rell [NA: a b e]

ηδειν rell] εγνων 579

Ισραηλ rell] add και e

John 1:32
εμαρτυρησεν ο Ιωαννης λεγων οτι τεθεαμαι το πνευμα
καταβαινον ως περιστεραν εξ ουρανου και εμεινεν επ'
αυτον + (Cels 1, 48) [C]

^Aτεθεαμαι το πνευμα καταβαινον ως περιστεραν εξ ουρανου
και εμεινεν επ' αυτον + (Io.Com 2, 35, 217) [C]

^Aοτε τεθεαται το πνευμα καταβαινον και μενον επ' αυτον
(Io.Com 1, 32, 239) [Ad]

Lac.: P⁴⁵ D W

ο C^c] omit C* rell [NA: a b e]

λεγων ℵ^c rell] omit ℵ* e

καταβαινον ως περιστεραν rell] ως περιστεραν καταβαινον
ℵ a b e

ως P⁷⁵ℵ A B C E L Ω 33 565 579 UBS] ωσει rell [NA: a b e]

εξ rell] εκ του ℵ f¹ [NA: a b e]

εμεινεν rell] μενον ℵ b e; εμενεν 1241

John 1:33

ᴬ + καγω ουκ ηδειν αυτον αλλ' ο πεμψας με βαπτιζειν εν
υδατι, εκεινος μοι ειπεν· εφ' ον αν ιδης το πνευμα
καταβαινον και μενον επ' αυτον, ουτος εστιν ο βαπτιζων εν
πνευματι αγιω + (Io.Com 2, 35, 217) [C]

+ καγω ουκ ηδειν αυτον αλλ' ο πεμψας με βαπτιζειν εν τω
υδατι εκεινος μοι ειπεν· εφ' ον αν ιδης το πνευμα
καταβαινον και μενον επ' αυτον, ουτος εστιν ο βαπτιζων εν
πνευματι αγιω + (Cels 1, 48) [C]

ᴬο πεμψας με βαπτιζειν εν τω υδατι εκεινος μοι ειπεν· εφ' ον
αν ιδης το πνευμα καταβαινον και μενον επ' αυτον, ουτος
εστιν ο βαπτιζων εν πνευματι αγιω και πυρι (Io.Com 2, 29,
179) [C]

ᴬο πεμψας με βαπτιζειν ειπεν· εφ' ον αν ιδης το πνευμα
καταβαινον και μενον επ' αυτον, ουτος εστιν ο βαπτιζων εν
πνευματι αγιω και πυρι (Io.Com 2, 11, 85) [C]

εφ' ον γαρ φησιν εαν ιδης το πνευμα καταβαινον και μενον επ'
αυτον, ουτος εστιν ο βαπτιζων εν πνευματι αγιω (Io.Com
6, 42, 220) [C]

εφ' ον αν ιδης το πνευμα καταβαινον και μενον (Reg.Hom 7)
[C]

ᴬουτος εστιν ο βαπτιζων εν πνευματι αγιω και πυρι (Io.Com
1, 32, 239) [C]

εφ' ον αν ιδης το πνευμα καταβαινον και μενον επ' αυτον
(Io.Com 13, 59, 405) [Ad]

ᴬεφ' ον αν το πνευμα καταβαν μεινη επ' αυτου, ουτος εστιν ο
βαπτιζων εν πνευματι αγιω και πυρι (Io.Com 1, 32, 238)
[All]

ᴬου γαρ λεγεται· εφ' ον αν ιδης το πνευμα καταβαινον μονον
... αλλα καταβαινον και μενον επ' αυτον (Io.Com 2, 11, 85)
[All]

TEXT: καγω ουκ ηδειν αυτον αλλ' ο πεμψας με βαπτιζειν εν τω²⁵ υδατι εκεινος μοι ειπεν· εφ' ον αν ιδης το πνευμα καταβαινον και μενον επ' αυτον, ουτος εστιν ο βαπτιζων εν πνευματι αγιω²⁶

Lac.: P⁴⁵ D W

τω P⁶⁶ℵ f¹] omit rell [NA: a b e]

ουτος rell] αυτος A b e

πνευματι αγιω rell] τω πνευματι τω αγιω L 33 579 [NA: a b e]

καγω (a b e*) rell] και εγω ℵ (a b e*); και eᶜ [579 lac.]

καγω ουκ ηδειν αυτον rell] omit 579

βαπτιζειν rell] βαπτιζων 579

και μενον rell] omit 579

αγιω Cᶜ rell] add και πυρι C*

John 1:34

A + καγω εωρακα και μεμαρτυρηκα οτι ουτος εστιν ο υιος του θεου (Io.Com 2, 35, 217) [C]

+ καγω εωρακα και μεμαρτυρηκα οτι ουτος εστιν ο υιος του θεου (Cels 1, 48) [C]

ουτος εστιν ο υιος του θεου (Io.Com 13, 59, 405) [C]

---

²⁵ We are reading the article with υδατι on the basis of two of the three quotations of the verse, one from Origen's Alexandrian period, the other from his Caesarean.

²⁶ The presence of και πυρι in some of Origen's citations represents a simple conflation with Matt. 3:11 or Luke 3:16. We know that Origen does not attest the words for John because they are lacking from the two citations that continue on with v. 34. Moreover, these latter citations derive from different books written in different periods in different locations.

ουτος εστιν υιος του θεου   (Reg.Hom 7) [C]

TEXT: καγω εωρακα και μεμαρτυρηκα οτι ουτος εστιν ο υιος
του θεου

Lac.: P⁴⁵ D W

υιος א^c rell] εκλεκτος א* (b) e; εκλεκτος υιος a

John 1:35

τη επαυριον παλιν ειστηκει ο Ιωαννης και εκ των μαθητων
αυτου δυο   (Mat.Com 10, 1) [C]

^A εκτον δε μαρτυρει τω Χριστω επι δυο μαθητων ο Ιωαννης
(Io.Com 2, 35, 218) [All]

τριτη δε εστως ο Ιωαννης μετα δυο μαθητων, ενιδων Ιησου
περιπατουντι   (Io.Com 6, 49, 258) [All]

Lac.: P⁴⁵ D W

παλιν ειστηκει rell] ειστηκει P⁷⁵ Ψ; ειστηκει παλιν 579; δε
ειστηκει e; δε b

ο rell] omit P⁷⁵ B L [NA: a b e]

εκ των μαθητων αυτου δυο rell] αι μαθηται αυτου δυο (b) e

John 1:36

^A εμβλεψας τω Ιησου περιπατουντι λεγει· ιδε ο αμνος του
θεου   (Io.Com 2, 35, 218) [C]**²⁷

ιδε ο αμνος του θεου   (Io.Com 6, 49, 258) [C]²⁸

ιδου ο αμνος του θεου   (Io.Com 10, 44, 313) [C]

---

²⁷ There is little doubt concerning Origen's attestation of the shorter text
indicated in the apparatus. This citation is immediately followed by a reference to
1:37.

²⁸ The context of Origen's remarks in both this citation and the one that
follows indicates that he is citing 1:36 rather than 1:29.

Lac.: P⁴⁵ D W

θεου   P⁶⁶ᶜ Cᶜ rell] add ο αιρων την αμαρτιαν του κοσμου
P⁶⁶* C* 892 1241 (a)

ιδε rell] add ο χριστος f¹³

John 1:37
ᴬακουσαντων των δυο μαθητων του Ιωαννου και
ακολουθησαντων τω Ιησου   (Io.Com 2, 35, 218) [All]

John 1:38
στραφεις δε ο Ιησους και θεασαμενος αυτους ...
ακολουθουντας λεγει αυτοις· τι ζητειτε; (Mat.Com 12, 22)
[C]

ᴬραββι (ο λεγεται μεθερμηνευομενον διδασκαλε) που μενεις;
(Io.Com 2, 36, 219) [C]

ᴬστραφεις ο Ιησους και θεασαμενος τους δυο ακολουθουντας
αποκρινεται λεγων· τι ζητειτε; (Io.Com 2, 35, 218) [Ad]

οπερ γεγονεν τω επαυριον του Ανδρεαν τον αδελφον Σιμωνος
Πετρου, πυθομενον που μενει   (Io.Com 13, 62, 435) [All]

πρωτον ακολουθουσιν αυτω, ειτα πυνθανομενοι περι της
μονης αυτου επιτρεπονται ιδειν αυτην   (Mat.Com 10, 1)
[All]

TEXT: στραφεις δε ο Ιησους και θεασαμενος αυτους
ακολουθουντας λεγει αυτοις· τι ζητειτε; ... ραββι (ο λεγεται
μεθερμηνευομενον διδασκαλε) που μενεις;

Lac.: P⁴⁵ D W

στραφεις δε אᶜ rell] στραφεις א* Ε Ω; και στραφεις e

ακολουθουντας Cᶜ rell] add αυτω P⁶⁶ C* 1241 a b e

τι rell] τινα Θ f¹³; add θελειτε η τινα e

λεγεται μεθερμηνευομενον   P⁶⁶· ⁷⁵ℵᶜ A B C L Ψ 33 579 892
(a) UBS] ερμηνευεται   f¹ b e; λεγεται ερμηνευομενον   ℵ*
(a) rell

αυτοις   ℵᶜ rell] omit ℵ*

John 1:39
ᴬ λεγων αυτοις ερχεσθε και οψεσθε   (Io.Com 2, 36, 219)   [All]

ᴬ και εν τω ευαγγελιω την δεκατην αναγραφεσθαι ωραν της
των Ιωαννου μαθητων παρα τω Ιησου καταγωγης   (Io.Com
2, 36, 220)   [All]

μειναντος παρα τω Ιησου τη δεκατη ωρα   (Io.Com 10, 8, 32)
[All]

περι δεκατην ωραν της ημερας μεμενηκεναι παρα τω κυριω
(Io.Com 13, 62, 435)   [All]

και ελθοντες ορωσι και παρ᾽ αυτω μενουσι, παντες μεν την
ημεραν εκεινην   (Mat.Com 10, 1)   [All]

TEXT: λεγει αυτοις ερχεσθε και οψεσθε … και παρ᾽ αυτω
εμειναν την ημεραν εκεινην· ωρα … ην [ως] δεκατη

Lac.: P⁴⁵ D W

οψεσθε   P⁶⁶· ⁷⁵ B C* L Ψ f¹ 33 579 UBS] ιδετε   Cᶜ rell

την ημεραν εκεινην   rell] εκεινην την ημεραν   f¹³ a b e

δεκατη   rell] εκτη   A

John 1:40
ην Ανδρεας ο αδελφος Σιμωνος Πετρου εις εκ των δυο των
ακουσαντων υπο Ιωαννου και ακολουθησαντων αυτω
(Mat.Com 10, 1)   [C]

ᴬ ων Ανδρεας ο αδελφος Σιμωνος Πετρου ην, οστις ωφεληθεις
εν τω παραμεμενηκεναι τω Ιησου   (Io.Com 2, 36, 220)   [All]

οπερ γεγονεν τη επαυριον του Ανδρεαν τον αδελφον Σιμωνος
Πετρου, πυθομενον που μενει (Io.Com 13, 62, 435) [All]

Lac.: P⁴⁵ C (expl. Ιωαννου) D W

των² אᶜ rell] omit א* C [NA: a b e]

\-

Πετρου rell] add και L

υπο] παρα rell

John 1:41
ᴬ ευρηκαμεν τον Μεσσιαν (Io.Com 2, 36, 221) [C]

ᴬ ευρων τον αδελφον τον ιδιον Σιμωνα λεγει· ευρηκαμεν τον
Μεσσιαν, ο εστι μεθερμηνευομενον Χριστος (Io.Com 1, 5,
31) [Ad]

ᴬ ευρων τον αδελφον τον ιδιον Σιμωνα (ταχα γαρ προτερον
ουχ ευρητο) φησιν ευρηκεναι τον Μεσσιαν, ο εστι
μεθερμηνευομενον Χριστος (Io.Com 2, 36, 220) [Ad]

ευρισκομενος υπο του ιδιου αδελφου Σιμων Ανδρεου (Io.Com
10, 8, 31) [All]

η τω υπ᾽ Ανδρεου ευρεθεντι χριστω (Io.Com 10, 44, 313)
[All]

TEXT: ευρισκει ... τον αδελφον τον ιδιον Σιμωνα [και] λεγει ...·
ευρηκαμεν τον Μεσσιαν, ο εστι μεθερμηνευομενον
Χριστος

Lac.: P⁴⁵ C D W

μεθερμηνευομενον rell] μεθερμηνευομενος L 1241 [NA
a b e]

μεθερμηνευομενον rell] add ο 565 Ψ TR [NA: a b e]

\-

τον ιδιον rell] omit b

John 1:42
συ κληθηση Κηφας   (Io.Com 10, 8, 31) [C]

Lac.: P45 C D W

John 1:43
τη επαυριον ηθελησεν εξελθειν εις την Γαλιλαιαν και ευρισκει
Φιλιππον   (Io.Com 13, 62, 435) [C]

εξελθειν εις την Γαλιλαιαν ο εξελθων ζητησαι το απολωλος
ευρισκει Φιλιππον και λεγει αυτω· ακολουθει μοι   (Io.Com
6, 49, 259) [Ad]

η τω ειποντι τω Φιλιππω Ιησου· ακολουθει μοι   (Io.Com 10, 44,
313) [All]

TEXT: τη επαυριον ηθελησεν εξελθειν εις την Γαλιλαιαν και
ευρισκει Φιλιππον· και λεγει αυτω [ο] Ιησους· ακολουθει μοι

Lac.: P45 C D W

ηθελησεν Θ* rell] add ο Ιησους Θc Ψ Ω f13 1241 TR

και1 rell] add πορευομενος b

John 1:45
A ον εγραψεν Μωυσης εν τω νομω και οι προφηται ευρηκαμεν,
τον Ιησουν τον υιον του Ιωσηφ τον απο Ναζαρεθ   (Io.Com
1, 5, 31) [C]

ον εγραψεν Μωσης και οι προφηται ευρηκαμεν, Ιησουν υιον
του Ιωσηφ τον απο Ναζαρεθ   (Io.Com 10, 44, 313) [C]

TEXT: ον εγραψεν Μωυσης εν τω νομω και οι προφηται
ευρηκαμεν, Ιησουν [υιον / τον υιον]29 του Ιωσηφ τον απο
Ναζαρεθ

---

29 Origen uses the article in his Alexandrian period, but not in his Casearean.

Lac.: P⁴⁵ C D W

τον¹ (Origen) rell] omit (Origen) P⁶⁶·⁷⁵ℵ B 33 579 UBS [NA: a b e]

του πͨ rell] omit A Δ π* 33   [NA: a b e]

εν τω νομω rell] omit e

Iησουν rell] omit L

John 1:51

αμην αμην λεγω υμιν οψεσθε τον ουρανον ανεωγοτα και τους
αγγελους του θεου αναβαινοντας και καταβαινοντας επι τον
υιον του ανθρωπου   (Cels 1, 48) [C]

ου γαρ ματην οι αγγελοι του θεου αναβαινουσι και
καταβαινουσι επι τον υιον του ανθρωπου   (Orat 11, 3) [All]

Lac.: P⁴⁵ C D W

υμιν P⁶⁶·⁷⁵ℵ B L 579 a b UBS] add απ' αρτι rell

αμην αμην λεγω υμιν rell] omit 1241

τον ουρανον ανεωγοτα rell] τους ουρανους ανεωγοτας e

του θεου rell] omit e

John Chapter Two

John 2:1
τριτη δε απο της τεταρτης ... ο γαμος γινεται εν Κανα της
Γαλιλαιας (Io.Com 6, 49, 259) [All]

τη εκτη γενομενης της κατα τον εν Κανα της Γαλιλαιας γαμον
οικονομιας (Io.Com 10, 3, 11) [All]

παρατηρητεον μεντοι γε οτι εν μεν τω γαμω η μητηρ του
Ιησου ειναι λεγεται (Io.Com 10, 25, 150) [All]

τηρητεον δε οτι μετα την εν τη Κανα της Γαλιλαιας (Io.Com
13, 39, 253) [All]

οποιον οι εν Κανα της Γαλιλαιας τη ημερα τη τριτη
συνδειπνουντες τω Ιησου εν τω γαμω (Io.Com 13, 52, 347)
[All]

TEXT: τη ημερα τη τριτη γαμος εγενετο εν Κανα της
Γαλιλαιας ... η μητηρ του Ιησου ...

Lac.: P45 C D W

ημερα τη τριτη rell] τριτη ημερα B Θ f13 b e

εν rell] add τη P75

John 2:2
κεκλησθαι δε ο Ιησους και οι μαθηται αυτου (Io.Com 10, 25,
150) [Ad]

TEXT: εκληθη δε ...[1] ο Ιησους και οι μαθηται αυτου

Lac.: P45 C D W

---

[1] Most MSS add και; the slight evidence afforded by the single adaptation,
however, makes it impossible to determine Origen's text at this point. We do not,
therefore, cite the variant in the apparatus.

o rell] omit Ω

John 2:6

Aκαι ταχα δια τουτο αι επι καθαρισμω των Ιουδαιων υδριαι κεισθαι λεγομεναι ... χωρουσιν ανα μετρητας δυο η τρεις (Princ 4, 2) [All]*

Lac.: P45 C D W

κειμεναι אc rell] omit א* a e

μητρητας rell] μετρας P75; omit b

John 2:11

ταυτην αρχην των σημειων εποιησεν ο Ιησους εν Κανα της Γαλιλαιας (Io.Com 10, 12, 65) [Ad]*2

Lac.: P45 C D W

αρχην P66c. 75 A B L Θ Π Ψ f1 33 565 579 (e) UBS] πρωτην αρχην P66* (a) (b); την αρχην (e) rell

----

των σημειων rell] σημειαν b; omit 579

της rell] τη P66

John 2:12

μετα τουτο κατεβη εις Καφαρναουμ αυτος και η μητηρ αυτου και οι αδελφοι και οι μαθηται και εκει εμειναν ου πολλας ημερας + (Io.Com 10, 1, Pref.) [L]3

μετα τουτο κατεβη εις Καφαρναουμ αυτος και η μητηρ αυτου και οι αδελφοι και οι μαθηται και εκει εμεινεν ου πολλας ημερας (Io.Com 10, 1, 3) [C]

---

2 It is impossible to determine the word order of Origen's text on the basis of this solitary reference.

3 It is to be recalled that the lemmata for 2:12-25 found in Io.Com 10, 1, Pref are of no use for establishing Origen's text, as these were added by a later hand. See n. 4 on p. 22 above.

μετα τουτο κατεβη εις Καφαρναουμ αυτος　(Io.Com 10, 11, 48)
[C]⁴

κατεβη εις Καφαρναουμ αυτος και η μητηρ αυτου και οι αδελφοι
και οι μαθηται αυτου　(Io.Com 10, 25, 151)　[C]

εκει εμειναν ου πολλας ημερας　(Io.Com 10, 9, 42)　[C]

καταβαινουσιν ου μονον ο Ιησους αλλα και η μητηρ αυτου και
οι αδελφοι αυτου και οι μαθηται· εκει εμειναν ου πολλας
ημερας　(Io.Com 10, 9, 42)　[Ad]

εις Καφαρναουμ αυτος και η μητηρ αυτου και οι αδελφοι και οι
μαθηται ενθα εμεινεν ου πολλας ημερας　+　(Io.Com 13, 39,
253)　[Ad]

μετα ουν την Καφαρναουμ ενθα εμεινεν ου πολλας ημερας
(Io.Com 10, 3, 11)　[All]

κατεβεβηκεναι αμα τη μητρι και τοις αδελφοις και τοις
μαθηταις εις την Καφαρναουμ　(Io.Com 10, 8, 37)　[All]

εις μεν τον γαμον ου καλουνται οι αδελφοι αυτου (αλλ' ουδε
ησαν εκει, ου γαρ ειρηται), εις δε την Καφαρναουμ
καταβαινουσιν μετ' αυτου και της μητρος αυτου και των
μαθητων　(Io.Com 10, 9, 39)　[All]

οθεν μενουσι μεν παρ' αυτοις, ου μην πολλας ημερας
(Io.Com 10, 9, 41)　[All]

οτε ην ο κυριος αμα τη μητρι και τοις αδελφοις και τοις
μαθηταις εν τη Καφαρναουμ　(Io.Com 10, 19, 112)　[All]

και εξης εις την Καφαρναουμ καταβεβηκεναι　(Io.Com 10, 23,
133)　[All]

TEXT: μετα τουτο κατεβη εις Καφαρναουμ αυτος και η μητηρ
αυτου και οι αδελφοι και οι μαθηται⁵ και εκει εμειναν⁶ ου
πολλας ημερας

---

⁴ Origen appears to be citing Heracleon's text.

⁵ Throughout the tradition one notes the natural inclination of scribes to add
the personal possessive to αδελφοι and/or μαθηται. Origen himself yields to this
temptation in only one (μαθηται) or two (αδελφοι) instances each. The bulk of the
surviving data therefore suggests that he reads the shortest text.

⁶ On our decision that Origen attests the plural εμειναν, see Gordon Fee, "The
Text of John in Origen and Cyril," 361.

Lac.: P⁴⁵ C D W

οι αδελφοι και οι μαθηται L] add αυτου P⁶⁶* 75 B Ψ; οι αδελφοι αυτου ℵ b e; οι αδελφοι a; οι μαθηται αυτου 579; οι μαθηται αυτου και οι αδελφοι αυτου π* 1241; οι αδελφοι αυτου και οι μαθηται αυτου P⁶⁶ᶜ π ᶜ rell

εμειναν P⁶⁶* rell] εμεινεν P⁶⁶ᶜ A f¹ 565 1241 b

τουτο rell] ταυτα b; add το σημειον e; add ο Ιησους f¹

και η μητηρ αυτου rell] omit 1241

John 2:13
+ και εγγυς ην το πασχα των Ιουδαιων και ανεβη εις Ιεροσολυμα ο Ιησους + (Io.Com 10, 1, Pref.) [L]

και εγγυς ην το πασχα των Ιουδαιων (Io.Com 10, 13, 67) [L]

και ανεβη εις Ιεροσολυμα ο Ιησους + (Io.Com 10, 20, 119) [L]

+ και εγγυς ην το πασχα των Ιουδαιων και ανεβη εις Ιεροσολυμα ο Ιησους (Io.Com 13, 39, 253) [C]

εγγυς ην το πασχα των Ιουδαιων (Io.Com 10, 19, 112) [C]

εγγυς φησιν ην το πασχα των Ιουδαιων (Io.Com 10, 44, 310) [C]

και ανεβη εις Ιεροσολυμα ο Ιησους + (Io.Com 10, 22, 128) [C]

και ανεβη εις Ιεροσολυμα ο Ιησους (Io.Com 10, 23, 131) [C]

του πασχα των Ιουδαιων εγγυς οντος ανεβη εις Ιεροσολυμα (Io.Com 10, 3, 11) [All]

TEXT: και εγγυς ην το πασχα των Ιουδαιων και ανεβη εις Ιεροσολυμα ο Ιησους

Lac.: P⁴⁵ C D W

εις Ιεροσολυμα ο Ιησους rell] ο Ιησους εις Ιεροσολυμα P⁶⁶. ⁷⁵ (A) L 1241 b (e); ο Ιησους εις Ιεροσολυμα Ιησους A; εις Ιεροσολυμα f¹³

και εγγυς P⁶⁶ᶜ rell] add δε P⁶⁶*; εγγυς δε ℵ

πασχα rell] add η εορτη 579

John 2:14

+ και ευρεν εν τω ιερω τους πωλουντας βοας και προβατα και
περιστερας και τους κερματιστας καθημενους + (Io.Com
10, 1, Pref.) [L]

+ και ευρεν εν τω ιερω τους πωλουντας βοας και προβατα και
περιστερας και τους κερματιστας καθημενους + (Io.Com
10, 20, 119) [L]

ευρεν εν τω ιερω τους πωλουντας βοας και προβατα και
περιστερας και τους κερματιστας καθημενους + (Io.Com
13, 56, 382) [C]

και ευρεν εν τω ιερω τους πωλουντας βοας και προβατα και
περιστερας (Mat.Com 16, 20) [C]

+ και ευρεν εν τω ιερω τους πωλουντας τους βοας και προβατα
(Io.Com 10, 22, 128) [C]

ευρεν εν τω ιερω τους πωλουντας βοας και προβατα και
περιστερας (Io.Com 13, 39, 253) [C]

ευρεν εν τη ιερη (Io.Com 10, 33, 211) [C]⁷

ευρισκονται εν τω ιερω οι πωλουντες τους βοας και τα προβατα
και τας περιστερας (Io.Com 10, 19, 115) [Ad]

περι των εν τω ιερω ευρεθεντων υπ' αυτου πωλουντων βοας
και προβατα και περιστερας (Io.Com 10, 20, 119) [Ad]

τους ευρισκομενους εν τω ιερω πωλουντας βοας και προβατα
και περιστερας και τους καθημενους κερματιστας (Io.Com
10, 33, 212) [Ad]⁸

επαν ουν ευρη ο σωτηρ εν τω ιερω οικω του πατρος τους
πωλουντας βοας και προβατα και περιστερας, και τους
κερματιστας καθημενους (Io.Com 10, 23, 137) [All]

---

⁷ Origen appears to be citing Heracleon's text.
⁸ Origen appears to be referring to Heracleon's text.

TEXT: και ευρεν εν τω ιερω τους πωλουντας βοας και προβατα
και περιστερας και τους κερματιστας καθημενους

Lac.: P⁴⁵ C D W

βοας και προβατα ℵᶜ rell] και τα προβατα και βοας ℵ* a

πωλουντας rell] add και αγοραζοντας e; add τας P⁷⁵

καθημενους rell] add επι τραπεζας e

John 2:15

+ και ποιησας ως φραγελλιον εκ σχοινων παντας εξεβαλεν εκ
του ιερου τα τε προβατα και τους βοας και των κολλυβιστων
εξεχεε τα κερματα και τας τραπεζας ανεστρεψε + (Io.Com
10, 1, Pref.) [L]

+ και ποιησας φραγελλιον εκ σχοινων εξεβαλεν εκ του ιερου
τα τε προβατα και τους βοας και των κολλυβιστων εξεχεεν
τα κερματα και τας τραπεζας ανεστρεψεν + (Io.Com 10, 20,
119) [L]

+ και ποιησας φραγελλιον εκ σχοινων παντας εξεβαλεν εκ
του ιερου τα τε προβατα και τους βοας και των κολλυβιστων
εξεχεεν τα κερματα και τας τραπεζας ανεστρεψεν +
(Io.Com 13, 56, 382) [C]

ποιησας φραγελλιον εκ σχοινων παντας εξεβαλεν εκ του
ιερου (Io.Com 13, 39, 253) [C]

εκ σχοινων φραγελλιω εκβεβληθησθαι εκ του ιερου τα τε
προβατα και τους βοας, και των κολλυβιστων εκκεχυσθαι τα
κερματα, και τας τραπεζας ανατετραφθαι (Io.Com 13, 56,
385) [Ad]

οτε εκβαλλει εκ του ιερου τα τε προβατα και τους βοας, και
εκχεει των κερματιστων τα κερματα (Io.Com 10, 3, 11)
[All]

δεομενοι πληγων εκ του υπο Ιησου πεποιημενου φραγελλιου
εκ σχοινων, και χρηζοντες κολλυβισται του εκχεισθαι
αυτων τα κερματα ανατρεπεσθαι τε αυτων τας τραπεζας;
(Io.Com 10, 23, 134) [All]

εξελαυνει αυτους χρησαμενος τω εκ σχοινιων υπ᾽ αυτου
πεποιημενω φραγελλιω αμα τοις εμπορικοις προβατοις και
βουσιν αυτων, και εκχει ως μη αξια του συνεχεσθαι τα
κερματα, δεικνυς αυτων το αχρηστον· ανατρεπει τε τας εν
ταις ψυχαις των φιλαργυρων τραπεζας   (Io.Com 10, 23, 137)
[All]

απαξ Ιησου γαρ εκβαλλοντος τους βοας και τα προβατα και
κελευοντος εκειθεν αιρεσθαι τας περιστερας   (Io.Com 10,
24, 139)   [All]

απαξ γαρ Ιησου εκβαλλοντος τους βοας και τα προβατα
(Io.Com 10, 24, 139)   [All]

μη υβρεως κατηγορησαι του Ιησου εκχεομενα ιδοντων τα
χρηματα και ανατρεπομενας τας τραπεζας   (Io.Com 10, 25,
145)   [All]

ηδη δε τα συγγενη τω τοπω εκβεβλησθαι απο του ιερου
(Io.Com 10, 26, 152)   [All]

εκβαλλει τους αγοραζοντας   (Io.Com 10, 27, 168)   [All]

παντες αμα τοις προβατοις και τοις βουσιν τω πλακεντι εκ
σχοινιων φραγελλιω εκβαλλονται   (Io.Com 10, 31, 199)
[All]

και το φραγελλιον δε πεποιησθαι εκ σχοινιων υπο του Ιησου
(Io.Com 10, 33, 213)   [All][9]

πεποιηκεναι φραγγελιον εκ χοινιων και παντας εκβεβληκεναι
του ιερου τα τε προβατα και τους βοας και των κολλυβιστων
τα κερματα εκκεχυκεναι και τας τραπεζας ανατετραφεναι
(Io.Com 10, 46, 319)   [All]

εκβαλλει τω εκ σχοινιων φραγγελιω υπ᾽ αυτου πεποιημενω
παντας τους πωλουντας βοας και προβατα και περιστερας τα
τε προβατα και τους βοας   (Io.Com 13, 56, 387)   [All]

---

[9] Origen appears to be referring to Heracleon's text.

TEXT: και ποιησας φραγελλιον [10] εκ σχοινιων παντας εξεβαλεν
εκ του ιερου τα τε προβατα και τους βοας και των
κολλυβιστων εξεχεεν τα κερματα και τας τραπεζας
ανετρεψεν [11]

Lac.: P45 C D W

και ποιησας ... σχοινιων Xᶜ rell] εποιησεν ... σχοινιων και
X* a b e

ποιησας rell] add ως P66. 75 L f¹ 33 565 892 1241 a b e

τα τε P66ᶜ rell] τα X* a e; και τα P66*; τα και Xᶜ

τα κερματα P66ᶜ. 75 B L 33 579 b] το κερμα P66* rell [e lac.]

τραπεζας rell] add αυτων a b

ανετρεψεν P66 B Θ Πᶜ UBS] κατεστρεψεν X f13;
ανεστρεψεν Π* rell [NA: a b e]

φραγελλιον rell] add ο Ιησους e

σχοινιων rell] σχοινιου 33; add και 579

τα τε ... βοας rell] add και περιστερας a; τας τους βοας και
τα προβατα πωλουντας e

εξεχεεν τα κερματα και rell] το κερμα εξεχεε και f¹; omit
e

John 2:16
+ και τοις τας περιστερας πωλουσιν ειπεν· αρατε ταυτα
εντευθεν, μη ποιειτε τον οικον του πατρος μου οικον
εμποριου + (Io.Com 10, 1, Pref.) [L]

---

[10] On our decision to read φραγελλιον over ως φραγελλιον, see Fee, "The
Text of John in Origen and Cyril," 359-60.

[11] We have decided that Origen probably read ανετρεψεν on the basis of the
full evidence scattered throughout Book 10 of the Commentary on John (all four
references; the evidence from Book 13 is divided. The lemmata in the Preface of
Book 10 (on vv. 12-25), as we have noted, are not from Origen.

+ και τοις τας περιστερας πωλουσιν ειπεν· αρατε ταυτα εντευθεν, μη ποιειτε τον οικον του πατρος μου οικον εμποριου + (Io.Com 10, 20, 119) [L]

+ και τοις τας περιστερας πωλουσιν ειπεν· αρατε ταυτα εντευθεν, μη ποιειτε τον οικον του πατρος μου οικον εμποριου (Io.Com 13, 56, 382) [C]

μη ποιειτε τον οικον του πατρος μου οικον εμποριου (Io.Com 10, 27, 170) [C]

ειρησθαι τοις τας περιστερας πωλουσιν· αρατε ταυτα εντευθεν, μη ποιειτε τον οικον του πατρος μου οικον εμποριου (Io.Com 13, 56, 385) [Ad]

λεγων και τοις τας περιστερας πωλουσιν αρατε ταυτα εντευθεν (Io.Com 10, 23, 137) [Ad]

ως γαρ ο οικος του πατρος γεγονεν οικος εμποριου παρα τοις μη αγιαζουσιν αυτον (Io.Com 10, 19, 115) [All]

τινας τον οικον του πατρος εμποριου ποιουντας οικον (Io.Com 10, 23, 133) [All]

και κελευοντος εκειθεν αιρεσθαι τας περιστερας (Io.Com 10, 24, 239) [All]

ινα μηκετι ο του πατρος αυτου οικος <οικος > εμποριου η (Io.Com 10, 24, 141) [All]

ηδη δε τα συγγενη τω τοπω εκβεβλησθαι απο του ιερου τους ποιουντας αυτον οικον εμποριου (Io.Com 10, 26, 152) [All]

μη βουλομενος αυτον ειναι οικον εμποριου (Io.Com 10, 34, 221) [All]

ποιουσιν οικον εμποριου τον οικον του πατρος (Io.Com 10, 35, 225) [All]

το ιερον αποκαθιστας αυτο εις το ειναι οικον του πατρος και μηκετι οικον εμποριου (Io.Com 13, 56, 389) [All]

TEXT: και τοις τας περιστερας πωλουσιν ειπεν· αρατε ταυτα εντευθεν, μη ποιειτε τον οικον του πατρος μου οικον εμποριου

Lac.: P45 C D W

εντευθεν rell] add και P⁶⁶ Α Θ f¹· ¹³ 33 565 700 1241 a b e

\-

εμποριου rell] εμπορων e (? commercatorum)

John 2:17

+ τοτε εμνησθησαν οι μαθηται αυτου οτι γεγραμμενον εστιν
οτι ο ζηλος του οικου σου καταφαγεται με + (Io.Com 10, 1,
Pref.) [L]

+ τοτε εμνησθησαν οι μαθηται αυτου οτι γεγραμμενον εστιν·
ο ζηλος του οικου σου καταφαγεται με + (Io.Com 10, 20,
119) [L]

ο ζηλος του οικου σου καταφαγεται με (Io.Com 10, 25, 151)
[C]

ο ζηλος του οικου σου καταφαγεται με (Io.Com 10, 34, 223)
[C]¹²

ο ζηλος του οικου σου καταφαγεται με (Io.Com 10, 37, 239)
[C]

TEXT: [τοτε]¹³ εμνησθησαν οι μαθηται αυτου οτι
γεγραμμενον εστιν ο ¹⁴ζηλος του οικου σου καταφαγεται
με

_____

Lac.: P⁴⁵ C D W

γεγραμμενον εστιν rell] εστιν γεγραμμενον B 1241

---

¹² Origen appears to be citing Heracleon's text.

¹³ Even though both of the lemmata begin with τοτε in citations that continue
without a break from v. 16, we do not feel confident that this represents Origen's
text, in agreement with OL a (e) against all other witnesses (some of which begin
the clause with δε). Quite apart from the improbability of these alignments in a
subsingular reading, the evidence from the John commentary is not at all
compelling: the first lemma does not derive from Origen and the other finds no
support in the subsequent quotations of the verse. For these reasons we have
chosen not to cite the reading in the apparatus.

¹⁴ The lemma in the Preface of Bk. 10 cannot be used to establish Origen's
knowlege of οτι ο. See n. 4 on p. 22 above.

εστιν rell] add οτι P⁶⁶.⁷⁵ [NA: a b e]

καταφαγεται rell] κατεφαγε 565 TR [NA: a b e]

\----------------------------

εμνησθησαν οι μαθηται rell] εμνησθη ο μαθητης b

αυτου rell] omit 33

ο rell] omit Δ

John 2:18

+ απεκριθησαν ουν οι Ιουδαιοι και ειπαν αυτω· τι σημειον
δεικνυεις ημιν οτι ταυτα ποιεις + (Io.Com 10, 1, Pref.) [L]

απεκριθησαν ουν οι Ιουδαιοι και ειπαν αυτω· τι σημειον
δεικνυεις ημιν οτι ταυτα ποιεις + (Io.Com 10, 35, 224) [L]

τι σημειον δεικνυεις οτι ταυτα ποιεις (Io.Com 10, 35, 226)
[C]

TEXT: απεκριθησαν ουν οι Ιουδαιοι και ειπαν αυτω· τι σημειον
δεικνυεις ¹⁵ οτι ταυτα ποιεις

Lac.: P⁴⁵ C D W

ουν rell] omit f¹³ 33 579 1241 b (e)

δεικνυεις P⁷⁵ L] add ημιν rell

John 2:19

+ απεκριθη Ιησους και ειπε· λυσατε τον ναον τουτον και εν
τρισιν ημεραις εγερω αυτον + (Io.Com 10, 1, Pref.) [L]

+ απεκριθη Ιησους και ειπεν αυτοις· λυσατε τον ναον τουτον
και εν τρισιν ημεραις εγερω αυτον (Io.Com 10, 35, 224)
[L]

λυσατε τον ναον τουτον και εν τρισιν ημεραις εγερω αυτον
(Io.Com 10, 35, 226) [C]

---

¹⁵ We have taken the text from the exact citation of the John commentary *in
loc.* rather than from the lemmata (which attest ημιν). See notes 13 and 14 above.

λυσατε τον ναον τουτον και εν τρισιν ημεραις εγερω αυτον
(Io.Com 10, 37, 239) [C]

λυσατε τον ναον τουτον και εν τρισιν ημεραις εγερω αυτον
(Io.Com 10, 37, 246) [C]

λυσατε τον ναον τουτον καγω εν τρισιν ημεραις εγερω αυτον
(Io.Com 10, 37, 251) [C]

λυσατε τον ναον τουτον, καγω εν τρισιν ημεραις εγερω αυτον
(Cels 3, 32) [C]

λυσατε τον ναον τουτον, καγω εν τρισιν ημεραις εγερω αυτον
(Cels 8, 19) [C]

λυσατε τον ναον τουτον (Mat.Com A 108) [C]

εν τρισιν ημεραις εγερω αυτον (Io.Com 10, 43, 298) [C]

ο μεντοι γε Ηρακλεων το εν τρισιν φησιν αντι του εν τριτη
(Io.Com 10, 37, 248) [All]

TEXT: απεκριθη Ιησους και ειπεν αυτοις· λυσατε τον ναον
τουτον και [16] εν τρισιν ημεραις εγερω αυτον

Lac.: P45 C D W

απεκριθη rell] add o ℵ Ω f1. 13 33 565 579 TR [NA: a b e]

απεκριθη Ιησους και rell] και Ιησους e

εν rell] omit B

John 2:20
+ απεκριθησαν ουν οι Ιουδαιοι· τεσσερακοντα και εξ ετεσιν
ωκοδομηθη ο ναος ουτος και συ εν τρισιν ημεραις εγερεις
αυτον; + (Io.Com 10, 1, Pref.) [L]

ειπαν ουν οι Ιουδαιοι· τεσσερακοντα και εξ ετεσιν ωκοδομηθη
ο ναος ουτος και συ εν τρισιν ημεραις εγερεις αυτον;
(Io.Com 10, 38, 257) [L]

---

[16] Origen's occasional use of καγω when citing this text is not attested as a
variant reading among the Greek manuscripts of the Fourth Gospel. We attribute
it, then, to a loose manner of citation.

πως ουν οι Ιουδαιοι λεγουσιν· τεσσερακοντα και εξ ετεσιν
ωκοδομηθη ο ναος ουτος (Io.Com 10, 38, 254) [Ad]

TEXT: ειπαν ουν οι Ιουδαιοι· τεσσερακοντα και εξ ετεσιν
ωκοδομηθη ο ναος ουτος και συ εν τρισιν ημεραις εγερεις
αυτον;

Lac.: P45 C D W

ειπαν ουν οι Ιουδαιοι rell] ειπαν ουν αυτω οι Ιουδαιοι Θ 33;
και οι Ιουδαιοι ειπαν e

εν rell] omit ℵ a

εγερεις rell] εγειφεις 33 b e

συ P66c rell] omit P66*

John 2:21
+ εκεινος δε ελεγε περι του ναου του σωματος αυτου +
   (Io.Com 10, 1, Pref.) [L]

εκεινος δε ελεγεν περι του ναου του σωματος αυτου +
   (Io.Com 10, 39, 263) [L]

εκεινος δε ελεγεν περι του ναου του σωματος αυτου (Io.Com
   10, 41, 287) [C]

ελεγε περι του ναου του σωματος αυτου (Cels 2, 10) [C]

ελεγε περι του ναου του σωματος αυτου (Cels 8, 19) [C]

ο μεν γαρ ελεγεν περι του ναου του σωματος αυτου (Io.Com
   10, 37, 252) [Ad]

ελεγε γε τουτο περι του ναου του σωματος αυτου (Cels 3, 32)
   [Ad]

και ταυτα μεν περι του ναου του σωματος αυτου (Io.Com 10,
   42, 297) [All]

TEXT: εκεινος δε ελεγεν περι του ναου του σωματος αυτου

Lac.: P⁴⁵ C D W

αυτου ℵᶜ rell] omit ℵ*

John 2:22

\+ οτε ουν ηγερθη εκ νεκρων εμνησθησαν οι μαθηται αυτου
οτι τουτο ελεγε και επιστευσαν τη γραφη και τω λογω ον
ειπεν ο Ιησους + (Io.Com 10, 1, Pref.) [L]

\+ οτε ουν ηγερθη εκ νεκρων εμνησθησαν οι μαθηται αυτου
οτι τουτο ελεγεν και επιστευσαν τη γραφη και τω λογω ον
ειπεν ο Ιησους (Io.Com 10, 39, 263) [L]

επει δε οτε ηγερθη εκ νεκρων εμνησθησαν οι μαθηται αυτου
οτι τουτο ελεγε και επιστευσαν τη γραφη και τω λογω ον
ειπεν ο Ιησους (Io.Com 10, 43, 298) [C]

επιστευσαν τη γραφη και τω λογω ον ειπεν ο Ιησους (Io.Com
10, 43, 304) [C]

οτε και οι μαθηται ου ελεγεν πριν λυθηναι τον ναον του θεου
ο λογος αυτου μνησθησονται και πιστευσουσιν
τελειουμενης αυτων μετα της γνωσεως τοτε και της
πιστεως ου τη γραφη μονη αλλα και τω λογω ον ειπεν ο
Ιησους (Io.Com 10, 27, 241) [All]

TEXT: οτε ουν ηγερθη εκ νεκρων εμνησθησαν οι μαθηται
αυτου οτι τουτο ελεγεν και επιστευσαν τη γραφη και τω
λογω ον ειπεν ο Ιησους

Lac.: P⁴⁵ C D W

ελεγεν rell] add αυτοις Π Ω 565 TR

ον P⁶⁶. ⁷⁵ℵ B L UBS] ο 1241; ω rell [NA: a b e]

τουτο rell] add Ιησους 579

ειπεν rell] add αυτοις f¹³

John 2:23

+ ως δε ην εν τοις Ιεροσολυμοις εν τω πασχα εν τη εορτη
επιστευσαν εις το ονομα αυτου πολλοι θεωρουντες αυτου
τα σημεια α εποιει +   (Io.Com 10, 1, Pref.) [L]

ως δε ην εν τοις Ιεροσολυμοις εν τω πασχα εν τη εορτη πολλοι
επιστευσαν εις το ονομα αυτου θεωρουντες αυτου τα
σημεια α εποιει +   (Io.Com 10, 44, 306) [L]

ως δε ην εν τοις Ιεροσολυμοις εν τω πασχα εν τη εορτη πολλοι
επιστευσαν εις το ονομα αυτου θεωρουντες αυτου τα
σημεια α εποιει   (Io.Com 13, 56, 386) [C]

ουτοι δε επιστευσαν εις το ονομα αυτου θεωρουντες αυτου τα
σημεια α εποιει   (Io.Com 10, 44, 298) [Ad]

πολλοι πιστευοντες εις το ονομα αυτου   (Io.Com 10, 44, 313)
[Ad]

ενθαδε δε ουκ εν τω πασχα των Ιουδαιων, αλλ ' εν τω πασχα εν
Ιεροσολυμοις ην ο Ιησους   (Io.Com 10, 44, 314) [All]

ενθαδε δε ο Ιησους αναγεγραπται ειναι εν τη εορτη· εν τοις
Ιεροσολυμοις γαρ τυγχανων εν πασχα και εορτη ην, πολλων
πιστευοντων καν εις το ονομα αυτου   (Io.Com 10, 44, 310)
[All]

TEXT: ως δε ην εν τοις Ιεροσολυμοις εν τω πασχα εν τη εορτη
πολλοι επιστευσαν εις το ονομα αυτου θεωρουντες αυτου
τα σημεια α εποιει

Lac.: P45 C D W

τοις rell] omit 33 565 1241 Ψ TR [NA: a b e]

αυτου τα σημεια rell] τα σημεια f1 a b e; τα σημεια αυτου
892 1241

ην rell] add Ιησους a

εν3 rell] omit B

εποιει rell] ποιει 579; add εν τοις κακως εχουσιν e

John 2:24

+ αυτος δε ο Ιησους ουκ επιστευσεν εαυτον αυτοις δια το
αυτον γινωσκειν παντας +   (Io.Com 10, 1, Pref.) [L]

+ αυτος δε Ιησους ουκ επιστευσεν αυτον αυτοις δια το αυτον
γινωσκειν παντας +   (Io.Com 10, 44, 306) [L]

γινωσκειν παντας   (Io.Com 10, 46, 320) [C]

ζητησαι τις αν πως τοις μεμαρτυρημενοις πιστευειν εαυτον
ουκ επιστευεν ο Ιησους   (Io.Com 10, 44, 307) [All]

οτι ουχι τοις πιστευουσιν εις αυτον ου πιστευει εαυτον ο
Ιησους   (Io.Com 10, 44, 307) [All]

δια τουτο τω πιστευοντι εις το ονομα αυτου εαυτον ου
πιστευει ο Ιησους   (Io.Com 10, 44, 309) [All]

και σημεια πιστευουσιν ουκ εις αυτον αλλ᾽ εις το ονομα αυτου,
ο Ιησους ουκ επιστευεν εαυτον αυτοις   (Io.Com 10, 44, 314)
[All]

TEXT: αυτος δε Ιησους [17] ουκ επιστευεν [18] εαυτον αυτοις δια το
αυτον γινωσκειν παντας

Lac.: P[45] C D W

Ιησους P[66.75] B L 1241 (a b) UBS] ο Ιησους (a b) rell; omit
e

εαυτον א[c] A[c] (a b e) rell] αυτον א[*] A[*] B L 700 (a b e) UBS;
omit P[75] 579

αυτοις A[c] rell] εαυτοις A[*] 33

---

[17] The text is difficult to establish at this point. The lemma found in the
preface of Book 10 cannot be used, as we have pointed out above (n. 4 on p. 22);
neither can the allusions to the passage scattered throughout the book, as these lack
the introductory words (αυτος δε). In these instances Origen uses the article simply
because this is his more typical style of reference. We are left then with the lemma
ad loc., which lacks the article.˙

[18] Only in the lemmata is the tense of the main verb given in the aorist. On the
other hand, in his two allusions of Io.Com 10, 44, 307 and 314 Origen sticks closely
to the biblical text (i.e. for this portion of the verse). We have therefore judged that
he read the imperfect.

αυτον rell] omit ℵ a b

παντας rell] παντα E f¹³

John 2:25

+ και οτι ου χρειαν ειχεν ινα τις μαρτυρηση περι ανθρωπου· αυτος γαρ εγινωσκε τι ην εν τω ανθρωπω + (Io.Com 10, 1, Pref.) [L]

+ και οτι ου χρειαν ειχεν ινα τις μαρτυρηση περι ανθρωπου· αυτος γαρ εγινωσκεν τι ην εν τω ανθρωπω (Io.Com 10, 44, 306) [L]

ου χρειαν ειχεν ινα τις μαρτυρηση περι ανθρωπου (Io.Com 10, 45, 315) [C]

ου χρειαν ειχεν ινα τις μαρτυρηση περι ανθρωπου (Io.Com 10, 45, 316) [C]

ο καθ᾽ ημας γινωσκων τι ην εν τω ανθρωπω (Cels 2, 20) [Ad]

παντας γινωσκων και μη χρειαν εχων ινα τις μαρτυρηση περι ανθρωπου, τω γινωσκειν τι εστιν εν εκαστω των ανθρωπων (Io.Com 10, 44, 314) [All]

και το μη χρειαν εχειν, ινα τις μαρτυρηση περι ανθρωπου ... εγινωκεν τε τι ην εν τω ανθρωπω (Io.Com 10, 46, 320) [All]

προς μεντοι γε τους υπονοησαντας αν περι μονων ανθρωπων μη χρειαν εχειν αυτον μαρτυρων (Io.Com 10, 46, 320) [All]

γινωσκει ουν τι ην εν τω ανθρωπω ο γινωσκων παντα υιος του θεου (Io.Com 10, 46, 323) [All]

ο γινωσκων τα εν ταις καρδιαις των ανθρωπων Χριστος Ιησους (Mat.Com 10, 14) [All]

TEXT: και οτι ου χρειαν ειχεν ινα τις μαρτυρηση περι ανθρωπου· αυτος γαρ εγινωσκεν τι ην εν τω ανθρωπω

Lac.: P⁴⁵ C D W

ανθρωπου P⁶⁶ (a e)] αυτου b; του ανθρωπου (a e) rell

οτι rell] omit A

ου χρειαν ειχεν rell] χρειαν ουκ ειχεν ℵ; ουκ ηθελεν a (?
non desideraret)

John Chapter Three

John 3:1
εοικεν δε εν τοις Ιεροσολυμοις ο των φαρισαιων αρχων
Νικοδημος (Io.Com 10, 3, 12) [All]

John 3:2
ραββει οιδαμεν οτι απο θεου εληλυθας διδασκαλος· ουδεις γαρ
δυναται τα σημεια ταυτα ποιειν α συ ποιεις εαν μη η ο θεος
μετ᾽ αυτου (Io.Com 13, 56, 386) [C]

νυκτος προς αυτον αρχων εληλυθεναι   (Io.Com 10, 3, 12) [All]

TEXT: [ουτος ηλθεν νυκτος] προς [αυτον] ... ραββει οιδαμεν οτι
απο θεου εληλυθας διδασκαλος· ουδεις γαρ δυναται τα
σημεια ταυτα ποιειν α συ ποιεις εαν μη η ο θεος μετ᾽
αυτου[1]

Lac.: P45 C D W

ουδεις γαρ rell] και ουδεις ℵ e

δυναται ταυτα τα σημεια (Origen) P66. 75 ℵ A B L Ψ 33 579
892 1241 a b (e) UBS] ταυτα τα σημεια δυναται rell

ποιειν rell] ποιησαι f1 565 [NA: a b e]

α συ ποιεις rell] omit f1 565

η ο θεος (a) rell] ο θεος P66* L; ο θεος η a

εληλυθας rell] εξεληλυθας 700

τα rell] omit L

ταυτα rell] τοιαυτα e

εαν rell] ει Θ

---

[1] The allusion in Io.Com 10 cannot be used to conclude either that Origen
agrees with the word order of Codex Sinaiticus against all others (νυκτος προς
αυτον) or that he read αυτον for τον Ιησουν.

John 3:3
ο γεννηθεις ανωθεν εξ υδατος και πνευματος   (Mat.Com 15, 23) [All]

John 3:5
ο γεννηθεις ανωθεν εξ υδατος και πνευματος   (Mat.Com 15, 23) [All]

John 3:6
το γεγενημενον εκ της σαρκος σαρξ εστιν   (Rom.Com 3, 29) [C]

Lac.: P45 C D W

John 3:12
και αιτειτε τα επουρανια και τα επιγεια υμιν προστεθησεται (Orat 2, 2) [All]

John 3:14
ωσ]περ Μωυσης υψ[ωσεν] τον οφ[ιν] εν τη ερημω, [ουτω]ς υψω[θη]ναι δει τον υιο[ν του] ανθρωπου   (Pasc 14, 25) [Ad]*

Lac.: P45 C D W

υψωθηναι δει τον υιον του ανθρωπου rell] δει υψωθηναι τον υιον του ανθρωπου A a; δει τον υιον του ανθρωπου υψωθηναι 33

ουτως rell] add και b

John 3:18
ο πιστευων εις εμε[2] ου κρινεται   (Io.Com 10, 44, 308) [Ad]*

---

[2] Origen's reference is too loose to be taken as definitive evidence of his text at this point. With the exception of f[13] pc, which read εις τον υιον, the manuscript tradition is virtually invariant in reading εις αυτον.

Lac.: P⁴⁵ C D W

εις rell] επι 1241

John 3:20
πας ³ ο φαυλα πρασσων μισει το φως και ουκ ερχεται προς το
φως   (Io.Com 20, 37, 348)   [C]

Lac.: P⁴⁵ C D W

και ουκ ερχεται προς το φως א ᶜ rell] omit א * 579

ο rell] add τα Θ

John 3:22
μετα δε ταυτα ηλθεν ο Ιησους και οι μαθηται αυτου εις την
Ιουδαιαν γην και εκει διετριβεν μετ᾽ αυτων και εβαπτιζεν
(Io.Com 10, 3, 12)   [C]

μετα ταυτα ηλθεν αυτος και οι μαθηται αυτου εις την Ιουδαιαν
γην και εκει διετριβεν μετ᾽ αυτων και εβαπτιζεν   (Io.Com
13, 39, 254)   [Ad]

Ιησους γινωσκεται παρα τοις Φαρισαιοις βαπτιζων   (Io.Com
10, 8, 34)   [All]

πεμπτον εις την Ιουδαιαν γην συνδιατριβει τοις μαθηταις
(Io.Com 13, 64, 455)   [All]

TEXT: μετα ταυτα ηλθεν ο Ιησους και οι μαθηται αυτου εις την
Ιουδαιαν γην και εκει διετριβεν μετ᾽ αυτων και εβαπτιζεν

Lac.: P⁴⁵ C D W

---

³ Apart from E a and several other witnesses, most MSS add γαρ. As we have
noted, it is normally impossible to determine the presence of introductory
conjunctions and particles in a Father's text on the basis of a solitary reference. We
have therefore not cited the variant in the apparatus.

ηλθεν rell]απηλθεν 33 a (b)

ο rell] omit A Π   [NA: a b e]

και οι μαθηται αυτου εις την Ιουδαιαν γην rell] εις την
Ιουδαιαν γην και οι μαθηται αυτου ℵ

και εκει rell] κακει ℵ

και εβαπτιζεν rell] omit b

John 3:23
ην [4] και Ιωαννης βαπτιζων εν Αινων εγγυς του Σαλιμ οτι υδατα
πολλα ην εκει και παρεγινοντο και εβαπτιζοντο + (Io.Com
10, 3, 12) [C]

εβαπτιζεν εν Αινων εγγυς του Σαλιμ   (Io.Com 10, 3, 13) [Ad]

Lac.: P[45] C D W

και[1] rell] omit a b e

και[1] rell] add ο P[66] B Θ UBS   [NA: a b e]

παρεγινοντο rell] add προς αυτον Θ e

Ιωαννης rell] add ο f[1]

Αινων rell] ερημω e

παρεγινοντο και rell] παρεγενοντο και 1241; παραγινοντες
επ' αυτον e

John 3:24
+ ουπω γαρ ην βεβλημενος εις την φυλακην ο Ιωαννης
(Io.Com 10, 3, 12) [C]

---

[4] The MS tradition of the Fourth Gospel is virtually invariant in adding δε.
Origen substitutes a temporal designation for the conjunction prior to the citation
(καθ' ον καιρον); for this reason, he cannot be cited here as attesting a shorter text
that omits an introductory conjunction.

ουπω βεβλημενος ην εις φυλακην ο Ιωαννης   (Io.Com 10, 3, 13)
[Ad]

Lac.: P⁴⁵ C D W

την Eᶜ rell] omit Θ E* f¹ [NA: a b e]

ο Νᶜ rell] omit Ν* B [NA: a b e]

John 3:25
εγενετο⁵ ζητησις εκ των μαθητων Ιωαννου μετα Ιουδαιων
περι καθαρισμου + (Io.Com 10, 3, 12) [C]

Lac.: P⁴⁵ C D W

Ιουδαιων P⁶⁶ Ν* Θ (Ω) f¹· ¹³ 565 a b e TR] Ιουδαιον Ω;
Ιουδαιου Νᶜ rell

ζητησις Νᶜ rell] συνζητησις Ν*

εκ ... Ιουδαιων rell] μεταξυ (? inter) των Ιουδαιων και των
μαθητων Ιωαννου a

μαθητων rell] add των B

John 3:26
+ και ηλθον προς τον Ιωαννην ... ιδε ουτος βαπτιζει και παντες
ερχονται προς αυτον (Io.Com 10, 3, 12) [C]

Lac.: P⁴⁵ C D (inc. ιδε) W

τον rell] omit f¹ 33

ιδε rell] ιδου D f¹ 565 [NA: a b e]

---

⁵ A few witnesses add δε (Ν* e), while the vast majority add ουν. Again,
Origen's solitary reference cannot be used to indicate his support of a shorter text
that omits a conjunction.

John 3:30

[εκεινον δ]ει αυξανειν εμε δε ελαττουσθαι   (Rom.Com 5, 13)
[C]

Lac.: P⁴⁵ C W

John 3:31

ο ων εκ της γης εκ της γης εστιν και εκ της γης λαλει· ο εκ του
ουρανου ερχομενος επανω παντων εστιν +   (Io.Com 19, 20,
127) [C]

ο εκ του ουρανου ερχομενος⁶ +   (Io.Com 19, 20, 127)   [C]

οστις οσον εστιν εκ της γης εκ της γης λαλει   (Io.Com 19, 20,
130) [All]

ει τοινυν ο ων εκ της γης εκ της γης λαλει   (Io.Com 19, 20,
127) [All]

TEXT: ο⁷ ων εκ της γης εκ της γης εστιν και εκ της γης λαλει·
ο εκ του ουρανου ερχομενος επανω παντων εστιν

Lac.: P⁴⁵ C W

εκ¹ ℵᶜ rell] επι ℵ* a e; απο D Θ f¹³ b   [1241 lac.]

ο² P⁶⁶ᶜ rell] add δε (b) e; add ων P⁶⁶*   [579 lac.]

επανω παντων εστιν ℵᶜ rell] omit P⁷⁵ ℵ* D f¹ 565 a b e
[579 lac.]

- -

εκ της γης εστιν και rell] omit 1241

---

⁶ Even though Origen continues this citation into v. 32 without a break, he is
clearly abbreviating his text, since he gives it in the longer form in the immediately
preceding context.

⁷ Several witnesses add δε (ℵ* D a b). Origen's solitary reference cannot be
used to show his text at this point. On the other hand, his text is secure with regard
to the second clause, where he clearly reads ο rather than ο δε or ο ων: in this case
the variant reading occurs in the midst of a longer citation.

κα ... εστιν² rell] omit 579

και εκ της γης λαλει P⁶⁶ᶜ rell] omit P⁶⁶* [579 lac.]

ερχομενος P⁶⁶ᶜ rell] omit P⁶⁶* [579 lac.]

John 3:32
+ o⁸ εωρακεν και ηκουσεν τουτο μαρτυρει (Io.Com 19, 20, 127) [C]

+ o εωρακεν και ηκουσεν τουτο μαρτυρει (Io.Com 19, 20, 127) [C]

Lac.: P⁴⁵ C W

o ℵᶜ rell] και o A Θ Δ Π Ω f¹³ 700 892 1241 TR; ον ℵ*

τουτο rell] omit ℵ D f¹ 565 a b e

και rell] add o a

---

⁸ There is no doubt that Origen reads the shorter text here, i.e. without και. Both citations of the passage in Io.Com 19, 20, 127 continue, without interruption, quotations of John 3:31.

John Chapter Four

John 4:1

φαινεται δια το εγνωκεναι τους Φαρισαιους οτι Ιησους
πλειονας μαθητας ποιει και βαπτιζει <η> Ιωαννης
(Io.Com 13, 39, 255) [Ad]¹

και ο μεν παρα τω Ιωαννη Ιησους γινωσκεται παρα τοις
Φαρισαιοις βαπτιζων (Io.Com 10, 8, 34) [All]

TEXT: [εγνω ο κυριος οτι ηκουσαν] οι Φαρισαιοι οτι Ιησους
πλειονας μαθητας ποιει και βαπτιζει η Ιωαννης

Lac.: P⁴⁵ W

η   Bᶜ rell] omit   A B* L Ψ 579 892   [NA: a b e]

οτι² rell] add ο f¹³

ποιει rell] εσχεν a

και βαπτιζει η Ιωαννης rell] η Ιωαννης και βαπτιζει b

βαπτιζει rell] add πλειονας a

John 4:2

ο γαρ Χριστος ... αυτος ουκ εβαπτιζεν, αλλ' οι μαθηται αυτου
(Io.Com 6, 23, 124) [Ad]

Χριστος ουν εν υδατι ου βαπτιζει, αλλ' οι μαθηται αυτου
(Io.Com 6, 23, 125) [Ad]

οτι το Ιωαννου βαπτισμα υποδεεστερον ετυγχανεν του
βαπτισματος Ιησου, διδομενου δια των μαθητων αυτου
(Io.Com 6, 33, 168) [All]

---

¹ Preuschen (*GCS* 4 [1903] 264) notes "<ἤ> Rasur an d. St., von d. Ausgg.
erg." C. Blanc presents the same text (*SC* 222).

Ιησους γινωσκεται παρα τοις Φαρισαιοις βαπτιζων, εν τοις
μαθηταις αυτου βαπτιζων (Io.Com 10, 8, 34) [All]

TEXT: [Ιησους αυτος] ουκ εβαπτιζεν, αλλ' οι μαθηται αυτου[2]

Lac: P[45] W

John 4:3
αφιεις την Ιουδαιαν και απερχομενος εις την Γαλιλαιαν
(Io.Com 13, 39, 255) [Ad]

αφιησιν την Ιουδαιαν και απεισιν εις την Γαλιλαιαν ο κυριος
(Io.Com 13, 54, 368) [Ad]

διηρχετο δια της Σαμαρειας <εις την Γαλιλαιαν > (Mat.Com
16, 14) [All]

TEXT: αφηκεν[3] την Ιουδαιαν και απηλθεν[4] ... εις την Γαλιλαιαν

Lac.: P[45] W

Ιουδαιαν rell] add γην D Θ f[1. 13] 565 (a) b e

John 4:4
εδει[5] αυτον διερχεσθαι δια της Σαμαρειας (Io.Com 13, 39, 255)
[C]

εδει αυτον διερχεσθαι δια της Σαμαρειας (Io.Com 13, 54, 368)
[C]

---

[2] Origen's references are too loose to establish his text with regard to variants
in sequence preserved otherwise in the tradition (i.e. Ιησους αυτος]αυτος
Ιησους).

[3] Some witnesses attest an additional conjunction -- δε in f[1] and ουν in b.
Origen's references are too loose to establish his text at this point.

[4] We have judged Origen's quotations to be too loose to be cited in support of
the shorter text against P[66. 75] א B[c] C D L Θ f[1. 13] 33 565 892 1241 a b e TR UBS,
which add παλιν here. He may well have omitted the adverb for simple contextual
reasons: in neither place is he concerned to indicate that Jesus had previously gone
from Judea to Galilee.

[5] Origen's quotation cannot be used to argue that he preserved a shorter text
against all others in omitting the introductory conjunction δε.

ως οτε απο Ιεροσολυμων διηρχετο δια της Σαμαρειας
(Mat.Com 16, 14) [All]

Lac.: P⁴⁵ W

John 4:5

πλησιον του χωριου ο εδωκεν Ιακωβ τω Ιωσηφ⁶ (Io.Com 13, 54,
368) [C]

---

o Cᶜ rell] ου P⁶⁶ C* D L Θ Ω f¹ 33 565 700 1241 [NA: a b e]

τω P⁶⁶· ⁷⁵א B (b) UBS] τω υιω αυτου a e; omit (b) rell

John 4:6

ειπερ δε μη εγινετο τι χρησιμον εκ του πιειν απο της πηγης,
ουτ᾽ αν εκαθεζετο επι τη πηγη ο Ιησους (Io.Com 13, 4, 24)
[All]

η δε της Σαμαρειτιδος <ουκ > ουσα ωρα εκτη αφιεται (Io.Com
13, 29, 178) [All]

και γενομενος παρα τη πηγη του Ιακωβ φησι (Io.Com 13, 39,
255) [All]

ο εδωκεν Ιακωβ τω Ιωσηφ παρα τη πηγη του Ιακωβ (Io.Com 13,
54, 368) [All]

εκτον εν τη Σαμαρεια παρα τη πηγη του Ιακωβ εδιδαξεν
(Io.Com 13, 64, 455) [All]

λεγετω δ᾽ αυτον και διψησαντα παρα τη πηγη του Ιακωβ
πεπωκεναι (Cels 1, 70) [All]

υδωρ πηγης του Ιακωβ αφ᾽ ης ηντλει η Σαμαρειτις (Mat.Com
12, 8) [All]

---

⁶ Origen's short citation, of course, cannot be adduced in support of variant
readings that occur after Ιωσηφ.

φθασας επι το φρεαρ κοπιασας εκ της οδοιποριας εκαθεσθη
παρ᾽ αυτω (Mat.Com 16, 14) [All]

TEXT: ... πηγη του Ιακωβ. ο ... Ιησους κεκοπιακως εκ της
οδοιποριας εκαθεζετο ... επι τη πηγη. ωρα ... ην ... εκτη

Lac.: P⁴⁵ W

τη πηγη   P⁶⁶ᶜ (a b e) rell] την πηγην   L (a b e); τη γη   P⁶⁶*
1241

εκαθεζετο P⁶⁶ᶜ rell] εκαθιζετο P⁶⁶*

John 4:7
δος μοι πιειν   (Io.Com 13, 4, 24) [C]

οτι ειπων αυτη ο Ιησους πιειν   (Io.Com 20, 41, 384) [Ad]

υδωρ πηγης του Ιακωβ αφ᾽ ης ηντλει η Σαμαρειτις   (Mat.Com
12, 8) [All]

TEXT: λεγει αυτη ο Ιησους· δος μοι πιειν

Lac.: P⁴⁵ W

John 4:8
οι δε μαθηται [... 6-7 ...] απεληλυθοτων εις την πολιν, ινα
τροφας αγορασωσιν   (Io.Com 13, 32, 195) [Ad]

TEXT: οι ... μαθηται ... απεληλυθεισαν εις την πολιν, ινα τροφας
αγορασωσιν

Lac.: P⁴⁵ W

την rell] omit Δ

John 4:9
ου γαρ συγχρωνται Ιουδαιοι Σαμαρειταις   (Io.Com 20, 5, 310)
[C]**

ου συγχρωνται Ιουδαιοι Σαμαρειταις   (Io.Com 13, 9, 53) [C]

Lac.: P⁴⁵ W

ου ... Σαμαρειταις ℵᶜ rell] omit ℵ* D a b e

John 4:10

ει ηδεις την δωρεαν του θεου και τις εστιν ο λεγων σοι· δος
μοι πιειν συ αν ητησας αυτον και εδωκεν αν σοι υδωρ ζων
(Io.Com 13, 1, 3) [C]**

ει ηδεις την δωρεαν του θεου και τις εστιν ο λεγων σοι· δος
μοι πιειν συ αν ητησας αυτον και εδωκεν <αν > σοι υδωρ
ζων + (Io.Com 20, 41, 384) [C]

συ αν ητησας αυτον και εδωκεν αν σοι υδωρ ζων   (Io.Com 13,
7, 41) [C]

συ αν ητησας αυτον και εδωκεν σοι υδωρ ζων   (Io.Com 13, 8,
50) [C]

Lac.: P⁴⁵ W

μοι rell] add υδωρ 700 1241

αν² rell] omit L Ω   [NA: a b e]

συ rell] add πλεον b

John 4:11

+ και λεγει αυτω η γυνη· κυριε ουτε αντλημα εχεις και το
φρεαρ εστιν βαθυ· ποθεν ουν εχεις το υδωρ το ζων
(Io.Com 20, 41, 385) [C]

κυριε ουτε αντλημα εχεις και το φρεαρ εστιν βαθυ (Io.Com
13, 7, 40) [C]

ουτε αντλημα εχεις και το φρεαρ εστιν βαθυ (Io.Com 13, 9,
55) [C]

ουτε αντλημα εχεις και το φρεαρ εστιν βαθυ (Io.Com 13, 35,
226) [C]⁷

----

⁷ Origen appears to be citing Heracleon's text.

και ορα εξ ων επεπονθει πως πινουσα εκ του νομιζομενου
αυτη βαθεος ειναι φρεατος (Io.Com 13, 1, 7) [All]

οτε και επιζητει ποθεν εχει το ζων υδωρ (Io.Com 13, 7, 40)
[All]

TEXT: και⁸ λεγει αυτω η γυνη· κυριε ουτε αντλημα εχεις και το
φρεαρ εστιν βαθυ· ποθεν ουν εχεις το υδωρ το ζων

Lac.: P⁴⁵ W

και e] omit rell

η γυνη ℵᶜ rell] omit P⁷⁵ B; εκεινη ℵ*

ουν rell] omit ℵ D a b e

ουτε rell] ουδε D

το υδωρ το rell] υδωρ D

John 4:12

μη συ φησι μειζων ει του πατρος ημων Ιακωβ ος δεδωκεν ημιν
το φρεαρ και αυτος εξ αυτου επιεν και οι υιοι αυτου και τα
θρεμματα αυτου (Io.Com 13, 14, 90) [C]

ει γαρ επιεν Ιακωβ εξ αυτης και οι υιοι αυτου και τα θρεμματα
αυτου (Io.Com 13, 6, 38) [Ad]

περι του λεγομενου υπ' αυτης φρεατος, ως ο Ιακωβ εδωκεν
αυτο και αυτος εξ αυτου επιεν και οι υιοι αυτου και τα
θρεμματα αυτου (Io.Com 13, 1, 2) [All]

και ει μειζων ειη του νομιζομενου πατρος αυτη Ιακωβ
(Io.Com 13, 7, 40) [All]

Ιακωβ εκ του φρεατος επιεν και οι υιοι αυτου και τα θρεμματα
αυτου (Io.Com 13, 9, 56) [All]

---

⁸ Origen's text appears to be secure in reading και. The conjunction occurs in
the continuous citation of 4:10-11 in Io.Com 20, 41, 384-385.

και οιεται του κοσμικην αυτην ειναι αποδειξιν φερειν εκ του τα
θρεμματα του Ιακωβ εξ αυτης πεπωκεναι   (Io.Com 13, 10,
57) [All]⁹

TEXT: μη συ μειζων ει του πατρος ημων Ιακωβ ος δεδωκεν
ημιν το φρεαρ και αυτος εξ αυτου επιεν και οι υιοι αυτου και
τα θρεμματα αυτου

Lac.: P⁴⁵ W

ος rell] οστις ℵ Θ

δεδωκεν P⁶⁶·⁷⁵ C f¹³] εδωκεν rell [NA: a b e]

φρεαρ rell] add τουτο f¹³ (a) bᵛⁱᵈ e

οι rell] omit P⁶⁶ 579 [NA: a b e]

ημων rell] add του f¹

δεδωκεν ημιν το φρεαρ rell] το φρεαρ ημιν τουτο δεδωκεν
a

και αυτος εξ αυτου ℵᶜ rell] αυτος και εξ αυτου ℵ*; εξ ου
αυτος e

αυτου² rell] omit D

John 4:13

απεκριθη ο Ιησους και ειπεν αυτη· πας ο πινων εκ του υδατος
τουτου διψησει παλιν +   (Io.Com 13, 1, 2) [L]

πας ο πινων εκ του υδατος τουτου διψησει παλιν   (Io.Com 13,
2, 8) [C]

πας ο πινων εκ τουτου του υδατος διψησει παλιν   (Io.Com 13,
3, 13) [C]

πας ο πινων εκ του υδατος τουτου διψησει παλιν   (Io.Com 13,
4, 23) [C]

---

⁹ Origen is referring to Heracleon's interpretation of the verse.

πας ο πινων εκ του υδατος τουτου διψησει παλιν +   (Mat.Com
12, 8) [C]

πας ο πινων εκ του υδατος τουτου διψησει παλιν   (Pasc 27, -4)
[C]

εκ του τον μεν πιοντα απο της πηγης του Ιακωβ διψην παλιν
(Io.Com 13, 5, 26) [All]

TEXT: απεκριθη [ο]¹⁰ Ιησους και ειπεν αυτη· πας ο πινων εκ του
υδατος τουτου διψησει παλιν

Lac.: P⁴⁵ W

πας   P⁷⁵ᶜ rell] πως   P⁷⁵*

John 4:14
+ ος δ᾽ αν πιη εκ του υδατος ου εγω δωσω αυτω γενησεται
πηγη εν αυτω υδατος αλλομενου εις ζωην αιωνιον   (Io.Com
13, 1, 2) [L]

ος δ᾽ αν πιη εκ του υδατος ου εγω δωσω αυτω γενησεται πηγη
εν αυτω υδατος αλλομενου εις ζωην αιωνιον   (Io.Com 13, 3,
14) [C]

+ ος δ᾽ αν πιη εκ του υδατος ου εγω δωσω αυτω ου μη διψησει
εις τον αιωνα   (Mat.Com 12, 8) [C]

ος δ᾽ αν πιη εκ του υδατος ου εγω δωσω αυτω ου μη διψησει εις
τον αιωνα   (Mat.Com 12, 8) [C]

ος δ᾽ αν πιη εκ του υδα[τος ...]   (Pasc 27, -1) [C]

ου μη διψηση δε εις τον αιωνα   (Io.Com 13, 10, 60) [C]¹¹

πηγη υδατος αλλομενου εις ζωην αιωνιον   (Ios.Hom 19, 4) [C]

τοτε δε ο πιων εκ του υδατος, ου δωσει ο Ιησους, εξει την
γενομενην εν αυτω πηγην υδατος αλλομενου εις ζωην
αιωνιον   (Io.Com 13, 4, 20) [Ad]

---

¹⁰ The article is attested only in the lemma, which, as we have argued, does not
come from Origen himself. We have not therefore cited it in the apparatus as a
variant reading with Π ᶜ f¹³ 565 TR against rell.

¹¹ This may represent the text cited by Heracleon.

απο πηγης υδατος αλλομενου εις ζωην αιωνιον   (Io.Com 13, 6, 35) [Ad]

εξειν υδατος αλλομενου εις ζωην αιωνιον   (Pasc 27, -8) [Ad]

τον δε πιοντα εκ του υδατος, ου διδωσιν ο Ιησους, πηγην υδατος εν εαυτω ισχειν αλλομενου εις ζωην αιωνιον (Io.Com 13, 5, 26) [All]

ιν΄ [ουν] ημιν χαρισηται πηγην του αλλομενου υδατος εις ζωην αιωνιον (Io.Com 13, 6, 37) [All]

εκ του υδατος του γενομενου ηδη εν αυτη αρχης υδατος αλλομενου εις ζωην αιωνιον (Io.Com 13, 29, 175) [All]

οιον δε εχουσα τι ηδη του αλλομενου εις ζωην αιωνιον υδατος (Io.Com 13, 8, 50) [All]

και πηγας υδατος αλλομενου εις ζωην αιωνιον   (Cels 6, 20) [All]

εχωσιν εν εαυτοις παταμους υδατος αλλομενου εις ζωην αιωνιον (Orat 30, 3) [All]

TEXT: ος δ΄ αν πιη εκ του υδατος ου εγω δωσω αυτω ου μη διψησει εις τον αιωνα [αλλα το υδωρ ο δωσω αυτω]¹² γενησεται πηγη εν αυτω υδατος αλλομενου εις ζωην αιωνιον

Lac.: P⁴⁵ W

---

¹² It has sometimes been argued that, along with C*, the exemplar Origen used for his commentary on the Fourth Gospel had inadvertently omitted the phrase ου μη ... αυτω² (because of homoeoteleuton; see Fee, "The Text of John," 377). The lemma of Io.Com 13, 1, 2 omits the phrase, as do the full quotation of Io.Com 13, 3, 14 and the adaptation of 13, 4, 20. It is nonetheless to be noted that Origen explicitly quotes the first portion of the phrase in question in the nearby context (Io.Com 13, 10, 60), countering Heracleon's interpretation of it with his own. It would therefore appear that the earlier citation and allusion have been shortened for contextual reasons (Origen is interested in commenting on what the final clause might mean) and that the lemma has in turn been influenced by his quotations *in loc.*

ος δ' αν πιη (א^c) rell] ο δε πινων א* D [NA: a b e]

πηγη εν αυτω P⁶⁶] εν αυτω πηγη rell

πιη א* rell] πινη א^c [NA: a b e]

ου¹ rell] ο 1241

ου μη ... αυτω Origen^{vid} C^c rell] omit C*

μη rell] omit D

αυτω¹ rell] omit e

αλλομενου rell] add ζωντος f¹³

John 4:15

λεγει προς αυτον η γυνη· κυριε δος μοι τουτο το υδωρ ινα μη
διψω μηδε διερχωμαι ενθαδε αντλειν   (Io.Com 13, 7, 40)
[L]

κυριε δος μοι τουτο το υδωρ ινα μη διψω μηδε διερχωμαι
ενθαδε αντλειν   (Io.Com 20, 41, 385) [C]

δος μοι τουτο το υδωρ ινα μη διψω μηδε διερχωμαι ενθαδε
αντλειν   (Io.Com 13, 10, 66) [C]¹³

δος μοι τουτο το υδωρ   (Io.Com 13, 1, 4) [C]

δος μοι τουτο το υδωρ   (Io.Com 13, 7, 41) [C]

δος μοι τουτο το υδωρ   (Io.Com 13, 8, 50) [C]

δος μοι τουτο το υδωρ   (Io.Com 13, 10, 65) [C]¹⁴

TEXT: λεγει προς αυτον η γυνη· κυριε δος μοι τουτο το υδωρ
ινα μη διψω μηδε διερχωμαι ενθαδε αντλειν

Lac.: P⁴⁵ W

διψω P^{66c} rell] διψησω P^{66*} D [NA: a b e]

---

13 Origen appears to be citing Heracleon's text.
14 Origen appears to be citing Heracleon's text.

διερχωμαι P⁶⁶ ℵ* UBS] διερχομαι P⁷⁵ B; ερχομαι ℵᶜ E L Θ
Ψ f¹³ 33 700 892 1241 (a b e); ερχωμαι (a b e) rell

ενθαδε ℵᶜ rell] ωδε ℵ*

John 4:16

λεγει αυτη· υπαγε φωνησον σου τον ανδρα και ελθε ενθαδε +
  (Io.Com 13, 8, 42) [L]

λεγει αυτη ... υπαγε φωνησον τον ανδρα σου (Io.Com 13, 11,
  67) [C]¹⁵

υπαγε φωνησον τον ανδρα σου και ελθε ενθαδε (Io.Com 13, 4,
  25) [C]

υπαγε φωνησον τον ανδρα σου και ελθε ενθαδε (Io.Com 13,
  11, 69) [C]

φωνησον σου τον ανδρα και ελθε ενθαδε (Io.Com 13, 11, 68)
  [C]¹⁶

δια τουτο λεγει αυτη ο Ιησους υπαγε φωνησον σου τον ανδρα
  και ελθε ενθαδε (Io.Com 13, 8, 49) [Ad]

TEXT: λεγει αυτη¹⁷ υπαγε φωνησον [σου τον ανδρα / τον
  ανδρα σου]¹⁸ και ελθε ενθαδε

Lac.: P⁴⁵ W (33)

αυτη P⁶⁶. ⁷⁵ B C* a UBS] add Ιησους ℵ* A Θ Π* f¹. ¹³ (b e);
add ο Ιησους ℵᶜ Cᶜ Πᶜ (b e) rell [33 lac.]

σου τον ανδρα (Origen) B] τον ανδρα σου (Origen) rell

---

¹⁵ Origen appears to be citing Heracleon's text.

¹⁶ Origen appears to be citing Heracleon's text.

¹⁷ It is clear from the context of Io.Com 13, 8, 49 that Origen himself
introduces the name ο Ιησους to indicate the change of subject; it does *not* derive
from his MSS of the Fourth Gospel. This conclusion is corroborated by the lemma
and the quotation later in 13, 11, 67.

¹⁸ It will be observed that the evidence of Origen's text is evenly split with
regard to the matter of word order.

John 4:17

+ απεκριθη η γυνη και ειπεν· ουκ εχω ανδρα   (Io.Com 13, 8, 42)
[L]

λεγει αυτη ο Ιησους· καλως ειπας οτι ανδρα ουκ εχω +
(Io.Com 13, 9, 50) [L]

καλως ειπας οτι ουκ εχω ανδρα   (Io.Com 13, 9, 52) [C]

ουκ εχω ανδρα   (Io.Com 13, 8, 50) [C]

ουκ εχω ανδρα   (Io.Com 13, 9, 52) [C]

αληθες ειρηκας οτι ανδρα ουκ εχεις   (Io.Com 13, 11, 70)
[All][19]

TEXT: απεκριθη η γυνη και ειπεν· ουκ εχω ανδρα. λεγει αυτη ο
Ιησους καλως ειπας οτι ανδρα ουκ εχω

Lac.: P[45] W (33) (a)

ειπεν (e) rell] add αυτω P[66.] [(75)] B C E 33 892 1241 a b UBS

ουκ εχω ανδρα C[c] rell] ανδρα ουκ εχω ℵ C* D L 1241 [33 lac.]

εχω[2] rell] εχεις ℵ D (b) e [a lac.]

και ειπεν ℵ[c] rell] λεγων e; omit ℵ*

λεγει rell] απεκριθη 579 [a lac.]

ο rell] omit Θ

ανδρα ουκ εχω rell] ουκ ανδρα εχω f[13]; ουκ εχω ανδρα (b)

ειπεν rell] λεγει P[75]

---

[19] Origen explicitly gives Heracleon's text here. It is to be noted that the form εχεις, while standing at odds with Origen's own text, conforms with the Western tradition attested in ℵ D (b) and e. See further Ehrman, "Heracleon, Origen, and the Text of the Fourth Gospel," and our discussion in volume two.

John 4:18

+ πεντε γαρ ανδρας εσχες, και νυν ον εχεις ουκ εστιν σου
ανηρ· τουτο αληθες ειρηκας (Io.Com 13, 9, 50) [L]

πεντε ανδρας εσχες, και νυν ον εχεις ουκ εστιν σου ανηρ
(Io.Com 13, 63, 447) [C]

πεντε ανδρας εσχες (Io.Com 13, 11, 71) [C]

τουτο αληθες ειρηκας (Io.Com 13, 9, 53) [C]

παρα δε τω Ηρακλεωνι ευρομεν· εξ ανδρας εσχες (Io.Com 13,
11, 71) [All]

TEXT: πεντε γαρ ανδρας εσχες, και νυν ον εχεις ουκ εστιν σου
ανηρ· τουτο αληθες ειρηκας

Lac.: P45 W (33)

αληθες rell] αληθως ℵ E [NA: a b e]

και νυν Eᶜ rell] και E*; νυν a; και γαρ τουτον e [33 lac.]

ουκ εστιν σου ανηρ rell] ουκ εστιν σου ο ανηρ f¹

ειρηκας rell] ειπας P75

John 4:19

λεγει αυτω η γυνη· κυριε θεωρω οτι προφητης ει συ + (Io.Com
13, 12, 74) [L]

θεωρω οτι προφητης ει συ (Io.Com 13, 12, 76) [C]

θεωρω οτι προφητης ει συ (Io.Com 13, 63, 447) [C]

Lac.: P45 W

συ rell] omit D a b e

αυτω rell] omit a

κυριε ℵᶜ rell] omit ℵ*

John 4:20

+ οι πατερες ημων εν τω ορει τουτω προσεκυνησαν· και υμεις
λεγετε εν Ιεροσολυμοις εστιν ο τοπος οπου προσκυνειν δει
(Io.Com 13, 12, 74) [L]

οι πατερες ημων εν τω ορει τουτω προσεκυνησαν ... υμεις δε
λεγετε οτι εν Ιεροσολυμοις εστιν ο τοπος οπου προσκυνειν
δει (Io.Com 13, 13, 80) [C]

οι πατερες ημων εν τω ορει τουτω προσεκυνησαν (Io.Com 13,
14, 90) [C]

οι πατερες ημων εν τω ορει τουτω προσεκυνησαν (Io.Com 13,
15, 94) [C]20

οι πατερες ημων (Io.Com 13, 12, 77) [C]

TEXT: οι πατερες ημων εν τω ορει τουτω προσεκυνησαν· και
υμεις21 λεγετε οτι εν Ιεροσολυμοις εστιν ο τοπος οπου
προσκυνειν δει

Lac.: P45 W (a)

τω ορει τουτω rell] τουτω τω ορει 565 a b e TR

προσκυνειν δει P66.75 ℵ A B C* D L Ψ 33 892 b UBS] δει
προσκυνειν Cc rell

ο τοπος rell] omit ℵ [a lac.]

John 4:21

λεγει αυτη ο Ιησους· πιστευε μοι γυναι οτι ερχεται ωρα οτε
ουτε εν τω ορει τουτω ουτε εν Ιεροσολυμοις προσκυνησετε
τω πατρι (Io.Com 13, 16, 100) [L]

πιστευε μοι γυναι (Io.Com 13, 16, 95) [C]22

---

[20] Origen appears to be citing Heracleon's text.

[21] We have taken και υμεις from the lemma; Origen modified the text of his
quotation (υμεις δε) for contextual reasons, to accommodate an intervening
interpretive phrase. So far as we know, the MS tradition is invariant at this point.

[22] Origen appears to be citing Heracleon's text.

οτι ερχεται ωρα οτε ουτε εν Ιεροσολυμοις ουτε εν τω ορει
τουτω προσκυνησουσι τω πατρι   (Cels 6, 70)   [C]

ερχεται ωρα   (Io.Com 13, 14, 86)   [C]

ερχεται ωρα   (Io.Com 13, 14, 89)   [C]

ουτε εν τω ορει τουτω ουτε εν Ιεροσολυμοις προσκυνησετε
τω πατρι   (Io.Com 13, 14, 89)   [C]

ουτε εν τω ορει τουτω ... ουτε εν Ιεροσολυμοις προσκυνησετε
τω πατρι   (Io.Com 13, 16, 100)   [C]

ουτε εν τω ορει τουτω ουτε εν Ιεροσολυμοις τις προσκυνει
(Io.Com 13, 16, 100)   [Ad]

^{A}πας γουν ω Χριστος επιδεδημηκεν ουτε εν Ιεροσολυμοις
ουτε εν τω των Σαμαρειτων ορει προσκυνει τω θεω
(Io.Com 1, 6, 35)   [All]

οσον μεν ουν ουδεπω εληλυθεν η υπο του κυριου ειρημενη ωρα
οτε ουτε εν τω ορει τουτω ουτε εν Ιεροσολυμοις
προσκυνησουσιν τω πατρι   (Io.Com 13, 13, 83)   [All]

TEXT: λεγει αυτη ο Ιησους· πιστευε μοι γυναι οτι ερχεται ωρα
οτε ουτε εν τω ορει τουτω ουτε εν Ιεροσολυμοις
προσκυνησετε^{23} τω πατρι

Lac.: P^{45} W (33)

πιστευε   P$^{66.75}$Χ B C* D L f$^{1. 13}$ 565 1241 UBS] πιστευσον
rell   [NA: a b e; 33 lac.]

πιστευε μοι γυναι   P$^{66.75}$Χ B C L (Ψ) (892) 1241 b UBS]
γυναι πιστευε (Δ); γυναι πιστευε μοι   rell

οτε   rell] οτι   A Θ 579 892

τω ορει τουτω   P^{66c} rell] τουτω τω ορει   D a b e; τω κοσμω
τουτω   P^{66*}

---

^{23} On the problem of the form of προσκυνησετε, see Fee, "The Text of John,"
329.

----

o rell] omit Θ

μοι rell] add λεγοντι f¹³

προσκυνησετε (a b e) rell] προσκυνησωσι f¹³;
προσκυνησητε f¹ (a b e); προσκυνησατε 579 (a b e) [33
lac.]

John 4:22
υμεις προσκυνειτε ο ουκ οιδατε, ημεις προσκυνουμεν ο
    οιδαμεν οτι η σωτηρια εκ των Ιουδαιων εστιν (Io.Com 13,
    16, 100) [L]

ημεις προσκυνουμεν (Io.Com 13, 19, 114) [C]²⁴

οτι η σωτηρια απο των Ιουδαιων εστιν (Io.Com 13, 17, 106)
    [C]

οτι η σωτηρια εκ των Ιουδαιων εστιν (Io.Com 13, 19, 115)
    [C]²⁵

η σωτηρια εκ των Ιουδαιων γινεται (Io.Com 13, 17, 107) [Ad]

αλλ' επει Ιουδαιοι μεν, απ' αυτων γαρ η σωτηρια (Io.Com 13,
    13, 81) [All]

TEXT: υμεις προσκυνειτε ο ουκ οιδατε, ημεις προσκυνουμεν ο
    οιδαμεν οτι η σωτηρια εκ των Ιουδαιων εστιν

Lac.: P⁴⁵ W

οτι rell] add οιδαμεν a

των Ιουδαιων rell] της Ιουδαιας b

John 4:23
αλλ' ερχεται ωρα και νυν εστιν οτε οι αληθινοι προσκυνηται
    προσκυνησουσι τω πατρι εν πνευματι και αληθεια (Io.Com
    13, 18, 108) [L]

---

²⁴ Origen appears to be citing Heracleon's text.
²⁵ Origen appears to be citing Heracleon's text.

και γαρ ο πατηρ τοιουτους ζητει τους προσκυνουντας αυτον
(Io.Com 13, 20, 118) [L]

αλλ' ερχεται ωρα και νυν εστιν (Io.Com 13, 14, 86) [C]

ερχεται ωρα και νυν εστιν (Io.Com 13, 14, 89) [C]

εξεστιν ουν και εν τω πνευματι και αληθεια προσκυνειν τω
πατρι οτε ου μονον ερχεται ωρα αλλα και νυν εστιν
(Io.Com 13, 14, 88) [All]

τηρητεον δε οτι οι αληθινοι προσκυνηται ου μονον εν
μελλουση ωρα αλλα και ενεστηκυια προσκυνουσι τω πατρι
εν πνευματι και αληθεια (Io.Com 13, 18, 112) [All]

TEXT: αλλ' ερχεται ωρα και νυν εστιν οτε οι αληθινοι
προσκυνηται προσκυνησουσι τω πατρι εν πνευματι και
αληθεια· και γαρ ο πατηρ τοιουτους ζητει τους
προσκυνουντας αυτον[26]

Lac.: P45 W

αυτον P66c ℵc rell] αυτω P66* ℵ* [NA: a b e]

αυτον rell] add εν πνευματι a b

οτε οι rell] οτι 579

προσκυνησουσιν rell] προσκυνησωσι 33

εν rell] add τω f1

και γαρ ... αυτον rell] omit f1

John 4:24
πνευμα ο θεος και τους προσκυνουντας αυτον εν πνευματι και
αληθεια δει προσκυνειν (Io.Com 13, 21, 122) [L]

---

[26] If we trust the lemmata at this point, we can be relatively certain that
Origen's text ends with αυτον.

πνευμα ο θεος ... τους προσκυνουντας εν πνευματι και αληθεια δει προσκυνειν   (Io.Com 13, 25, 147)   [C]27

πνευμα ο θεος και τους προσκυνουντας αυτον εν πνευματι και αληθεια δει προσκυνειν   (Cels 2, 71)   [C]

πνευμα ο θεος και τους προσκυνουντας αυτον εν πνευματι και αληθεια δει προσκυνειν   (Cels 6, 70)   [C]

πνευμα ο θεος και τους προσκυνουντας αυτον εν πνευματι και αληθεια δει προσκυνειν   (Cels 7, 27)   [C]

πνευμα γαρ ο θεος   (Io.Com 13, 21, 124)   [C]

πνευμα ο θεος   (Io.Com 13, 23, 140)   [C]

πνευμα ο θεος   (Cels 6, 70)   [C]

πνευμα ο θεος   (Cels 6, 70)   [C]

A αλλα μαθων οτι πνευμα ο θεος, πνευματικως λατρευων αυτω πνευματι και αληθεια   (Io.Com 1, 6, 35)   [All]

πνευματι και αληθεια ενεργουμενον υπο των πνευματι και αληθεια προσκυνουντων τον θεον   (Io.Com 10, 13, 68)   [All]

εν πνευματι και αληθεια προσκυνεισθαι τον θεον   (Io.Com 13, 19, 117)   [All]28

οτι ουκ εν σαρκι δει προσκυνειν ... αλλ' εν πνευματι .... ουκ εν τυποις προσκυνειν δει τω πατρι αλλ' εν αληθεια   (Cels 6, 70)   [All]

λεγοντας πνευμα ειναι τον θεον   (Cels 6, 71)   [All]

TEXT: πνευμα ο θεος και τους προσκυνουντας αυτον εν πνευματι και αληθεια δει προσκυνειν

Lac.: P45 W

---

27 Origen is citing Heracleon's text. It is to be noted that Heracleon, along with other Western witnesses (ℵ D), did not read the personal pronoun αυτον after the participle. See further Ehrman, "Heracleon, Origen, and the Text of the Fourth Gospel," and the discussion in our second volume.

28 Origen is referring to Heracleon's text.

αυτον ℵc Dc rell] omit ℵ* D*

δει προσκυνειν ℵc rell] προσκυνειν δει ℵ* D; δει e

και αληθεια ℵc rell] αληθειας ℵ*

John 4:25

λεγει αυτω η γυνη· οιδα οτι Μεσσιας ερχεται ο λεγομενος Χριστος· οταν ελθη εκεινος αναγγελει ημιν απαντα (Io.Com 13, 26, 153) [L]

A οιδα οτι Μεσσιας ερχεται ο λεγομενος Χριστος· οταν ελθη εκεινος απαγγελει ημιν απαντα (Io.Com 1, 5, 29) [C]

A οιδαμεν οτι Μεσσιας ερχεται ο λεγομενος Χριστος· οταν ελθη εκεινος αναγγελει ημιν απαντα (Io.Com 1, 21, 126) [C]

οταν ελθη εκεινος αναγγελει ημιν απαντα (Io.Com 13, 27, 162) [C]

οταν ελθη εκεινος αναγγελει ημιν απαντα (Io.Com 13, 27, 163) [C]

TEXT: λεγει αυτω η γυνη· [οιδα / οιδαμεν][29] οτι Μεσσιας ερχεται ο λεγομενος Χριστος· οταν ελθη εκεινος αναγγελει ημιν απαντα

Lac.: P45 W

οιδα (Origen) P66* ℵ* rell] οιδαμεν (Origen) P66c ℵc L f13 33 1241

οταν rell] add ουν b e

αναγγελει ℵc rell] αναγγελλει ℵ* D

απαντα P66. 75 ℵ B C* f1 565 UBS] παντα Cc rell [NA: a b e]

---

[29] As can be seen, in the lemma and one citation Origen reads οιδα, while in one other citation (in the same book of the Commentary) he reads οιδαμεν. It appears in this that case he knew both readings.

ελθη εκεινος rell] εκεινος ελθη Ψ

John 4:26

λεγει αυτη ο Ιησους· εγω ειμι ο λαλων σοι + (Io.Com 13, 28, 164) [L]

^{A}εγω ειμι ο λαλων σοι (Io.Com 1, 21, 126) [C]

εγω ειμι ο λαλων σοι (Io.Com 13, 27, 163) [C]

εγω ειμι ο λαλων σοι (Io.Com 13, 28, 172) [C][30]

Lac.: P^{45} W

ο^1 rell] omit A

John 4:27

+ και επι τουτω ηλθον οι μαθηται αυτου και εθαυμαζον οτι μετα γυναικος ελαλει· ουδεις μεντοι γε[31] ειπεν· τι ζητεις; η τι λαλεις μετ᾽ αυτης; (Io.Com 13, 28, 164) [L]

εθαυμαζον οτι μετα γυναικος ελαλει (Io.Com 13, 28, 171) [C]

ηλθον ... οι μαθηται προς αυτον (Io.Com 13, 28, 172) [All][32]

Lac.: P^{45} W

επι τουτω ℵ^c rell] επι τουτο E f^{13}; εν τουτω ℵ* D [NA: a b e]

ηλθον ℵ^c rell] επηλθον ℵ* e

εθαυμαζον P$^{66. 75}$ ℵ A B C D L Θ Π Ψ f^1 33 579 892 UBS] εθαυμασαν rell [NA: a b e]

---

[30] Origen appears to be citing Heracleon's text.

[31] To the best of our knowledge, no other witness attests γε. As this is the only passage in which Origen quotes the text, we take it to represent a loose citation, rather than a genuine variant. We have consequently not included the reading in the apparatus.

[32] Origen is referring to Heracleon's text.

ελαλει rell]λαλει Θ 579 a b

ειπεν rell] add αυτω ℵ D a (b); add τη γυναικι e

εθαυμαζον rell] add αυτω b

λαλεις μετ' αυτης rell] μετ' αυτης λαλεις b; λαλεις e

John 4:28

αφηκεν ουν την υδριαν αυτης η γυνη και απηλθεν εις την πολιν και λεγει τοις ανθρωποις + (Io.Com 13, 29, 172) [L]

αφηκεν γαρ φησι την υδριαν αυτης η γυνη (Io.Com 13, 31, 188) [C]

εως αφεισα την υδριαν αυτης η γυνη απελθουσα εις την πολιν ειπη τοις ανθρωποις + (Io.Com 13, 28, 169) [Ad]

της Σαμαρειτιδος καταλιπουσης την υδριαν και απελυλυθυιας εις την πολιν υπερ του ευαγγελισασθαι (Io.Com 13, 51, 338) [All]

TEXT: αφηκεν ουν την υδριαν αυτης η γυνη και απηλθεν εις την πολιν και λεγει τοις ανθρωποις

Lac.: P45 W

αφηκεν την υδριαν αυτης η γυνη rell] αφηκεν η γυνη την υδριαν εαυτης D b; η γυνη ουν [αφεισα] της υδριας e [? mulier autem demisso urceo]

λεγει rell] ειπεν 1241 a b

την¹ rell] omit Δ

αυτης rell] omit e

και rell] omit e

απηλθεν rell] add τρεχουσα Θ

τοις ανθρωποις rell] τω ανθρωπω a

John 4:29

+ δευτε ιδετε ανθρωπον ος ειπεν μοι παντα οσα εποιησα· μητι
   ουτος εστιν ο Χριστος;   (Io.Com 13, 29, 172)   [L]

+ δευτε ιδετε ανθρωπον ος ειπεν μοι παντα α εποιησα· μητι
   ουτος εστιν ο Χριστος;   (Io.Com 13, 28, 169)   [C]

δευτε ιδετε ανθρωπον ος ειπεν μοι παντα οσα εποιησα· μητι
   ουτος εστιν ο Χριστος;   (Io.Com 13, 63, 447)   [C]

μητι ουτος εστιν ο Χριστος;   (Io.Com 13, 31, 190)   [C]

μαρτυρουσα αυτω ειρηκοτι αυτη παντα α εποιησεν   (Io.Com 13,
   29, 173)   [All]

θαυμαζουσα αυτον απαγγελλοντα παντα α εποιησεν   (Io.Com
   13, 29, 176)   [All]

TEXT: δευτε ιδετε ανθρωπον ος ειπεν μοι παντα [α / οσα]³³
   εποιησα· μητι ουτος εστιν ο Χριστος;

Lac.: P⁴⁵ W

α (Origen) ℵ B C* a e] οσα α 579; οσα (Origen) Cᶜ rell

δευτε rell] add και b

ουτος rell] εκεινος D

John 4:30

εξηλθον εκ της πολεως και ηρχοντο προς αυτον   (Io.Com 13,
   28, 169)   [C]

εξηλθον εκ της πολεως και ηρχοντο προς αυτον   (Io.Com 13,
   30, 184)   [C]

εξηλθον δε εκ της πολεως   (Io.Com 13, 31, 191)   [C]³⁴

επειπερ και αυτοι εξηλθον ευ ποιουντες εκ της πολεως και
   ηρχοντο προς αυτον   (Io.Com 13, 30, 182)   [All]

---

³³ Origen's witness is nearly evenly split.
³⁴ Origen appears to be citing Heracleon's text.

TEXT: εξηλθον³⁵ εκ της πολεως και ηρχοντο προς αυτον

Lac.: P⁴⁵ W

εξηλθον rell] εξηρχοντο L 1241 [NA a b e]

ηρχοντο rell] ερχονται 579

John 4:31

εν τω μεταξυ ηρωτων αυτον οι μαθηται λεγοντες· ραββι φαγε
(Io.Com 13, 32, 192) [L]

εν τω μεταξυ ηρωτων αυτον οι μαθηται λεγοντες· ραββι φαγε
(Io.Com 13, 32, 196) [C]

εν δε³⁶ τω μεταξυ ελεγον αυτω οι μαθηται· ραββι φαγε
(Io.Com 13, 32, 197) [Ad]

Lac.: P⁴⁵ W

αυτον rell] omit Δ a

οι μαθηται Π* rell] add αυτου Θ Πᶜ Ω 33 e; omit 1241

εν τω μεταξυ rell] omit a

ηρωτων rell] ηρωτουν C

---

³⁵ As indicated in the introduction, we cannot use Origen's citations to determine whether he read an introductory conjunction. The MSS themselves are split, with a number lacking a conjunction altogether, others supplying ουν (P⁶⁶ℵ f¹·¹³ 565 700 892 e TR), others δε (Πᶜ 1241), others και (*ante* εξηλθον: C D b).

³⁶ The δε is required by the context of this loose adaptation, and so is not a genuine variant. Moreover, since Origen cannot normally be cited for introductory conjunctions, we have again not indicated in the apparatus his support for the shorter text that lacks it (i.e., along with P⁶⁶ℵ B C* D L Ψ a e UBS).

John 4:32

ο δε ειπεν αυτοις· εγω βρωσιν εχω φαγειν ην υμεις ουκ οιδατε
(Io.Com 13, 33, 202) [L]

εγω βρωσιν εχω φαγειν ην υμεις ουκ οιδατε (Io.Com 13, 34,
215) [C]

εγω βρωσιν εχω φαγειν ην υμεις ουκ οιδατε (Io.Com 13, 34,
217) [C]

εγω βρωσιν εχω φαγειν ην υμεις ουκ οιδατε (Io.Com 13, 34,
217) [C]

εγω βρωσιν εχω φαγειν ην υμεις ουκ οιδατε (Io.Com 13, 34,
218) [C]

εως ταχα φθασομεν επι το την αυτην βρωσιν φαγειν τω υιω του
θεου, ην επι του παροντος οι μαθηται ουκ οιδασιν (Io.Com
13, 34, 225) [All]

TEXT: ο δε ειπεν αυτοις· εγω βρωσιν εχω φαγειν ην υμεις ουκ
οιδατε

Lac.: P45 W

ο δε rell] omit a e; επι τουτω b

αυτοις rell] add [ο] Ιησους e

John 4:33

ελεγον ουν οι μαθηται προς αλληλους· μη τις ηνεγκεν αυτω
φαγειν; (Io.Com 13, 35, 225) [L]

οι μαθηται φασιν προς αλληλους· μη τις ηνεγκεν αυτω φαγειν;
(Io.Com 13, 35, 226) [Ad]

TEXT: ελεγον ουν[37] οι μαθηται προς αλληλους· μη τις ηνεγκεν
αυτω φαγειν;

---

[37] The presence of this conjunction in a lemma rather than in the context of
Origen's discussion (where it would have been more likely to have been changed)
suggests to us that it formed part of Origen's own text.

Lac.: P⁴⁵ W

ελεγον ℵᶜ rell] λεγουσι ℵ* b

ουν ℵᶜ rell] δε D a b; omit ℵ* e

οι μαθηται προς αλληλους rell] οι μαθηται αυτου προς
αλληλους a b e; προς αλληλους οι μαθηται f¹³; εν εαυτοις οι
μαθηται D; προς αλληλους 1241; οι μαθηται 579

ηνεγκεν αυτω rell] αυτω ηνεγκεν b; ηνεγκεν αυτοις e

John 4:34

λεγει αυτοις ο Ιησους· εμον βρωμα εστιν ινα ποιησω το
θελημα του πεμψαντος με και τελεωσω αυτου το εργον
(Io.Com 13, 36, 227) [L]

εμον βρωμα εστιν ινα ποιησω το θελημα του πεμψαντος με και
τελεωσω αυτου το εργον (Mat.Com 16, 7) [C]

<εμον > βρωμα εστιν ινα ποιησω το θελημα του πεμψαντος
με (Io.Com 13, 36, 232) [C]

εμον βρωμα εστιν ινα ποιησω το θελημα του πεμψαντος με
(Io.Com 13, 38, 247) [C]³⁸

τελεωσω αυτου το εργον (Io.Com 13, 37, 236) [C]

ποιων το θελημα του πεμψαντος αυτον <και > τελεων αυτου
τον εργον (Io.Com 13, 34, 216) [Ad]

ινα ποιηση το θελημα του πεμψαντος αυτον (Io.Com 13, 37,
247) [Ad]

οτι μειζον εστιν ο ειχεν βρωμα φαγειν οπερ ην ποιησαι το
θελημα του πεμψαντος αυτον και τελεωσαι το εργον αυτου
(Io.Com 13, 35, 227) [All]

ον τροπον Χριστος κεχωρηκεν, ο ελθων ποιησαι το θελημα
αυτου του πατρος και παν αυτο τελεωσας (Orat 26, 3)
[All]

---

³⁸ Origen appears to be citing Heracleon's text.

α]υτου τελειωσαντος το πατρικον βουλημα (Pasc 42, 5) [All]

TEXT: λεγει αυτοις ο Ιησους· εμον βρωμα εστιν ινα ποιησω το
θελημα του πεμψαντος με και τελειωσω αυτου το εργον

Lac.: P⁴⁵ W

ποιησω P⁶⁶. ⁷⁵ B C D L Θ Π Ψ f¹ 33 565 579 UBS] ποιω rell
[NA: a b e]

John 4:35

ουχ υμεις λεγετε οτι ετι τετραμηνος εστιν και ο θερισμος
ερχεται; ιδου λεγω υμιν· επαρατε τους οφθαλμους υμων και
θεασασθε τας χωρας οτι λευκαι εισιν προς θερισμον ηδη
(Io.Com 13, 39, 249) [L]

ιδου λεγω υμιν· επαρατε τους οφθαλμους υμων και θεασασθε
τας χωρας οτι λευκαι εισιν προς θερισμον ηδη (Io.Com 13,
42, 273) [L]

ουχ υμεις λεγετε οτι τετραμηνος εστιν και ο θερισμος
ερχεται; ιδου λεγω υμιν· επαρατε τους οφθαλμους υμων και
θεασασθε τας χωρας οτι λευκαι εισι προς θερισμον ηδη
(Io.Com 13, 40, 260) [C]

ουχ υμεις λεγετε οτι τετραμηνος εστιν και ο θερισμος
ερχεται; ιδου λεγω υμιν· επαρατε τους οφθαλμους υμων και
θεασασθε τας χωρας οτι λευκαι εισιν προς θερισμον ηδη
(Io.Com 13, 40, 268) [C]

ουχ υμεις λεγετε οτι ετι τετραμηνος εστιν και ο θερισμος
ερχεται; ...ιδου λεγω υμιν· επαρατε τους οφθαλμους υμων
και θεασασθε τας χωρας οτι λευκαι εισιν προς θερισμον ηδη
(Io.Com 13, 45, 296) [C]

ουκ υμεις λεγετε οτι τετραμηνος εστιν και ο θερισμος
ερχεται; επαρατε τους οφθαλμους υμων και θεασασθε τας
χωρας οτι λευκαι εισιν προς θερισμον ηδη (Rom.Com 5, 7)
[C]

ουχ υμεις λεγετε οτι τετραμηνος εστιν και ο θερισμος
ερχεται; (Io.Com 13, 39, 250) [C]

ουχ υμεις λεγετε οτι ετι τετραμηνος εστιν και ο θερισμος
ερχεται; (Io.Com 13, 39, 255) [C]

ουχ υμεις λεγετε οτι ετι τετραμηνος εστιν και ο θερισμος
ερχεται;　(Io.Com 13, 40, 270)　[C]

ουχ υμεις λεγετε οτι ... ετι τετραμηνος εστιν και ο θερισμος
ερχεται;　(Io.Com 13, 40, 264)　[C]

τετραμηνος εστιν και ο θερισμος ερχεται　(Io.Com 13, 40, 262)
[C]

επαρατε τους οφθαλμους υμων και θεασασθε τας χωρας οτι
λευκαι εισιν προς θερισμον ηδη　(Io.Com 13, 40, 261)　[C]

επαρατε τους οφθαλμους υμων ... θεασασθε τας χωρας οτι
λευκαι εισιν προς θερισμον ηδη　(Io.Com 13, 40, 270)　[C]

επαρατε τους οφθαλμους υμων και θεασασθε τας χωρας οτι
λευκαι εισιν προς θερισμον ηδη　(Io.Com 13, 42, 274)　[C]

επαρατε τους οφθαλμους υμων και θεασασθε τας χωρας οτι
λευκαι εισιν προς θερισμον ηδη　(Io.Com 13, 42, 284)　[C]

επαρατε τους οφθαλμους υμων και θεασασθε τας χωρας οτι
λευκαι εισιν προς θερισμον ηδη　(Io.Com 13, 47, 307)　[C]

επαρατε τους οφθαλμους υμων και θεασασθε τας χωρας οτι
λευκαι εισιν προς θερισμον ηδη　(Io.Com 28, 4, 32)　[C]

επαρατε τους οφθαλμους υμων και θεασασθε τας χωρας οτι
λευκαι εισιν προς θερισμον ηδη　(Ier.Hom 5, 13)　[C]

επαρατε τους οφθαλμους υμων και θεασασθε τας χωρας οτι
λευκαι εισι προς θερισμον ηδη +　(Orat 13, 5)　[C]

επαρατε τους οφθαλμους υμων　(Io.Com 13, 42, 274)　[C]

επαρατε τους οφθαλμους υμων　(Io.Com 13, 42, 278)　[C]

θεασασθε τας χωρας οτι λευκαι εισιν προς θερισμον ηδη
(Io.Com 13, 44, 295)　[C]

ινα θεασωνται τας χωρας οτι λευκαι εισιν προς θερισμον ηδη
(Io.Com 13, 44, 295)　[Ad]

ινα θεασωνται τας χωρας πως ησαν λευκαι προς θερισμον ηδη
(Io.Com 13, 49, 320)　[Ad]

απιοντα εις την Γαλιλαιαν οτε ετι τετραμηνος ειπεν εις τον
θερισμον　(Io.Com 13, 39, 257)　[All]

ου γαρ εχρην φασκειν το· ουχ υμεις λεγετε οτι ετι τεσσαρες
ημεραι και ο θερισμος ερχεται, η ετι τεσσαρα ετη και ο
θερισμος ερχεται   (Io.Com 13, 40, 264)   [All]

επαρατε τους οφθαλμους υμων διοπερ ο τοιουτος ουδε
θεασεται τας χωρας καν ωσιν λευκαι προς θερισμον ηδη
(Io.Com 13, 42, 278)   [All]

TEXT: ουχ υμεις λεγετε [οτι / οτι ετι] τετραμηνος εστιν και ο
θερισμος ερχεται; ιδου λεγω υμιν·[39] επαρατε τους
οφθαλμους υμων και θεασασθε τας χωρας οτι λευκαι εισι
προς θερισμον ηδη

Lac.: P[45] W

οτι[1]   (Origen) P[75] D L Π* f[13] 1241] add ετι   (Origen) Π[c] rell

ιδου λεγω υμιν   rell] omit f[1] 565 1241

ουχ   rell] και   e

υμεις   rell] add μοι   Θ

τετραμηνος   rell] τετραμηνον   TR

John 4:36
   ο θεριζων μισθον λαμβανει και συναγει καρπον εις ζωην
   αιωνιον ινα ο σπειρων ομου χαιρη και ο θεριζων   (Io.Com
   13, 43, 284)   [L]

   ο θεριζων μισθον λαμβανει και συναγει καρπον εις ζωην
   αιωνιον ινα ο σπειρων ομου χαιρη και ο θεριζων   (Io.Com
   13, 47, 311)   [C]

   ο θεριζων μισθον λαμβανει ... και συναγει καρπον εις ζωην
   αιωνιον ινα πας ο σπειρων ομου χαιρη και πας ο θεριζων
   (Io.Com 13, 47, 313)   [C]

   ο θεριζων μισθον λαμβανει και συναγει καρπον εις ζωην
   αιωνιον   (Io.Com 13, 43, 291)   [C]

---

[39] For the inclusion of ιδου λεγω υμιν, see Fee, "Text of John in Origen and
Cyril," 360.

ο θεριζων μισθον λαμβανει ... και συναγει καρπον εις ζωην αιωνιον (Io.Com 13, 46, 299) [C][40]

+ ο θεριζων μισθον λαμβανει και συναγει καρπον εις ζωην αιωνιον (Orat 13, 5) [C]

μισθον λαμβανει (Io.Com 13, 45, 298) [C]

συναγει καρπον εις ζωην αιωνιον (Io.Com 13, 45, 298) [C]

ινα ο σπειρων ομου χαιρη και ο θεριζων (Io.Com 13, 46, 301)
[C]

ινα ο σπειρων ομου χαιρη και ο θεριζων (Io.Com 13, 48, 317)
[C]

ινα ο σπειρων ομου χαιρη και ο θεριζων (Io.Com 13, 49, 322)
[C][41]

ενα μεν οτι λαμβανει μισθον ετερον δε οτι συναγει καρπον εις ζωην αιωνιον (Io.Com 13, 45, 297) [Ad]

ο σπειρων ομου χαιρει και ο θεριζων (Io.Com 13, 46, 304)
[Ad]

ει δε ινα ο σπειρων ομου χαιρη και ο θεριζων, μισθον λαμβανει και συναγει καρπον εις ζωην αιωνιον (Io.Com 13, 48, 318)
[Ad]

ημεις ουν θερισμον συναγομενου καρπου εις ζωην αιωνιον
(Io.Com 13, 41, 273) [All]

TEXT: ο[42] θεριζων μισθον λαμβανει και συναγει καρπον εις ζωην αιωνιον ινα ο σπειρων ομου χαιρη και ο θεριζων

Lac.: P[45] W

---

[40] Origen appears to be citing Heracleon's text.

[41] Origen appears to be citing Heracleon's text.

[42] We have normally not cited Origen for introductory conjunctions, but in this instance he cites the text on six occasions, and never begins with και ο. More importantly, one of the citations is continuous with 4:35 (Orat. 13, 5). It is virtually certain, therefore, that Origen attests the shorter text.

ο¹ P66. 75 ℵ B C* D L Ψ 33 a b e UBS] και ο   Cᶜ rell

ινα P66. 75 B C L Ψ f¹ 33 565 892 1241 e UBS] add και rell

ομου χαιρη και ο θεριζων rell] ομου χαιρη και θεριζων P66
(Θ); και ο θεριζων ομου χαρη D; ομου χαιρη μετα του
θεριζοντος e

John 4:37
> εν γαρ τουτω ο λογος εστιν αληθινος οτι αλλος εστιν ο
> σπειρων και αλλος ο θεριζων (Io.Com 13, 49, 319) [L]

> εν τουτω εστιν ο λογος αληθινος οτι αλλος εστιν ο σπειρων
> και αλλος ο θεριζων (Io.Com 13, 49, 324) [C]⁴³

> αλλος εστιν ο σπειρων και αλλος ο θεριζων (Io.Com 13, 43,
> 292) [C]

> αλλος δε εστιν ο σπειρων και αλλος ο θεριζων (Io.Com 13, 43,
> 293) [C]

> αλλος ο σπειρων και αλλος θεριζων (Io.Com 13, 41, 272) [C]

> αλλος ο σπειρων και αλλος ο θεριζων (Io.Com 13, 49, 320) [C]

TEXT: εν γαρ τουτω ο λογος εστιν αληθινος οτι αλλος εστιν ο
σπειρων και αλλος ο θεριζων

Lac.: P⁴⁵ W

ο λογος εστιν rell] εστιν ο λογος D a b [P⁷⁵ lac.]

αληθινος B C* L Δ Π* Ψ 33 565 700 1241 UBS] αληθης f¹
(579); αληθειας a; ο αληθινος Cᶜ Πᶜ rell [P⁷⁵ lac.]

εν ... θεριζων rell] omit P⁷⁵

---

⁴³ Origen gives this as Heracleon's text. It will be observed that it differs from
Origen's in preserving the word order otherwise attested in several "Western"
witnesses (D a b): εστιν ο λογος] ο λογος εστιν. See further Ehrman,
"Heracleon, Origen, and the Text of the Fourth Gospel," idem, "Heracleon and the
'Western' Textual Tradition," and our discussion in volume two.

εστιν² rell] omit Ψ [P⁷⁵ lac.]

John 4:38

εγω απεστειλα υμας θεριζειν, ο ουχ υμεις κεκοπιακατε· αλλοι
κεκοπιακασιν και υμεις εις τον κοπον αυτων εισεληλυθατε
(Io.Com 13, 50, 324) [L]

εγω απεστειλα υμας θεριζειν, ο ουχ υμεις κεκοπιακατε ...
αλλοι κεκοπιακασιν και υμεις εις τον κοπον αυτων
εισεληλυθατε (Io.Com 13, 47, 312) [C]

απεστειλα υμας θεριζειν, ο ουχ υμεις κεκοπιακατε ... αλλοι
κεκοπιακασιν και υμεις εις τον κοπον αυτων εισεληλυθατε
(Io.Com 13, 41, 272) [C]

αλλοι κεκοπιακασιν και υμεις εις τον κοπον αυτων
εισεληλυθατε (Io.Com 13, 50, 334) [C]

υμεις εις τον κοπον αυτων εισεληλυθατε (Io.Com 13, 50, 336)
[C]⁴⁴

TEXT: εγω απεστειλα υμας θεριζειν, ο ουχ υμεις κεκοπιακατε·
αλλοι κεκοπιακασιν και υμεις εις τον κοπον αυτων
εισεληλυθατε

Lac.: P⁴⁵ W

απεστειλα rell] απεσταλκα ℵ D [NA: a b e]

ο Dᶜ rell] omit D* L e

εγω rell] add ει a

κεκοπιακατε αλλοι κεκοπιακασιν (a e) rell] εκοπιασατε
αλλοι εκοπιασαν D (a e); κεκοπιακατε b

εις Cᶜ rell] omit C*

τον κολπον rell] τους κολπους e

---

⁴⁴ Origen appears to be citing Heracleon's text.

John 4:39

εκ δε της πολεως εκεινης πολλοι επιστευσαν των Σαμαρειτων
δια τον λογον της γυναικος μαρτυρουσης οτι ειπεν μοι
παντα οσα εποιησα   (Io.Com 13, 51, 337) [L]

εκ δε της πολεως εκεινης πολλοι επιστευσαν εις αυτον των
Σαμαρειτων δια τον λογον της γυναικος μαρτυρουσης οτι
ειπεν μοι παντα α εποιησα + (Io.Com 13, 30, 184) [C]

επαναλαμβανει η γραφη τα περι των εληλυθοτων εκ της
πολεως προς αυτον και πιστευσαντων δια την μαρτυριαν
της γυναικος λεγουσης οτι ειπεν μοι παντα οσα εποιησα
(Io.Com 13, 51, 339) [Ad]

η μεν ουν αρχη των απο της Σαμαρειας πιστευοντων πολλων
ην ο λογος της γυναικος μαρτυρουσης οτι ειπεν μοι παντα α
εποιησα   (Io.Com 13, 52, 348) [All]

εκ της πολεως ... δια τον λογον της γυναικος ... και
επισημαινεται γε το πολλοι   (Io.Com 13, 51, 341) [All][45]

TEXT: εκ δε της πολεως εκεινης πολλοι επιστευσαν εις αυτον
των Σαμαρειτων δια τον λογον της γυναικος μαρτυρουσης
οτι ειπεν μοι παντα α εποιησα[46]

Lac.: P[45] W

εις αυτον των Σαμαρειτων אc rell] των Σαμαρειτων א* a e;
των Σαμαρειτων εις αυτον f[1]

α P[75]א B C* L b e UBS]οσα Cc rell

μοι ... εποιησα rell]αυτη ... εποιησεν b

---

[45] These phrases are drawn from Heracleon's text.

[46] The phrase εις αυτον is to be preferred on the strength of the citation over
the witness of the lemma (in which it is lacking). So too, the relative pronoun α is to
be preferred over the correlative οσα: it is found in the one continuous citation of
the passage (Io.Com 13, 30, 184), as well as in the quotation of the words in the
allusion of 13, 52, 348. In this case, the lemma and the adaptation found in its
immediate context (Io.Com 13, 51, 337 and 339) appear to represent contextual
modifications.

John 4:40

ως ουν ηλθον προς αυτον οι Σαμαρειται ηρωτων αυτον μειναι
 παρ' αυτοις· και εμεινεν εκει δυο ημερας + (Io.Com 13, 52,
 341) [L]

+ ως ουν ηλθον προς αυτον οι Σαμαρειται ηρωτων αυτον
 μειναι παρ' αυτοις (Io.Com 13, 30, 184) [C]

ηλθον προς αυτον οι Σαμαρειται (Io.Com 13, 30, 185) [C]

ηρωτων αυτον μειναι παρ' αυτοις ... εμεινεν εκει δυο ημερας
 (Io.Com 13, 30, 185) [C]

ηρωτων αυτον ... μειναι παρ' αυτοις (Io.Com 13, 52, 345) [C]

καταλιπων τους ερωτησαντας αυτον μειναι παρ' αυτοις
 (Io.Com 13, 56, 388) [Ad]

οι Σαμαρειται ερωτωσιν τον Ιησουν ουχ ινα μεινη εν τη πολει
 αλλα παρ' αυτοις (Io.Com 13, 30, 182) [All]

αυτον αναγεγραφθαι μεμενηκεναι τας δυο ημερας (Io.Com
 13, 31, 192) [All]

οτι δυο ημερας μεινας εκει παρα τοις Σαμαρευσιν (Io.Com 13,
 39, 256) [All]

ο δε Ηρακλεων εις τους τοπους ταυτα φησιν· παρ' αυτοις
 εμεινεν και ουκ εν αυτοις και δυο ημερας (Io.Com 13, 51,
 349) [All]

ερωτηθεις γαρ ο σωτηρ μειναι παρα τοις Σαμαρειταις εμεινεν
 εκει δυο ημερας (Io.Com 13, 52, 342) [All]

ου φησι· και εμεινεν εν τη πολει εκεινη δυο ημερας, η εμεινεν
 εν τη Σαμαρεια, αλλ' εμεινεν εκει (Io.Com 13, 52, 345)
 [All]

TEXT: ως ουν ηλθον προς αυτον οι Σαμαρειται ηρωτων αυτον
 μειναι παρ' αυτοις· και εμεινεν εκει δυο ημερας

Lac.: P45 W

ως ουν ηλθον προς αυτον rell] συνηλθον ουν προς αυτον
B*; ως ουν συνηλθον προς αυτον Bc; ως ηλθον ουν προς
αυτον Bc; ως ουν ηκουσαν 1241; ηλθον ουν προς αυτον e;
ως ηλθον ουν προς αυτον a

παρ' αυτοις rell] προς αυτους C

εκει rell] παρ' αυτοις ℵ

δυο ημερας rell] ημερας δυο ℵ

αυτον² rell] omit a

John 4:41
+ και πολλω πλειους επιστευσαν δια τον λογον αυτου
(Io.Com 13, 52, 341) [L]

και <ο > πληθυσμος των πολλω πλειονων πιστευοντων ουκετι
δια τον λογον της γυναικος αλλα δια τον λογον αυτον
(Io.Com 13, 52, 348) [All]

Lac.: P⁴⁵ W (a)

πλειους rell] πλειον P⁷⁵ e [a lac.]

επιστευσαν rell] add εις αυτον Θ f¹³ 892 1241 (b)

John 4:42
τη δε γυναικι ελεγον· ουκετι δια την λαλιαν σου πιστευομεν·
αυτοι γαρ ακηκοαμεν και οιδαμεν οτι αληθως ουτος εστιν ο
σωτηρ του κοσμου (Io.Com 13, 53, 351) [L]

ουκετι δια την λαλιαν σου πιστευομεν· αυτοι γαρ ακηκοαμεν
και οιδαμεν οτι ουτος εστιν αληθως ο σωτηρ του κοσμου
(Io.Com 13, 30, 180) [C]

ουκετι δια την σην λαλιαν πιστευομεν ... αυτοι γαρ ακηκοαμεν
και οιδαμεν οτι ουτος εστιν ο σωτηρ του κοσμου (Io.Com
13, 53, 363) [C]⁴⁷

---

⁴⁷ Origen gives this as Heracleon's text. It will be observed that it differs from
Origen's in reading σην λαλιαν rather than λαλιαν σου. Moreover, Origen's
discussion of his opponent's exposition demonstrates conclusively that Heracleon
read μαρτυριαν for λαλιαν, along with ℵ D and b. Whether intentionally or
inadvertently, Origen modified this key term when reproducing Heracleon's text.
See further Ehrman, "Heracleon, Origen, and the Text of the Fourth Gospel," idem,
"Heracleon and the 'Western' Textual Tradition," and our discussion in volume two.

οτι αληθως ουτος εστιν ο σωτηρ του κοσμου   (Io.Com 13, 53, 352) [C]

και <ο > πληθυσμος των πολλω πλειονων πιστευοντων ουκετι δια τον λογον της γυναικος αλλα δια τον λογον αυτον (Io.Com 13, 52, 348) [All]

αλλα γε αναγκαιοτατα προς την διαφοραν του λογου των Σαμαρειτων εστιν ουκετι δια την λαλιαν πιστευοντων της γυναικος αλλ᾽ ακηκοοτων και ειδοτων οτι ουτος εστιν ο σωτηρ του κοσμου (Io.Com 13, 53, 362) [All]

TEXT: τη δε γυναικι ελεγον· ουκετι δια την λαλιαν σου πιστευομεν· αυτοι γαρ ακηκοαμεν και οιδαμεν οτι [ουτος εστιν αληθως / αληθως ουτος εστιν] ο σωτηρ του κοσμου[48]

Lac.: P[45] W

τη δε γυναικα ελεγον P[66] D E (a)] τη τε γυναικα ελεγον ℵ[c] (a) rell; και ελεγον τη γυναικι ℵ* b; ελεγον δε τη γυναικι e

ελεγον B b] add οτι rell

λαλιαν σου P[75] B] σην λαλιαν rell [NA: a b e]

λαλιαν ℵ[c] rell] μαρτυριαν ℵ* D b

αυτοι rell] αυτου D a

ακηκοαμεν Π* rell] add παρ᾽ αυτου ℵ Π[c] f[1. 13]

ουτος εστιν αληθως ο σωτηρ (Origen) rell] ουτος εστιν ο σωτηρ Π 1241; αληθως ουτος εστιν ο σωτηρ (Origen) ℵ; ουτος αληθως ο σωτηρ εστιν e

κοσμου P[66. 75]ℵ B C* a b UBS] add ο Χριστος C[c] rell

---

[48] Despite Origen's variegated attestation of other parts of this passage, there is little doubt that his text ended with κοσμου, i.e., without the addition of the title ο Χριστος. He quotes the passage five times and in each instance appears to have completed its thought. It is to be noted that Heracleon's text appears to have lacked αληθως altogether. The reference in Io.Com 13, 53, 362 cannot be taken to indicate that Origen did as well, as this is an allusion made to fit the context.

ελεγον P75c rell] ειπαν P75*

ουκετι rell] ουκ a

πιστευομεν rell] add αυτω b

οιδαμεν rell] εγνωκαμεν π

ουτος P66c rell] αυτος P66*

ο rell] omit Δ

John 4:43
μετα δε τας δυο ημερας εξηλθεν εκειθεν εις την Γαλιλαιαν +
(Io.Com 13, 54, 363) [L]

μετα δε τας δυο ημερας ... εξηλθεν εκειθεν (Io.Com 13, 30,
186) [C]

Lac.: P45 W (a)

εκειθεν P66. 75 ℵ B C D f13 892 1241 b e UBS] και απηλθεν
Θ; add και ηλθεν L; add και απηλθεν rell [a lac.]

τας rell] omit 1241

John 4:44
+ αυτος γαρ Ιησους εμαρτυρησεν οτι προφητης εν τη ιδια
πατριδι τιμην ουκ εχει (Io.Com 13, 54, 363) [L]

αυτος γαρ Ιησους εμαρτυρησεν οτι προφητης εν τη ιδια πατριδι
τιμην ουκ εχει (Io.Com 13, 54, 364) [C]

αυτος γαρ Ιησους εμαρτυρησεν οτι προφητης εν τη ιδια πατριδι
τιμην ουκ εχει (Io.Com 13, 54, 365) [C]

αυτος γαρ Ιησους εμαρτυρησεν οτι προφητης εν τη ιδια πατριδι
τιμην ουκ εχει (Io.Com 13, 54, 366) [C]

αυτος γαρ Ιησους εμαρτυρησεν οτι προφητης εν τη ιδια πατριδι
τιμην ουκ εχει (Io.Com 13, 55, 371) [C]

TEXT: αυτος γαρ Ιησους εμαρτυρησεν οτι προφητης εν τη ιδια
πατριδι τιμην ουκ εχει

Lac.: P⁴⁵ W

Ιησους P⁶⁶·⁷⁵ℵ A B C D E Δ Θ Π* f¹ 33 579 892 (a b e)
UBS] omit Ψ; ο Ιησους Πᶜ (a b e) rell

εμαρτυρησεν rell] add λεγων e

John 4:45
οτε ουν ηλθεν εις την Γαλιλαιαν εδεξαντο αυτον οι Γαλιλαιοι,
παντα εωρακοτες α εποιησεν εν Ιεροσολυμοις εν τη εορτη·
και αυτοι γαρ ηλθον εις την εορτην   (Io.Com 13, 56, 380)
[L]

οτε ηλθεν εις την Γαλιλαιαν εδεξαντο αυτον οι Γαλιλαιοι,
παντα εωρακοτες οσα εποιησεν εν Ιεροσολυμοις εν τη
εορτη· και αυτοι γαρ ηλθον εις την εορτην   (Io.Com 13, 39,
256) [C]

παντα εωρακοτες οσα εποιησεν εν Ιεροσολυμοις εν τη εορτη
(Io.Com 13, 56, 381) [C]

εις γαρ τινα τοπον της Γαλιλαιας εδεξαντο αυτον εωρακοτες
παντα, οσα εποιησεν εν Ιεροσολυμοις εν τη εορτη   (Io.Com
13, 54, 367) [Ad]

ελθοντα αυτον εις την Γαλιλαιαν εδεξαντα, παντα εωρακοτες
οσα εποιησεν εν τοις Ιεροσολυμοις   (Io.Com 13, 56, 384)
[Ad]

μαρτυρουμενους δια <του >το αυτον δεδεχθαι επει ελθοντες
εις την εορτην εν Ιεροσολυμοις παντα εωρακασιν α
εποιησεν εκει ο Ιησους   (Io.Com 13, 56, 383) [All]

TEXT: οτε ουν ηλθεν εις την Γαλιλαιαν εδεξαντο αυτον οι
Γαλιλαιοι, παντα εωρακοτες οσα⁴⁹ εποιησεν εν
Ιεροσολυμοις εν τη εορτη· και αυτοι γαρ ηλθον εις την
εορτην

Lac.: P⁴⁵ W

οτε ℵᶜ rell] ως ℵ* D e [NA: a b]

παντα εωρακοτες rell] οι εωρακοτες παντα ℵ* (a) b (e)

παντα rell] παντες a e

οσα P⁶⁶· ⁷⁵ℵᶜ A B C L Θ Πᶜ Ψ f¹· ¹³ 33 565 579 892 1241 (a) b
e UBS] α ℵ* Π* rell

εν² rell] omit D e

ηλθον rell] εληλυθεισαν ℵ a b e

εδεξαντο ... Γαλιλαιαν ℵᶜ rell] omit ℵ*

εδεξαντο ℵᶜ rell] εξεδεξαντο D [ℵ* lac.]

εωρακοτες rell] ηκουσαν δε e

εποιησεν rell] add σημεια f¹³

John 4:46

ηλθεν ουν παλιν εις την Κανα της Γαλιλαιας οπου εποιησε το
υδωρ οινον   (Io.Com 13, 57, 390) [L]

και ην τις βασιλικος ου ο υιος ησθενει εν Καφαρναουμ
(Io.Com 13, 58, 393) [L]

ηλθεν εις την Κανα της Γαλιλαιας οπου προτερον πεποιηκεν
το υδωρ οινον   (Io.Com 13, 39, 258) [C]

---

⁴⁹ That Origen read οσα is shown by its attestation in two clear citations and
two clear adaptations, despite the variant reading α attested by the lemma and one
allusion. It is to be observed that the comments following the lemma presuppose
the correlative.

ηλθεν εις την Κανα της Γαλιλαιας (Io.Com 13, 54, 367) [C]

ο δε βασιλικος περι υιου ως ετι νοσουντος και αποθνησκειν μελλοντος (Mat.Com 11, 17) [All]

TEXT: ηλθεν ουν παλιν εις την Κανα της Γαλιλαιας οπου εποιησε το υδωρ οινον. και ην τις βασιλικος ου ο υιος ησθενει εν Καφαρναουμ

Lac.: P45 W

παλιν P66. 75 ℵ B C D L 33 1241 a b e UBS] add ο Ιησους (579) rell

και ην rell] ην δε ℵ D L 33 892 1241 b e; ην a

ην rell] add εκει a e

βασιλικος rell] βασιλισκος D a [NA: b e]

ηλθεν ... εποιησε rell] ηλθαν ... εποιησαν ℵ

εις την rell] εν B

το υδωρ rell] εκ του υδατος b

εν Καφαρναουμ rell] omit e

John 4:47

γενομενος προς αυτον και ερωτων ινα καταβη και ιασηται αυτου τον υιον· εμελλεν γαρ αποθνησκειν (Io.Com 13, 58, 404) [Ad]

τον δε ασθενησαντα αυτου υιον εν Καφαρναουμ και μελλοντα αποθνησκειν (Io.Com 13, 58, 402) [All]

ο βασιλικος γενομενος προς αυτον οπως καταβη εις το χωριον της νοσου του παιδιου και ιασηται τον νενοσηκοτα (Io.Com 13, 59, 415) [All]

εκ της Ιουδαιας εις την Γαλιλαιαν ... ημελλεν αποθνησκειν (Io.Com 13, 60, 417) [All][50]

---

[50] Origen appears to be referring to Heracleon's text.

ο δε βασιλικος περι υιου ως ετι νοσουντος και αποθνησκειν
μελλοντας (Mat.Com 11, 17) [All]

TEXT: εκ της Ιουδαιας εις την Γαλιλαιαν, [απηλθεν] προς αυτον
και ηρωτα ινα καταβη και ιασηται αυτου τον υιον· ημελλεν
γαρ αποθνησκειν

Lac.: P45 W

εκ rell] απο f13 33 1241 [NA: a b e]

ηρωτα P66. 75 ℵ B C D L 33 892 1241 a e UBS] add αυτον rell

\- -

προς αυτον rell] omit P75

καταβη και Cc rell] καταβας C*

John 4:48

εαν μη σημεια και τερατα ιδητε ου μη πιστευσητε (Io.Com 13,
59, 414) [C]

εαν μη σημεια και τερατα ιδητε ου μη πιστευσητε (Io.Com 13,
60, 419) [C][51]

εαν μη σημεια και τερατα ιδητε ου μη πιστευσητε (Io.Com 13,
64, 449) [C]

εαν μη σημεια και τερατα ιδητε ου μη πιστευσητε (Io.Com 13,
64, 453) [C]

εαν μη σημεια και τερατα ιδητε (Io.Com 13, 59, 405) [C]

δια τι ουχι και Ιησους, ινα πιστευθη υπο των απο του λαου
μεμαθηκοτων σημεια και τερατα αιτειν (Cels 2, 52) [All]

οι μη αλλως πιστευοντες εαν μη ιδωσι σημεια και τερατα
(Mat.Com 11, 17) [All]

TEXT: εαν μη σημεια και τερατα ιδητε ου μη πιστευσητε

---

[51] Origen appears to be citing Heracleon's text.

Lac.: P⁴⁵ W

πιστευσητε rell] πιστευσετε E

John 4:49

κατάβηθι πριν αποθανειν το παιδιον μου   (Io.Com 13, 60, 420)
[C]⁵²

Lac.: P⁴⁵ W (a)

πριν Π* rell] add η Θ Πᶜ 579   [NA: b e; a lac.]

το παιδιον (b e) rell] τον παιδα א (b e); τον υιον A f¹³   [a lac.]

μου rell] omit D f¹ 565 b e   [a lac.]

*John 4:50*⁵³

πορευου· ο υιος σου ζη   (Io.Com 13, 59, 406)   [C]

ο υιος σου ζη   (Io.Com 13, 39, 258)   [C]

ο υιος σου ζη   (Io.Com 13, 59, 415)   [C]

ο υιος σου ζη   (Io.Com 13, 60, 421)   [C]⁵⁴

ο υιος σου ζη   (Io.Com 13, 60, 421)   [C]

ο υιος σου ζη   (Io.Com 13, 60, 423)   [C]

ο υιος σου ζη   (Io.Com 13, 62, 443)   [C]

Lac.: P⁴⁵ W

---

⁵² Origen may be citing Heracleon's text.

⁵³ The context of each of the following quotations indicates that Origen is referring to 4:50 rather than 4:53.

⁵⁴ Origen appears to be citing Heracleon's text here and in the two quotations that follow.

John 4:51
> ηδη αυτου καταβαινοντος τους δουλους αυτω απηντηκεναι,
> λεγοντας οτι ο παις αυτου ζη   (Io.Com 13, 58, 396) [Ad]

> ουτοι συνοντες τω καμνοντι παιδιω θεωρουσιν την σωτηριαν
> αυτου και απαντωσιν τω πατρι ευαγγελιζομενοι την ζωην
> του θεραπευθεντος δια του· ο παις σου ζη (Io.Com 13, 59,
> 408) [All]

> δουλους δε του βασιλικου εξειληφεν τους αγγελους του
> δημιουργου, απαγελλοντας εν τω· ο παις σου ζη   (Io.Com
> 13, 60, 423) [All][55]

TEXT: ηδη ... αυτου καταβαινοντος οι δουλοι [αυτου] απηντησαν
αυτω ... λεγοντες [οτι] ο παις σου ζη[56]

Lac.: P[45] W

οι δουλοι [αυτου] απηντησαν rell] υπηντησαν οι δουλοι D
(e)

απηντησαν rell] υπηντησαν P[66. 75] ℵ B C D L Θ Ψ f[l. 13] 33
565 579 892 1241 UBS   [NA: a b e]

λεγοντες rell] omit ℵ D b

παις σου rell] παις αυτου P[66*. 75] ℵ A B C UBS; υιος σου
P[66c] D L Π 33 579 892 1241 a b e; παις σου ... υιος αυτου f[13]

ηδη δε rell] και e

αυτω rell] αυτον A

ο C[c] rell] omit C[*]

John 4:52
> ου ματην δε ωραν εβδομην αφιησιν αυτον ο πυρετος (Io.Com
> 13, 59, 408) [All]

---

[55] Origen is referring to Heracleon's interpretation of the text.

[56] Origen almost certainly read the second person pronoun, as he actually quotes the phrase explicitly in the two allusions. The adaptation simply reports the conversation in indirect discourse.

TEXT: ωραν εβδομην αφηκεν αυτον ο πυρετος

Lac.: P⁴⁵ W

αυτον rell] αυτην B

John 4:53

και επιστευσεν αυτος και η οικια αυτου ολη   (Io.Com 13, 58, 393)   [L]

επιστευσεν αυτος και η οικια αυτου ολη   (Io.Com 13, 60, 424) [C]⁵⁷

και η οικια αυτου ολη πεπιστευκετω   (Io.Com 13, 58, 396)   [All]

Lac.: P⁴⁵ W

John 4:54

τουτο δε παλιν δευτερον σημειον εποιησεν ο Ιησους ελθων εκ της Ιουδαιας εις την Γαλιλαιαν   (Io.Com 13, 62, 433)   [L]

τουτο δε παλιν δευτερον σημειον εποιησεν ο Ιησους   (Io.Com 13, 63, 449)   [C]

τουτο δε παλιν δευτερον σημειον εποιησεν ο Ιησους   (Io.Com 13, 63, 453)   [C]

κατελθων δε εκ της Ιουδαιας εις την Γαλιλαιαν πως τουτο δευτερον σημειον πεποιηκεν ο Ιησους   (Io.Com 13, 59, 410) [All]

ειτα το εκ της Ιουδαιας εις την Γαλιλαιαν αντι του εκ της ανωθεν Ιουδαιας ...   (Io.Com 13, 59, 417)   [All]

TEXT: τουτο δε⁵⁸ παλιν δευτερον σημειον εποιησεν ο Ιησους ελθων εκ της Ιουδαιας εις την Γαλιλαιαν

---

⁵⁷ Origen appears to be citing Heracleon's text.

⁵⁸ In this case, Origen's attestation of the introductory δε is relatively certain, given its presence in both citations and the lemma.

Lac.: P⁴⁵ W

δε   P⁶⁶. ⁷⁵ B C* f¹³ 1241 UBS] ουν   579 e; omit Cᶜ rell

δευτερον σημειον εποιησεν ο Ιησους rell] δευτερον
εποιησεν ο Ιησους σημειον a b; δευτερον εποιησεν
σημειον ο Ιησους ℵ; εποιησεν δευτερον σημειον ο Ιησους
P⁷⁵; σημειον δευτερον εποιησεν ο Ιησους Ω

παλιν δευτερον rell] omit e

John Chapter Five

John 5:1

μετα ταυτα ην εορτη των Ιουδαιων και ανεβη ο Ιησους εις
Ιεροσολυμα   (Io.Com 13, 39, 258)   [C]

ενστασης της των Ιουδαιων εορτης αναβαινει εις Ιεροσολυμα
(Io.Com 13, 54, 370)   [All]

διαληψομεθα περι των εν τη εορτη των Ιουδαιων εν
Ιεροσολυμαοις πεπραγμενων   (Io.Com 13, 64, 455)   [All]

Lac.: P45 W

ην 892* rell] add η ℵ C E L Δ Π Ψ f1 33 892c [NA: a b e]

ο Πc rell] omit P66. 75 A B D L Π* Ψ UBS [NA: a b e]

John 5:5

οτε τον τριακοντα οκτω ετη εχοντα εν τη ασθενεια
παραλυτικον εθεραπευσεν (Io.Com 13, 39, 258)   [All]

TEXT: ... τριακοντα οκτω ετη εχων εν τη ασθενεια

Lac.: P45 W

τριακοντα rell] add και ℵ A C D E L Δ Ψ f1. 13 33 565 579
700 1241 b e UBS [NA: P66. 75: λη´]

ετη P(66). 75c rell] omit P75* 579

John 5:17

ο πατηρ μου γαρ φησιν εως αρτι εργαζεται καγω εργαζομαι
(Io.Com 32, 3, 34)   [C]

ο πατηρ μου αρτι εργαζεται (Io.Com 6, 4, 17)   [C]

TEXT: ο πατηρ μου εως αρτι εργαζεται καγω εργαζομαι

Lac.: P45 C

John 5:18

πατερα ιδιον ελεγεν τον θεον   (Io.Com 20, 35, 313)   [C]

αλλα και επει πατερα ιδιον ελεγεν τον θεον ο σωτηρ   (Io.Com
20, 16, 130)   [All]

Lac.: P[45] C

John 5:19

ου δυναται ο υιος ποιειν αφ᾽ εαυτου ουδεν εαν μη τι βλεπη τον
πατερα ποιουντα· α γαρ εαν ποιη ο πατηρ ταυτα και ο υιος
ομοιως ποιει +   (Io.Com 13, 36, 233)   [C]

μετα δε τουτο ουκ ατοπον εστιν τον ομολογουντα μηδεν
δυνασθαι ποιειν, εαν μη τι βλεπη τον πατερα ποιουντα
(Io.Com 10, 37, 247)   [All]

Lac.: P[45] C

ο υιος[1] rell] add του ανθρωπου D f[13]

ποιειν αφ᾽ εαυτου rell] αφ᾽ εαυτου ποιειν W f[13] 579 a b

αφ᾽ εαυτου ουδεν (a b) rell] αφ᾽ εαυτου ουδε εν P[66] f[1] 565
(a b); τι αφ᾽ εαυτου D (e)

εαν[1] rell] αν ℵ B [NA: a b e]

τι rell] omit W a e

α rell] οσα a b; ο W; omit 579

εαν[2] P[66] (a b)] omit A D L Π 1241 e; αν (a b) rell

ο πατηρ e] εκεινος rell

ομοιως ποιει rell] ποιει ομοιως ℵ D a b; ποιει e

τι βλεπη rell] βλεπει τι 1241

τον πατερα ποιουντα rell] ποιουντα τον πατερα D

πατερα rell] add αυτου e

γαρ εαν rell] αν γαρ 579

ποιη (rell)] ποιηση D

ποιη ο πατηρ] εκεινος ποιη (rell)

John 5:20

+ ο πατηρ αγαπα τον υιον και παντα δεικνυσιν αυτω α αυτος
ποιει (Io.Com 13, 36, 233) [Ad]*1

Lac.: P45 C

δεικνυσιν rell] δεικνυει D

α rell] omit L

αυτος ποιει rell] αν αυτος ποιη D

John 5:21

ωσπερ γαρ ο πατηρ εγειρει τους νεκρους και ζωοποιει ουτως
και ο υιος ους θελει ζωοποιει (Io.Com 28, 9, 71) [C]

Lac.: P45 C

ωσπερ rell] ως ℵ

ο πατηρ εγειρει τους νεκρους rell] τους νεκρους εγειρει ο
πατηρ W

και ο υιος ... ζωοποιει rell] εδωκεν και τω υιω εξουσιαν
εχειν ους θελει ζωοποιειν 579

---

1 Even though this represents a continuous quotation with v. 19, Origen
appears to be giving his text somewhat loosely. It is to be observed that near the end
of the preceding citation Origen stands alone against all other witnesses in a
variation involving word order (ποιη ο πατηρ). In the present verse, then, his
singular agreement with the OL MS a in omitting γαρ and his agreement with
Codex Bezae in preferring the synonymn αγαπα to φιλει should probably be
assigned to his adaptation rather than to the textual affinities of his MSS.

John 5:22
  ουδε γαρ ο πατηρ κρινει ουδενα αλλα την κρισιν πασαν
  δεδωκεν τω υιω + (Io.Com 20, 38, 351) [C]

  ουδε γαρ ο πατηρ κρινει ουδενα αλλα την κρισιν πασαν
  δεδωκεν τω υιω (Io.Com 20, 38, 362) [C]

  ου γαρ ο πατηρ κρινει ουδενα (? Fr 27) [Ad]

  _____

  Lac.: P45 C

  ουδε P66c rell] ου P66* 1241

John 5:23
  + ινα παντες τιμωσιν τον υιον καθως τιμωσι τον πατερα
  (Io.Com 20, 38, 351) [C]

  ινα παντες τιμωσι τον υιον καθως τιμωσι τον πατερα (Cels 8,
  9) [C]

  ινα παντες τιμωσι τον υιον καθως τιμωσι τον πατερα
  (Ier.Hom 5, 8) [C]

  ο δικαιος ως τιμα τον πατερα τιμα τον υιον (Ier.Hom 5, 8)
  [All]

  TEXT: ινα παντες τιμωσιν τον υιον καθως τιμωσιν τον πατερα

  _____

  Lac.: P45 C

John 5:26
  ωσπερ γαρ ο πατηρ εχει ζωην εν εαυτω, ουτω και τω υιω ζωην
  εδωκεν εχειν εν εαυτω (Io.Com 20, 44, 420) [C]

  _____

  Lac.: P45 C

  ωσπερ ℵc rell] ως ℵ* D W [NA: a b e]

  εχει ζωην rell] ζωην εχει ℵ 579

  ουτω ... εαυτω ℵc rell] omit ℵ* f1

και τω υιω ζωην εδωκεν εχειν W] και τω υιω εδωκεν ζωην
εχειν P66.75 א^c B L (579) UBS; εδωκεν και τω υιω εχειν
ζωην a e; και τω υιω εδωκεν εχειν ζωην b; εδωκεν και τω
υιω ζωην rell [א* f¹ lac.]

πατηρ rell] add ο ζων D

εδωκεν rell] δεδωκεν 579

John 5:27

εξουσιαν εδωκεν αυτω κρισιν ποιειν οτι υιος ανθρωπου εστιν
  (Io.Com 20, 38, 362) [C]

^A ελαβεν εξουσιαν κρισιν ποιειν οτι υιος ανθρωπου εστι
  (Io.Com 1, 35, 253) [Ad]

εξουσιαν λαβων κρισιν ποιειν οτι υιος ανθρωπου εστιν
  (Io.Com 20, 38, 357) [Ad]

Lac.: P⁴⁵ C a

αυτω P66.75 (א) A B L W Ψ 33 579 b e UBS] add και rell

εξουσιαν ... κρισιν א^c rell] κρισιν εδωκεν αυτω εξουσιαν א*

John 5:30

ου δυναμαι εγω ποιειν απ᾽ εμαυτου ουδεν· καθως ακουω κρινω
  και η κρισις η εμη δικαια εστιν, οτι ου ζητω το θελημα το
  εμον αλλα το θελημα του πεμψαντος με   (Io.Com 20, 38,
  352) [C]

η κρισις η εμη δικαια εστιν   (Io.Com 20, 38, 354) [C]

η κρισις η εμη δικαια εστιν   (Io.Com 20, 38, 354) [C]

ου δυναμενω ποιειν αφ᾽ εαυτου ουδε εν, και ζητουντι το
  θελημα ου το εαυτου, αλλα το θελημα του πεμψαντος αυτον
  (Io.Com 20, 44, 420) [All]

TEXT: ου δυναμαι εγω ποιειν απ' εμαυτου ουδεν·² καθως
ακουω κρινω· και η κρισις η εμη δικαια εστιν, οτι ου ζητω το
θελημα το εμον αλλα το θελημα του πεμψαντος με³

Lac.: P⁴⁵ C (a)

εγω ποιειν απ' εμαυτου rell] ποιειν εγω απ' εμαυτου ℵ 33;
εγω απ' εμαυτου ποιειν D 579 b (e) [a lac.]

με   P⁶⁶·⁷⁵ℵ A B D L W Δ Π Ψ f¹ 33 565 a e UBS] add
πατρος rell

ουδεν rell] ουδε εν P⁶⁶ [a lac.]

καθως rell] add γαρ b [a lac.]

ακουω rell] add ουτως και b [a lac.]

και ℵᶜ rell] omit ℵ*

το θελημα¹ rell] omit a

John 5:31
καν εγω ειπω περι εμαυτου η μαρτυρια μου ουκ εστιν αληθης
(Cels 1, 48) [Ad]*

Lac.: P⁴⁵ C

εμαυτου rell] εμου 1241

John 5:36
Χριστος δε την αποκρισιν ποιειται ως μειζονα την μαρτυριαν
Ιωαννου εχων λογοις και εργοις φασκων   (Io.Com 6, 9, 55)
[All]

---

² Only in a loose adaptation of the verse does Origen support the reading ουδε
εν of P⁶⁶, making the ουδεν of Io.Com 20, 38, 352 appear fairly secure.

³ Origen evidently did not read πατρος at the end of the verse with the
majority of MSS; in his longest citation he appears to have completed the thought of
the verse as he had it before him.

John 5:39

^Aερευνατε τας γραφας οτι υμεις δοκειτε εν αυταις ζωην
αιωνιον εχειν, και εκειναι εισιν αι μαρτυρουσαι περι εμου
(Io.Com 5, 6; Philoc 5, 5) [C]

ερευνατε φησι τας γραφας οτι υμεις δοκειτε εν αυταις ζωην
αιωνιον εχειν, και εκειναι εισιν αι μαρτυρουσαι (Io.Com 6,
20, 109) [C]

ερευνατε τας γραφας (Cels 3, 33) [C]

ερευνατε τας γραφας (Cels 5, 16) [C]

^Aερευνατε τας γραφας (Princ 4, 3) [C]

ζητειτ[ε] τας γραφας εν αις ζωην εχετε εν αυταις κακειναι
μαρτ[υρο]υσιν περι εμου (Pasc 40, 5) [Ad]

ει δε ραθυμουσι τινες, ουκ ασκουντες ... ερευναν τας γραφας
(Cels 6, 7) [All]

κατα τον Ιησουν εντολην τω ερευναν τας γραφας (Cels 6, 37)
[All]

TEXT: ερευνατε τας γραφας οτι υμεις δοκειτε εν αυταις ζωην
αιωνιον εχειν, και εκειναι εισιν αι μαρτυρουσαι περι εμου

Lac.: P⁴⁵ C (P⁷⁵)

ερευνατε B^c (a b) rell] εραυνατε P⁶⁶ℵ B* UBS (a b);
ερευναμεν e [P⁷⁵ lac.]

οτι rell] εν αις b e

εκειναι rell] αυται W (b) e

εν αυταις ... εχειν rell] εχειν εν αυταις ζωην αιωνιον D

εν αυταις rell] omit e

John 5:41

οι μη δοξαν παρα ανθρωπων λαμβανοντες (Mat.Com 15, 23)
[All]*

Lac.: P⁴⁵ C

ανθρωπων rell] ανθρωπου A Π 565

John 5:44
πως δυνασθε πιστευσαι υμεις, δοξαν παρα ανθρωπων λαβοντες
και την δοξαν την παρα του μονου θεου ου ζητειτε   (Orat
19, 2) [C]

πως δυνασθε υμεις πιστευσαι, δοξαν παρ᾽ αλληλων
λαμβανοντες και την δοξαν την παρα του μονου θεου ου
ζητειτε (Orat 29, 8) [C]

οι μη δοξαν παρα ανθρωπων λαμβανοντες ... αλλα την δοξαν
την απο του μονου ζητουντες (Mat.Com 15, 23) [Ad]

και πως τιμα τον πατερα ο τιμων δοξαν την παρα ανθρωπων
(Io.Com 20, 36, 337) [All]

ινα κατα το βουλημα του θεου δοξαν την παρα του μονου
ζητουντες (Ier.Hom 20, 5) [All]

TEXT: πως δυνασθε υμεις πιστευσαι, δοξαν [παρ᾽ αλληλων /
παρα ανθρωπων] λαμβανοντες και την δοξαν την παρα του
[μονου / μονου θεου] ου ζητειτε

Lac.: P⁴⁵ C

υμεις rell] omit L 892

πιστευσαι rell] πιστευειν A L f¹ 33 579 892 [NA: a b e]

αλληλων (Origen) rell] ανθρωπων (Origen) Δ 1241

θεου (Origen) rell] omit (Origen) P⁶⁶·⁷⁵ B W a [NA: b]

ζητειτε rell] ζητουντες ℵ e

την παρα του μονου θεου (rell)] αυτου ος εστιν ο μονος
θεος b

John 5:45

εις ον υμεις ηλπισατε   (Io.Com 20, 38, 358)   [Ad]⁴

Lac.: P⁴⁵ C

John 5:46

ει επιστευετε Μωσει επιστευετε αν εμοι· περι γαρ εμου
εκεινος εγραψεν   (Io.Com 6, 20, 109)   [C]

ει επιστευετε Μωσει επιστευετε αν εμοι· περι γαρ εμου
εκεινος εγραψεν   (Io.Com 13, 26, 160)   [C]

ει επιστευετε Μωσει επιστευετε αν εμοι· περι γαρ εμου
εκεινος εγραψεν   (Io.Com 13, 28, 165)   [C]

ει επιστευετε Μωυσει επιστευετε αν εμοι· περι γαρ εμου
εκεινος εγραψεν +   (Cels 2, 4)   [C]

ει επιστευετε Μωσει επιστευετε αν εμοι· περι γαρ εμου
εκεινος εγραψεν +   (Ier.Hom 9, 2)   [C]

ει επιστευετε Μωυσει επιστευετε αν εμοι· περι γαρ εμου
εκεινος εγραψεν +   (Reg.Hom 6)   [C]

ει επιστευετε Μωυσει επιστευετε αν εμοι   (Rom.Com 6, 19)
[C]

ωσπερ γαρ ει επιστευον Μωση, τω Ιησου επιστευσαν αν
(Mat.Com 10, 22)   [All]

ει γαρ επιστευον Μωση και προφηταις, επιστευον αν Χριστω
τω παρατησαντι   (Mat.Com 10, 18)   [All]

TEXT: ει⁵ επιστευετε Μωσει επιστευετε αν εμοι· περι γαρ
εμου εκεινος εγραψεν

Lac.: P⁴⁵ (P⁷⁵) C

---

⁴ Origen appears to be referring to Heracleon's text.
⁵ It is impossible to determine whether Origen's text included the introductory
γαρ found in all other witnesses. It is to be observed that despite its absence in all
of the citations (in each case explicable on contextual grounds), it does appear in the
two allusions.

επιστευετε[1] rell] επιστευσατε   892

γαρ εμου   rell] εμου γαρ   D

εγραψεν   ℵc rell] γεγραφεν   ℵ*   [P75 lac.]

John 5:47

+ ει δε τοις εκεινου γραμμασιν ου πιστευετε, πως τοις εμοις
ρημασι πιστευσετε;   (Cels 2, 4)   [C]

+ ει δε τοις εκεινου γραμμασιν ου πιετευετε, πως τοις εμοις
ρημασι πιστευσετε;   (Ier.Hom 9, 2)   [C]

+ ει δε τοις εκεινου γραμμασιν ου πιστευετε, πως τοις εμοις
ρημασι πιστευσητε;   (Reg.Hom 6)   [C]

TEXT: ει δε τοις εκεινου γραμμασιν ου πιστευετε, πως τοις
εμοις ρημασι [πιστευσετε / πιστευσητε];

Lac.: P45 C

πιστευσετε   (Origen) P75c Πc rell] πιστευσητε   (Origen) D
W Δ Θ f1. 13 565 579 1241; πιστευετε   P66. 75* B Π*   [NA: a b
e]

John Chapter Six

John 6:9
εστι παιδαριον ωδε ος εχει πεντε αρτους κριθινους και δυο
οψαρια   (Mat.Com 11, 2) [C]

Lac.: P45 (P75) C (33)

παιδαριον Π* rell] add εν Α Ε Δ Θ Πᶜ Ω 579 700 TR [33 lac.]

ος P66 Α Β D* W Ψ 579 700 892 1241 UBS] ο Dᶜ rell [NA: a
b e; P75 33 lac.]

εστι rell] add το 579

John 6:10
ποιησατε τους ανθρωπους αναπεσειν   (Mat.Com 11, 19) [C]

Lac.: P45 C

John 6:11
ευχαριστησας εδωκε τοις ανακειμενοις   (Mat.Com 11, 19) [C]

Lac.: P45 (P75) C

ευχαριστησας rell] ευχαριστησεν και ℵ (D) a b e [P75 lac.]

εδωκε P66 ℵ D 579 1241 b e] διεδωκεν rell [P75 lac.]

τοις P66. 75 ℵ* Α Β L W Π f¹ 33 565 579 1241 a UBS] add
μαθηταις οι δε μαθηται τοις ℵᶜ rell

ανακειμενοις rell] οχλοις Ψ

John 6:13
κριθινοι ησαν οι αρτοι αφ᾽ ων επερισσευσαν οι δωδεκα κοφινοι
(Mat.Com 11, 19) [All]

John 6:15

Ιησους γαρ[1] ποτε γνους οτι μελλουσιν ερχεσθαι και αρπαζειν
αυτον ινα ποιησωσιν βασιλεα, ανεχωρησεν εις το ορος
(Io.Com 28, 23, 210)   [C]

Lac.: P[45. 66] C (a)

ερχεσθαι rell] add οι οχλοι f[13] b

ποιησωσιν   P[75] (ℵ) A B L W f[1] 33 565 579 892 1241 UBS]
add εαυτοις αυτον a; add αυτον rell

ανεχωρησεν ℵ[c] rell] φευγει ℵ[*] a

ανεχωρησεν E W Δ Ψ Ω f[13]] add παλιν rell   [a lac.]

Ιησους rell] ο Ιησους (f[13])

μελλουσιν ερχεσθαι και rell] ερχεσθαι μελλουσιν και
1241; βουλουνται e (? cogitant)

ινα ποιησωσιν ℵ[c] rell] και αναδεικνυναι ℵ[*]

John 6:26

αμην αμην λεγω υμιν, ζητειτε <με > ουχ οτι ειδετε σημεια,
αλλ' οτι εφαγετε εκ των αρτων και εχορτασθητε   (Orat 27,
2) [C]

ζητειτε γαρ με φησιν ουχ οτι ειδετε σημεια, αλλ' οτι εφαγετε
εκ των αρτων και εχορτασθητε   (Io.Com 32, 31, 388) [C]

TEXT: αμην αμην λεγω υμιν, ζητειτε με ουχ οτι ειδετε σημεια,
αλλ' οτι εφαγετε εκ των αρτων και εχορτασθητε

Lac.: P[45. 66] C

σημεια rell] add και τερατα D a b

---

[1] Given the problem of introductory conjunctions in Patristic quotations, we
cannot cite γαρ ποτε as a genuine variant for the ουν found in all other witnesses.

ζητειτε με ℵ^c rell] omit ℵ*

εφαγετε εκ των αρτων rell] εκ των αρτων εφαγετε e

John 6:27

εργαζεσθε μη την βρωσιν την απολλυμενην αλλα την βρωσιν την μενουσαν εις ζωην αιωνιον, ην ο υιος του ανθρωπου υμιν δωσει   (Orat 27, 2) [C]

τα εργα του θεου οντα βρωσιν μενουσαν εις ζωην αιωνιον (Orat 27, 2) [All]

Lac.: P^{45. 66} C

μη την βρωσιν rell] βρωσιν μη ℵ b

την βρωσιν² rell] omit ℵ E

υμιν δωσει rell] δωσει υμιν (ℵ) (D) f¹³ a b (e)

δωσει rell] διδωσιν ℵ D e

John 6:28

τι ποιωμεν ινα εργαζωμεθα τα εργα του θεου; +   (Orat 27, 2) [C]

ω λογω οι πιστευοντες εργαζονται τα εργα του θεου   (Orat 27, 2) [All]

Lac.: P^{45. 66} C

ποωμεν rell] ποιησωμεν (D) W Θ f¹³; ποιουμεν 565 579 Ψ TR [NA: a b e]

ποωμεν ινα εργαζωμεθα rell] εργασωμεθα ινα ποιησωμεν D

τα εργα rell] τον εργον b

John 6:29

+ απεκριθη ο Ιησους και ειπεν αυτοις· τουτο εστι το εργον
του θεου ινα πιστευητε εις ον απεστειλεν εκεινος   (Orat
27, 2) [C]

Lac.: P⁴⁵. ⁶⁶ C

ο A B D L Θ Π f¹. ¹³ 33 579 TR UBS] omit rell [NA: a b e]

πιστευητε P⁷⁵ℵ A B L Θ Ψ f¹ 33 579 UBS] πιστευσητε rell
[NA: a b e]

ο Ιησους ... αυτοις τουτο rell] αυτοις ο Ιησους ... τουτο a

τουτο εστι το εργον rell] ταυτα εστι τα εργα 1241

John 6:32

ο πατηρ δε μου φησι διδωσιν υμιν τον αρτον εκ του ουρανου
τον αληθινον + (Orat 27, 2) [C]

Μωυσης δεδωκεν υμιν τον αρτον εκ του ουρανου ου τον
αληθινον, αλλ' ο πατηρ μου διδωσιν υμιν τον αρτον εκ του
ουρανου τον αληθινον (Orat 27, 3) [Ad]

ου Μωσης υμιν δεδωκεν τον αρτον ... αλλ' ο πατηρ δωσει τον
αρτον τον αληθινον (? Fr 14) [Ad]

TEXT: ου Μωυσης δεδωκεν υμιν τον αρτον εκ του ουρανου,
αλλ' ο πατηρ μου διδωσιν υμιν τον αρτον εκ του ουρανου
τον αληθινον

Lac.: P⁴⁵. ⁶⁶ C

δεδωκεν rell] εδωκεν B D L W [NA: a b e]

αληθινον rell] add αρτον a b

υμιν¹ rell] omit 579

²αλλ' ... ουρανου rell] omit f¹³

---

² We are taking as the reading of f¹³ the text found in MSS 13, 69, 346 and 547.

μου rell] omit e [f¹³ lac.]

αρτον² rell] add τον P⁷⁵ᵛⁱᵈ [f¹³ lac.]

John 6:33

+ ο γαρ αρτος του θεου εστιν ο καταβαινων εκ του ουρανου
και ζωην διδους τω κοσμω (Orat 27, 2) [C]

ᴬ και ζωην διδους τω κοσμω (Io.Com 1, 21, 131) [C]

και γευσεως χρωμενης αρτω ζωντι και εξ ουρανου
καταβεβηκοτι και ζωην διδοντι τω κοσμω (Cels 1, 48) [All]

ο ζων αρτος εστιν ο εκ του ουρανου καταβας και ζωην δους τω
κοσμω (Mat.Com 12, 33) [All]

TEXT: ο γαρ αρτος του θεου εστιν ο καταβαινων εκ του
ουρανου και ζωην διδους τω κοσμω

Lac.: P⁴⁵. ⁶⁶ C

αρτος rell] add ο ℵ D Θ [NA: a b e]

θεου rell] ουρανου 579 (e)

ζωην διδους rell] διδους ζωην A Π 33 579; διδους f¹

καταβαινων εκ του ουρανου rell] εκ του ουρανου
καταβαινων e

John 6:34

παντοτε δος ημιν τον αρτον τουτον + (Orat 27, 3) [C]

Lac.: P⁴⁵. ⁶⁶ C

παντοτε rell] add κυριε ℵ

John 6:35

+ εγω ειμι ο αρτος της ζωης· ο ερχομενος προς με ου μη
πειναση και ο πιστευων εις εμε ου μη διψηση πωποτε (Orat
27, 3) [C]

Lac.: P⁴⁵ P⁶⁶ (inc. εις) C

με rell] εμε P⁷⁵ℵ B UBS   [NA: a b e]

πωποτε rell] εις τον αιωνα 33; ποτε E

πειναση P⁶⁶ rell] add πωποτε D

ο πιστευων εις εμε rell] εις εμε ο πιστευων e; ο πιστευων a

John 6:38
ου γαρ ηλθον ποιησαι το εμον θελημα αλλα το του πεμψαντος
με (Pasc 47, 22) [All]

John 6:44
ουδεις ερχεται προς με εαν μη ο πατηρ ο πεμψας με ελκυση
αυτον (Mat.Com 14, 14) [Ad]*

Lac.: P⁴⁵ (P⁷⁵)

με¹ rell] εμε B E Δ Θ   [NA: a b e; P⁷⁵ lac.]

μη rell] add ον e

ο πατηρ rell] omit A; add μου P⁶⁶

αυτον rell] προς με e

John 6:45
πας ο ακουσας παρα του πατρος και μαθων ερχεται προς με +
(Io.Com 20, 7, 51) [C]

πας ο ακουσας παρα του πατρος και μαθων ερχεται προς με
(Io.Com 20, 7, 53) [C]

πας ο ακουσας παρα του πατρος και μαθων (Io.Com 20, 7, 53)
[C]

Lac.: P⁴⁵ (33)

ακουσας rell]ακουων D E Δ Ω 700 [NA: a b e]

με rell]εμε P⁷⁵ℵ B Θ UBS [NA: a b e; 33 lac.]

μαθων rell] add την αληθειαν A

John 6:46
+ ουχ οτι τον πατερα εωρακεν τις ει μη ο ων παρα τω πατρι,
  ουτος εωρακε τον πατερα   (Io.Com 20, 7, 51) [C]

Lac.: P⁴⁵ (P⁷⁵) (33)

εωρακεν τις P⁶⁶·ℵ B C D L W Θ Ψ 33 579 1241 a b e UBS]
τις εωρακεν rell [P⁷⁵ lac.]

τω πατρι (ℵ)]του θεου (B) rell

πατερα ℵᶜ rell]θεον ℵ* D a b e [P⁷⁵ 33 lac.]

παρα rell]εκ f¹

τω rell] omit B

ουτος rell]αυτος W [P⁷⁵ lac.]

John 6:49
οι πατερες εν τη ερημω εφαγον το μαννα και απεθανον
  (Io.Com 6, 45, 236) [Ad]*

Lac.: P⁴⁵ (P⁷⁵)

εφαγον rell] add τον αρτον D (a) b e [P⁷⁵ lac.]

το μαννα rell] omit a [P⁷⁵ lac.]

John 6:50

ουτος εστιν ο αρτος ο εκ του ουρανου καταβαινων ινα τις εξ
αυτου φαγη και μη αποθανη + (Io.Com 10, 17, 99) [C]

ουτος δε εστιν ο αρτος του θεου, ινα τις φαγων εξ αυτου μη
αποθανη (? Fr 14) [All]

Lac.: P[45] (P[75]) A (expl. κατεβαινων) (33)

τις εξ αυτου φαγη και D* rell] εαν τις εξ αυτου φαγη D[c] a b

----

ο αρτος P[75vid] rell] omit Ω

ουρανου D[c] rell] add και D* [P[75] 33 lac.]

μη rell] ου P[75]

αποθανη (a e) rell] αποθνησκη B (a e); αποληται Ψ (a e);
αλλα ζωη b [P[75] lac.]

John 6:51

εγω ειμι ο αρτος ο εκ του ουρανου καταβας· εαν τις φαγη εκ
τουτου του αρτου ζησει εις τον αιωνα· και ο αρτος δε ον εγω
δωσω η σαρξ μου εστιν ην εγω δωσω υπερ της του κοσμου
ζωης (Orat 27, 3) [C]

+ εγω ειμι ο αρτος ο ζων ο εκ του ουρανου καταβας· εαν τις
φαγη εκ τουτου του αρτου ζησει εις τον αιωνα (Io.Com 10,
17, 99) [C]

A εγω ειμι ο αρτος ο ζων ο εκ του ουρανου καταβας (Io.Com 1,
21, 131) [C]

εγω ειμι ο αρτος ο ζων ο εκ του ουρανου καταβας (Cels 2, 9)
[C]

εγω ειμι ο αρτος ο ζων ο εκ του ουρανου καταβας (Cels 7, 16)
[C]

ο αρτος δε ον εγω δωσω η σαρξ μου εστιν ην εγω δωσω υπερ
της του κοσμου ζωης (Orat 27, 4) [C]

και ο αρτος δε ον εγω δωσω η σαρξ μου εστιν υπερ της του
κοσμου ζωης (Io.Com 10, 17, 101) [C]

ο αρτος ον εγω δωσω η σαρξ μου εστιν υπερ της του κοσμου
ζωης   (Io.Com 20, 41, 387) [C]

ο φαγων τουτον τον αρτον ζησει εις τον αιωνα   (Io.Com 6, 45,
236) [Ad]

ο δε φθασας επι τον μετ' εκεινον αρτον φαγων αυτον ζησεται
εις τον αιωνα   (Io.Com 6, 45, 237) [All]

ο μεν αρτος εστιν ζων εκ του ουρανου καταβας   (Io.Com 20,
43, 406) [All]

τροφην απο του ζωντος αρτου και εξ ουρανου καταβεβηκοτος
(Mat.Com 12, 5) [All]

ο ζων αρτος εστιν ο εκ του ουρανου καταβας και ζωην δους τω
κοσμω   (Mat.Com 12, 33) [All]

ουτως ο ζων και εξ ουρανου καταβεβηκως αρτος   (Orat 27, 9)
[All]

TEXT: εγω ειμι ο αρτος ο ζων ο εκ του ουρανου καταβας· εαν
τις φαγη εκ τουτου του αρτου ζησει εις τον αιωνα· και ο
αρτος δε ον εγω δωσω η σαρξ μου [εστιν / εστιν ην εγω
δωσω][3] υπερ της του κοσμου ζωης

Lac.: P[45] (P[75]) A (33)

ο ζων rell] της ζωης 565 a [33 lac.]

τουτου του αρτου rell] του αρτου τουτου D 579; του εμου
αρτου ℵ a e [P[75] lac.]

ζησει ℵ D L W Θ Ψ 33 579 (1241) UBS] ζησεται rell [NA:
a b e; P[75] lac.]

---

[3] The phrase ην εγω δωσω is clearly part of Origen's text in the *de Oratione*, as
he quotes it there twice. At the same time, it is not found in either quotation of the
John Commentary. Against the supposition that the latter work preserves a
"truncated" form of the quotation is that circumstance that the verse means
something quite different depending on the inclusion or exclusion of the phrase (i.e.,
it cannot be dropped without doing violence to the sense). It appears, then, that we
are obligated to suppose that Origen was familiar with two different forms of the
text when he penned these works in Caesarea.

και P75vid אc rell] omit א* a b e

δε rell] omit א D W a b [P75 lac.]

εστιν (Origen) P66. 75 (א) B C D L W Ψ 33 579 a b e UBS]
add ην εγω δωσω (Origen) rell

εαν rell] add ουν D [33 lac.]

δωσω¹ rell] add υμιν 579; add αυτω 892

η σαρξ (b e) rell] σαρξ 579 (b e); το σωμα a

η σαρξ ... ζωης] υπερ της του κοσμου ζωης η σαρξ μου εστιν
א

John 6:52
εμαχοντο⁴ προς αλληλους οι Ιουδαιοι λεγοντες· πως δυναται
ημιν ουτος δουναι την σαρκα φαγειν; (Io.Com 20, 41, 387)
[C]

Lac.: P45. (75) A

προς αλληλους οι Ιουδαιοι rell] οι Ιουδαιοι προς αλληλους
P75 C D Θ f1. 13 33 565 579 1241 a e

ημιν ουτος δουναι την σαρκα א C f1 565] ουτος δουναι ημιν
την σαρκα P66c 579 1241; ουτος ημιν την σαρκα δουναι D Θ
Π f13 (a) (e); ουτος δουναι την σαρκα P66*; ουτος ημιν
δουναι την σαρκα rell [P75 lac.]

σαρκα P75vid rell] add αυτου P66 B 892 (a) b e UBS

πως rell] add ουν א [P75 lac.]

την σαρκα rell] το σωμα a [P75 lac.]

---

⁴ It is, of course, impossible to determine on the basis of this solitary reference
whether Origen's text included the introductory conjunction ουν, with virtually all
other witnesses.

John 6:53

εαν μη φαγητε την σαρκα του υιου του ανθρωπου και πιητε
αυτου το αιμα ουκ εχετε ζωην εν εαυτοις + (Io.Com 10, 17,
99) [C]

εαν μη φαγητε την σαρκα του υιου του ανθρωπου και πιητε
αυτου το αιμα ουκ εχετε ζωην εν εαυτοις +   (Orat 27, 4)
[C]

εαν μ]η φαγη[τ]ε μου [την σαρ]κα και πι[η]τε μο[υ το] αιμα, ουκ
εχετε ζωη[ν εν] εαυτοις (Pasc 13, 25) [Ad]

εαν μη φαγητε μου την σαρκα και πιητε μου το αιμα, ουκ εχετε
μεριδα μετ' εμου (Pasc 44, 18) [Ad]

εαν μη πιητε μου το αιμα ουκ εχετε ζωην εν εαυτοις (Io.Com
6, 43, 223) [Ad]

TEXT: εαν μη φαγητε την σαρκα του υιου του ανθρωπου και
πιητε αυτου το αιμα ουκ εχετε ζωην εν εαυτοις

Lac.: P45 (P75) A

φαγητε rell]λαβητε D a

πιητε αυτου το αιμα rell] το αιμα αυτου πιητε   P66 D a;
πιητε το αιμα αυτου ℵ b e

εαν rell]αν ℵ [P75 lac.]

την σαρκα rell] το σωμα a

ανθρωπου rell]θεου 579; add ως τον αρτον της ζωης a

πιητε rell]πινητε 579 [P75 lac.]

ζωην εν εαυτοις rell] ζωην αιωνιον εν εαυτοις ℵ; εν
εαυτοις την ζωην D

εαυτοις rell]αυτοις Δ

John 6:54

+ ο τρωγων μου την σαρκα και πινων μου το αιμα εχει ζωην
αιωνιον καγω αναστησω αυτον εν τη εσχατη ημερα +
(Io.Com 10, 17, 99) [C]

+ ο τρωγων μου την σαρκα και πινων μου το αιμα εχει ζωην
αιωνιον, και εγω αναστησω αυτον εν τη εσχατη ημερα +
(Orat 27, 4) [C]

Lac.: P⁴⁵ A 33⁵

μου … μου rell] αυτου … αυτου D (e)

μου την σαρκα (D) Δ^c rell] την σαρκα μου Δ[*] b (e)

μου το αιμα rell] το αιμα μου a b (e)

καγω αναστησω (Origen) P⁶⁶. ⁷⁵ ℵ B C D L W Θ Π f¹ 579
892 1241 (a b e) UBS] και αναστησω εγω Ψ; και εγω
αναστησω (Origen) (a b e) rell

εν rell] omit P⁶⁶. ⁷⁵ℵ B D E L W Θ Ψ f¹ 565 579 a e TR UBS

ημερα rell] omit 1241

John 6:55

+ η γαρ σαρξ μου αληθης εστιν βρωσις και το αιμα μου αληθης
εστιν ποσις + (Io.Com 10, 17, 99) [C]

+ η γαρ σαρξ μου αληθης εστι βρωσις και το αιμα μου αληθης
εστι ποσις + (Orat 27, 4) [C]

η σαρξ μου αληθως εστι βρωσις και το αιμα μου αληθως εστι
ποσις (Mat.Com 16, 7) [C]

κεκαθαρισμενοι φαγωμεν αυτου της σαρκος της αληθινης
τροφης (Io.Com 19, 6, 39) [All]

περι το μεταλαμβανειν του ζωντος αρτου και του αληθινου
ποτου (Cels 6, 44) [All]

και ειδως οτι αληθης εστι βρωσις (Ier.Hom 12, 13) [All]

ος γεγονε σαρξ και αληθινη βρωσις (Mat.Com 11, 14) [All]

---

⁵ Ms 33 is not defective at this point, but has inadvertently omitted 6:54-55
because of periblepsis occasioned by homoeoteleuton.

TEXT: η γαρ⁶ σαρξ μου αληθης⁷ εστιν βρωσις και το αιμα μου
αληθης εστιν ποσις

Lac.: P⁴⁵ A 33

γαρ rell] omit 565 700 b e

αληθης¹ P⁶⁶ᶜ. ⁷⁵ ℵᶜ B C L W Π Ψ f¹. ¹³ 565 579 892 1241
UBS] αληθως P⁶⁶* ℵ* rell [NA: a b e]

αληθης² P⁶⁶ᶜ. ⁷⁵ B C L W Π Ψ f¹ 565 579 892 1241 UBS]
αληθως P⁶⁶* ℵᶜ rell [NA: a b e; ℵ* D]

εστιν ... αληθης ℵᶜ rell] omit ℵ*

εστιν βρωσις ... αληθης εστιν ποσις rell] βρωσις εστιν ...
αληθης και ποσις εστιν a [(D) lac.]

και ... ποσις rell] omit D

ποσις ℵᶜ rell] ποτον ℵ* [D lac.]

John 6:56

+ ο τρωγων μου την σαρκα και πινων μου το αιμα εν εμοι
μενει καγω εν αυτω (Io.Com 10, 17, 99) [C]

+ ο τρωγων μου την σαρκα και πινων μου το αιμα εν εμοι
μενει καγω εν αυτω + (Orat 27, 4) [C]

Lac.: P⁴⁵ A

---

⁶ We cite the variant readings on this introductory conjunction because it
occurs in two continuous citations of John 6:53-55, in the John Commentary and the
de Oratione.

⁷ We judge Origen's text to be relatively secure here: the two continuous
quotations of the John Commentary and the *de Oratione* attest αληθης rather than
αληθως; the latter is found only in the isolated reference of the Matthew
Commentary.

⁸αυτω rell] add καθως εν εμοι ο πατηρ καγω εν τω πατρι·
αμην αμην λεγω υμιν, εαν μη λαβητε το σωμα του υιου του
ανθρωπου ως τον αρτον της ζωης ουκ εχετε ζωην εν αυτω
D (a)

το rell] omit Δ

John 6:57
+ καθως απεστειλε με ο ζων πατηρ καγω ζω δια τον πατερα·
   και ο τρωγων με κακεινος ζησει δι’ εμε   (Orat 27, 4) [C]

Lac.: P⁴⁵ A

απεστειλε rell] απεσταλκεν P⁶⁶ D Π f¹³ 579 1241   [NA: a b
e]

πατερα C* rell] add μου P⁷⁵ Cᶜ

ζησει P⁷⁵ ℵ B C L Θ Π Ψ f¹³ 33 579 1241 UBS] ζη D;
ζησεται rell   [NA: a b e]

καθως rell] και καθως e

τρωγων με rell] τρωγων την σαρκα μου b; τρωγων e; με
τρωγων a

τρωγων rell] λαμβανων D

κακεινος rell] εκεινος a

John 6:58
ουτος εστιν ο αρτος ο εκ του ουρανου καταβας ου καθως
   εφαγον οι πατερες και απεθανον· ο τρωγων τουτον τον
   αρτον ζησει εις τον αιωνα   (Orat 27, 4) [C]

Lac.: P⁴⁵ A

---

⁸ Origen's text is secure at this point, given the continuous citation of the
passage with v. 57 in *de Oratione*.

εκ του rell] εξ P⁷⁵ B C 892 1241 UBS [NA: a b e]

καταβας ℵᶜ P⁶⁶ᶜ rell] καταβαινων ℵ* P⁶⁶* [NA: a b e]

οι πατερες P⁶⁶· ⁷⁵ (ℵ) B C L W UBS] add υμων D 33 e; add υμων το μαννα rell

τουτον τον αρτον rell] τον αρτον τουτον W e

ζησει P⁷⁵ ℵ B C E L (W) Δ Θ Ψ f¹ 33 579 892 UBS] ζησεται rell [NA: a b e]

ουτος ℵᶜ rell] omit ℵ*

εφαγον οι πατερες rell] οι πατερες εφαγον ℵ

τρωγων rell] add αληθως b

John 6:63

ειπερ δε α ελαλει ρηματα ο Ιησους πνευμα εστιν και ου γραμμα, δι᾽ ολων ζωη εστιν   (Io.Com 32, 20, 263) [All]

John 6:67

μη και υμεις θελετε πορευεσθαι   (Ier.Hom 17, 4) [Ad]

John 6:68

κυριε, προς τινα απελευσομεθα; ρηματα ζωης αιωνιου εχεις   (Ier.Hom 17, 4) [C]

απερ ην ρηματα ζωης αιωνιου   (Io.Com 19, 9, 53) [All]

και φερετω δοκιμα νομισματα, ρηματα ζωης αιωνιου   (Io.Com 19, 10, 57) [All]

και μαρτυρουντες αυτου τοις λογοις οτι ρηματα ζωης αιωνιου ησαν   (Mat.Com 12, 17) [All]

Lac.: P⁴⁵ A

John Chapter Seven

John 7:2

ην ¹ εγγυς η εορτη των Ιουδαιων η σκηνοπηγια   (Io.Com 13, 39, 259) [C]

Lac.: P45 A

John 7:15

πως ουτος γραμματα οιδε μη μεμαθηκως;   (Mat.Com 10, 17) [C]

Lac.: P45 A C

John 7:25

ελεγον ουν τινες εκ των Ιεροσολυμιτων· ουχ ουτος εστιν ον ζητουσιν αποκτειναι; +   (Io.Com 19, 2, 7) [C]

Lac.: P45 A C

εκ rell] omit ℵ a

John 7:26

+ και ιδε παρρησια λαλει και ουδεν αυτω λεγουσιν. μηποτε αληθως εγνωσαν οι αρχοντες οτι ουτος εστιν ο χριστος; + (Io.Com 19, 2, 7) [C]

μηποτε αληθως εγνωσαν οι αρχοντες οτι ουτος εστιν ο χριστος; + (Io.Com 19, 1, 1) [C]

Lac.: P45 (P75) A C (33)

---

¹ We cannot assume, on the basis of this solitary quotation, that Origen's text lacked the conjunction δε at the beginning of the verse.

και rell] omit L f¹³ a   [P⁷⁵ 33 lac.]

μηποτε rell] μητι ℵ D   [NA: a b e]

οι αρχοντες rell] οι αρχιερεις ℵ a   [P⁷⁵ 33 lac.]

εστιν rell] add αληθως Ε Δ Ω 579 700 TR   [33 lac.]

και ... μηποτε rell] omit 1241

αληθως εγνωσαν rell] εγνωσαν αληθως 1241; εγνωσαν
33ᵛⁱᵈ

εγνωσαν οι αρχοντες rell] οι αρχοντες εγνωσαν D

John 7:27

+ αλλα τουτον οιδαμεν ποθεν εστιν· ο δε χριστος οταν
  ερχηται ουδεις γινωσκει ποθεν εστιν   (Io.Com 19, 1, 1) [C]

+ αλλα τουτον οιδαμεν ποθεν εστιν· ο δε χριστος οταν
  ερχηται ουδεις γινωσκει ποθεν εστιν   (Io.Com 19, 2, 7) [C]

οιδαμεν ποθεν εστιν   (Io.Com 19, 2, 10) [C]

τουτον οιδαμεν ποθεν εστιν   (Io.Com 19, 2, 10) [C]

ο Χριστος οταν ερχηται ουδεις γινωσκει ποθεν εστι· τουτον
δε οιδαμεν ποθεν εστιν   (Mat.Com 17, 11) [Ad]

TEXT: αλλα τουτον οιδαμεν ποθεν εστιν· ο δε χριστος οταν
  ερχηται ουδεις γινωσκει ποθεν εστιν

Lac.: P⁴⁵ A C (33)

ο δε χριστος rell] ο χριστος ℵ e; ο χριστος δε P⁶⁶ [565
lac.]

ερχηται Δᶜ (33) rell] ερχεται ℵ Δ* Θ f¹³ (33) ; ελθη P⁶⁶
[NA: a b e; 565 lac.]²

---

² MS 33 is defective at this point; only the *rho* and the *chi* of ερχ[ε /η]ται can
be clearly discerned.

ο δε ... εστιν rell] omit 565

χριστος א^c rell] add οταν ελθη μη πλειονα σημεια ποιησει
η א* [565 lac.]

γινωσκει rell] add αυτον א [33 565 lac.]

John 7:28
καμε οιδατε και οιδατε ποθεν ειμι   (Io.Com 19, 2, 7)   [C]

καμε οιδατε και οιδατε ποθεν ειμι   (Io.Com 19, 2, 7)   [C]

καμε οιδατε και οιδατε ποθεν ειμι   (Io.Com 19, 2, 10)   [C]

καμε οιδατε και οιδατε ποθεν ειμι   (Mat.Com 17, 11)   [C]

απ' εμαυτου ουκ εληλυθα, αλλ' εστιν αληθινος ο πεμψας με
ον υμεις ουκ οιδατε +   (Io.Com 19, 1, 2)   [C]

αλλ' εστιν αληθινος ο πεμψας με ον υμεις ουκ οιδατε
(Io.Com 19, 1, 5)   [C]

αλλ' εστιν αληθινος ο πεμψας με ον υμεις ουκ οιδατε
(Io.Com 19, 3, 12)   [C]

καμε οιδατε ποθεν ειμι   (Io.Com 19, 1, 1)   [Ad]

TEXT: καμε οιδατε και οιδατε ποθεν ειμι· ... απ' εμαυτου ουκ
εληλυθα, αλλ' εστιν αληθινος ο πεμψας με ον υμεις ουκ
οιδατε

Lac.: P^45 A C (33)

καμε   P^66c (a b e) rell] και εμε א (a b e); εμε P^66*vid [33
lac.]

αληθινος rell] αληθης P^66 א   [NA: a b e] [33 lac.]

John 7:29
+ εγω[3] οιδα αυτον οτι παρ' αυτου ειμι κακεινος με απεστειλεν
(Io.Com 19, 1, 2)   [C]

----

[3] Origen's text here is certain, as Io.Com 19, 1, 2 provides a continuous citation
of Jn 7:28-29; he did not, therefore, read the introductory δε.

Lac.: P⁴⁵ A C

εγω rell] add δε   P⁶⁶ ℵ D f¹ 33 565 1241 b TR

αυτου ℵᶜ rell] αυτω ℵ* Θ e

απεστειλεν rell] απεσταλκεν P⁶⁶ ℵ D [NA: a b e]

κακεινος rell] και εκεινος Θ

John 7:30

εζητουν ουν αυτον πιασαι και ουδεις επεβαλεν επ᾽ αυτον την
χειρα οτι ουπω εληλυθει η ωρα αυτου   (Io.Com 28, 23, 196)
[C]

εζητουν αυτον πιασαι και ουδεις επεβαλλεν επ᾽ αυτον την
χειρα οτι ουπω εληλυθει η ωρα αυτου   (Io.Com 19, 12, 72)
[C]

TEXT: εζητουν ουν αυτον πιασαι και ουδεις [επεβαλεν /
επεβαλλεν] επ᾽ αυτον την χειρα οτι ουπω εληλυθει η ωρα
αυτου

Lac.: P⁴⁵ A C

εζητουν ουν P⁶⁶ᶜ rell] οι δε εζητουν P⁶⁶* ℵ

πιασαι rell] add και εξηλθεν εκ της χειρος αυτων Θ f¹³

επεβαλεν (Origen) (b) rell] επεβαλλεν (Origen) P⁶⁶ (b);
εβαλεν a e

την χειρα rell] τας χειρας W f¹ 565 a (b) e

ουπω rell] ουδεπω P⁶⁶

εληλυθει (E) rell] εληλυθεν L

John 7:37

ειστηκει ο Ιησους και εκραξεν λεγων· εαν τις διψα ερχεσθω
προς με και πινετω   (Io.Com 6, 18, 100) [C]

ειστηκει γαρ ο Ιησους και εκραξε λεγων· εαν τις διψα ερχεσθω
προς εμε και πινετω (Io.Com 6, 38, 193) [C]

εαν τις διψα ερχεσθω προς με και πινετω (Io.Com 6, 17, 95)
[C]

εαν τις διψη ερχεσθω προς με και πινετω (Ier.Hom. 18, 9) [C]

TEXT: ειστηκει ο Ιησους και εκραξεν λεγων· εαν τις διψα
ερχεσθω προς [με / εμε] και πινετω

Lac.: P45 A C

εκραξεν rell] εκραζεν P66*vidℵ D Θ fl. 13 [NA: a b e]

λεγων rell] omit a e

προς με P66c. (75)ℵc (B) rell] omit P66*ℵ* D b e

με (Origen) P66cℵc rell] εμε (Origen) P75 B [NA a; P66*ℵ*
D b e lac.]

εαν (b e) rell] ει W (b e); omit a

John 7:38
πο[τ]ρμους εκ της κοιλιας (Pasc 27, -9) [All]

John 7:39
ουπω γαρ ην πνευμα οτι Ιησους ουπω εδοξασθη (Io.Com 28,
15, 127) [C]

ουπω γαρ ην πνευμα οτι Ιησους ουπω εδοξασθη (Io.Com 32,
11, 129) [C]

ουπω γαρ ην πνευμα οτι Ιησους ουπω εδοξασθη (Io.Com 32,
32, 399) [C]

ουπω γαρ ην πνευμα οτι Ιησους ουδεπω εδοξασθη (Mat.Com
12, 40) [C]

ουπω δε ην πνευμα αγιον οτι Ιησους ουδεπω εδοξασθη
(Mat.Com A 114) [C]

ουπω ην πνευμα (Mat.Com 12, 40) [C]

TEXT: ουπω γαρ⁴ ην πνευμα οτι Ιησους [ουπω / ουδεπω]
εδοξασθη

Lac.: P⁴⁵ A C

γαρ rell] δε Θ a e

πνευμα P⁶⁶ᶜ P⁷⁵ ℵ Θ Π Ψ UBS] add δεδομενον a (b); add
αγιον δεδομενον B (e); το πνευμα το αγιον επ' αυτους D;
add αγιον P⁶⁶* rell

ουπω² (Origen) ℵ B D Θ (a b e)] ουδεπω (Origen) (a b e)
rell; ουδεποτε L

εδοξασθη ℵᶜ 700ᶜ (a b e) rell] δεδοξαστο ℵ* (a b e);
εβαπτισθη 700*

οτι rell] add ο TR

John 7:40

ουτος εστιν αληθως ο προφητης + (Io.Com 19, 17, 105) [C]

Lac.: P⁴⁵ A C (579)

ουτος εστιν αληθως ο προφητης rell] αληθως ουτος εστιν ο
προφητης ℵ; ουτος αληθως ο προφητης εστιν e [579 lac.]

ουτος rell] omit a [579 lac.]

John 7:41

+ αλλοι δε⁵ ελεγον· ουτος εστιν ο χριστος. οι δε ελεγον· μη
γαρ εκ της Γαλιλαιας ο χριστος ερχεται + (Io.Com 19, 17,
105) [C]

---

⁴ Given the number of times Origen cites this text, his attestation of the
introductory γαρ is relatively certain.

⁵ We can be certain of Origen's attestation of this conjunction, as it occurs in
the midst of a long citation that begins with 7:40 and continues on to 7:42 without
interruption.

Lac.: P⁴⁵ A C

δε¹ Θ f¹· ¹³ 565 892 (b)] omit rell [579 lac.]

ελεγον¹ rell] add οτι D L W 1241 [579 b lac.]

οι δε P⁶⁶c· ⁷⁵ B L W Θ f¹ 33 565 1241 (a) UBS] αλλοι δε (a) e
TR; αλλοι P⁶⁶* rell [579 b lac.]

γαρ rell] omit a e

αλλοι δε ελεγον rell] ελεγεν a

αλλοι ... ελεγον² rell] omit 579

ουτος ... ελεγον rell] omit b

John 7:42

+ ουχ η γραφη ειπεν οτι εκ του σπερματος Δαυιδ και απο
Βηθλεεμ της κωμης, οπου ην Δαυιδ ερχεται ο χριστος
(Io.Com 19, 17, 105) [C]

λελεκται Ιουδαιους ειρηκεναι οτι ο Χριστος εν Βηθλεεμ
γεννηθησεται οθεν ο Δαυιδ ην (Cels 1, 51) [All]

Lac.: P⁴⁵ A C

ουχ P⁶⁶· ⁷⁵ B L Θ Ψ UBS] ουχι rell [NA: a b e]

ειπεν rell] λεγει D a b e

του rell] omit P⁶⁶ D f¹· ¹³ 565 1241 [NA: a b e]

ερχεται ο χριστος P⁷⁵ B L W Ψ 33 UBS] ο χριστος ερχεται
rell [e lac.]

απο rell] εκ 565; omit b

και απο Βηθλεεμ rell] απο Βεθλεεμ εκ e

οπου ην Δαυιδ ερχεται ο χριστος rell] ο χριστος ερχεται
οπου ην Δαυιδ D; Δαυιδ ερχεται e

ην   P66c (a b) rell] add o א (a b); omit   P66*   [e lac.]

John 7:43

οτε και σχισμα γεγενηται εν τω οχλω δι' αυτον   (Io.Com 19, 17, 105) [Ad]

TEXT: σχισμα ... εγενετο εν τω οχλω δι' αυτον

Lac.: P45 A C

εγενετο εν τω οχλω   P66. 75 א B (D) L W Θ Ψ 33 1241 a b e UBS] εν τω οχλω εγενετο   rell

----

εν τω οχλω   rell] εις τον οχλον   D

John 7:46

απεκριθησαν οι υπηρεται· ουδεποτε ελαλησεν ουτως ανθρωπος⁶ (Io.Com 19, 17, 106) [C]

Lac.: P45 A C b

απεκριθησαν οι υπερεται   rell] απεκριθησαν αυτοις οι υπηρεται   W 892; απεκριθησαν δε οι υπηρεται   D; οι δε υπηρεται απεκριθησαν   א

υπηρεται   rell] add λεγοντες   a e

ελαλησεν ουτως ανθρωπος   P66c. 75 אc B L W Ψ 33 1241 UBS] ουτως ανθρωπος ελαλησεν   P66* א* D; ελαλησεν   אc; ανθρωπος ουτως ελαλησεν   a (e); ελαλησεν ανθρωπος   700; ουτως ελαλησεν ανθρωπος   rell

ανθρωπος   P66c. 75 אc B L W] add ως ουτος λαλει ανθρωπος   P66* א* (rell)⁷

---

⁶ Since Origen comments on this passage immediately before citing vv. 7:47-48, he apparently did not know the longer text set forth in the apparatus.

⁷ The manuscripts give the addition in a variety of forms.

John 7:47

μη και υμεις πεπλανησθε; +   (Io.Com 19, 17, 106)   [C]

Lac.: P⁴⁵ A C (a) b

John 7:48

+ μη τις εκ των αρχοντων επιστευσεν εις αυτον η εκ των Φαρισαιων +   (Io.Com 19, 17, 106)   [C]

Lac.: P⁴⁵ (P⁷⁵) A C (a) b

εκ¹ rell] omit W f¹³ [P⁷⁵ lac.]

επιστευσεν ℵᶜ rell] πιστευει ℵ* D Θ [P⁷⁵ lac.]

επιστευσεν ... Φαρισαιων rell] η εκ των Φαρισαιων επιστευσεν εις αυτον 1241

John 7:49

+ αλλ᾽ η⁸ ο οχλος ουτος ο μη γινωσκων τον νομον επαρατοι εισιν   (Io.Com 19, 17, 106) [C]

Lac.: P⁴⁵ A C b

επαρατοι P⁶⁶⋅ ⁽⁷⁵⁾ ℵ B W Θ f¹ 33 565 UBS] επικαταρατοι rell [NA: a b e]

η] omit rell

επαρατοι εισιν rell] ος και επαρατος εστιν e

---

⁸ It is difficult to know whether the η represents Origen's actual text or derives from a loose citation. In favor of its presence as a genuine variant is its occurrence in a continuous citation of 7:47-49. In any case, since the reading is singular to Origen, its inclusion in the apparatus will have no bearing on our analysis of his textual affinities.

John 7:51

μη ο νομος ημων κρινει τον ανθρωπον εαν μη ακουση πρωτον
παρ᾽ αυτου και γνω τι ποιει; + (Io.Com 19, 17, 107) [C]

Lac.: P⁴⁵ A C b

πρωτον παρ᾽ αυτου P⁶⁶. ⁷⁵ℵᶜ B D L W Θ 33 a UBS] παρ᾽
αυτου πρωτον (E) (Δ) Π Ψ (Ω) f¹. ¹³ (565) (579) 892 (1241)
(TR); πρωτον ℵ*; παρ᾽ αυτου e;

πρωτον rell] προτερον E Δ Ω 565 579 1241 TR [e lac.]

γνω τι ποιει rell] επιγνωσθη τι εποιησεν D

John 7:52

+ απεκριθησαν· μη και συ εκ της Γαλιλαιας ει; εραυνησον και
ιδε οτι εκ της Γαλιλαιας προφητης ουκ εξερχεται ουδε
εγειφεται (Io.Com 19, 17, 107) [Ad]*

Lac.: P⁴⁵ (P⁷⁵) A C (a) b

εραυνησον P⁷⁵ℵ B UBS] ερευνησον rell [NA: a b e]

εραυνησον rell] add τας γραφας (D) W a e

εκ της Γαλιλαιας προφητης (P⁶⁶*) P⁷⁵ B L Ψ 892 UBS]
προφητης εκ της Γαλιλαιας P⁶⁶ᶜ rell

εγειφεται P⁶⁶. ⁷⁵ℵ B D Δ Θ Π Ψ 33 565 UBS] εγηγερται
rell [NA: a b e]

Γαλιλαιας² P⁶⁶ᶜ rell] add ο P⁶⁶* [P⁷⁵ lac.]

John Chapter Eight

John 8:12

εγω ειμι το φως του κοσμου· ο ακολουθων μοι ου μη
περιπατηση εν τη σκοτια αλλ᾽ εξει το φως της ζωης
(Io.Com 19, 17, 108) [C]

A εγω ειμι το φως του κοσμου   (Io.Com 1, 4, 22) [C]

A εγω ειμι το φως του κοσμου   (Io.Com 1, 21, 126) [C]

A εγω ειμι το φως του κοσμου   (Io.Com 2, 23, 152) [C]

εγω ειμι το φως του κοσμου   (Io.Com 19, 9, 54) [C]

εγω ειμι το φως του κοσμου   (Io.Com 19, 19, 125) [C]

εγω ειμι το φως του κοσμου   (Io.Com 20, 37, 348) [C]

εγω ειμι το φως του κοσμου   (Cels 5, 11) [C]

εγω ειμι το φως του κοσμου   (Ier.Hom 12, 9) [C]

TEXT: εγω ειμι το φως του κοσμου· ο ακολουθων μοι ου μη
περιπατηση εν τη σκοτια αλλ᾽ εξει το φως της ζωης

Lac.: P45 (P75) A C

μοι B] εμοι rell [NA: a b e; P75 lac.]

εξει ℵc rell] εχει ℵ* b

ειμι το φως ℵc rell] φως ειμι ℵ* [P75 lac.]

John 8:13

ειπαν ουν αυτω οι Φαρισαιοι· συ περι σεαυτου μαρτυρεις· η
μαρτυρια σου ουκ εστιν αληθης +   (Io.Com 19, 2, 8) [C]

συ περι σεαυτου μαρτυρεις· η μαρτυρια σου ουκ εστιν αληθης
(Io.Com 19, 17, 108) [C]

... τους ειποντας αυτω Φαρισαιους· συ μαρτυρεις περι σεαυτου·
η μαρτυρια σου ουκ εστιν αληθης (Io.Com 19, 1, 1) [Ad]

Lac.: P⁴⁵ A C

ειπαν ουν αυτω οι Φαρισαιοι rell] οι ουν Φαρισαιοι ειπον αυτω f¹

συ περι σεαυτου rell] περι σεαυτου συ τουτο 1241

η rell] οι 579

John 8:14

+ απεκριθη ο Ιησους και ειπεν αυτοις· καν εγω μαρτυρω περι εμαυτου αληθης εστιν η μαρτυρια μου οτι οιδα ποθεν ηλθον και που υπαγω +   (Io.Com 19, 2, 8) [C]

καν εγω μαρτυρω περι εμαυτου αληθης εστιν η μαρτυρια μου οτι οιδα ποθεν ηλθον και που υπαγω   (Io.Com 19, 2, 10) [C]

καν εγω μαρτυρω περι εμαυτου η μαρτυρια μου αληθης εστιν οτι οιδα ποθεν ηλθον και που υπαγω +   (Io.Com 19, 17, 108) [C]

TEXT: απεκριθη ο Ιησους και ειπεν αυτοις· καν εγω μαρτυρω περι εμαυτου [αληθης εστιν η μαρτυρια μου / η μαρτυρια μου αληθης εστιν]¹ οτι οιδα ποθεν ηλθον και που υπαγω

Lac.: P⁴⁵ (P⁷⁵) A C

ο (ℵ) D Θ f¹³ 1241] omit rell   [NA: a b e]

αληθης εστιν η μαρτυρια μου (Origen) rell] η μαρτυρια μου αληθης εστιν (Origen) P⁷⁵ B W b; αληθινη μου εστιν η μαρτυρια D

απεκριθη ο Ιησους και ειπεν αυτοις D Θ f¹³ 1241 a b e (rell)] ειπεν αυτοις ο Ιησους ℵ

καν εγω rell] εαν εγω 1241; καγω Θ   [P⁷⁵ lac.]

¹ The choice between these two variants is difficult. Both the first and the third references are part of longer block quotations, the former covering vv. 13-16 and the latter vv. 14-18. It appears that Origen knew both forms of the text.

John 8:15

+ υμεις κατα την σαρκα κρινετε, εγω ου κρινω ουδενα +
(Io.Com 19, 2, 9) [C]

+ υμεις κατα την σαρκα κρινετε, εγω ου κρινω ουδενα +
(Io.Com 19, 17, 109) [C]

Lac.: P45 A C

την rell] omit Δ

εγω rell] add δε P75

John 8:16

+ και εαν κρινω δε εγω η κρισις η εμη αληθινη εστιν οτι μονος
ουκ ειμι αλλ᾽ εγω και ο πεμψας με πατηρ (Io.Com 19, 2, 9)
[C]

+ και εαν κρινω δε εγω η κρισις η εμη αληθης εστιν οτι μονος
ουκ ειμι αλλ᾽ εγω και ο πεμψας με πατηρ + (Io.Com 19, 17,
109) [C]

Lac.: P45 A C

και εαν (a b e) rell] καν ℵ (a b e); εαν W

αληθινη (Origen) P75 B D L W 33 892 1241 UBS] αληθης
(Origen) rell [NA: a b e]

πατηρ ℵc rell] omit ℵ* D

κρινω δε rell] δε κρινω f13

μονος rell] add εγω D

John 8:17

+ και εν τω νομω δε τω υμετερω γεγραπται οτι δυο ανθρωπων
η μαρτυρια αληθης εστιν + (Io.Com 19, 17, 109) [C]

Lac.: P45 A C

γεγραπται rell] γεγραμμενον εστιν ℵ

αληθης εστιν rell] εστιν αληθης P⁷⁵

John 8:18

εγω ειμι ο μαρτυρων περι εμαυτου και μαρτυρει περι εμου ο πεμψας με πατηρ   (Io.Com 13, 28, 165)   [C]

+ εγω ειμι ο μαρτυρων περι εμαυτου και μαρτυρει περι εμου ο πεμψας με πατηρ   (Io.Com 19, 17, 109)   [C]

μαρτυρει περι εμου ο πεμψας με πατηρ   (Io.Com 19, 2, 11)   [C]

Lac.: P⁴⁵ A C

ο² rell] omit Θ

John 8:19

απεκριθη ο Ιησους· ουτε εμε οιδατε ουτε τον πατερα μου· ει εμε ηδειτε, και τον πατερα μου αν ηδειτε   (Io.Com 19, 1, 1) [L]

που εστιν ο πατηρ σου   (Io.Com 19, 2, 11)   [C]

που εστιν ο πατηρ σου   (Io.Com 19, 2, 11)   [C]

ουτε εμε οιδατε ουτε τον πατερα μου· ει εμε ηδειτε, και τον πατερα μου αν ηδειτε   (Io.Com 19, 1, 2)   [C]

ουτε εμε οιδατε ουτε τον πατερα μου οιδατε ... ει εμε ηδειτε, και τον πατερα μου αν ηδειτε   (Io.Com 19, 6, 34)   [C]

ουτε εμε οιδατε ουτε τον πατερα μου· ει εμε ηδειτε, και τον πατερα μου αν ηδειτε   (Io.Com 19, 18, 110)   [C]

ουτε εμε οιδατε ουτε τον πατερα μου   (Io.Com 19, 1, 1)   [C]

ουτε εμε οιδατε ουτε τον πατερα μου   (Io.Com 19, 2, 7)   [C]

ουτε εμε οιδατε ουτε τον πατερα μου   (Io.Com 19, 2, 7)   [C]

και ουτε εμε οιδατε ουτε τον πατερα μου   (Io.Com 19, 2, 11) [C]

ουτε εμε οιδατε ουτε τον πατερα μου   (Io.Com 19, 3, 12)   [C] ουτε εμε οιδατε ουτε τον πατερα μου　(Io.Com 19, 4, 21)　[C]

ουτε εμε οιδατε ουτε τον πατερα μου　(Io.Com 19, 4, 24)　[C]

ουτε εμε οιδατε ουτε τον πατερα μου　(Io.Com 19, 5, 26)　[C]

ουτε εμε οιδατε　(Io.Com 19, 1, 1)　[C]

ει εμε ηδειτε, και τον πατερα μου αν ηδειτε　(Io.Com 19, 1, 3)
[C]

ει εμε ηδειτε, και τον πατερα μου αν ηδειτε　(Io.Com 19, 9, 54)
[C]

ει εμε οιδατε, και τον πατερα μου οιδατε　(Io.Com 19, 6, 39)
[All]

TEXT: ... που εστιν ο πατηρ σου; απεκριθη ο Ιησους· ουτε εμε
οιδατε ουτε τον πατερα μου· ει εμε ηδειτε, και τον πατερα
μου αν ηδειτε

Lac.: P45 A C

ο2 ℵ W Θ Π Ω f13 33 1241 TR] omit rell　[NA: a b e]

Ιησους rell] add και ειπεν αυτοις D b (e); add και ειπεν ℵ
700 1241

αν ηδειτε P66. 75 B L W Ψ f1 33 892 (a) UBS] ηδειτε αν ℵ E
Δ Θ Π Ω f13 565 579 700 (1241) (a) TR; ηδειτε D b e

μου2 rell] omit ℵ

John 8:20

ταυτα τα ρηματα ελαλησεν εν τω γαζοφυλακιω διδασκων εν τω
ιερω· και ουδεις επιασεν αυτον, οτι ουπω εληλυθει η ωρα
αυτου　(Io.Com 19, 7, 40)　[L]

ταυτα τα ρηματα ελαλησεν εν τω γαζοφυλακιω διδασκων εν τω
ιερω　(Io.Com 19, 7, 40)　[C]

ταυτα τα ρηματα α ελαλησεν εν τω γαζοφυλακιω διδασκων εν
τω ιερω　(Io.Com 19, 9, 53)　[C]

ταυτα τα ρηματα α ελαλησεν εν τω γαζοφυλακιω διδασκων εν τω ιερω (Io.Com 19, 10, 57) [C]

ουπω εληλυθεν η ωρα αυτου (Io.Com 19, 10, 63) [C]

ταυτα τα ρηματα α ελαλησεν (Io.Com 19, 7, 40) [Ad]

ιν᾽ ουν νοηθη τι το εν τω γαζοφυλακιω ταυτα τα ρηματα [τα] υπο του Ιησου ειρησθαι... (Io.Com 19, 7, 41) [All]

ομως δε τοσαυτα ρηματα εν τω γαζοφυλακιω λαλων και διδασκων ο Ιησους εν τω ιερω υπ᾽ ουδενος εκρατειτο πω· (Io.Com 19, 10, 60) [All]

TEXT: ταυτα τα ρηματα² ελαλησεν εν τω γαζοφυλακιω διδασκων εν τω ιερω· και ουδεις επιασεν αυτον, οτι ουπω εληλυθει η ωρα αυτου

Lac.: P⁴⁵ (P⁷⁵) A C

ελαλησεν rell] add ο Ιησους Ε Δ Ω f¹· ¹³ 33 565 579 700 892 1241 TR

ταυτα rell] add ουν 579 [P⁷⁵ lac.]

τα rell] omit Δ [P⁷⁵ lac.]

διδασκων εν τω ιερω rell] omit ℵ

επιασεν αυτον rell] επεβαλεν επ᾽ αυτω την χειρα 1241

εληλυθει P⁷⁵ᵛⁱᵈ rell] ηλθεν L

John 8:21
ειπεν ουν παλιν αυτοις· εγω υπαγω και ζητησετε με, και εν τη αμαρτια υμων αποθανεισθε· οπου εγω υπαγω υμεις ου δυνασθε ελθειν (Io.Com 19, 11, 64) [L]

---

² In 19, 7, 40, the lemma and the first reference lack the relative pronoun, and the addition of α in the second reference is clearly an adaptation to the immediate context. This leads us to suspect that the presence of the relative in the other two citations is not a genuine textual variant but an adaptation to relieve an apparent grammatical solecism.

εγω υπαγω και ζητησετε με, και εν τη αμαρτια υμων
αποθανεισθε· οπου εγω υπαγω υμεις ου δυνασθε ελθειν
(Io.Com 19, 18, 111) [C]

εγω υπαγω και ζητησετε με, και εν τη αμαρτια υμων
αποθανεισθε· οπου εγω υπαγω υμεις ου δυνασθε ελθειν
(Io.Com 32, 31, 389) [C]

υπαγω και ζητησετε με, και εν τη αμαρτια υμων αποθανεισθε·
οπου εγω υπαγω υμεις ου δυνασθε ελθειν   (Io.Com 19, 14,
86) [C]

εγω υπαγω και ζητησετε με, και εν τη αμαρτια υμων
αποθανεισθε·   (Io.Com 19, 11, 69) [C]

εγω υπαγω και ζητησετε με, και εν τη αμαρτια υμων
αποθανεισθε·   (Io.Com 19, 11, 70) [C]

εγω υπαγω και ζητησετε με, και εν τη αμαρτια υμων
αποθανεισθε·   (Io.Com 19, 13, 81) [C]

εγω υπαγω   (Io.Com 19, 12, 74) [C]

και ζητησετε με   (Io.Com 19, 12, 73) [C]

ζητησετε με και εν ταις αμαρτιαις υμων αποθανεισθε
(Io.Com 19, 23, 151) [C]

εν τη αμαρτια υμων αποθανεισθε   (Io.Com 19, 13, 79) [C]

εν τη αμαρτια υμων αποθανεισθε   (Io.Com 19, 14, 84) [C]

οπου εγω υπαγω υμεις ου δυνασθε ελθειν   (Io.Com 19, 14, 87)
[C]

οπου εγω υπαγω υμεις ου δυνασθε ελθειν   (Io.Com 19, 14, 89)
[C][3]

οπου εγω υπαγω υμεις ου δυνασθε ελθειν   (Io.Com 19, 15, 91)
[C]

οπου εγω υπαγω υμεις ου δυνασθε ελθειν   (Io.Com 19, 18,
114) [C]

---

[3] Origen appears to be citing Heracleon's text here.

οπου εγω υπαγω υμεις ου δυνασθε ελθειν ... και εν τη αμαρτια
υμων αποθανεισθε   (Io.Com 19, 13, 83)   [Ad]

εγω υπαγω ... και ζητησετε με   (Io.Com 19, 18, 112)   [Ad]

εν τη εαυτων αμαρτια αποθανουμενος, ... ουκ εδυναντο ηκειν
οπου υπηγεν ο Ιησους   (Io.Com 32, 31, 391)   [All]

εν ταις αμαρτιαις αυτων αποθανουμενοι   (Io.Com 32, 32, 393)
[All]

TEXT: ειπεν ουν παλιν αυτοις· εγω υπαγω και ζητησετε με, και
εν τη αμαρτια υμων αποθανεισθε· οπου εγω υπαγω υμεις ου
δυνασθε ελθειν

Lac.: P⁴⁵ A C

αυτοις rell] omit 1241 a e

αυτοις P⁶⁶*. ⁷⁵ℵ B D L W b e UBS] add ο Ιησους P⁶⁶ᶜ rell

με rell] add και ουχ ευρησετε με f¹ 565; add και ουχ
ευρησετε 700

αποθανεισθε rell] add και f¹. ¹³ 565

ειπεν rell] ελεγεν ℵ

παλιν (892) rell] omit ℵ

ζητησετε rell] ζησετε D

John 8:22

ελεγον ουν οι Ιουδαιοι· μητι αποκτενει εαυτον οτι λεγει· οπου
εγω υπαγω υμεις ου δυνασθε ελθειν   (Io.Com 19, 15, 91)
[L]

μητι αποκτενει εαυτον οτι λεγει· οπου εγω υπαγω υμεις ου
δυνασθε ελθειν   (Io.Com 19, 15, 91)   [C]

μητι αποκτενει εαυτον οτι λεγει· οπου εγω υπαγω υμεις ου
δυνασθε ελθειν   (Io.Com 19, 17, 104)   [C]

μητι αποκτενει εαυτον οτι λεγει· οπου εγω υπαγω υμεις ου
δυνασθε ελθειν   (Io.Com 19, 19, 121)   [C]

μητι αποκτενει εαυτον   (Io.Com 19, 15, 98)   [C]

μητι αποκτενει εαυτον   (Io.Com 19, 19, 122)   [C]

μητι αποκτενει εαυτον   (Io.Com 19, 19, 124)   [C]⁴

οπου εγω υπαγω υμεις ου δυνασθε ελθειν   (Io.Com 19, 18, 114)   [C]

... και απεκριναντο οι Ιουδαιοι· μητι αποκτενει εαυτον οτι λεγει· οπου εγω υπαγω υμεις ου δυνασθε ελθειν   (Io.Com 19, 18, 111)   [Ad]

TEXT: ελεγον ουν οι Ιουδαιοι· μητι αποκτενει εαυτον οτι λεγει· οπου εγω υπαγω υμεις ου δυνασθε ελθειν

Lac.: P⁴⁵ A C

εαυτον rell] αυτον D 1241   [NA: a b e]

οπου ℵᶜ rell] add αν ℵ*

εγω rell] omit P⁷⁵

John 8:23

και ελεγεν αυτοις· υμεις εκ των κατω εστε, εγω εκ των ανω ειμι· υμεις εκ του κοσμου τουτου εστε, εγω ουκ ειμι εκ του κοσμου τουτου   (Io.Com 19, 20, 127)   [L]

υμεις εκ των κατω εστε ... υμεις εκ τουτου του κοσμου εστε   (Io.Com 19, 20, 129)   [C]

εγω εκ των ανω ειμι ... εγω ουκ ειμι εκ του κοσμου τουτου   (Io.Com 19, 20, 129)   [C]

ουκ ειμι εγω εκ του κοσμου τουτου   (Io.Com 19, 22, 148)   [C]

... τον μεν εκ των κατω παντως ειναι εκ του κοσμου τουτου, τον δε εκ του κοσμου τουτου μη παντως ειναι εκ των κατω   (Io.Com 19, 20, 133)   [All]

---

⁴ Origen appears to be citing Heracleon's text here.

TEXT: και ελεγεν αυτοις· υμεις εκ των κατω εστε, εγω εκ των
ανω ειμι· υμεις εκ τουτου του κοσμου⁵ εστε, εγω ουκ ειμι
εκ του κοσμου τουτου

Lac.: P⁴⁵ A C

και ελεγεν P⁷⁵ℵᶜ B D L W Θ f¹³ 892 1241 UBS] ελεγεν ουν
P⁶⁶ℵ*; και ειπεν rell [NA: a b e]

τουτου του κοσμου P⁶⁶. ⁷⁵ B W 892 UBS] του κοσμου
τουτου rell [NA: a b e; 565 lac.]

ουκ ειμι εκ του κοσμου τουτου rell] ουκ ειμι εκ τουτου του
κοσμου W Θ f¹³ 33; εκ του κοσμου τουτου ουκ ειμι 1241
[NA: a b e]

εγω εκ ... εστε rell] omit 565

εγω¹ rell] add δε D [565 lac.]

John 8:24

ειπον ουν υμιν οτι αποθανεισθε εν ταις αμαρτιαις υμων· εαν
γαρ μη πιστευσητε οτι εγω ειμι, αποθανεισθε εν ταις
αμαρτιαις υμων (Io.Com 19, 23, 151) [L]

εαν γαρ μη πιστευητε οτι εγω ειμι, αποθανεισθε εν ταις
αμαρτιαις υμων (Io.Com 19, 23, 154) [C]

αποθανεισθε εν ταις αμαρτιαις υμων (Io.Com 19, 23, 151) [C]

εαν μη πιστευσητε οτι εγω ειμι, αποθανεισθε εν ταις
αμαρτιαις υμων (Io.Com 19, 23, 151) [Ad]

εαν μη πιστευητε οτι εγω ειμι, αποθανεισθε εν ταις αμαρτιαις
υμων (Io.Com 19, 24, 159) [Ad]

ευρησομεν τινα τροπον ο μη πιστευων τω Χριστω αποθανειται
εν ταις αμαρτιαις αυτου (Io.Com 19, 23, 158) [All]

---

⁵ We have in this instance preferred the reading of the citation to that of the
lemma and the allusion, as these have probably been modified in light of the similar
phrase at the end of the verse.

TEXT: ειπον ουν υμιν οτι αποθανεισθε εν ταις αμαρτιαις υμων· εαν γαρ[6] μη πιστευ[σ]ητε οτι εγω ειμι, αποθανεισθε εν ταις αμαρτιαις υμων

Lac.: P[45] A C

ουν rell] omit P[66] ℵ a e

εαν γαρ ... υμων rell] omit 33 1241

πιστευσητε (Origen) rell] πιστευητε (Origen) P[75] [NA: a b e; 33 1241 lac.]

πιστευ[σ]ητε rell] add μοι ℵ D Θ f[13] e [33 1241 lac.]

οτι[1] rell] omit W

ταις αμαρτιαις[1] rell] τη αμαρτια b

ταις αμαρτιαις[2] rell] τη αμαρτια b [33 1241 lac.]

John 8:25
ελεγον ουν αυτω· συ τις ει (Io.Com 19, 24, 159) [L]

συ τις ει (Io.Com 19, 24, 160) [C]

Lac.: P[45] A C

ελεγον ουν (a b e) rell] και ελεγον P[66]; ελεγον ℵ; ειπον ουν W (a b e)

John 8:28
οταν υψωσητε τον υιον του ανθρωπου τοτε γνωσεσθε οτι εγω ειμι (Io.Com 19, 11, 68) [C]

Lac.: P[45] A C

---

[6] The absence of γαρ in two references is due to adaptation to context. This is especially clear in 19, 23, 151, which is introduced by the phrase αυτος γαρ φησιν.

John 8:29

... κατ᾽ αλλον τροπον ουκ αφηκεν αυτον μονον ο πατηρ αλλα
μετ᾽ αυτου εστιν   (Io.Com 20, 18, 155)   [All][7]

John 8:30

ταυτα γαρ αυτου λαλουντος επιστευσαν εις αυτον   (Io.Com
19, 11, 65)   [C]

ταυτα αυτου λαλουντος πολλοι επιστευσαν εις αυτον   (Io.Com
19, 11, 70)   [C]

TEXT: ταυτα αυτου λαλουντος πολλοι επιστευσαν εις αυτον[8]

Lac.: P[45] A C

John 8:31

ελεγεν ουν ο Ιησους προς τους πιστευοντας αυτω Ιουδαιους
(Io.Com 19, 3, 19)   [C]

εαν υμεις μεινητε εν τω λογω τω εμω, αληθως μαθηται μου
εστε +   (Io.Com 20, 16, 131)   [C]

εαν μεινητε εν τω λογω τω εμω +   (Io.Com 19, 3, 19)   [C]

εαν μεινητε εν τω λογω τω εμω +   (Io.Com 19, 3, 19)   [C]

εαν μεινητε εν τω λογω τω εμω +   (Mat.Com 12, 15)   [C]

λεγοντος προς τους πεπιστευκοτας αυτω Ιουδαιους· εαν
μεινητε εν τω λογω τω εμω +   (Io.Com 19, 3, 18)   [Ad]

επει των πεπιστευκοτων εις αυτον οι μενοντες εν τω λογω
αυτου, αληθως γινομενοι μαθηται αυτου   (Io.Com 19, 11, 66)
[All]

---

[7] While this allusion might appear to support the reading ο πατηρ (found also
in E Δ Ω 700 892 TR), the presence of those words here is more likely due to
adaptation to the context.

[8] Both citations are introduced by explicit formulae, the first by λεγει δε ταυτα
ινα το επιφερομενον γενηται· and the second by ζητω δια το. In neither case is
there any indication of adaptation to context, and the two references are less than
twenty lines apart. Yet the first has two variations not found in the manuscript
tradition, with which the second agrees completely. In view of this it seems unlikely
that the two variations in the first citation reflect genuine textual variants.

ουχι δε οι πολλοι των πεπιστευκοτων εις αυτον μενουσιν εν
τω λογω αυτου, ουδε οι πολλοι αληθως αυτου μαθηται
γινονται (Io.Com 19, 11, 66) [All]

οι δε πεπιστευκοτες αυτω Ιουδαιοι ουχ εωρακασιν ... (Io.Com
20, 7, 49) [All]

εξ ων ησαν και οι νυν εξεταζομενοι πεπιστευκοτες αυτω
Ιουδαιοι (Io.Com 20, 7, 52) [All]

τινα θελει ειπειν πατερα των πεπιστευκοτων αυτω Ιουδαιων
και μηδεπω εγνωκοτων την αληθειαν (Io.Com 20, 13, 96)
[All]

ου θαυμαστον δε ει τοις πεπιστευκοσιν αυτω Ιουδαιοις μηδεπω
μειvασιν αυτου εν τω λογω, ινα αληθως αυτου γενωνται
μαθηται (Io.Com 20, 13, 98) [All]

το λεγεσθαι τοις πεπιστευκοσιν Ιουδαιοις υπο του Ιησου
(Io.Com 20, 13, 103) [All]

... αποκρινοντας οι λεγομενοι πεπιστευκεναι αυτω Ιουδαιοι
(Io.Com 20, 16, 128) [All]

οτι προς τους πεπιστευκοτας αυτω Ιουδαιους, επαγγελιαν
λαμβανοντας οτι εαν μενωσιν εν τω λογω του Ιησου, τοτε
αληθως αυτου εισι μαθηται (Io.Com 20, 30, 268) [All]

... αμαρτιας εστιν, ελευθεροι δε οι μειναντες <εν > τη
αληθεια του λογου του θεου (Mat.Com 13, 11) [All]

ο γαρ μενων εν τη της πιστεως αληθεια και δια των εργων του
λογου εμμενων τω λογω κατα την Ιησου επαγγελιαν
(Mat.Com 16, 9) [All]

TEXT: ελεγεν ουν ο Ιησους προς τους πεπιστευκοτας[9] αυτω
Ιουδαιους· εαν υμεις[10] μεινητε εν τω λογω τω εμω, αληθως
μαθηται μου εστε[11]

---

[9] We read the perfect πεπιστευκοτας (instead of the present tense, which is
found in the only direct citation of the first half of the verse) on the basis of all ten
allusions that have the verb.

[10] The omission of υμεις in four citations is suspect because precisely these
four also omit the last portion of the verse (see the next note).

[11] While only one citation has αληθως μαθηται μου εστε between εμω and
γνωσεσθε (v. 32), against four without the phrase, four allusions confirm it as part
of Origen's text; the four without the phrase appear to be abbreviated "bridge
citations," in which only the beginning and end of the reference are noted.

Lac.: P⁴⁵ A C

μεινητε rell] μενητε P⁷⁵ W Δ [NA: a b e]

ουν rell] omit 579

ο ℵᶜ rell] omit ℵ*

λογω τω εμω rell] εμω λογω D

μου ℵᶜ rell] omit ℵ*

John 8:32

+ και γνωσεσθε την αληθειαν (Io.Com 20, 16, 131) [C]

+ γνωσεσθε την αληθειαν και η αληθεια ελευθερωσει υμας
(Io.Com 19, 3, 18) [C]

+ γνωσεσθε την αληθειαν (Io.Com 19, 3, 19) [C]

+ γνωσεσθε την αληθειαν (Io.Com 19, 3, 19) [C]

γνωσεσθε την αληθειαν (Io.Com 20, 30, 274) [C]

+ γνωσεσθε την αληθειαν και η αληθεια ελευθερωσει υμας
(Mat.Com 12, 15) [C]

γνωσονται την αληθειαν (Io.Com 19, 11, 66) [All]

διοπερ ουδε πολλοι γνωσονται αληθειαν και ει αληθεια
ελευθεροι, ελευθεροι ου γινονται (Io.Com 19, 11, 67) [All]

τινα θελει ειπειν πατερα των πεπιστευκοτων αυτω Ιουδαιων
και μηδεπω εγνωκοτων την αληθειαν (Io.Com 20, 13, 96)
[All]

και γνωσιν την αληθειαν επι τω ελευθερωθηναι υπ᾽ αυτης
(Io.Com 20, 13, 98) [All]

και γνωσονται την αληθειαν ελευθερουσαν αυτους (Io.Com
20, 30, 268) [All]

και δια τουτο γνοντες την αληθειαν, ινα και ελευθερωθωσιν
απ᾽ αυτης (Mat.Com 13, 11) [All]

γινωσκει την αληθειαν και υπ' αυτης ελευθερουται   (Mat.Com
   16, 9) [All]

TEXT: και γνωσεσθε την αληθειαν και η αληθεια ελευθερωσει
   υμας

Lac.: P⁴⁵ A C

John 8:33
σπερμα Αβρααμ εσμεν και ουδενι δεδουλευκαμεν πωποτε
   (Io.Com 13, 58, 399) [C]

σπερμα Αβρααμ εσμεν   (Io.Com 20, 16, 132) [C]

Lac.: P⁴⁵ A C

ουδενι δεδουλευκαμεν rell] ου δεδουλευκαμεν ουδενι D

John 8:34
πας ο ποιων την αμαρτιαν δουλος εστιν της αμαρτιας   (Io.Com
   32, 13, 148) [C]**

πας ο ποιων την αμαρτιαν δουλος της αμαρτιας εστιν
   (Mat.Com 13, 11) [C]

Lac.: P⁴⁵ A

της αμαρτιας rell] omit D b

John 8:37
οιδα οτι σπερμα Αβρααμ εστε· αλλα ζητειτε με αποκτειναι οτι
   ο λογος ο εμος ου χωρει εν υμιν   (Io.Com 20, 2, 2) [L]

οιδα οτι σπερμα Αβρααμ εστε· αλλα ζητειτε με αποκτειναι οτι
   ο λογος ο εμος ου χωρει εν υμιν   (Io.Com 19, 12, 72) [C]

οιδα οτι σπερμα Αβρααμ εστε   (Io.Com 20, 2, 2) [C]

οιδα οτι σπερμα Αβρααμ εστε   (Io.Com 20, 2, 4) [C]

οιδα οτι σπερμα Αβρααμ εστε   (Io.Com 20, 4, 30) [C]

οιδα οτι σπερμα Αβρααμ εστε   (Mart 38)   [C]

οτι ο λογος ο εμος ου χωρει εν υμιν   (Io.Com 20, 8, 54)   [C]

TEXT: οιδα οτι σπερμα Αβρααμ εστε· αλλα ζητειτε με
αποκτειναι οτι ο λογος ο εμος ου χωρει εν υμιν

Lac.: P⁴⁵ A

οτι² ... αποκτειναι (v. 40) rell] omit 1241

John 8:38

α εγω εωρακα παρα τω πατρι λαλω· και υμεις ουν α ηκουσατε
παρα του πατρος ποιειτε   (Io.Com 20, 7, 46)   [L]

α εγω εωρακα παρα τω πατρι λαλω   (Io.Com 20, 7, 47)   [C]

α εγω εωρακα παρα τω πατρι λαλω   (Io.Com 20, 9, 63)   [C]

και υμεις ουν α ηκουσατε παρα του πατρος ποιειτε   (Io.Com
20, 7, 49)   [C]

υμεις ουν α ηκουσατε παρα του πατρος ποιειτε   (Io.Com 20, 7,
52)   [C]

και υμεις ουν α ηκουσατε παρα του πατρος ποιειτε   (Io.Com
20, 7, 53)   [C]

και υμεις ουν α ηκουσατε παρα του πατρος   (Io.Com 20, 7, 53)
[C]

και υμεις ουν α ηκουσατε παρα του πατρος ποιειτε   (Io.Com
20, 9, 58)   [C]

και υμεις ουν α ηκουσατε παρα του πατρος ποιειτε   (Io.Com
20, 9, 61)   [C]

και υμεις ουν α ηκουσατε παρα του πατρος ποιειτε   (Io.Com
20, 9, 65)   [C]

α ηκουσατε παρα του πατρος ποιειτε   (Io.Com 20, 7, 50)   [C]

α ηκουσατε παρα του πατρος ποιειτε   (Io.Com 20, 9, 59)   [C] οτι ουκ ειρηται και υμεις ουν α ηκουσατε παρα του πατρος υμων η παρα του πατρος ημων αλλα παρα του πατρος, οστις ...   (Io.Com 20, 9, 63)   [Ad]

TEXT· α εγω εωρακα παρα τω πατρι λαλω· και υμεις ουν α ηκουσατε παρα του πατρος ποιειτε

Lac.: P⁴⁵ A 1241

α εγω   P⁶⁶. ⁷⁵ℵ B C W 565 UBS] εγω α   D L Θ Π 579 892; εγω δε α   f¹³; ο εγω   f¹; εγω ο   E Δ Ψ Ω 33 700 a b e TR

πατρι   P⁶⁶. ⁷⁵ B C L (W) UBS] add ημων   579; add μου   rell

λαλω   rell] ταυτα λαλω D W 33 892 b

α²ℵ* rell] ο ℵ^c E L Δ Ψ Ω 700 892 a TR

ηκουσατε ℵ^c rell] εωρακατε   P⁶⁶ℵ* D E Δ Ψ Ω 579 700 a b e TR

του πατρος rell] τω πατρι D E Δ Ψ Ω 579 700 a b e TR

πατρος   P⁶⁶. ⁷⁵ B L W UBS] add υμων   rell

παρα τω πατρι rell] απο του πατρος W

ουν rell] omit W

ποιειτε rell] ταυτα ποιειτε D; λαλειτε P⁷⁵

John 8:39

απεκριθησαν και ειπαν αυτω· ο πατηρ ημων Αβρααμ εστιν
(Io.Com 20, 9, 57) [L]

λεγει αυτοις ο Ιησους· ει τεκνα του Αβρααμ εστε, τα εργα του Αβρααμ ποιειτε   (Io.Com 20, 10, 66) [L]

ο πατηρ ημων Αβρααμ εστιν ... ει τεκνα του Αβρααμ εστε τα εργα του Αβρααμ ποιειτε   (Io.Com 20, 16, 132) [C]

ο πατηρ ημων Αβρααμ εστιν   (Io.Com 20, 9, 58) [C]

ο πατηρ ημων Αβρααμ εστιν   (Io.Com 20, 9, 59) [C]

ει τεκνα του Αβρααμ ητε τα εργα του Αβρααμ εποιειτε
(Io.Com 6, 4, 20) [C]

ει τεκνα του Αβρααμ εστε τα εργα του Αβρααμ ποιειτε
(Io.Com 20, 2, 2) [C]

ει τεκνα του Αβρααμ εστε τα εργα του Αβρααμ ποιειτε
(Io.Com 20, 4, 30) [C]

ει τεκνα του Αβρααμ εστε τα εργα του Αβρααμ ποιειτε
(Io.Com 20, 5, 32) [C]

ει τεκνα του Αβρααμ εστε τα εργα του Αβρααμ ποιειτε
(Io.Com 20, 7, 53) [C]

ει τεκνα του Αβρααμ εστε τα εργα του Αβρααμ ποιειτε
(Io.Com 20, 9, 60) [C]

ει τεκνα του Αβρααμ εστε τα εργα του Αβρααμ ποιειτε
(Io.Com 20, 10, 68) [C]

ει τεκνα του Αβρααμ εστε τα εργα του Αβρααμ ποιειτε
(Io.Com 20, 10, 77) [C]

ει τεκνα του Αβρααμ ητε τα εργα του Αβρααμ εποιειτε   (Mart
38) [C]

ει ητε τεκνα του Αβρααμ, τα εργα του Αβρααμ αν εποιειτε
(Ier.Hom 4, 5) [C]

τα εργα του Αβρααμ ποιειτε   (Io.Com 20, 10, 66) [C]

τα εργα του Αβρααμ ποιειτε   (Io.Com 20, 10, 71) [C]

ο πατηρ ημων Αβρααμ εστιν. ει γαρ τα τεκνα του Αβρααμ ποιει
τα εργα του Αβρααμ   (Io.Com 20, 15, 126) [Ad]

TEXT: απεκριθησαν και ειπαν αυτω· ο πατηρ ημων Αβρααμ
εστιν. λεγει αυτοις ο Ιησους· ει τεκνα του Αβρααμ [εστε /
ητε] τα εργα του Αβρααμ [ποιειτε / εποιειτε][12]

---

[12] It is only with some hesitation that we have allowed the ητε and εποιειτε
variants to stand as alternatives in the reconstructed text. Since the data in Io.Com
20 are overwhelmingly in support of εστε and ποιειτε, there is no question that this
is the reading of Origen's text of John. The question is, did he also know the other
tradition, and refer to it in these other places (Io.Com 6, Ier.Hom, Mart), or has his
text been altered during the course of transmission? We do not know. Thus while
he *may* have known ητε /εποιειτε, he *certainly* knew εστε /ποιειτε.

Lac.: P⁴⁵ A 1241

και ειπαν αυτω rell] αυτω και ειπον Θ f¹³

λεγει rell] ειπεν D (b) e; απεκριθη ℵ

λεγει rell] add ουν P⁶⁶ D (b) e

αυτοις rell] omit D e

εστε (Origen) P⁶⁶. ⁷⁵ℵ B D L UBS] ητε (Origen) rell

ποιειτε (Origen) P⁶⁶ B* (700)] εποιειτε (Origen) P⁷⁵ℵ* Bᶜ
D E W Θ a e UBS; εποιειτε αν ℵᶜ rell

ο² rell] omit B

John 8:40

νυν δε ζητειτε αποκτειναι ανθρωπον ος την αληθειαν υμιν
λελαληκα ην ηκουσα παρα του θεου (Io.Com 20, 11, 80) [L]

τουτο Αβρααμ ουκ εποιησεν (Io.Com 20, 12, 87) [L]

νυν δε ζητειτε με αποκτειναι ανθρωπον ος την αληθειαν υμιν
λελαληκα ην ηκουσα παρα του θεου (Io.Com 19, 12, 72) [C]

νυν δε ζητειτε με αποκτειναι ανθρωπον ος την αληθειαν υμιν
λελαληκα ην ηκουσα απο του θεου (Io.Com 28, 25, 238) [C]

νυν δε με ζητειτε αποκτειναι ανθρωπον ος την αληθειαν υμιν
λελαληκα ην ηκουσα παρα του πατρος (Cels 2, 25) [C]

νυν δε ζητειτε με αποκτειναι ανθρωπον ος την αληθειαν υμιν
λελαληκα ην ηκουσα απο του θεου (Cels 7, 16) [C]

νυν δε ζητειτε με αποκτειναι ανθρωπον ος την αληθειαν υμιν
λελαληκα (Io.Com 19, 2, 6) [C]

νυν δε ζητειτε με αποκτειναι ανθρωπον ος την αληθειαν υμιν
λελαληκα (Io.Com 28, 18, 158) [C]

νυν ζητειτε με αποκτειναι ανθρωπον ος την αληθειαν υμιν
λελαληκα (Io.Com 32, 25, 323) [C]

νυν δε με ζητειτε αποκτειναι ανθρωπον ος την αληθειαν υμιν λελαληκα   (Cels 1, 66)   [C]

τουτο Αβρααμ ουκ εποιησεν   (Io.Com 20, 12, 87)   [C]

τουτο Αβρααμ ουκ εποιησεν   (Io.Com 20, 12, 87)   [C]

τουτο Αβρααμ ουκ εποιησεν   (Io.Com 20, 12, 88)   [C]

τουτο Αβρααμ ουκ εποιησε   (Io.Com 20, 12, 93)   [C]

και ζητουσι γε ουτοι προς ους ο λογος αποκτειναι ανθρωπον ος την αληθειαν λελαληκεν ην ηκουσεν παρα του θεου και ειληφεν   (Io.Com 20, 11, 84)   [All]

Αβρααμ ανθρωπον λαλουντα ην ηκουσεν παρα του θεου αληθειαν   (Io.Com 20, 12, 88)   [All]

TEXT: νυν δε ζητειτε με [13] αποκτειναι ανθρωπον ος την αληθειαν υμιν λελαληκα ην ηκουσα παρα του θεου· τουτο Αβρααμ ουκ εποιησεν

Lac.: P45 A

υμιν λελαληκα P66c rell] λελαληκα υμιν D Θ f13 a b; υμιν λελαληκεν P66* (e)

ηκουσα rell] ηκουσεν D e

θεου rell] πατρος μου Θ f13 1241

νυν δε ζητειτε με αποκτειναι rell] omit 1241

αποκτειναι rell] add και 579   [1241 lac.]

John 8:41

υμεις ποιειτε τα εργα του πατρος υμων   (Io.Com 20, 13, 96)   [L]

ειπον αυτω· ημεις εκ πορνειας ου γεγεννημεθα· ενα πατερα εχομεν, τον θεον   (Io.Com 20, 16, 128)   [L]

---

[13] The support for με in the citations is beyond question; it appears to have fallen out of the lemma by accident.

υμεις ποιειτε τα εργα του πατρος υμων   (Io.Com 20, 13, 98)
   [C]

υμεις ποιειτε τα εργα του πατρος υμων   (Io.Com 20, 13, 103)
   [C]

υμεις ποιειτε τα εργα του πατρος υμων   (Io.Com 20, 14, 111)
   [C]

υμεις ποιειτε τα εργα του πατρος υμων   (Io.Com 20, 15, 123)
   [C]

υμεις ποιειτε τα εργα του πατρος υμων   (Io.Com 20, 22, 176)
   [C]

υμεις ποιειτε τα εργα του πατρος υμων   (Io.Com 20, 23, 194)
   [C]

ημεις εκ πορνειας ου γεγεννημεθα ... ενα πατερα εχομεν, τον
   θεον   (Io.Com 20, 16, 130)   [C]

ημεις εκ πορνειας ου γεγεννημεθα· ενα πατερα εχομεν, τον
   θεον   (Io.Com 20, 16, 131)   [C]

ημεις εκ πορνειας ου γεγεννημεθα   (Io.Com 20, 16, 129)   [C]

ενα πατερα εχομεν, τον θεον   (Io.Com 20, 16, 132)   [C]

TEXT: υμεις ποιειτε τα εργα του πατρος υμων. ειπον [14] αυτω·
   ημεις εκ πορνειας ου γεγεννημεθα· ενα πατερα εχομεν,
   τον θεον

Lac.: P45 A

υμεις ℵ* rell] add δε ℵc D f1 565 b e

ειπον ℵ B L W f1 a b e] add ουν rell

ου γεγεννημεθα ℵc Dc rell] ουκ εγεννημεθα ℵ* L; ουκ
εγεννηθημεν B D*; ου γεγεννημεθα P66 W f13 565 [NA: a
b e]

---

[14] While we are generally sceptical of citations with regard to the presence or
absence of conjunctions, because of the tendency to adapt the reference to the
context, this consideration does not apply in the same way to the lemma. There
appears to be no reason to doubt its reliability regarding this point.

πατερα εχομεν rell] εχομεν πατερα Θ a

ημεις rell] add ποιειτε τα εργα του πατρος ημων 579

John 8:42

ειπεν αυτοις ο Ιησους· ει ο θεος πατηρ υμων ην, ηγαπατε αν
εμε· εγω γαρ εκ του θεου εξηλθον· και ηκω   (Io.Com 20, 17,
135) [L]

ουδε γαρ απ᾽ εμαυτου εληλυθα, αλλ᾽ εκεινος με απεστειλεν
(Io.Com 20, 19, 160) [L]

ει ο θεος πατηρ υμων ην, ηγαπατε αν εμε   (Io.Com 20, 9, 64)
[C]

ει ο θεος πατηρ υμων ην, ηγαπατε αν εμε   (Io.Com 20, 17, 137)
[C]

ει ο θεος πατηρ υμων ην, ηγαπατε αν εμε   (Io.Com 20, 17, 139)
[C]

ει ο θεος πατηρ υμων ην, ηγαπατε αν εμε   (Io.Com 20, 17, 151)
[C]

εγω εκ του θεου εξηλθον και ηκω   (Io.Com 20, 18, 152) [Ad]

και ορα μηποτε ισοδυναμει το εξηλθον παρα του θεου τω ...
(Io.Com 20, 18, 153) [Ad]

αλλοι δε το εξηλθον απο του θεου διηγησαντο ...   (Io.Com 20,
18, 157) [Ad]

... πως ο υιος του θεου εξηλθεν και ηκεν προς ημας... (Io.Com
20, 18, 155) [All]

TEXT: ειπεν [15] αυτοις ο Ιησους· ει ο θεος πατηρ υμων ην
ηγαπατε αν εμε, εγω γαρ [16] εκ του θεου εξηλθον και ηκω·
ουδε γαρ απ᾽ εμαυτου εληλυθα, αλλ᾽ εκεινος με απεστειλεν

---

[15] Here, as in 8:41 (cf. the preceding note) there appears to be no reason to
doubt the reading of the lemma regarding the absence of ουν.

[16] We have followed the lemma at this point rather than the quotation; the
absence of a conjunction is often due to adaptation to context.

Lac.: P⁴⁵ A

ειπεν rell] add ουν ℵ D Δ Ω f¹³ 579 700 892 TR

ο¹ rell] omit P⁶⁶ B [NA: a b e]

ουδε rell] ου P⁶⁶ D Θ e

θεος rell] add ο B

ην rell] omit 579

εγω γαρ εκ rell] εκ γαρ P⁶⁶; εγω γαρ παρα 579

εξηλθον rell] εξεληλυθα P⁶⁶

εμαυτου rell] add ουκ W

απεστειλεν rell] απεσταλκεν P⁶⁶

John 8:43

δια τι την λαλιαν την εμην ου γινωσκετε; οτι ου δυνασθε
ακουειν τον λογον τον εμον   (Io.Com 20, 20, 163) [L]

διατι δε ου δυνασθε ακουειν τον λογον τον εμον;   (Io.Com 20,
20, 168) [Ad]¹⁷

... μη δυνασθε αυτους ακουειν τον Ιησου λογον μηδε
γινωσκειν αυτου την λαλιαν   (Io.Com 20, 20, 168) [All]¹⁸

TEXT: δια τι την λαλιαν την εμην ου γινωσκετε; οτι ου
δυνασθε ακουειν τον λογον τον εμον

Lac.: P⁴⁵ A

τον λογον τον εμον (a b e) rell] τον εμον λογον Θ f¹³ (a b
e); των λογων των εμων 700

---

¹⁷ Origen appears to be quoting Heracleon's text.
¹⁸ This allusion may reflect Heracleon's text.

τι rell] omit L

λαλιαν rell] αληθειαν D

John 8:44

υμεις εκ του πατρος του διαβολου εστε και τας επιθυμιας του
πατρος υμων θελετε ποιειν   (Io.Com 20, 21, 171)   [L]

εκεινος ανθρωποκτονος ην απ' αρχης και εν τη αληθεια ουχ
εστηκεν, οτι ουκ εστιν αληθεια εν αυτω   (Io.Com 20, 25,
220)   [L]

οταν λαλη το ψευδος, εκ των ιδιων λαλει οτι ψευστης εστιν και
ο πατηρ αυτου   (Io.Com 20, 29, 256)   [L]

υμεις εκ του πατρος του διαβολου εστε και τας επιθυμιας του
πατρος υμων θελετε ποιειν   (Io.Com 20, 13, 97)   [C]

υμεις εκ του πατρος του διαβολου εστε   (Io.Com 20, 13, 98)
[C]

υμεις εκ του πατρος του διαβολου εστε   (Io.Com 20, 13, 103)
[C]

υμεις εκ του πατρος του διαβολου εστε   (Io.Com 20, 20, 168)
[C][19]

υμεις εκ του πατρος του διαβολου εστε   (Io.Com 20, 20, 168)
[C][20]

υμεις εκ του πατρος του διαβολου εστε   (Io.Com 20, 29, 256)
[C]

υμεις εκ του πατρος του διαβολου εστε   (Ier.Hom 9, 4)   [C]

και τας επιθυμιας του πατρος υμων θελετε ποιειν   (Io.Com 20,
22, 179)   [C]

τας επιθυμιας του πατρος υμων θελετε ποιειν   (Io.Com 20, 23,
194)   [C]

---

[19] Origen appears to be citing Heracleon's text.
[20] Origen appears to be citing Heracleon's text.

και τας επιθυμιας του πατρος υμων θελετε ποιειν ... υμεις εκ του πατρος του διαβολου εστε ... εκεινος ανθρωποκτονος ην απ' αρχης   (Io.Com 20, 23, 185)   [C]

και εν τη αληθεια ουχ εστηκεν   (Io.Com 20, 27, 237)   [C]

ουχ εστηκεν εν τη αληθεια   (Io.Com 20, 27, 238)   [C]

εν τη αληθεια ουχ εστηκεν   (Io.Com 20, 28, 252)   [C]

οτι ουκ εστιν αληθεια εν αυτω   (Io.Com 20, 27, 244)   [C]

αληθεια ουκ εστιν εν αυτω   (Io.Com 20, 28, 245)   [C]

ουκ εστιν αληθεια εν αυτω   (Io.Com 20, 28, 248)   [C]

οταν λαλη το ψευδος, εκ των ιδιων λαλει οτι ψευστης εστιν και ο πατηρ αυτου   (Io.Com 20, 21, 172)   [C]

οταν λαλη το ψευδος εκ των ιδιων λαλει, οτι ψευστης εστι και ο πατηρ αυτου   (Mat.Com 12, 40)   [C]

οτι ψευστης εστιν και ο πατηρ αυτου   (Io.Com 20, 29, 265)   [C]

οταν λαλη το ψευδος εκ των ιδιων λαλει· το γαρ εν εκαστω των ψευδομενων ψευδος επαν λαλη, εκ των ιδιων του ψευδους λαλει· αλλα και το ψευστης εστιν ο πατηρ αυτου ...   (Io.Com 20, 21, 175)   [Ad]

εκ του πατρος του διαβολου ... τας επιθυμιας του πατρος υμων θελετε ποιειν   (Io.Com 20, 24, 211)   [Ad][21]

ουτως πας ανθρωπος ουχ εστηκεν εν τη αληθεια   (Io.Com 20, 27, 241)   [Ad]

... και εκαστον τουτων οταν λαλη, εκ των ιδιων ... τουτων δε ο ψευστης πατηρ ο διαβολος εστιν   (Io.Com 20, 29, 257)   [All]

TEXT: υμεις εκ του πατρος του διαβολου εστε και τας επιθυμιας του πατρος υμων θελετε ποιειν. εκεινος ανθρωποκτονος ην απ' αρχης και εν τη αληθεια ουχ εστηκεν, οτι ουκ εστιν αληθεια εν αυτω. οταν λαλη το ψευδος, εκ των ιδιων λαλει οτι ψευστης εστι και ο πατηρ αυτου.

---

[21] Origen appears to be quoting Heracleon's text.

Lac.: P⁴⁵ A

του¹ rell] omit 565 892 TR [NA: a b e]

ουχ P⁷⁵ Bᶜ E Ω f¹ 565 700 TR] ουκ B* rell [NA: a b e; 579 lac.]

ουκ εστιν αληθεια rell] αληθεια ουκ εστιν P⁶⁶ D (b) [579 lac.]

εστιν² rell] add καθως Ψ a b e

του² rell] omit 892

απ᾽ rell] εξ L

ουχ εστηκεν ... αληθεια rell] omit 579

οταν rell] ος αν e

εκ των ιδιων λαλει rell] omit 579

John 8:45

εγω δε οτι την αληθειαν λεγω, ου πιστευετε μοι (Io.Com 20, 30, 268) [L]

εγω δε οτι την αληθειαν λεγω, ου πιστευετε μοι (Io.Com 20, 30, 268) [C]

εγω δε οτι την αληθειαν λεγω, ου πιστευετε μοι (Io.Com 20, 30, 273) [C]

οτι την αληθειαν λεγω, ου πιστευετε μοι (Io.Com 20, 30, 274) [C]

οτι την αληθειαν λεγω, ου πιστευετε μοι (Io.Com 20, 30, 275) [C]

TEXT: εγω δε²² οτι την αληθειαν λεγω, ου πιστευετε μοι

---

²² The united testimony of the lemma and the citations establishes Origen's text here beyond question, especially as the context of the two citations would, if anything, work in favor of omitting, rather than adding, the conjunctions.

Lac.: P[45] A

δε rell] omit D a b e

λεγω rell] λαλω D e

λεγω C[c] rell] add υμιν C* f[13] 1241 b

οτι rell] ο L

μοι rell] add υμεις D

John 8:46

τις εξ υμων ελεγχει με περι αμαρτιας; (Io.Com 20, 31, 276)
[L]

ει αληθειαν λεγω, δια τι υμεις ου πιστευετε μοι; (Io.Com 20,
32, 283) [L]

τις εξ υμων ελεγχει με περι αμαρτιας; (Io.Com 20, 31, 277)
[C]

τις εξ υμων ελεγχει με περι αμαρτιας; (Io.Com 20, 31, 279)
[C]

τις εξ υμων ελεγχει με περι αμαρτιας; (Io.Com 20, 31, 282)
[C]

TEXT: τις εξ υμων ελεγχει με περι αμαρτιας; ει αληθειαν
λεγω, δια τι υμεις ου πιστευετε μοι;

Lac.: P[45] A D

ελεγχει rell] ελεγξει P[75] Ψ 1241 a b e

ει rell] add δε Ε Δ Π Ω 700 892 TR

υμεις rell] omit W a

μοι P[66c] rell] omit P[66*]

John 8:47

ο ων εκ του θεου τα ρηματα του θεου ακουει· δια τουτο υμεις
ουκ ακουετε, οτι εκ του θεου ουκ εστε   (Io.Com 20, 33, 287)
[L]

ο ων εκ του θεου τα ρηματα του θεου ακουει   (Io.Com 20, 33,
297) [C]

τα ρηματα του θεου ακουει   (Io.Com 20, 33, 293) [C]

TEXT: ο ων εκ του θεου τα ρηματα του θεου ακουει· δια τουτο
υμεις ουκ ακουετε, οτι εκ του θεου ουκ εστε

Lac.: P45 A

οτι εκ του θεου ουκ εστε rell] omit D 579

ακουει rell] λαλει 1241

ακουετε rell] πιστευετε a

John 8:48

απεκριθησαν οι Ιουδαιοι και ειπαν αυτω· ου καλως λεγομεν
ημεις οτι Σαμαρειτης ει συ και δαιμονιον εχεις;   (Io.Com
20, 35, 310) [L]

ου καλως λεγομεν ημεις οτι Σαμαρειτης ει συ και δαιμονιον
εχεις;   (Io.Com 20, 37, 343) [C]

Σαμαρειτης ει συ ... δαιμονιον εχεις   (Io.Com 20, 35, 316) [C]

δαιμονιον εχεις   (Io.Com 20, 35, 316) [C]

συ δαιμονιον εχεις   (Io.Com 20, 35, 314) [Ad]

TEXT: απεκριθησαν [23] οι Ιουδαιοι και ειπαν αυτω· ου καλως
λεγομεν ημεις οτι Σαμαρειτης ει συ και δαιμονιον εχεις;

---

[23] As in 8:41, 8:42, and 8:45, there appears to be no reason to doubt the
reading of the lemma, which is not subject to the pressure of contextual adaptation
that citations suffer. In the absence of corroborating evidence, however, any
decision can only be tentative.

Lac.: P⁴⁵ A

απεκριθησαν rell] add ουν Δ Π Ψ Ω 700 TR

λεγομεν ημεις rell (a e)] ημεις ελεγομεν P⁶⁶*vid; ημεις
λεγομεν P⁶⁶ᶜ D (L) 892 1241 (a e)

συ ℵᶜ rell] omit ℵ* f¹. 13

John 8:49
απεκριθη Ιησους· εγω δαιμονιον ουκ εχω, αλλα τιμω τον
   πατερα μου και υμεις ατιμαζετε με +   (Io.Com 20, 36, 322)
   [L]

εγω δαιμονιον ουκ εχω, αλλα τιμω τον πατερα μου   (Io.Com
   20, 37, 341) [C]

εγω δαιμονιον ουκ εχω, αλλα τιμω τον πατερα μου   (Io.Com
   20, 37, 341) [C]

εγω δαιμονιον ουκ εχω   (Io.Com 20, 35, 315) [C]

εγω δαιμονιον ουκ εχω   (Io.Com 20, 35, 316) [C]

εγω δαιμονιον ουκ εχω   (Io.Com 20, 36, 325) [C]

εγω δαιμονιον ουκ εχω   (Io.Com 20, 36, 334) [C]

εγω δαιμονιον ουκ εχω   (Io.Com 20, 36, 335) [C]

εγω δαιμονιον ουκ εχω   (Io.Com 20, 36, 335) [C]

εγω δαιμονιον ουκ εχω   (Io.Com 20, 37, 341) [C]

δαιμονιον ουκ εχω   (Io.Com 20, 36, 331) [C]

αλλα τιμω τον πατερα μου ... και υμεις ατιμαζετε με   (Io.Com
   20, 37, 342) [C]

αλλα τιμω τον πατερα μου   (Io.Com 20, 37, 339) [C]

τιμω τον πατερα   (Io.Com 20, 37, 338) [C]

και υμεις ατιμαζετε με   (Io.Com 20, 37, 344) [C]

και υμεις ατιμαζετε με   (Io.Com 20, 37, 348) [C]

TEXT: απεκριθη Ιησους· εγω δαιμονιον ουκ εχω, αλλα τιμω τον πατερα μου, και υμεις ατιμαζετε με

Lac.: P⁴⁵ A

απεκριθη rell] add ο D Θ f¹³ 579   [NA: a b e]

Ιησους rell] add και ειπεν ℵ Θ f¹. ¹³ 565

τον πατερα μου rell] μου τον πατερα D

John 8:50

+ εγω ου ζητω την δοξαν μου· εστιν ο ζητων και κρινων
(Io.Com 20, 36, 322) [L]

εγω δε ου ζητω την δοξαν μου· εστιν ο ζητων και κρινων
(Io.Com 20, 38, 350) [C]

εγω δε ου ζητω την δοξαν μου· εστιν ο ζητων και κρινων
(Io.Com 20, 38, 355) [C]

εγω δε ου ζητω την δοξαν μου (Io.Com 20, 38, 356) [C]

εστιν ο ζητων και κρινων   (Io.Com 20, 38, 358) [C][24]

TEXT: εγω δε ου ζητω την δοξαν μου· εστιν ο ζητων και κρινων

Lac.: P⁴⁵ A

μου rell] την εμην f¹ 565 [NA: a b e]

John 8:51

αμην αμην λεγω υμιν· εαν τις τον εμον λογον τηρηση,
θανατον ου μη θεωρηση εις τον αιωνα (Io.Com 20, 39, 363)
[L]

---

[24] Origen appears to be citing Heracleon's text.

αμην αμην λεγω υμιν· εαν τις τον εμον λογον τηρηση,
θανατον ου μη θεωρηση εις τον αιωνα (Io.Com 20, 40, 379)
[C]

εαν τις τον εμον λογον τηρηση, θανατον ου μη θεωρηση εις
τον αιωνα (Io.Com 20, 39, 368) [C]

εαν τις τον εμον λογον τηρηση, θανατον ου μη θεωρηση εις
τον αιωνα (Io.Com 20, 39, 370) [C]

εαν τις τον εμον λογον τηρηση, θανατον ου μη θεωρηση εις
τον αιωνα (Io.Com 20, 39, 371) [C]

εαν τις τον εμον λογον τηρηση, θανατον ου μη οψεται εις τον
αιωνα (Io.Com 20, 39, 375) [C]

εαν τις τον εμον λογον τηρηση, θανατον ου μη θεωρηση εις
τον αιωνα (Io.Com 20, 41, 382) [C]

εαν τις τον εμον λογον τηρηση, θανατον ου μη θεωρηση εις
τον αιωνα (Io.Com 20, 43, 408) [C]

θανατον ου μη θεωρηση εις τον αιωνα (Io.Com 20, 43, 401)
[C]

... Αβρααμ αμα τω ιδειν ηκουσεν και τον λογον αυτου και
ετηρησεν και ουκετι θανατον θεωρει (Io.Com 20, 42, 397)
[All]

περι παντος του τηρουντος αυτου τον λογον οτι θανατον ου
θεωρησει εις τον αιωνα (Io.Com 20, 43, 401) [All]

TEXT: αμην αμην λεγω υμιν, εαν τις τον εμον λογον τηρηση,
θανατον ου μη θεωρηση[25] εις τον αιωνα

Lac.: P[45] A

---

[25] While NA[26] lists in its apparatus "Or^pt" in support of θεωρησει, the only
evidence for this appears to be the single allusion of Io.Com 20, 43, 401 (in Io.Com
20, 43, 401, we read θεωρηση with Blanc and Preuschen, against Monacensis 191,
Huet, Delarue, and Brook, who read θεωρησει). The lemma and seven citations
confirm θεωρηση beyond question as Origen's text. The solitary οψεται (Io.Com
20, 39, 375) and θεωρει (Io.Com 20, 42, 397) almost certainly are ad hoc
formulations rather than genuine textual readings known to Origen; the same is very
probably the case for θεωρησει as well.

εμον λογον rell] λογον τον εμον   P⁶⁶ Ε Δ Θ Π Ω f¹· ¹³ 565
700 TR [NA: a b e]

θεωρηση (ℵ) (Ω) (f¹) rell] θεωρη Δ; ιδη P⁶⁶ [NA: a b e]

αμην² rell] omit 1241

εαν τις rell] ος αν D

John 8:52

ειπον αυτω οι Ιουδαιοι· νυν εγνωκαμεν οτι δαιμονιον εχεις
(Io.Com 20, 40, 378) [L]

Αβρααμ απεθανεν και οι προφηται, και συ λεγεις· εαν τις τον
εμον λογον τηρηση, ου μη γευσηται θανατου εις τον αιωνα
+   (Io.Com 20, 41, 381) [L]

νυν εγνωκαμεν οτι δαιμονιον εχεις ... Αβρααμ απεθανεν και οι
προφηται (Io.Com 20, 42, 400) [C]

νυν εγνωκαμεν οτι δαιμονιον εχεις (Io.Com 20, 41, 384) [C]

Αβρααμ απεθανεν και οι προφηται (Io.Com 20, 42, 388) [C]

Αβρααμ απεθανεν και οι προφηται (Io.Com 20, 42, 400) [C]

εαν τις τον εμον λογον τηρηση, θανατου ου μη γευσηται εις
τον αιωνα (Io.Com 20, 43, 401) [C]

ου μη γευσηται θανατου (Io.Com 20, 44, 413) [C]

και συ λεγεις· εαν τις τον εμον λογον τηρηση, θανατον ου μη
θεωρηση εις τον αιωνα (Io.Com 20, 43, 401) [Ad]

TEXT: ειπον²⁶ αυτω οι Ιουδαιοι· νυν εγνωκαμεν οτι δαιμονιον
εχεις. Αβρααμ απεθανεν και οι προφηται, και συ λεγεις· εαν

---

²⁶ Regarding the omission of the conjunction, cf. the notes to 8:41, 8:42, 8:45,
and 8:48.

τις τον εμον λογον τηρηση, ου μη γευσηται²⁷ θανατου εις
τον αιωνα

Lac.: P⁴⁵ A (inc. λεγεις)

ειπον P⁶⁶ א B C W Θ 579 a b e] add ουν rell [A lac.]

τις τον εμον λογον 33] τις μου τον λογον P⁶⁶ L; μου τις
τον λογον D; τις τον λογον μου rell [NA: a b e]

ου μη γευσηται θανατου (א) (E) (565) (1241) (TR) rell]
θανατον ου μη θεωρηση B 579 e

εις τον αιωνα rell] omit D b

---

²⁷ The GCS edition (which labels the και συ λεγεις, etc., of Io.Com 20, 43, 401
as a quotation of 8:52) is misleading here; the SC edition is less confusing. A careful
reading of the context of Io.Com 20, 43, 401 makes it clear that γευσηται (not
θεωρηση) is indeed Origen's text. The key parts include: ζητουμεν τι δηποτε ... οι
Ιουδαιοι ... δεον αυτους, καταλληλως τω 'θανατον ου μη θεωρηση εις τον αιωνα",
ειρηκεναι· "Και συ λεγεις· εαν τις τον εμον λογον τηρηση, θανατον ου μη
θεωρηση εις τον αιωνα. Οι δε ου τουτο, αλλα το μη ειρημενον υπο του σωτηρος
φασιν· ου γαρ ειπεν· εαν τις τον εμον λογον τηρηση, θανατου ου μη γευσηται εις
τον αιωνα, οπερ ουτοι προφερονται ως υπο του κυριου ημων ειρημενον. Origen is
saying that if the Jews wanted to conform (καταλληλως) to what Jesus said, they
would have had to have said (δεον αυτους ... ειρηκεναι) "... θανατου ου μη
θεωρηση ...". "But they did not say this," notices Origen, "but said something not
spoken by the savior; for he did not say: ' ... θανατου ου μη γευσηται ... ,' which
these brought forward as spoken by our Lord." In short, the text of 8:52 is found in
what Origen (rightly) says that Jesus did not say, namely εαν τις τον εμον λογον
τηρηση, θανατου ου μη γευσηται εις τον αιωνα. The conclusion with which he
opens 20, 44, 413 confirms γευσηται as Origen's text; there he explicitly
distinguishes between θεωρειν τον θανατον and γευσασθαι θανατου, and says that
ου μη γευσηται θανατου is what the Jews said in place of (αντι) the θανατον ου
θεωρησει spoken by Jesus.

Among other things, this means that the word order of θανατον ου μη
θεωρηση reflects the word order of 8:51, not 8:52. This in turn has probably
affected the word order of the one reference reading θανατον ου μη γευσηται (20,
43, 401), which occurs in the same sentence. Thus we take the reading of the lemma
and the other citation (20, 44, 413) as representative of Origen's text with regard to
word order.

λεγεις rell] add οτι P75

ου μη γευσηται θανατου (E) (565) (TR) rell] θανατου ου μη
γευσηται 1241; ου μη γευσηται ℵ [NA: B 579 e]

John 8:53

+ μη συ μειζων ει του πατρος ημων Αβρααμ, οστις απεθανεν;
   και οι προφηται απεθανον· τινα σεαυτον ποιεις; (Io.Com 20,
   41, 381) [L]

μη συ μειζων ει του πατρος ημων Αβρααμ, οστις απεθανεν
   (Io.Com 13, 58, 399) [C]

μη συ μειζων ει του πατρος ημων Αβρααμ, οστις απεθανεν
   (Io.Com 20, 44, 419) [C]

τινα ουν σεαυτον ποιεις (Io.Com 20, 44, 420) [Ad]

TEXT: μη συ μειζων ει του πατρος ημων Αβρααμ, οστις
   απεθανεν; και οι προφηται απεθανον· τινα σεαυτον ποιεις;

Lac.: P45

πατρος ημων rell] omit D W a b e

οστις P66c rell] οτι P66* D a [e lac.]

προφηται rell] add και f13 (e)

σεαυτον rell] add συ E Ω 565 700 TR

οστις απεθανεν rell] omit e

τινα rell] add ουν b

John 8:54

απεκριθη Ιησους· εαν εγω δοξασω εμαυτον η δοξα μου ουδεν
   εστιν (Io.Com 20, 44, 422) [C]

εαν εγω δοξασω εμαυτον η δοξα μου ουδεν εστιν· εστιν ο
   πατηρ ο δοξαζων με (Io.Com 20, 44, 421) [C]

TEXT: απεκριθη Ιησους· εαν εγω δοξασω εμαυτον η δοξα μου
ουδεν εστιν· εστιν ο πατηρ ο δοξαζων με

Lac.: P⁴⁵

απεκριθη Π* rell] addo ℵ D Δ Θ Π c f¹³ [NA: a b e]

δοξασω P⁶⁶ᶜℵ* C* rell] δοξαζω P⁶⁶*ℵᶜ A Cᶜ L Δ Π Ψ Ω 33
565 700 892 1241 b TR

πατηρ W] add μου rell

John 8:56

Αβρααμ ο πατηρ υμων ηγαλλιασατο ινα ιδη την ημεραν την
εμην και ειδεν και εχαρη   (Io.Com 20, 12, 88) [C]

Αβρααμ ο πατηρ υμων ηγαλλιασατο ινα ιδη την ημεραν την
εμην και ειδεν και εχαρη   (Io.Com 20, 42, 395) [C]

ᴬ διοπερ Αβρααμ ηγαλλιασατο ινα ιδη την ημεραν Χριστου και
ειδε και εχαρη   (Io.Com 2, 34, 208) [All]

... διδασκει ημας τον Αβρααμ ηγαλλιασθαι ινα ιδη την ημεραν
αυτου και εν χαρα γεγονεναι   (Io.Com 6, 3, 15) [All]

... αφ' ου ιδων την Ιησου ημεραν ηγαλλιασατο και εχαρη
(Io.Com 20, 42, 394) [All]

TEXT: Αβρααμ ο πατηρ υμων ηγαλλιασατο ινα ιδη την ημεραν
την εμην και ειδεν και εχαρη

Lac.: P⁴⁵

John 8:58

αμην λεγω υμιν, πριν Αβρααμ γενεσθαι εγω ειμι +   (Io.Com
19, 11, 64) [C]

πριν Αβρααμ γενεσθαι εγω ειμι   (Cels 8, 12) [C]

ειγε πριν Αβρααμ γενεσθαι ων διδασκει ημας τον Αβρααμ
ηγαλλιασθαι, ινα ιδη την ημεραν αυτου και εν χαρα
γεγονεναι   (Io.Com 6, 3, 15) [All]

Lac.: P⁴⁵

γενεσθαι rell] omit D a b e

αμην] αμην αμην rell

John 8:59
+ μετα δε τουτον τον λογον αραντων λιθους ινα λιθασωσιν²⁸
αυτον, Ιησους εκρυβη και εξηλθεν εκ του ιερου   (Io.Com 19, 11, 64) [Ad]

TEXT: ...αυτον. Ιησους²⁹ ...εκρυβη και εξηλθεν εκ του ιερου.³⁰

Lac.: P⁴⁵

Ιησους B W] add δε rell

ιερου P⁶⁶·⁷⁵ א* B D W Θ* a b e UBS] add και διελθων δια
μεσου αυτων επορευετο και παρηγεν ουτως א𝑐 C L Ψ 33 579
892 1241; add διελθων δια μεσου αυτων και παρηγεν ουτως
A E Δ Θ𝑐 Π Ω f¹· ¹³ 565 700 TR

αυτον rell] add ο Θ

εξηλθεν rell] add και 579

---

²⁸ The previous sentence is a quotation of 8:58; the first half here is a
paraphrase of the first part of 8:59, while the second half is an adapted form (lacking
δε) of the second part of 8:59. Because of the paraphrastic nature of the first half of
the reference, it is not possible to know whether λιθασωσιν reflects Origen's text (as
in 1241) or is due to the influence of 10:31 (which reads λιθασωσιν).

²⁹ The adaptation is such that if Origen's text had the δε, it would have been
dropped due to the context; we cannot, therefore, be certain of his text here.

³⁰ While UBS³ cites Origen in support of the "short" text here (i.e., lacking the
addition from Lk 4:30), NA²⁶ does not list him. The words immediately following
(οτε παραγων ειδεν τον απο γενετης τυφλον) clearly reflect the wording of 9:1,
suggesting that Origen did not read the addition in his text. But as he also clearly is
paraphrasing and abridging the narrative as a whole, one cannot be completely
certain.

John Chapter Nine

John 9:1

A τινα τροπον ο σωτηρ τυφλον απο γενετης ιασατο (Io.Com 1, 3, 18) [All]*

οτε παραγων ειδεν τον απο γενετης τυφλον (Io.Com 19, 11, 64) [All]*

Lac.: P45

παραγων rell] add ο Ιησους Θ Ω f13 1241

γενητης rell] γεννητης Ε Π f1. 13 579 892; γεννητοις 1241 [NA: a b e]

John 9:4

A εργαζεσθε εως ημερα εστιν· ερχεται νυξ οτε ουκετι ουδεις δυναται εργαζεσθαι + (Io.Com 1, 25, 162) [Ad]

εργαζεσθε ως ημερα εστιν· ερχεται νυξ οτε ουδεις δυναται εργαζεσθαι ... (Ier.Hom 12, 10) [Ad]

ο χειρας εχων αργας και μη εργαζομενος εως ημερα εστιν αναστρεφεται (Pasc 1, 24) [All]

και το αληθινον σαββατον, και εργαζονται εως ημερα εστιν πριν ελθειν την νυκτα, οτε ουκετι ουδεις δυναται εργαζεσθαι (Pasc 1, 29) [All]

TEXT: ... εως ημερα εστιν· ερχεται νυξ οτε ουδεις δυναται εργαζεσθαι

Lac.: P45

εως Cc rell] ως C* L W 33 b

εως ... οτε rell] α 1241

John 9:5

A + οταν εν τω κοσμω ω, φως ειμι του κοσμου   (Io.Com 1, 25, 162)   [C]

Lac.: P⁴⁵

εν τω κοσμω ω rell] ω εν τω κοσμω D Θ L f¹ 33   [NA: a b e]

John 9:30

και το θαυμαστον εστιν οτι ...   (Mat.Com 10, 17)   [All]*

Lac.: P⁴⁵ C

το θαυμαστον P⁶⁶. ⁷⁵ℵ B L Ψ f¹ 33 1241 UBS] εθαυμαζων 579; θαυμαστον rell   [NA: a b e]

John 9:39

εις κριμα εγω εις τον κοσμον τουτον ηλθον ινα οι μη
βλεποντες βλεπωσιν και οι βλεποντες τυφλοι γενωνται
(Io.Com 28, 22, 188)   [C]

εις κριμα εγω εις τον κοσμον τουτον εισηλθον ινα οι μη
βλεποντες βλεπωσι και οι βλεποντες τυφλοι γενωνται
(Cels 7, 39)   [C]

εις κριμα εγω εις τον κοσμον τουτον ηλθον ινα οι μη
βλεποντες βλεπωσι και οι βλεποντες τυφλοι γενωνται
(Luc.Hom 16, 3)   [C]

εις κριμα εγω εις τον κοσμον τουτον ηλθον ινα οι μη
βλεποντες βλεπωσι και οι βλεποντες τυφλοι γενωνται
(Rom.Com 5, 7)   [C]

εις κριμα εγω εις τον κοσμον τουτον ηλθον   (Io.Com 28, 22, 189)   [C]

εις κριμα εγω εις τον κοσμον τουτον ηλθον   (Ex.Sco; Philoc 27, 10)   [C]

ηλθε γαρ Ιησους εις κριμα εις τον κοσμον τουτον ινα οι μη
βλεποντες (εισι δ᾽ ουτοι τα εθνη) βλεπωσι και οι βλεποντες
(ο Ισραηλ) εκεινοι τυφλοι γενωνται   (Mat.Com 16, 3)   [Ad]

... ινα (τα εθνη) οι μη βλεποντες βλεψωσι και οι βλεποντες (Ισραηλ) τυφλοι γενωνται   (Mat.Com 15, 26)   [Ad]

TEXT: εις κριμα εγω εις τον κοσμον τουτον ηλθον ινα οι μη βλεποντες βλεπωσιν και οι βλεποντες τυφλοι γενωνται

Lac.: P45 C

εις τον κοσμον τουτον ηλθον (P75) (579) (892) rell] ηλθον εις τον κοσμον τουτον   P66c D a b; ηλθον εις τον κοσμον P66*; εις τον κοσμον ηλθον   1241

ηλθον   rell] εληλυθα   P75 579 892

εις κριμα εγω   rell] εγω εις κριμα   D

κριμα   rell] κρισιν   Δ

οι μη ... και   rell] omit   1241

βλεπωσιν ... βλεποντες   rell] omit   579

γενωνται   rell] γενησονται   f13

John Chapter Ten

John 10:3

τουτω ο θυρωρος ανοιγει   (Ep.Greg 4; Philoc 13)   [C]

Lac.: P⁴⁵ C

John 10:8

ᴬπαντες οσοι προ εμου ηλθον κλεπται εισι και λησται και ουκ
ηκουσεν αυτων τα προβατα   (Io.Com 1, 37, 274)   [C]

παντες οσοι ηλθον προ εμου κλεπται εισι και λησται και ουκ
ηκουσεν αυτων τα προβατα   (Cels 7, 70)   [C]

παντες οσοι ηλθον προ εμου κλεπται εισι και λησται
(Mat.Com 10, 14)   [C]

TEXT: παντες οσοι [ηλθον προ εμου / προ εμου ηλθον] κλεπται
εισι και λησται και ουκ ηκουσεν αυτων τα προβατα

Lac.: C 892

παντες rell] omit D b

ηλθον προ εμου (Origen) ℵᶜ rell] προ εμου ηλθον (Origen)
Θ f¹ 565 TR; ηλθον P⁴⁵ᵛⁱᵈ P⁷⁵ ℵ* Ε Δ Ω a b e

ηκουσεν P⁴⁵ L] ηκουσαν rell

\------------------------

και²] αλλ΄ (D) rell

John 10:9

ᴬεγω ειμι η θυρα   (Io.Com 1, 4, 22)   [C]

ᴬεγω ειμι η θυρα   (Io.Com 1, 9, 54)   [C]

ᴬεγω ειμι η θυρα   (Io.Com 1, 21, 126)   [C]

εγω ειμι η θυρα   (Cels 2, 9)   [C]

εγω ειμι η θυρα   (Cels 2, 64)   [C]

εγω ειμι η θυρα   (Mat.Com 12, 12)   [C]

εγω ειμι η θυρα   (Reg.Hom 9)   [C]

και· εγω ειμι η θυρα   (Cels 7, 16)   [Ad]

TEXT: εγω ειμι η θυρα

Lac.: C 892

John 10:10
ο κλεπτης ουκ ερχεται ει μη ινα κλεψη και θυση και απολεση
(Cels 7, 70)   [C]

Lac.: C 892

και θυση   rell] omit a e

John 10:16
τοτε πας Ισραηλ σωθησεται και γενησονται μια ποιμνη, εις
ποιμην   (Ier.Hom 4, 6)   [Ad]*

... ινα συναχθωσιν εις ε <ν και εν αυ >τω γενησωνται μια
ποιμνη, εις ποιμην   (Io.Com 28, 21, 184)   [All]

Lac.: P75 C 892

γενησονται   P45 ℵc B D L W Θ Ψ f1 33 565 UBS] γενησεται
ℵ* rell

John 10:18
ουδεις αιρει την ψυχην μου απ᾽ εμου αλλ᾽ εγω τιθημι αυτην
απ᾽ εμαυτου· εξουσιαν εχω θειναι και παλιν εξουσιαν εχω
λαβειν αυτην.   (Io.Com 6, 53, 275)   [Ad]

ουδεις αιρει την ψυχην μου απ᾽ εμου αλλ᾽ εγω τιθημι αυτην
απ᾽ εμαυτου· εξουσιαν εχω θειναι αυτην και παλιν
εξουσιαν εχω λαβειν αυτην   (Io.Com 19, 16, 99)   [Ad]

ουδεις αιρει την ψυχην μου απ᾽ εμου αλλ᾽ εγω τιθημι αυτην
απ᾽ εμαυτου· εξουσιαν εχω θειναι αυτην και παλιν εξουσιαν
εχω λαβειν αυτην   (Cels 2, 16)   [Ad]

ουδεις αιρει την ψυχην μου απ' εμου αλλ' εγω τιθημι αυτην
απ' εμαυτου· εξουσιαν εχω θειναι αυτην και παλιν εξουσιαν
εχω λαβειν αυτην   (Cels 3, 32)   [Ad]

ουδεις αιρει την ψυχην μου απ' εμου αλλ' εγω τιθημι αυτην
απ' εμαυτου   (Io.Com 19, 16, 101)   [Ad]

^A εξουσιαν εχω θειναι αυτην και εξουσιαν εχω λαβειν αυτην
(Princ A 4, 4, 4)   [Ad]

TEXT: ουδεις αιρει [αυτην]¹ απ' εμου αλλ' εγω τιθημι αυτην
απ' εμαυτου· εξουσιαν εχω θειναι αυτην και παλιν
εξουσιαν εχω λαβειν αυτην

Lac.: (P⁴⁵) (P⁷⁵) C 892

αιρει ℵ^c rell] ηρεν P⁴⁵ℵ* B   [P⁷⁵ lac.]

παλιν εξουσιαν εχω P⁴⁵] εξουσιαν εχω παλιν rell; εξουσιαν
εχω e

αλλ' εγω ... εμαυτου rell] omit D

εγω rell] add τιθημη [sic] την ψυχην μου ινα λαβω αυτην
ουδεις αιρει αυτην απ' εμου αλλ' εγω 579   [D lac.]

εμαυτου rell] εμου 579   [P⁴⁵ D lac.]

εμαυτου P⁴⁵vid rell] add και W

θειναι αυτην rell] αυτην θειναι Θ

λαβειν rell] αιρει D   [P⁴⁵ lac.]

---

¹ The substitution of την ψυχην μου for αυτην in the first five adaptations is
explicable in each instance on contextual grounds. The noun-pronoun sequence in
vv. 17-18 runs: την ψυχην μου ... αυτην. (18) ... αυτην ... αυτην ... αυτην .. αυτην.
Origen, citing only v. 18 (none of these instances is preceded by any part of v. 17,
and all are introduced with an explicit citation formula), needed to supply a
substantive in place of the otherwise unclear αυτην.

John 10:21
> ουδε γαρ δαιμονιον δυναται τυφλων οφθαλμους ανοιξαι
> (Io.Com 20, 35, 315) [Ad]*

Lac.: (P45) (P75) C 892

τυφλων οφθαλμους rell] οφθαλμους τυφλων D e

ανοιξαι P66 ℵ B L W Θ f1. 13 33 565 579 UBS] ανοιγειν rell
[NA: a b e; P45 P75 lac.]

John 10:24
> ει συ ει ο χριστος ειπε ημιν παρρησια (Cels 1, 48) [C]

Lac.: (P45) (P75) C 892

ει2 P45vid rell] omit 579 [P75 lac.]

ειπε ℵc rell] ειπον ℵ* [P45 P75 lac.]

John 10:26
> δια τουτο υμεις ουκ ακουετε οτι ουκ εστε εκ των προβατων
> των εμων (Io.Com 20, 8, 55) [Ad]*

> υμεις ουκ εστε εκ των προβατων των εμων (Io.Com 20, 44,
> 413) [Ad]

Lac.: P45 C 892

οτι ουκ rell] ου γαρ A E Δ Π Ω 700 a e TR

John 10:27
> τα εμα προβατα της εμης φωνης ακουουσι (Io.Com 20, 33, 249)
> [C]

> τα εμα προβατα της φωνης μου ακουουσιν (Ier.Hom 5, 6) [C]

> τα εμα προβατα της εμης φωνης ακουουσιν (Ier.Hom 17, 2)
> [C]

> και ει τα προβατα Χριστου ακουει της φωνης αυτου (Io.Com
> 20, 44, 413) [All]

TEXT: τα εμα προβατα της [εμης φωνης / φωνης μου]
ακουουσιν

Lac.: P⁴⁵ C 892

ακουουσιν P⁶⁶ℵ B L W Θ f¹³ 33 1241 UBS] ακουσωσιν 579;
ακουει rell [NA: a b e]

εμα προβατα] προβατα τα εμα rell

εμης φωνης (Origen)] φωνης μου (Origen) rell

John 10:28
... εις την εαυτου χειρα, εν τη χειρι του πατρος οντων των εις
τον σωτηρα πεπιστευκοτων· ...απο της χειρος του θεου ουχ
αρπαγησονται· ουδεις γαρ αρπαζει εκ της χειρος του πατρος
(Io.Com 19, 4, 25) [All]

John 10:29
... εις την εαυτου χειρα, εν τη χειρι του πατρος οντων των εις
τον σωτηρα πεπιστευκοτων· ...απο της χειρος του θεου ουχ
αρπαγησονται· ουδεις γαρ αρπαζει εκ της χειρος του πατρος
(Io.Com 19, 4, 25) [All]

ουδεις μεν γαρ αρπαζει εκ των χειρων αυτου κατα τα ειρημενα
... (Ier.Hom 18, 3) [All]

John 10:30
εγω και ο πατηρ εν εσμεν   (Io.Com 13, 36, 228) [C]

εγω και ο πατηρ εν εσμεν   (Io.Com 19, 2, 6) [C]

εγω και ο πατηρ εν εσμεν   (Cels 8, 12) [C]

εγω και ο πατηρ εν εσμεν   (Cels 8, 12) [C]

εγω και ο πατηρ εν εσμεν   (Heracl 4) [C]

εγω και ο πατηρ μου εν εσμεν (Heracl 4) [Ad]

TEXT: εγω και ο πατηρ εν εσμεν

Lac.: P45 C 892

πατηρ rell] add μου W Δ e

John 10:33

συ ανθρωπος ων ποιεις σεαυτον θεον　(Io.Com 28, 12, 88)　[C]

Lac.: (P75) C 892

συ rell] omit D Π 1241 e　[P75 lac.]

σεαυτον rell] εαυτον f13 1241

σεαυτον P66c rell] add τον P66*　[P75 lac.]

John 10:36

A ον ο πατηρ ηγιασε και απεστειλεν εις τον κοσμον υμεις
λεγετε οτι βλασφημεις οτι ειπον· υιος του θεου ειμι
(Io.Com 1, 21, 128)　[C]

Lac.: (P45) (P75) C 892

βλασφημεις rell] βλασφημει a b e　[1241 lac.]

του P45vid P66c rell] omit P66* ℵ D E W　[NA: a b e]

ηγιασε και rell] omit 579

υμεις rell] add δε 579　[P75 lac.]

υμεις λεγετε οτι βλασφημεις P75vid (579) rell] τουτο υμεις
ου πιστευετε 1241

ειπον rell] add ο P45　[P75 lac.]

John 10:41

  Ιωαννης γαρ εποιησε σημειον ουδε εν[2] (Mat.Com 10, 20)
  [All]

---

[2] While this reference might appear to offer support for two variants found in the MS tradition (first, εποιησεν σημειον L W Π Ψ f[1. 13] 33 565 579 1241] σημειον εποιησεν rell [E lac.], and second, ουδε εν P[45] W Θ f[1. 13] 565] ουδεν rell [NA: a b e]), we do not believe that this one short allusion offers a reliable view of Origen's text, particularly in the case of such relatively inconsequential variations.

John Chapter Eleven

John 11:1

Βηθανια γαρ ... η πατρις Λαζαρου και Μαρθας και Μαρια ...
(Io.Com 6, 40, 205) [All]

John 11:4

αυτη η ασθενεια ουκ εστιν προς θανατον   (Io.Com 19, 13, 82)
[C]

αλλ' εζων μεν εν ασθενια της ψυχης αυτων, η δε ασθενεια
εκεινη προς θανατον ην   (Io.Com 19, 13, 80) [All]

Lac.: C 892

αυτη η ασθενεια rell] η ασθενεια αυτη 579

ασθενεια rell] add αυτου D

John 11:11

Λαζαρος ο φιλος ημων κεκοιμηται ... αλλα πορευομαι ινα
εξυπνισω αυτον   (Io.Com 28, 9, 67) [C]

αλλα πορευομαι ινα εξυπνισω αυτον ... Λαζαρος ο φιλος ημων
κεκοιμηται   (Io.Com 28, 9, 69) [C]

αλλα πορευομαι ινα εξυπνισω αυτον   (Io.Com 28, 9, 70) [C]

πορευομαι ινα εξυπνισω αυτον   (Io.Com 28, 9, 68) [C]

TEXT: Λαζαρος ο φιλος ημων κεκοιμηται· αλλα πορευομαι ινα
εξυπνισω αυτον

Lac.: P[45] 892

κεκοιμηται rell] κοιμηται D (a) b e

πορευομαι rell] πορευσομαι Θ

ινα εξυπνισω rell] του εξυπνισαι D

John 11:14
Λαζαρος απεθανεν   (Io.Com 28, 9, 70)   [C]

Lac.: P⁴⁵ 892

Λαζαρος rell] add ο φιλος ημων D

John 11:18
Βηθανια γαρ ... απεχει των Ιεροσολυμων σταδιους δεκα πεντε
(Io.Com 6, 40, 205) [All]

John 11:19
... οτι τοις μετα της Μαριας ουσιν Ιουδαιοις και
παραμυθουμενοις αυτην   (Io.Com 28, 8, 66) [All]

John 11:25
εγω ειμι η αναστασις και η ζωη   (Io.Com 28, 9, 71) [C]

ᴬ εγω ειμι η αναστασις   (Io.Com 1, 4, 22) [C]

ᴬ εγω ειμι η αναστασις   (Io.Com 1, 8, 47) [C]

ᴬ εγω ειμι η αναστασις   (Io.Com 1, 9, 54) [C]

ᴬ εγω ειμι η αναστασις   (Io.Com 1, 21, 126) [C]

εγω ειμι η αναστασις   (Io.Com 19, 2, 6) [C]

ᴬ καλειται η αναστασις   (Io.Com 1, 27, 181) [All]

ᴬ αναστασις καλειται   (Io.Com 1, 37, 267) [All]

TEXT: εγω ειμι η αναστασις και η ζωη[1]

---

[1] The NA²⁶ apparatus lists Origen as a witness for the omission of και η ζωη, with P⁴⁵ l syˢ Cyprian. This appears to misconstrue the data. First, in view of its context, the citation from Io.Com 19, 2, 6 cannot be pressed for a "short" text: Εαν δε "Εγω και ο πατηρ εν εσμεν" και "Εγω ειμι η αληθεια και η ζωη" και "Εγω ειμι η αναστασις" και τα τουτοις ομοια, ου περι του ζητουμενου αναιρεθηναι ανθρωπου διδασκει. In view of the και η ζωη immediately before the citation of 11:25 and the generalizing και τα τουτοις ομοια after it, we are doubtful this can be pressed as evidence for omission. Second, with regard to the references from Io.Com 1, it does not appear that the citations from 1, 8, 47 and 1, 9, 54 are of much help, as he quotes only the relevant part of the beginning of the verse. The other two, 1, 4, 22 and 1,

Lac.: 892

και η ζωη rell] omit P⁴⁵

John 11:39

λεγει ο Ιησους· αρατε τον λιθον   (Io.Com 28, 2, 7) [L]

λεγει ο Ιησους· αρατε τον λιθον   (Io.Com 28, 3, 16) [C]

λεγει ο Ιησους· αρατε τον λιθον   (Io.Com 28, 3, 22) [C]

αρατε τον λιθον ... ηδη οζει· τεταρταιος γαρ εστιν   (Io.Com 28, 3, 14) [C]

αρατε τον λιθον   (Io.Com 28, 2, 7) [C]

αρατε τον λιθον   (Io.Com 28, 3, 15) [C]

αρατε τον λιθον   (Io.Com 28, 3, 17) [C]

κυριε, ηδη οζει· τεταρταιος γαρ εστιν   (Io.Com 20, 44, 414) [C]

ουκ αυτος ο Ιησους αιρει αλλα λεγει· αρατε τον λιθον (Io.Com 28, 2, 7) [Ad]

αρατε τον λιθον μη αποκεκρισθαι την αδελφην του τετελευτηκοτος μηδε ειρηκεναι ηδη οζει· τεταρταιος γαρ εστιν (Io.Com 28, 3, 16) [Ad]

TEXT: λεγει ο Ιησους· αρατε τον λιθον ... η αδελφη²του τετελευτηκοτος ... κυριε, ηδη οζει· τεταρταιος γαρ εστιν

Lac.: P⁴⁵ 565 892

21, 126, are cited in lists of names applied to Jesus, and 14:6 is cited just before the first and just after the second, so one has και η ζωη in the immediate context of each. We are, therefore, inclined to accept the one full citation from 28, 9, 71 as representative of Origen's text.

² The την αδελφην του τετελευτηκοτος in the allusion from 28, 3, 16 seems a sufficient basis upon which to restore η αδελφη.

λεγει rell] add ουν Θ; add αυτη Δ 579

ο Π^c rell] omit A D Π* [NA: a b e]

αδελφη του τετελευτηκοτος P75vid (L) rell] αδελφη του
τεθνηκοτος Ε Δ Ω f1. 13 579 700 TR; omit Θ (a) b e

κυριε rell] omit P66

γαρ P75vid rell] omit D

John 11:40

ουκ ειπον σοι οτι εαν πιστευσης, οψη την δοξαν του θεου;
(Io.Com 28, 3, 15) [C]

ουκ ειπον σοι οτι εαν πιστευσης, οψη την δοξαν του θεου;
(Io.Com 28, 3, 17) [C]

εαν πιστευσης, οψη την δοξαν του θεου (Io.Com 28, 2, 13)
[C]

Lac.: P45 565 892

πιστευσης rell] πιστευης Ω 700 [NA: a b e]

οτι rell] omit P66

John 11:41

ηραν ουν τον λιθον (Io.Com 28, 3, 14) [L]

ο δε Ιησους ηρεν τους οφθαλμους ανω και ειπεν (Io.Com 28, 4,
23) [L]

πατερ, ευχαριστω σοι οτι ηκουσας μου + (Io.Com 28, 6, 39)
[L]

ηραν ουν τον λιθον (Io.Com 28, 3, 16) [C]

ηραν ουν τον λιθον (Io.Com 28, 3, 17) [C]

ηραν ουν τον λιθον (Io.Com 28, 3, 22) [C]

ο Ιησους ηρεν τους οφθαλμους ανω και ειπεν   (Io.Com 28, 5, 38) [C]

ηρεν τους οφθαλμους ανω και ειπεν· πατερ ευχαριστω σοι οτι ηκουσας μου +   (Io.Com 28. 10. 73) [C]

ηρεν τους οφθαλμους αυτου ανω και ειπεν   (Io.Com 28, 4, 23) [C]

ηρεν τους οφθαλμους ανω και ειπεν   (Io.Com 28, 6, 39) [C]

πατερ ευχαριστω σοι οτι ηκουσας μου   (Io.Com 28, 6, 41) [C]

πατερ ευχαριστω σοι οτι ηκουσας μου   (Io.Com 28, 6, 47) [C]

πατερ ευχαριστω σοι οτι ηκουσας μου   (Io.Com 28, 6, 48) [C]

πατερ ευχαριστω σοι οτι ηκουσας μου +   (Io.Com 28, 11, 84) [C]

... ουκ αν οι ακουσαντες ... ηραν τον λιθον   (Io.Com 28, 3, 15) [All]

TEXT: ηραν ουν τον λιθον. ο δε³ Ιησους ηρεν τους οφθαλμους ανω και ειπεν· πατερ ευχαριστω σοι οτι ηκουσας μου

Lac.: P⁴⁵ 565 892

λιθον P⁶⁶. ⁷⁵ ℵ B C* D L W Θ 33 1241 a b e UBS] add ου ην A Π f¹ 579; add ου ην ο τεθνηκως κειμενος Cᶜ rell

ο δε rell] και ο D; ο ουν Θ f¹ (f¹³); omit δε e

οφθαλμους P⁶⁶* rell] add αυτου P⁶⁶ᶜ D 33 1241 e; add αυτου εις τον ουρανον b; add εις τον ουρανον Π a

ανω rell] omit b e

ηραν ουν rell] οτε ουν ηραν D

μου rell] με Δ

---

³ The lemma has been followed here; as we have seen, citations are often suspect with regard to the omission of introductory conjunctions and particles.

John 11:42

+ εγω ηδειν οτι παντοτε μου ακουεις· αλλα δια τον οχλον τον
περιεστωτα ειπον, ινα πιστευσωσιν οτι συ με απεστειλας
(Io.Com 28, 6, 39) [L]

+ εγω δε ηδειν οτι παντοτε μου ακουεις ... αλλα δια τον οχλον
τον περιεστωτα ειπον, ινα πιστευσωσιν οτι συ με
απεστειλας (Io.Com 28, 10, 74) [C]

+ εγω δε ηδειν οτι παντοτε μου ακουεις (Io.Com 28, 11, 84)
[C]

ηδειν δε οτι παντοτε μου ακουεις (Orat 13, 1) [C]

αλλα δια τον οχλον τον περιεστωτα ειπον, ινα πιστευσωσιν οτι
συ με απεστειλας (Io.Com 28, 11, 83) [C]

εγω δε ηδειν οτι παντοτε μου ακουεις, και τουτο παν, φησιν,
ειπον δια τον περιεστωτα οχλον ινα πιστευσωσιν οτι συ με
απεστειλας (Io.Com 28, 6, 48) [Ad]

αλλα δια τον οχλον τον περιεστωτα ινα πιστευσωσιν οτι συ με
απεστειλας (Io.Com 28, 11, 85) [Ad]

TEXT: εγω δε ηδειν οτι παντοτε μου ακουεις, αλλα δια τον
οχλον τον περιεστωτα ειπον, ινα πιστευσωσιν οτι συ με
απεστειλας

Lac.: P45 (P75) 565 892

εγω δε rell] εγω D; καγω f13 a b e [P75 lac.]

τον οχλον P75vid rell] omit π

περιεστωτα ειπον rell] παρεστωτα μοι ποιω Θ

John 11:43

και ταυτα ειπων φωνη μεγαλη εκραυγασεν· Λαζαρε δευρο εξω
(Io.Com 28, 7, 51) [L]

Λαζαρε δευρο εξω (Io.Com 28, 6, 44) [C]

Λαζαρε δευρο εξω (Io.Com 28, 7, 54) [C]

εν τω ειρηκεναι αυτον φωνη μεγαλη κραυγασαντα· Λαζαρε δευρο εξω   (Io.Com 28, 9, 68) [Ad]

ο δε ειπων φωνη μεγαλη και κραυγασας· Λαζαρε δευρο εξω (Io.Com 28, 9, 69) [Ad]

TEXT: και ταυτα ειπων φωνη μεγαλη εκραυγασεν· Λαζαρε δευρο εξω

Lac.: (P⁷⁵) 565 892

φωνη μεγαλη εκραυγασεν (P⁴⁵) ℵ^c rell] φωνη μεγαλη εκραυγαζεν (P⁴⁵) ℵ*; φωνη μεγαλη εκραξεν C W; εκραυγασεν φωνη μεγαλη Θ e [NA: a b; P⁷⁵ lac.]

δευρο rell] add ελθε P⁴⁵

John 11:44

+ εξηλθεν ο τεθνηκως δεδεμενος τους ποδας και τας χειρας κειριαις, και η οψις αυτου σουδαριω συνεδεδετο· λεγει ο Ιησους αυτοις· λυσατε αυτον και αφετε αυτον υπαγειν (Io.Com 28, 7, 51) [L]

εξηλθεν ο τεθνηκως δεδεμενος τους ποδας και τας χειρας κειριαις   (Io.Com 28, 8, 61) [C]

και η οψις αυτου σουδαριω περιεδεδετο   (Io.Com 28, 8, 62) [C]

λεγει Ιησους αυτοις· λυσατε αυτον   (Io.Com 28, 8, 66) [C]

λυσατε αυτον και αφετε αυτον υπαγειν   (Io.Com 28, 7, 59) [C]

λυσατε αυτον και αφετε αυτον υπαγειν   (Io.Com 28, 7, 60) [C]

λυσατε αυτον και αφετε αυτον υπαγειν   (Io.Com 28, 8, 66) [C]

TEXT: εξηλθεν ο τεθνηκως δεδεμενος τους ποδας και τας χειρας κειριαις και η οψις αυτου σουδαριω περιεδεδετο.⁴ λεγει Ιησους⁵ αυτοις· λυσατε αυτον και αφετε αυτον υπαγειν.

---

⁴ In view of the peculiar (and unsupported) συνεδεδετο of the lemma, it seems preferable to follow the citation at this point.

⁵ In view of the general tendency to add (rather than omit) the article in the process of transmission, the citation is to be preferred over the lemma.

Lac.: 565 892

εξηλθεν   P45. 66. 75 B C* L Ψ UBS] και εξηλθεν   Cᶜ rell; και
ευθυς εξηλθεν   D

τους ποδας και τας χειρας   rell] τας χειρας και τους ποδας
A 579 1241

λεγει   P75 B C*] add ο   Cᶜ rell   [NA: a b e]

Ιησους αυτοις   P75 B C* (L) (W)] αυτοις ο Ιησους   Cᶜ rell; ο
Ιησους   700 a; Ιησους μαθηταις αυτου   e

αυτον²   P45. 66. 75 B C* L Θ 33 579 UBS] omit   Cᶜ rell

η οψις   rell] την οψιν   Θ

περιεδεδετο   rell] εδεδετο   P45; περιδεδομενος   Θ

αφετε   rell] εασατε   Θ

John 11:45

πολλοι ουν εκ των Ιουδαιων οι ελθοντες προς την Μαριαμ και
 θεασαμενοι α εποιησεν επιστευσαν εις αυτον   (Io.Com 28,
 10, 72)   [L]

πολλοι ουν εκ των Ιουδαιων οι ελθοντες προς την Μαριαμ και
 θεασαμενοι α εποιησεν επιστευσαν εις αυτον   (Io.Com 28,
 11, 80)   [C]

... οιτινες και ελθοντες ησαν προς την Μαριαμ και θεασαμενοι
 α εποιησεν ο Ιησους   (Io.Com 28, 11, 83)   [Ad]

... ιν' οι πολλοι των Ιουδαιων ελθοντες προς την Μαιραμ και
 θεασαμενοι α εποιησεν πιστευσωσιν εις αυτον   (Io.Com 28,
 10, 75)   [Ad]

... οι απελθοντες ... απο των πολλων Ιουδαιων ησαν, των
 θεασαμενων α εποιησεν και πιστευσαντων εις αυτον ...
 (Io.Com 28, 11, 77)   [All]

πολλους μεν ουν ειπεν τους δια το θεασασθαι τα περι τον
 Λαζαρον πιστευσαντες   (Io.Com 28, 11, 79)   [All]

μηποτε παντες οι θεασαμενοι, τουτεστιν θεωρησαντες και
συνεντες α εποιησεν ο Ιησους, επιστευσαν εις αυτον
(Io.Com 28, 11, 81)   [All]

ει δυνασαι τους ελθοντες προς την Μαριαμ και θεασαμενους α
εποιησεν ο Ιησους και πιστευσαντας εις αυτον μονους
λεγειν ...   (Io.Com 28, 11, 84)   [All]

μηποτε οι ελθοντες προς την Μαριαμ και θεασαμενοι α
εποιησεν και πιστευσαντες εις αυτον   (Io.Com 28, 11, 85)
[All]

TEXT: πολλοι ουν εκ των Ιουδαιων οι ελθοντες προς την
Μαριαμ και θεασαμενοι α εποιησεν επιστευσαν εις αυτον

Lac.: (P75) 565 892

εκ   rell] omit   D f1

προς την Μαριαμ   B C D L 33 UBS] προς την Μαριαν   Cc
rell; μετα Μαριας   Δ   [NA: a b e; P75 lac.]6

και θεασαμενοι   rell] εωρακοτες   P45. 66 D a b   [P75 lac.]

7α   P66*vid A* rell] o   Ac B C D f1 e; οσα   P66c   [P75 lac.]

εποιησεν   P45. 66 A B C* L W Θ f1 b e UBS] add ο Ιησους
(Cc) rell; add Ιησους   ℵ   [P75 lac.]

ουν   rell] δε   ℵ; omit   P45

οι ελθοντες   rell] των ελθοντων   D   [P75 lac.]

John 11:46
τινες δε εξ αυτων απηλθον προς τους Φαρισαιους και ειπον
αυτοις α εποιησεν ο Ιησους   (Io.Com 28, 11, 76)   [C]

---

6 While including this variant in the apparatus, we doubt that it is genetically
significant, and will not, therefore, count it in the statistical analysis.

7 For P66 we have followed M. E. Boismard (*RB* 70 [1963] 121-132) and G. D.
Fee (*Papyrus Bodmer II (P66): Its Textual Relationships and Scribal Characteristics*
[Salt Lake City: University of Utah, 1968] 94) in reading α; NA26 presents its text as
o .

τινες δε εξ αυτων απηλθον και τα εξης   (Io.Com 28, 11, 79)
[Ad]

ποτερον οι απελθοντες προς τους Φαρισαιους και ειποντες
αυτοις α εποιησεν ο Ιησους απο των πολλων Ιουδαιων ησαν
(Io.Com 28, 11, 77) [All]

οι μεντοι γε απελθοντες προς τους Φαρισαιους και ειποντες
αυτοις α εποιησεν ο Ιησους (Io.Com 28, 11, 81) [All]

... και ουτοι εθεασαντο, γεγραφθαι οτι τινες εξ αυτων απηλθον
προς τους Φαρισαιους και ειπον αυτοις α εθεασαντο
πεποιηκοτα τον Ιησουν, η α εθεασαντο και εποιησεν ο
Ιησους (Io.Com 28, 11, 82) [All]

TEXT: τινες δε εξ αυτων απηλθον προς τους Φαρισαιους και
ειπον αυτοις α εποιησεν ο Ιησους

Lac.: (P45) P75 565 892

α rell] ο   C D b e; οσα A Π f13 [P45 579 lac.]

ο rell] omit   P66 B C D L UBS [NA: a b e; P45 579 lac.]

τους rell] add αρχιερεις και f13

και ... Ιησους rell] omit 579

John 11:47

συνηγαγον ουν οι αρχιερεις και οι Φαρισαιοι συνεδριον και
ελεγον· τι ποιουμεν οτι ουτος ο ανθρωπος πολλα ποιει
σημεια; + (Io.Com 28, 12, 86) [L]

συνηγαγον ουν οι αρχιερεις και οι Φαρισαιοι και τα εξης
(Io.Com 28, 11, 79) [C]

ουτος ο ανθρωπος (Io.Com 28, 12, 88) [C]

οτι εμαρτυρουν αυτω και πολλα πεποιηκεναι σημεια και
δυνασθαι ... (Io.Com 28, 12, 89) [All]

TEXT: συνηγαγον ουν οι αρχιερεις και οι Φαρισαιοι συνεδριον
και ελεγον· τι ποιουμεν οτι ουτος ο ανθρωπος πολλα ποιει
σημεια;

Lac.: P⁷⁵ C 565 892

συνεδριον rell] add κατα του Ιησου f¹³ 700

ποιουμεν P⁴⁵ᶜ rell] ποιωμεν Ω 33 579; ποιησομεν P⁴⁵* a b e

οτι rell] omit P⁴⁵ D

ουτος ο ανθρωπος rell] ο ανθρωπος ουτος 33 1241 [NA: a b e]

πολλα rell] τοιαυτα D b e

ποιει σημεια P⁴⁵ᵛⁱᵈ· ⁶⁶ℵ A B L W Θ Ψ 33 579 UBS] σημεια ποιει rell

----

συνηγαγον ... Φαρισαιοι rell] omit 579

και ελεγον rell] λεγοντες f¹³

τι P⁴⁵ᵛⁱᵈ rell] add ουν Δ

ποιουμεν rell] add αυτον 579

John 11:48
+ εαν αφωμεν αυτον ουτως, παντες πιστευσωσιν εις αυτον,
   και ελευσονται οι Ρωμαιοι και αρουσιν ημων και τον τοπον
   και το εθνος (Io.Com 28, 12, 86) [L]

εκεινοι μεν ουν εσκοπουν μη αφιεναι αυτον, οιομενοι δια
   τουτο εμποδισειν τοις πιστευουσιν εις αυτον και Ρωμαιοις,
   μελλουσιν αιρειν αυτων τον τοπον και το εθνος (Io.Com
   28, 12, 90) [All]

Lac.: (P⁴⁵) P⁷⁵ C 565 892

πιστευσωσιν rell] πιστευσουσιν ℵᶜ A B D E W Θ Π Ψ UBS
TR; πιστευουσιν ℵ* [NA: a b e; P⁴⁵ lac.]

αρουσιν rell] αιρουσιν P⁴⁵ (Θ) [NA: a b e]

ημων και τον τοπον rell] ημων τον τοπον Θ Π f¹³ 1241 a b;
τον τοπον ημων D e; ημων και την πολιν W [P⁴⁵ lac.]

εαν P45vid rell] και εαν D

οι rell] omit f13

John 11:49

εις δε τις εξ αυτων Καιαφας, αρχιερευς ων του ενιαυτου
εκεινου, ειπεν αυτοις· υμεις ουκ οιδατε ουδεν + (Io.Com
28, 13, 98) [L]

υμεις ουκ οιδατε ουδεν (Io.Com 28, 18, 156) [C]

... και τον Καιαφαν ... επει μεμαρτυρηται αρχιερευς ων του
ενιαυτου εκεινου (Io.Com 28, 14, 108) [Ad]

... Καιαφας ...προφητευειν ...δια του υμεις ουκ οιδατε ουδε
λογιζεσθε ... + (Io.Com 28, 18, 152) [Ad]

ο μονος αποθνησκων ινα το παν εθνος ανθρωπων σωθη κατα
τον αρχιερεα του ενιαυτου εκεινου (Pasc 2, 44) [All]

TEXT: εις δε τις εξ αυτων Καιαφας, αρχιερευς ων του ενιαυτου
εκεινου, ειπεν αυτοις· υμεις ουκ οιδατε ουδεν

Lac.: (P45) (P75) C 892

τις rell] omit P66 1241 [NA: a b e]

Καιαφας rell] Καιφας P45. 75vid D a b e

Καιαφας rell] Καιαφας ονοματι Θ; ονοματι Καιαφας f1 565 a
b e

αρχιερευς ων rell] αρχιερευς W; ων αρχιερευς L [NA: a b
e; P45 lac.]

ουδεν rell] omit 579 [P75 lac.]

John 11:50

+ ουδε λογιζεσθε οτι συμφερει ημιν ινα εις ανθρωπος
αποθανη υπερ του λαου και μη ολον το εθνος αποληται +
(Io.Com 28, 13, 98) [L]

+ ουδε λογιζεσθε οτι συμφερει ημιν ινα εις ανθρωπος
αποθανη υπερ του λαου και μη ολον το εθνος αποληται
(Io.Com 28, 18, 152)   [C]

συμφερει ημιν ινα εις ανθρωπος αποθανη υπερ του λαου
(Io.Com 28, 18, 154)   [C]

συμφερει ημιν ινα εις ανθρωπος αποθανη   (Io.Com 28, 18, 156)
[C]

συμφερει ημιν   (Io.Com 28, 18, 153)   [C]

συμφερει ημιν   (Io.Com 28, 18, 154)   [C]

εν τω συμφερειν ημιν ινα εις ανθρωπος αποθανη υπερ του
λαου και μη ολον το εθνος αποληται   (Io.Com 28, 22, 190)
[Ad]

ουκουν απεθανεν ο ανθρωπος ουτος υπερ του λαου και δια
τουτον ουχι ολον το εθνος απωλετο   (Io.Com 28, 19, 168)
[All]

ο μονος αποθνησκων ινα το παν εθνος ανθρωπων σωθη κατα
τον αρχιερεα του ενιαυτου εκεινου   (Pasc 2, 44)   [All]

TEXT: ουδε λογιζεσθε οτι συμφερει ημιν ινα εις ανθρωπος
αποθανη υπερ του λαου και μη ολον το εθνος αποληται

Lac.: (P45) P75 C 892

λογιζεσθε rell] διαλογιζεσθε   E Δ Π Ψ Ω f13 33 565 579 700
1241 TR [NA: a b e; P45 lac.]

ημιν rell] υμιν   P45. 66 B D L 1241 a b e UBS; omit ℵ

αποληται rell] απωλησαι   1241

John 11:51
+ τουτο δε αφ᾽ εαυτου ουκ ειπεν, αλλ᾽ αρχιερευς ων του
ενιαυτου εκεινου προεφητευσεν οτι εμελλεν Ιησους
αποθνησκειν υπερ του εθνους +   (Io.Com 28, 13, 98)   [L]

τουτο αφ᾽ εαυτου ουκ ειπεν   (Io.Com 28, 20, 171)   [C]

προεφητευσεν οτι εμελλεν Ιησους αποθνησκειν υπερ του
   εθνους   (Io.Com 28, 22, 187) [C̆]

ο γουν Καιαφας αρχιερευς ων του ενιαυτου εκεινου
   προεφητευσεν μεν οτι εμελλεν Ιησους αποθνησκειν υπερ
   του εθνους +   (Io.Com 28, 13, 98) [Ad]

Ιησους εμελλεν αποθνησκειν +   (Io.Com 28, 21, 178) [Ad]

... προφητευειν, ωσπερ και νυν τω Καιαφα το ειναι αυτον
   αρχιερεα του ενιαυτου εκεινου, <ω> εμελλεν ο Ιησους
   αποθνησκειν υπερ του λαου ινα μη ολον το εθνος αποληται
   (Io.Com 28, 20, 175) [All]

εμελλεν ουν Ιησους αποθνησκειν υπερ μεν του εθνους ινα μη
   αποληται υπερ δε των τεκνων του θεου οντων εν
   διασκορπισμω ινα συναχθωσιν εις εν   (Io.Com 28, 21, 184)
   [All]

... ομοιως τω Καιαφα τω αρχιερει του ενιαυτου εκεινου και αφ'
   εαυτου μη ειρηκοτι το αληθες αλλ' επει αρχιερευς ην
   προφητευσαντι (Mat.Com 17, 11) [All]

TEXT: τουτο δε αφ' εαυτου ουκ ειπεν, αλλ' αρχιερευς ων του
   ενιαυτου εκεινου προεφητευσεν οτι εμελλεν Ιησους
   αποθνησκειν υπερ του εθνους

Lac.: (P75) C 892

του ενιαυτου εκεινου P75vid rell] του ενιαυτου P66 D; omit
P45 e

προεφητευσεν A E W Δ Π Ψ Ω f1. 13 565 579 700 1241 TR]
επροφητευσεν rell [NA: a b e; P75 lac.]

εμελλεν Ιησους αποθνησκειν rell] μελλει ο Ιησους
αποθνησκειν 1241 b; Ιησους ημελλεν αποθνησκειν D;
ημελλεν αποθνησκειν Ιησους W (579); ημελλεν Ιησους
αποθνησκειν P45vid P66 A B L Δ (Θ) f1 (33) [NA: e; P75 lac.]

Ιησους Π* rell] ο Ιησους Θ Πc Ψ f13 33 579 1241 TR [NA: a
b e; P75 lac.]

αρχιερευς rell] αρχων W

John 11:52

+ και ουχ υπερ του εθνους μονον, αλλ' ινα και τα τεκνα του
   θεου τα διεσκορπισμενα συναγαγη εις εν   (Io.Com 28, 13,
   98) [L]

+ και ουχ υπερ του εθνους μονον, αλλ' ινα και τα τεκνα του
   θεου τα διεσκορπισμενα συναγαγη εις εν   (Io.Com 28, 13,
   98) [C]

+ Ιησους εμελλεν αποθνησκειν ουχ υπερ του εθνους μονον,
   αλλ' ινα και τα τεκνα του θεου τα διεσκορπισμενα
   συναγαγη εις εν   (Io.Com 28, 21, 178) [Ad]

και ορα ει τεκνα θεου διεσκορπισμενα ετερα ...   (Io.Com 28, 21,
   183) [All]

... ινα μη αποληται, υπερ δε των τεκνων του θεου οντων εν
   διασκορπισμω ινα συναχθωσιν εις εν   (Io.Com 28, 21, 184)
   [All]

TEXT: και ουχ υπερ του εθνους μονον, αλλ' ινα και τα τεκνα
   του θεου τα διεσκορπισμενα συναγαγη εις εν

Lac.: C 892

εθνους ℵ* rell] add δε ℵᶜ Ψ 33 579

διεσκορπισμενα rell] εσκορπισμενα P⁴⁵. ⁶⁶ D 700 [NA: a b
e; P⁷⁵ lac.]

συναγαγη εις εν rell] εις εν συναγαγη D a e

- -

τεκνα του θεου rell] του θεου τεκνα A

John 11:53

απ' εκεινης ουν της ημερας συνεβουλευσαντο ινα
   αποκτεινωσιν αυτον (Io.Com 28, 22, 186) [L]

απ' εκεινης συνεβουλευσαντο της ημερας ινα αποκτεινωσιν
   τον Ιησουν (Io.Com 28, 22, 190) [Ad]

συνεβουλευσαντο ινα αποκτεινωσιν τον κυριον (Io.Com 28,
   22, 186) [Ad]

συνεβουλευσαντο ινα αποκτεινωσιν τον Ιησουν   (Io.Com 28, 23, 198) [Ad]

... ινα συμβουλευσωνται αποκτειναι τον Ιησουν   (Io.Com 28, 22, 188) [All]

ουτως και εις το εκ των δια του Καιαφα λογων του αγιου πνευματος συμβεβουλευσθαι τους αρχιερεις και τους Φαρισαιους ινα αποκτεινωσιν τον Ιησουν   (Io.Com 28, 22, 189) [All]

TEXT: απ' εκεινης ουν της ημερας συνεβουλευσαντο ινα αποκτεινωσιν αυτον

Lac.: C 892

ημερας rell] ωρας L 1241

συνεβουλευσαντο rell] εβουλευσαντο P45. 66. 75vid ℵ B D W Θ f13 UBS [NA: a b e]

συνεβουλευσαντο rell] add οι Ιουδαιοι 1241 e

John 11:54

ο ουν Ιησους ουκετι παρρησια περιεπατει εν τοις Ιουδαιοις, αλλα απηλθεν εις την χωραν εγγυς της ερημου, εις Εφραιμ λεγομενην πολιν και εκει εμεινεν μετα των μαθητων   (Io.Com 28, 23, 192)   [L]

ο ουν Ιησους ουκετι παρρησια περιεπατει εν τοις Ιουδαιοις, αλλα απηλθεν εκειθεν εις την χωραν εγγυς της ερημου, εις Εφραιμ λεγομενην πολιν ... και εκει εμεινεν μετα των μαθητων   (Io.Com 28, 23, 200)   [C]

αλλα νυν ουκετι παρρησια εν τοις Ιουδαιοις Ιησους περιπατει, αλλα απηλθεν εκειθεν ... απελθων εκειθεν ... εις της ερημου ηλθεν χωραν   (Io.Com 28, 24, 211)   [All]

ουκουν Ιησους ουκετι παρρησια περιπατει εν τοις Ιουδαιοις, αλλα απηλθεν εκειθεν εις την χωραν του ολου κοσμου εγγυς της ερημου εκκλησιας εις Εφραιμ την καρποφορουσαν λεγομενην πολιν, κακει εμεινεν μετα των μαθητων   (Io.Com 28, 24, 221)   [All]

και εστιν μεχρι του δευρο μετα των μαθητων αυτου Ιησους εγγυς της ερημου εις Εφραιμ λεγομενην πολιν   (Io.Com 28, 24, 222)   [All]

TEXT: ο ουν Ιησους ουκετι παρρησια περιεπατει εν τοις Ιουδαιοις, αλλα απηλθεν εκειθεν εις την χωραν εγγυς της ερημου, εις Εφραιμ λεγομενην πολιν, και εκει εμεινεν μετα των μαθητων

Lac.: (P⁷⁵) C 892

ο ουν Ιησους P⁷⁵ℵ B L W (Θ) f¹ 565 579 1241 UBS] ο δε Ιησους P⁶⁶; Ιησους ουν rell [NA: a b e; P⁴⁵ lac.]

εκειθεν rell] omit P⁴⁵ᵛⁱᵈ D 579 a b e

την rell] omit Θ f¹ 565 [NA: a b e]

και εκει P⁶⁶ L WΘ f¹³ 33 1241] κακει rell [NA: a b e; P⁷⁵ lac.]

εμεινεν P⁶⁶*. ⁷⁵ℵ B L W 579 1241 UBS] διετριβεν P⁶⁶ᶜ rell

των μαθητων P⁴⁵. ⁶⁶ℵ B D L WΔ Ψ 565 UBS] add αυτου rell; αυτων και εβαπτιζεν 33 [P⁷⁵ lac.]

ουν rell] add ο Θ

χωραν rell] add Σαμφουριν D

εις Εφραιμ λεγομενην πολιν P⁷⁵ᵛⁱᵈ rell] Εφραιμ λεγομενην P⁶⁶*; Εφραιμ λεγομενην πολιν P⁶⁶ᶜ

John 11:55

ην δε εγγυς το πασχα των Ιουδαιων και ανεβησαν πολλοι των Ιουδαιων εις Ιεροσολυμα εκ της χωρας προ του πασχα ινα αγνισωσιν εαυτους +   (Io.Com 28, 25, 224)   [L]

και κατα την εκκειμενην τοινυν λεξιν το πασχα ου του κυριου αλλα των Ιουδαιων ην   (Io.Com 28, 25, 229)   [All]

πλην προ του πασχα των Ιουδαιων τουτου πολλοι ανεβησαν εις Ιεροσολυμα εκ της χωρας ινα αγνισωσιν εαυτους   (Io.Com 28, 25, 231)   [All]

και οι λεγοντες γε αναβεβηκεναι ινα αγνισωσιν εαυτους εκραυγασαν   (Io.Com 28, 25, 233)   [All]

και οι αναβεβηκοτες γε προ του πασχα ινα αγνισωσιν εαυτους
ελεγον ... (Io.Com 28, 25, 235) [All]

και αναβεβηκεισαν εις Ιεροσολυμα προ του πασχα ινα
αγνισωσιν εαυτους (Io.Com 28, 25, 236) [All]

TEXT: ην δε εγγυς το πασχα των Ιουδαιων και ανεβησαν
πολλοι[8] εις Ιεροσολυμα εκ της χωρας προ του πασχα ινα
αγνισωσιν εαυτους

Lac.: C 892

και ανεβησαν rell] ανεβησαν ουν D b

ην δε εγγυς rell] εγγυς δε ην D

πασχα rell] add εορτη 33; add η εορτη 579

πολλοι εις Ιεροσολυμα rell] εις Ιεροσολυμα πολλοι D

προ του πασχα rell] πριν το πασχα D; omit 33 [P[75] lac.]

John 11:56

+ εζητουν ουν τον Ιησουν και ελεγον μετ' αλληλων εν τω
ιερω εστηκοτες· τι υμιν δοκει; ου μη ελθη εις την εορτην;
(Io.Com 28, 25, 224) [L]

και εν αυτω γε τω ιερω εστηκοτες ελεγον ... τι δοκει υμιν οτι
ου μη ελθη εις την εορτην; (Io.Com 28, 25, 239) [Ad]

TEXT: εζητουν ουν τον Ιησουν και ελεγον μετ' αλληλων εν τω
ιερω εστηκοτες· τι δοκει υμιν; οτι[9] ου μη ελθη εις την
εορτην;

---

[8] Both the lemma and the first allusion contain a singular reading, neither of
which has been taken as representative of Origen's text. The singular addition of
των Ιουδαιων in the lemma is, in view of the allusion in Io.Com 28, 25, 231, almost
certainly secondary. The same should probably be said of the singular πολλοι
ανεβησαν of the allusion; the ανεβησαν πολλοι of the lemma is more likely to
represent Origen's actual text. But even if we were to follow the allusion at this
point, it would not alter the analysis, since it is a singular reading.

[9] The text of the commentary (δοκει υμιν οτι) has been followed rather than
the singular (and highly suspect) υμιν δοκει of the lemma.

Lac.: (P⁴⁵) C 892

εν τω ιερω εστηκοτες rell] εν τω ιερω εστωτες D;
εστηκοτες εν τω ιερω L Θ f¹³ 1241 [NA: a b e; P⁴⁵ lac.]

ουν rell] add και D [P⁴⁵ lac.]

δοκει υμιν P⁴⁵ᵛⁱᵈ P⁷⁵ᵛⁱᵈ rell] δοκειτε D

την rell] omit f¹³ [P⁴⁵ lac.]

John 11:57
δεδωκεισαν δε οι αρχιερεις και οι Φαρισαιοι εντολας ινα εαν
τις γνω αυτον που εστιν μηνυση οπως πιασωσιν αυτον
(Io.Com 28, 26, 244) [L]

... ουκ ηδεισαν οπου εστιν ουτε οι αρχιερεις ουτε οι Φαρισαιοι,
και μη ειδοτες διδοασιν εντολας ινα εαν τις γνω που εστιν
μηνυση αυτοις και συλλαβωσιν αυτον   (Io.Com 28, 26, 244)
[All]

διο διδοασιν ετερας ... εντολας ... και εισιν αυτων αι εντολαι
<ας > διδοασιν Φαρισαιοι και αρχιερεις   (Io.Com 28, 26, 247)
[All]

TEXT: δεδωκεισαν δε οι αρχιερεις και οι Φαρισαιοι εντολας ινα
εαν τις γνω που εστιν μηνυση οπως πιασωσιν αυτον

Lac.: P⁴⁵ (P⁷⁵) C 892

δε rell] add και D E Ω 33 565 TR

εντολας ℵ B W f¹ 565 579 UBS] εντολην rell [P⁷⁵ lac.]

οι¹ rell] omit ´Δ

Φαρισαιοι rell] πρεσβυτεροι P⁴⁵ [P⁷⁵ lac.]

John Chapter Twelve

John 12:1

Ιωαννης δε φασιν οτι προ εξ ημερων του πασχα ηλθεν Ιησους[1]
εις Βηθανιαν οπου ην Λαζαρος ον ηγειρεν εκ νεκρων
(Mat.Com A 77) [Ad]*

ταυτα φησι μετα το προ εξ ημερων του πασχα εν Βηθανια
δειπνον, εν ω η Μαρθα διηκονει και ο Λαζαρος ανεκειτο
(Io.Com 10, 22, 128) [All]*

Lac.: P45 P75 C 892

Λαζαρος ℵ B L W a e UBS] add ο τεθνηκως rell

ηγειρεν rell] add Ιησους ℵ*; add ο Ιησους ℵc 579

- -

εξ P66c rell] πεντε P66*

εκ νεκρων rell] omit b

John 12:2

εποιησαν φησιν αυτω δειπνον εκει και η Μαρθα διηκονει, ο δε
Λαζαρος εις ην εκ των ανακειμενων συν αυτω (Io.Com 32,
2, 23) [Ad]*

... εν Βηθανια δειπνον, εν ω η Μαρθα διηκονει και ο Λαζαρος
ανεκειτο (Io.Com 10, 22, 128) [All]*

... ωστε φθασαι αυτον επι το ενα και αυτον γενεσθαι των
συνανακειμενων τω Ιησου (Io.Com 28, 7, 60) [All]

Lac.: P45 P75 C 892

---

[1] The addition of Ιησους reflects adaptation to the context (to provide a
subject for ηλθεν) rather than a genuine variant in Origen's text. Any connection
with Ω and 1241 (which add ο Ιησους after the verb) is in appearance only and not
genetically significant.

δειπνον εκει rell] εκει δειπνον Θ f¹³; δειπνον a e

η rell] omit P⁶⁶ D Θ [NA: a b e]

Μαρθα διηκονει rell] διηκονει Μαρθα D Θ

εκ P⁶⁶ ℵ B L UBS] omit rell [NA: a b e]

ανακειμενων συν αυτω rell] συνανακειμενων αυτω W (33)
565 TR [NA: a b e]

διηκονει rell] add αυτω W

δε rell] omit Θ

ην P⁶⁶ᶜ rell] omit P⁶⁶*

John 12:3
ᴬ και παντι τω οικω την του μυρου πνοην εις αισθησιν παντων
των εν αυτω εμπεποιηκυιας (Io.Com 1, 11, 67) [All]

John 12:6
πρωτον μεν οτι περι των πτωχων ουκ εμελεν αυτω αλλ' οτι
κλεπτης ην, και το γλωσσοκομον εχων τα βαλλομενα
εβασταζεν (Io.Com 32. 9. 109) [Ad]*

κλεπτης ην και το γλωσσοκομον εχων τα βαλλομενα
εβασταζεν (Mat.Com 11, 9) [Ad]*

Lac.: P⁴⁵ C 892

εχων rell] εχον W Θ 579; εχων και f¹; ειχεν και P⁶⁶ A E Δ Π
Ψ Ω f¹³ 565 700 1241 a b e TR

και rell] omit 579

το rell] τον 579

John 12:12
τη επαυριον οχλος πολυς ο ελθων εις την εορτην ακουσαντες
οτι ερχεται Ιησους εις Ιεροσολυμα + (Io.Com 10, 22, 128)
[C]

τῃ επαυριον ουν οχλος πολυς ο ελθων εις την εορτην
(Mat.Com 16, 19) [Ad]

Lac.: P⁴⁵ (P⁷⁵) C 892

επαυριον P⁷⁵ᵛⁱᵈ rell] add ουν Θ b

οχλος rell] ο οχλος P⁶⁶* B L f¹³ UBS; ο οχλος ο P⁶⁶ᶜ Θ
[NA: a b e; P⁷⁵ lac.]

ο ℵᶜ rell] omit ℵ* Δ 565 [NA: a b e]

ερχεται rell] add ο P⁶⁶· ⁷⁵ B Θ Ω f¹³ 579 UBS TR [NA: a b e;
579 lac.]

ερχεται Ιησους rell] Ιησους ερχεται A L 33 1241 a e;
ερχεται 565

πολυς rell] omit 33

ακουσαντες rell] ακουσας 1241

Ιεροσολυμα rell] Ιερουσολημ D [P⁷⁵ lac.]

John 12:13

+ ελαβον τα βαια των φοινικων και εξηλθον εις απαντησιν
αυτω και εκραζον· ωσαννα ευλογημενος εν ονοματι κυριου
ο βασιλευς του Ισραηλ + (Io.Com 10, 22, 128) [C]

και εξεληλυθεναι εις απαντησιν αυτω κεκραγοτα·
ευλογημενος ο ερχομενος εν ονοματι κυριου και ο βασιλευς
του Ισραηλ (Io.Com 10, 31, 200) [Ad]

TEXT: ελαβον τα βαια των φοινικων και εξηλθον εις απαντησιν
αυτω και εκραζον· ωσαννα ευλογημενος ο ερχομενος² εν
ονοματι κυριου [ο / και ο] βασιλευς του Ισραηλ

Lac.: P⁴⁵ (P⁷⁵) C 892

---

² The omission of ο ερχομενος in the citation (which is without support in the
MS tradition) is likely an anomalous slip rather than a genuine variant.

απαντησιν A Π] συναντησιν D L f¹³ 1241; υπαντησιν rell
[NA: a b e]

εκραζον rell] εκραυγαζον P⁷⁵ ℵ Bᶜ D L W (Ω) (579) UBS;
εκραυγασαν P⁶⁶ B* [NA: a b e]

εκραζον rell] add λεγοντες P⁶⁶ ℵ A D Π f¹· ¹³ 565 a

ο βασιλευς (Origen) ℵᶜ rell] και ο βασιλευς (Origen) P⁷⁵ᵛⁱᵈ
ℵ* B L W Ψ 579 UBS; βασιλευς A E Δ Ω f¹³ 700 1241 [33
lac.]

αυτω rell] αυτου D [P⁷⁵ lac.]

ευλογημενος rell] ευλογητος D

εν ονοματι κυριου rell] omit e

John 12:14
+ ευρων δε ο Ιησους οναριον εκαθισεν επ' αυτο καθως εστι
γεγραμμενον + (Io.Com 10, 22, 128) [C]

Lac.: P⁴⁵ C 892

αυτο rell] αυτω Δ Θ Π [NA: a b e]

John 12:15
+ μη φοβου θυγατηρ Σιων· ιδου ο βασιλευς σου ερχεται
καθημενος επι πωλον ονου (Io.Com 10, 22, 128) [C]

μη φοβου θυγατηρ Σιων (Mat.Com 16, 14) [C]

ουδε Ιωαννης δε αυτολεξει το προφητικον εξεθετο, αλλ' αντ'
αυτου το μη φοβου, θυγατερ Σιων· ιδου ο βασιλευς σου
ερχεται καθημενος· αντι του· επιβεβηκως επι πωλον ονου
<αντι του > επι υποζυγιον και πωλον νεον. το δε μη φοβου,
η θυγατηρ Σιων ουδ' ολως ειρηται. (Io.Com 10, 31, 202)
[Ad]

καθημενος ερχεται επι πωλον ονου (Mat.Com 16, 14) [All]

TEXT: μη φοβου θυγατηρ Σιων· ιδου ο βασιλευς σου ερχεται
καθημενος επι πωλον ονου

Lac.: P⁴⁵ (P⁷⁵) C 892

φοβου B* rell] add η P⁷⁵ Bᶜ [NA: a b e]

θυγατηρ P⁶⁶ A B D L W Δ Π 565 579 UBS] θυγατερ rell [NA: a b e; P⁷⁵ lac.]³

ερχεται rell] add σοι 565 e

πωλον P⁶⁶ᶜ rell] πωλου P⁶⁶* Ω f¹³ [NA: a b e]

ιδου rell] add γαρ 579

σου rell] σοι Π; omit A

John 12:16
ταυτα δε ουκ εγνωσαν οι μαθηται αυτου το προτερον
(Mat.Com 16, 14) [C]

Lac.: P⁴⁵ (P⁷⁵) C 892

ταυτα δε rell] ταυτα P⁶⁶ ℵ B L W Θ b e UBS; και ταυτα 579 [P⁷⁵ lac.]

εγνωσαν rell] ενοησαν D Θ [NA: a b e; P⁷⁵ lac.]

οι μαθηται αυτου (a b e) rell] αυτου οι μαθηται P⁷⁵ ℵ B Θ 579 (a b e) UBS; οι μαθηται Π

προτερον Ψ] πρωτον rell [NA: a b e]

το rell] omit 579

John 12:24
εαν μη ο κοκκος του σιτου πεσων εις την γην αποθανη, αυτος
μονος μενει· εαν δε αποθανη, πολυν καρπον φερει (Cels 8,
43) [C]

---

³ While we have listed this variant, we doubt that this spelling difference is
genetically significant, and will not include it in the statistical analysis.

εαν μη ο κοκκος του σιτου πεσων εις την γην αποθανη, αυτος
μονος μενει· εαν δε αποθανη, πολυν καρπον φερει
(Ier.Hom 10, 3)   [C]

ο κοκκος του σιτου εαν μη πεσων εις την γην αποθανη, αυτος
μονος μενει· εαν δε αποθανη, πολυν καρπον φερει
(Ier.Hom 10, 3)   [C]

ειπεν· συμφερει υμιν ινα εγω απελθω· ο γαρ κοκκος του σιτου
εαν μη αποθανη μονος μενει, εαν δε αποθανη πολυν καρπον
φερει   (Pasc 2, 49)   [Ad]

TEXT: εαν μη ο κοκκος του σιτου πεσων εις την γην αποθανη,
αυτος μονος μενει· εαν δε αποθανη, πολυν καρπον φερει

Lac.: P45 C

αυτος ... αποθανη rell] omit 579

John 12:25
ο γαρ μισων φησι την εαυτου ψυχην εν τω κοσμω τουτω εις
ζωην αιωνιον φυλασσει[4] αυτην   (Mart 37)   [Ad]*

Lac.: P45 C

εαυτου ψυχην] ψυχην αυτου rell

εις ζωην ... αυτην rell] φυλαξει αυτην εις ζωην αιωνιον W

John 12:26
Α οπου ειμι εγω, εκει και ο διακονος ο εμος εσται   (Io.Com 1,
26, 174)   [C]

Lac.: P45 (P75) C

ειμι εγω rell] εγω ειμι P66 D W a b (e)

---

[4] The present tense (also found in b; φυλαξει rell) is probably due to
adaptation to context.

εσται P66c rell] εστιν P66*; εστω f13; omit L e

οπου rell] add αν D [P75 lac.]

εκει rell] omit D

ο εμος rell] μου 579

John 12:27

νυν η ψυχη μου τεταρακται   (Io.Com 32, 18, 218)   [C]

νυν η ψυχη μου τεταρακται   (Io.Com 32, 18, 218)   [C]

νυν η ψυχη μου τεταρακται   (Io.Com 32, 18, 218)   [C]

νυν η ψυχη μου τεταρακται   (Io.Com 32, 18, 223)   [C]

η ψυχη μου τεταρακται   (Ier.Hom 15, 3)   [C]

η δε ψυχη ανθρωπινη ην, δια τουτο και τεταρακται, δια τουτο
και περιλυπος ην   (Ier.Hom 14, 6)   [All]

TEXT: νυν η ψυχη μου τεταρακται

Lac.: P45 C

John 12:31

νυν ο αρχων του κοσμου τουτου εκβληθησεται εξω +
(Mat.Com 12, 18)   [C]

αρχει μεν γαρ ο αρχων του αιωνος τουτου ενθαδε ...   (Ier.Hom
7, 3)   [All]

δια τον επιδημησαντα Χριστον Ιησουν και καταργησαντα τον
αρχοντα του αιωνος τουτου   (Ier.Hom 7, 3)   [All]

Lac.: P45 C

εκβληθησεται rell] βληθησεται P66 D Θ [NA: a b e]

εξω rell] κατω Θ b e

νυν ο αρχων του κοσμου τουτου ℵ^c rell] και ℵ*; omit 579

John 12:32

εαν υψωθω εκ της γης παντας ελκυσω προς εμαυτον   (Io.Com 32, 25. 319) [C]

εαν υψωθω εκ της γης παντας ελκυσω προς εμαυτον   (Mart 50) [C]

+ και εαν υψωθω φησιν εκ της γης παντας ελκυσω προς εμαυτον   (Mat.Com 12, 18) [Ad]

Lac.: P⁴⁵ (P⁷⁵) C

εαν rell] αν B; οταν⁵ 1241 a e

εκ rell] απο D L [NA: a b e]

παντας ℵ^c rell] παντα P⁶⁶ℵ* D a b e [P⁷⁵ lac.]

παντας ελκυσω rell] ελκυσω παντα D

John 12:35

και ποτε ο συσκοτασμος ου γινεται; εργαζεσθε ως το φως εν υμιν εστιν· <το φως εν σοι εστιν >   (Ier.Hom 12, 9) [All]*

Lac.: P⁴⁵ C

εν υμιν rell] μεθ' υμων A E Δ Ω 700 TR

John 12:44

ωσπερ δε ο πιστευων εις Ιησουν Χριστον πιστευει εις τον πεμψαντα αυτον θεον, ουτως ...   (Rom.Com 6, 19) [All]*

---

⁵ The NA²⁶ apparatus lists "Or^pt" in support of οταν. While there are some catena fragments that support this reading, we have, for methodological reasons, chosen not to use such unreliable evidence.

Lac.: P45 C

πεμψαντα rell] αποστειλαντα 892

John 12:45
ο θεωρων εμε θεωρει τον πεμψαντα με   (Io.Com 32, 17, 216)
[C]

Lac.: P45 C 579 b

θεωρει P66c rell] add και P66* e

πεμψαντα rell] αποστειλαντα f13

John 12:48
A ο λογος ον ελαλησα αυτος κρινει υμας   (Io.Com 2, 15, 110)
[All]

John Chapter Thirteen

John 13:1

προ δε της εορτης του πασχα ειδως ο Ιησους οτι ηλθεν αυτου η
ωρα ινα μεταβη εκ του κοσμου τουτου προς τον πατερα,
αγαπησας τους ιδιους τους εν τω κοσμω εις τελος
ηγαπησεν αυτους (Orat 23, 1) [C]

... μεταβαινειν, λεγεται, εκ του κοσμου τουτου προς τον
πατερα (Orat 23, 2) [Ad]

Lac.: P⁴⁵ (P⁷⁵) C

ειδως rell] ιδων 33 579 [NA: a b e]

ηλθεν rell] εληλυθεν Ε Δ Ω 700 TR; ηκει P⁶⁶; παρην D
[NA: a b e; P⁷⁵ lac.]

ινα rell] omit π

του κοσμου τουτου rell] τουτου του κοσμου P⁶⁶ [P⁷⁵ lac.]

ιδιους rell] Ιουδαιους ℵ [P⁷⁵ lac.]

John 13:2

και δειπνου γινομενου, του διαβολου ηδη βεβληκοτος εις την
καρδιαν ινα παραδω αυτον Ιουδας Σιμωνος Ισκαριωτης +
(Io.Com 32, 2, 5) [L]

δειπνου γινομενου του διαβολου ηδη βεβληκοτος εις την
καρδιαν ινα παραδω αυτον Ιουδας Σιμωνος Ισκαριωτης
(Io.Com 32, 9, 109) [C]

του διαβολου ηδη βεβληκοτος εις την καρδιαν ινα παραδω αυτον
Ιουδας Σιμωνος Ισκαριωτης (Io.Com 32, 2, 24) [C]

του διαβολου ηδη βεβληκοτος εις την καρδιαν ινα παραδω αυτον
Ιουδας Σιμωνος Ισκαριωτης + (Io.Com 32, 3, 34) [C]

του διαβολου ηδη βεβληκοτος εις την καρδιαν ινα παραδω αυτον
Ιουδας Σιμωνος Ισκαριωτης (Io.Com 32, 19, 241) [C]

του διαβολου ηδη βεβληκοτος (Io.Com 32, 2, 20) [C]

του διαβολου ηδη βεβληκοτος εις την καρδιαν αυτου τα κατ᾽
  εμου   (Io.Com 32, 14, 152)   [Ad]

οτε ο διαβολος ηδη βεβληκει εις την καρδιαν ινα παραδω αυτον
  Ιουδας Σιμωνος Ισκαριωτης   (Io.Com 32, 8, 84)   [Ad]

και νυν ουν του διαβολου ηδη βεβληκοτος εις την καρδιαν
  αυτου τα κατα του Ιησου   (Io.Com 32, 14, 155)   [Ad]

εισερχεται εις αυτον ο σατανας ωσπερ εδωκεν Ιουδας του
  δαιβολου βεβληκοτος εις την καρδιαν αυτου ινα παραδω τον
  Ιησουν   (Io.Com 10, 46, 322)   [All]

πως γινομενου δειπνου εγειφεται ο Ιησους   (Io.Com 32, 2, 8)
  [All]

ουκ ενιψεν τους ποδας του Ιουδα, <οτι> ηδη εις την καρδιαν
  βεβληκει ο διαβολος ινα τον διδασκαλον και κυριον παραδω
  (Io.Com 32, 2, 19)   [All]

ενεβαλεν εις την καρδιαν Ιουδα Σιμωνος Ισκαριωτου, ηδη
  βεβλημενον εν τω δειπνω ...   (Io.Com 32, 2, 23)   [All]

εφ᾽ ο εμελλεν αυτον παραδιδοναι Ιουδας Σιμωνος Ισκαριωτης
  τετρωμενος υπο του διαβολου δειπνου ηδη γινομενου
  (Io.Com 32, 3, 25)   [All]

και μαλιστα του διαβολου βεβληκοτος εις την καρδιαν αυτου
  ινα παραδω τον σωτηρα   (Io.Com 32, 13, 148)   [All]

ηδη γαρ του διαβολου εγεγονει βεβληκοτος εις την καρδιαν
  αυτου ινα παραδω τον σωτηρα   (Io.Com 32, 13, 150)   [All]

ο διαβολος εβαλεν αυτου εις την καρδιαν τα κατα του σωτηρος
  (Io.Com 32, 14, 160)   [All]

θεωρησαντος το ηδη απο του διαβολου βεβλημενον εις την
  καρδιαν Ιουδα Σιμωνος Ισκαριωτου ινα τον διδασκαλον
  παραδω   (Io.Com 32, 18, 227)   [All]

ο βεβληκως αυτου εις την καρδιαν ινα παραδω τον σωτηρα
  (Io.Com 32, 19, 245)   [All]

ουδε ευθεως αμα τω βεβληκεναι εις την καρδιαν ινα παραδω
  αυτον Ιουδας Σιμωνος Ισκαριωτης   (Io.Com 32, 22, 281)᾽
  [All]

αλλα βεβληκει μονον εις την καρδιαν ινα παραδω Ιουδας
Σιμωνος Ισκαριωτης (Io.Com 32, 22, 286) [All]

ο δε απαξ βαλων αυτου εις την καρδιαν ινα παραδω τον
διδασκαλον (Io.Com 32, 24, 308) [All]

αισθητως τω Ιουδα του διαβολου ηδη βεβληκοτος εις την
καρδιαν αυτου ινα παραδω τον σωτηρα (Io.Com 32, 30, 381)
[All]

η πως αλαζων ο δειπνου γινομενου, εκδυσαμενος ... (Cels 2, 7)
[All]

ο διαβολος εβαλεν αυτου εις την καρδιαν τον σωτηρα
παραδουναι (Mat.Com 11, 9) [All]

ουπω γαρ οιμαι βεβληκει ο διαβολος εις την καρδιαν Ιουδα
Σιμωνος Ισκαριωτου ινα παραδω τον Ιησουν (Mat.Com 16,
2) [All]

μηποτε ετι ουδεπω βεβληκει ο διαβολος εις την καρδιαν αυτου
ινα αυτον τον κυριον ημων παραδω (Mat.Com 16, 8) [All]

TEXT: και δειπνου γινομενου, του διαβολου ηδη βεβληκοτος εις
την καρδιαν ινα παραδω αυτον Ιουδας Σιμωνος Ισκαριωτης[1]

Lac.: P45 P75 C 565

γινομενου ℵ* B L W Ψ 579 1241 UBS] γενομενου (P66) ℵc
rell

του rell] add τε P66 A [NA: a b e]

παραδω αυτον P66ℵc L W Ψ 579 1241 (b)] παραδοι αυτον ℵ*
B D (b) UBS; αυτον παραδω rell

Ιουδας Σιμωνος Ισκαριωτης P66ℵ B (W) (b)] Ιουδας
Σιμωνος Ισκαριωτου L Ψ 1241 UBS; Ιουδα Σιμωνος

---

[1] Origen's text is virtually certain: it is supported by eight references scattered
throughout Io.Com 32, with a ninth supporting the form of the name. It is
nonetheless remarkable to find three instances of Ιουδα Σιμωνος Ισκαριωτου (one
in Mat.Com and two in the midst of Io.Com 32), two of which also support the
transposition of ινα παραδω [αυτον /τον διδασκαλον /τον Ιησουν] from before to
after the name.

Ισκαριωτου Α Ε Δ Θ Π Ω f¹ 33 700 892 (a) TR; Σιμωνος
Ισκαριωτου f¹³; Ιουδα Σιμωνος απο Καρυωτου D e; Ιουδας
Σιμων ο Ισκαριωτης 579

ινα παρ. αυτ. Ιουδ. Σιμ. Ισκ. P⁶⁶ ℵ B L W Ψ 1241 b UBS]
Ιουδ. Σιμ. Ισκ. ινα αυτ. παρ. (f¹³) (e) rell; Ιουδ. Σιμ. ο Ισκ.
ινα παρ. αυτ. (D) (579)

ηδη rell] omit a

εις την καρδιαν rell] omit 1241

John 13:3

+ ειδως οτι παντα δεδωκεν αυτω ο πατηρ εις τας χειρας και οτι
   απο θεου εξηλθεν και προς τον θεον υπαγει +   (Io.Com 32,
   2, 5) [L]

ειδως οτι παντα εδωκεν αυτω ο πατηρ εις τας χειρας και οτι
   απο θεου εξηλθε και προς θεον υπαγει   (Orat 23, 2) [C]

παντα εδωκεν αυτω ο πατηρ εις τας χειρας   (Io.Com 32, 3, 27)
   [C]

παντα εδωκεν αυτω ο πατηρ εις τας χειρας   (Io.Com 32, 3, 29)
   [C]

παντα εδωκεν αυτω ο πατηρ εις τας χειρας αυτου   (Io.Com 32,
   3, 32) [C]

παντα εδωκεν αυτω ο πατηρ εις τας χειρας   (Io.Com 32, 3, 34)
   [C]

απο του θεου εξηλθεν ... προς τον θεον υπαγει   (Io.Com 32, 3,
   40) [C]

ειδως φησιν ο Ιησους οτι παντα εδωκεν αυτω ο πατηρ εις τας
   χειρας και οτι απο θεου εξηλθεν και προς τον θεον υπαγει
   +   (Io.Com 32, 3, 25) [Ad]

ειδως ουν ο Ιησους οτι παντα εδωκεν αυτω ο πατηρ εις τας
   χειρας και οτι απο θεου εξηλθεν και προς τον θεον υπαγει
   +   (Io.Com 32, 3, 40) [Ad]²

---

² The ουν ο Ιησους is the result of adaptation to context: this reference opens
a sentence at the end of a long discussion (hence the ουν) and ο Ιησους provides an
explicit subject for a complex sentence that otherwise lacks one (cf. the RSV
translation of 13:2-4).

+ ηδει οτι παντα εδωκεν αυτω ο πατηρ   (Io.Com 32, 3, 34)
[Ad]

αλλ᾽ ει και παντα εδωκεν αυτω ο πατηρ εις τας χειρας, και ...
(Io.Com 32, 3, 28)   [Ad]

TEXT: ειδως οτι παντα εδωκεν αυτω ο πατηρ εις τας χειρας και
οτι απο θεου εξηλθεν και προς τον θεον υπαγει

Lac.: P⁴⁵ P⁷⁵ C 565

ειδως   P⁶⁶ א B D L W 1241 a e UBS] add ο Ιησους   rell; add
δε ο Ιησους Ω f¹³ b

εδωκεν   א B L W f¹ 579 UBS] δεδωκεν   rell   [NA: a b e]

τον   rell] omit Π Ω

ειδως   rell] ιδων 33

απο   rell] add του   f¹

και²   rell] add οτι   D

John 13:4
+ εγειφεται εκ του δειπνου και τιθησιν τα ιματια και λαβων
λεντιον διεζωσεν εαυτον +   (Io.Com 32, 2, 5)   [L]

+ εγειφεται εκ του δειπνου   (Io.Com 32, 3, 25)   [C]

τι ουν λεγεται μετα το εγειφεται εκ του δειπνου,
κατανοησωμεν. τιθησιν φησι τα ιματια και λαβων λεντιον
διεζωσατο (Io.Com 32, 4, 42)   [Ad]

+ εγειφεται, φησιν εκ του δειπνου   (Io.Com 32, 3, 40)   [Ad]

... δια του λαβων λεντιον διεζωσατο   (Io.Com 32, 4, 45)   [Ad]

πως γινομενου δειπνου εγειφεται ο Ιησους   (Io.Com 32, 2, 8)
[All]

και ενθαδε τοινυν εγερθεντι τω Ιησου εκ του δειπνου και
θεντι τα ιματια και διαζωσαμενω ο ειληφεν λεντιον, και ...
(Io.Com 32, 6, 65)   [All]

... δια του λεντιου ω μονω περιεζωσμενος   (Io.Com 32, 7, 83)
  [All]

... ζωσαμενος δε λεντιον και βαλων υδωρ   (Cels 2, 7)   [All]

TEXT: εγειρεται εκ του δειπνου και τιθησιν τα ιματια και
  λαβων λεντιον διεζωσεν εαυτου[3]

Lac.: P[45] P[75] C 565

ιματια rell] add αυτου D 579 a

διεζωσεν rell] διεζωσατο 579; περιεζωσεν Δ

εαυτον rell] αυτον 579

John 13:5

+ ειτα βαλλει υδωρ εις τον νιπτηρα και ηρξατο νιπτειν τους
  ποδας των μαθητων και εκμασσειν τω λεντιω ω ην
  διεζωσμενος (Io.Com 32, 2, 5) [L]

και ηρξατο νιπτειν τους ποδας των μαθητων   (Io.Com 32, 4,
  51) [C]

πως βαλλει υδωρ εις τον νιπτηρα και ηρξατο νιπτειν τους
  ποδας των μαθητων ο Ιησους (Io.Com 32, 9, 104) [Ad]

βαλλει γαρ φησιν υδωρ εις τον νιπτηρα (Io.Com 32, 4, 46)
  [Ad]

αυτος βαλλει υδωρ εις τον νιπτηρα (Io.Com 32, 4, 49) [Ad]

η τοτε μεν ηρξατο νιπτειν τους ποδας των μαθητων ο Ιησους
  (Io.Com 32, 4, 52) [Ad]

αρξαμενου νιπτειν τους ποδας των μαθητων και εκμασσειν τω
  λεντιω ω ην διεζωσμενος (Io.Com 32, 7, 76) [Ad]

---

[3] While it is possible that the two instances of διεζωσατο (in place of διεζωσεν εαυτον) in Io.Com 32, 4 reflect a reading known to Origen, it seems more likely, in view of the virtual absence of MS support, that they are the result of a paraphrase influenced by the διεζωσμενος of verse five.

... λεντιον, και βαλλουτι υδωρ εις τον νιπτηρα και αρξαμενω τους ποδας νιπτειν των μαθητων και εκμασσειν τω λεντιω ω ην διεζωσμενος (Io.Com 32, 6, 65) [All]

... ζωσαμενος δε λεντιον και βαλων υδωρ εις τον νιπτηρα και νιπτων εκαστου τους ποδας (Cels 2, 7) [All]

ει και μειζονα δε εχει λογον το Ιησουν βεβληκεναι υδωρ εις νιπτηρα και τους ποδας των μαθητων κεκαθαρκεναι (Mat.Com 16, 8) [All]

TEXT: ειτα βαλλει υδωρ εις τον νιπτηρα και ηρξατο νιπτειν τους ποδας των μαθητων και εκμασσειν τω λεντιω ω ην διεζωσμενος

Lac.: P45 P75 C 565

βαλλει υδωρ rell] λαβων υδωρ βαλλει D f13

μαθητων rell] add αυτου D 1241

νιπτηρα rell] ποδονιπτηρα P66

τω rell] omit Δ

John 13:6

ερχεται ουν προς Σιμωνα Πετρον· λεγει αυτω· κυριε συ μου νιπτεις τους ποδας; + (Io.Com 32, 5, 56) [L]

κυριε συ μου νιπτεις τους ποδας; (Io.Com 32, 5, 57) [C]

κυριε συ μου νιπτεις τους ποδας; (Io.Com 32, 6, 65) [C]

κυριε συ μου νιπτεις τους ποδας; (Io.Com 32, 7, 76) [C]

TEXT: ερχεται ουν προς Σιμωνα Πετρον· λεγει αυτω· κυριε συ μου νιπτεις τους ποδας

Lac.: P45 P75 C 565

Σιμωνα Πετρον rell] τον Πετρον Σιμωνα D a

Πετρον P66 B (D) L e UBS] add και rell

αυτω   P⁶⁶ℵ* B b UBS] add εκεινος ℵᶜ rell; add Πετρος a e

ερχεται ουν   rell] και ερχεται e; ερχεται b

κυριε ℵᶜ rell] omit ℵ*

John 13:7

+ απεκριθη Ιησους και ειπεν αυτω· ο εγω ποιω συ ουκ οιδας αρτι, γνωση δε μετα ταυτα +   (Io.Com 32, 5, 56) [L]

ο εγω ποιω συ ουκ οιδας αρτι, γνωση δε μετα ταυτα   (Io.Com 32, 6, 65) [C]

ο εγω ποιω συ ουκ οιδας αρτι, γνωση δε μετα ταυτα   (Io.Com 32, 8, 87) [C]

ο εγω ποιω συ ουκ οιδας αρτι, γνωση δε μετα ταυτα   (Io.Com 32, 8, 97) [C]

ο δε Ιησους απεκριθη και ειπεν αυτω, διδασκων οτι μυστηριον τουτο ην, το ο εγω ποιω συ ουκ οιδας αρτι, γνωση δε μετα ταυτα   (Io.Com 32, 7, 76) [Ad]

λεγοντος Ιησου τω μη ειδοτι τοτε Πετρω, αλλα γνωσομενω μετα ταυτα το μυστηριον της νιψεως   (Io.Com 32, 2, 16) [All]

TEXT: απεκριθη Ιησους και ειπεν αυτω· ο εγω ποιω συ ουκ οιδας αρτι, γνωση δε μετα ταυτα

Lac.: P⁴⁵ P⁷⁵ C 565

απεκριθη rell] add ο Δ f¹³ 33 579 [NA: a b e]

και ειπεν αυτω rell] omit 33

ο εγω ... ταυτα rell] omit 579

ο ℵᶜ rell] α ℵ* [579 lac.]

συ rell] σοι W; omit Δ [579 lac.]

αρτι P⁶⁶ᶜ rell] αρ P⁶⁶*; τι W [579 lac.]

John 13:8

+ λεγει αυτω ο Πετρος· ου μη νιψῃς μου τους ποδας εις τον
αιωνα. απεκριθη Ιησους αυτω· εαν μη νιψω σε, ουκ εχεις
μερος μετ' εμου +   (Io.Com 32, 5, 56) [L]

ου μη νιψῃς μου τους ποδας εις τον αιωνα   (Io.Com 32, 5, 57)
[C]

ου μη νιψῃς μου τους ποδας εις τον αιωνα   (Io.Com 32, 6, 65)
[C]

ου μη νιψῃς μου τους ποδας εις τον αιωνα   (Io.Com 32, 8, 91)
[C]

ου μη νιψῃς μου τους ποδας εις τον αιωνα   (Io.Com 32, 8, 92)
[C]

ου μη νιψῃς μου τους ποδας εις τον αιωνα   (Io.Com 32, 8, 96)
[C]

ου μη νιψῃς μου τους ποδας εις τον αιωνα   (Io.Com 32, 8, 97)
[C]

εαν μη νιψω σε, ουκ εχεις μερος μετ' εμου   (Io.Com 32, 2, 16)
[C]

εαν μη νιψω σε, ουκ εχεις μερος μετ' εμου   (Io.Com 32, 2, 19)
[C]

εαν μη νιψω σε, ουκ εχεις μερος μετ' εμου   (Io.Com 32, 8, 91)
[C]

εαν μη νιψω σε, ουκ εχεις μερος μετ' εμου   (Io.Com 32, 8, 97)
[C]

εαν μη νιψω σε, ουκ εχεις μερος μετ' εμου   (Io.Com 32, 8, 98)
[C]

εαν μη νιψω σε, ουκ εχεις μερος μετ' εμου   (Io.Com 32, 9,
102) [C]

εαν μη νιψω σε, ουκ εχεις μερος μετ' εμου   (Io.Com 32, 12,
134) [C]

εαν μη νιψω σε, ουκ εχεις μερος μετ' εμου   (Io.Com 32, 12,
136) [C]

εαν μη νιψω σε, ουκ εχεις μερος μετ᾽ εμου   (Io.Com 32, 12,
137) [C]

εαν μη νιψω σε ουκ εχεις μερος μετ᾽ εμου   (Cels 2, 7) [C]

ου μη νιψῃς μου τους ποδας εις τον αιωνα ... εαν μη νιψω σε,
ουκ εχεις μερος μετ᾽ εμου   (Io.Com 32, 12, 137) [Ad]

και· εαν μη φαγητε μου την σαρκα και πιητε μου το αιμα, ουκ
εχετε μεριδα μετ᾽ εμου   (Pasc 2, 44) [All]

TEXT: λεγει αυτω ο Πετρος· ου μη νιψῃς μου τους ποδας εις
τον αιωνα. απεκριθη Ιησους αυτω· εαν μη νιψω σε, ουκ
εχεις μερος μετ᾽ εμου

Lac.: P45 P75 565

ο LΔ f13 892 1241] omit rell [NA: a b e; lac. 579]

Πετρος Π* rell] add κυριε DΘ Πc [579 lac.]

νιψῃς μου τους ποδας P66 B C L W Ψ 892 e UBS] νιψῃς
τους ποδας μου ℵ A E Δ Θ Π Ω 33 700 a TR; μου νιψῃς τους
ποδας D f1. 13 1241; νιψῃς μου b [579 lac.]

απεκριθη rell] add ο ℵ Δ Π f1. 13 33 700 892 TR [NA: a b e;
lac. 579]

Ιησους αυτω A B C* L UBS] αυτω Ιησους P66 (ℵ) E W (Δ)
Θ (Π) Ω (f1. 13) (700) (892) a (TR); Ιησους Cc D Ψ 1241 b e
[33 579 lac.]

σε rell] τους ποδας σου a e

λεγει ... Ιησους αυτω rell] omit 579

John 13:9
+ λεγει αυτω Σιμων Πετρος· μη τους ποδας μου μονον αλλα
και τας χειρας και την κεφαλην +   (Io.Com 32, 5, 56) [L]

Lac.: P45 (P75) 565

Σιμων Πετρος P75vid rell] Πετρος Σιμων B W; Πετρος D

Πετρος ℵ*] add κυριε ℵc rell [P75 lac.]

μου rell] omit P66 D E a b e [P75 lac.]

τους ποδας μου μονον (P66) (E) (e) rell] μονον τους ποδας D a b [P75 lac.]

κεφαλην rell] add και το ολον σωμα a [P75 lac.]

John 13:10

+ λεγει αυτω ο Ιησους· ο λελουμενος ουκ εχει χρειαν ει μη τους ποδας νιψασθαι αλλ᾽ εστι καθαρος ολος· και υμεις καθαροι εστε, αλλ᾽ ουχι παντες + (Io.Com 32, 5, 56) [L]

ο λελουμενος ουκ εχει χρειαν νιψασθαι αλλ᾽ εστιν καθαρος ολος· και υμεις καθαροι εστε, αλλ᾽ ουχι παντες (Io.Com 32, 7, 71) [C]

ο λελουμενος ουκ εχει χρειαν νιψασθαι αλλ᾽ εστι καθαρος ολος (Io.Com 32, 7, 72) [C]

ο γαρ λελουμενος ουκ εχει χρειαν νιψασθαι αλλ᾽ εστιν καθαρος ολος (Io.Com 32, 9, 103) [Ad]

το δε υμεις καθαροι εστε αναφερεται επι τους ενδεκα, ω επιφερεται το ουχι παντες (Io.Com 32, 9, 109) [Ad]

TEXT: λεγει αυτω ο Ιησους· ο λελουμενος ουκ εχει χρειαν[4] νιψασθαι αλλ᾽ εστι καθαρος ολος· και υμεις καθαροι εστε, αλλ᾽ ουχι παντες

Lac.: P45 P75 565

λελουμενος rell] λελουσμενος E f13 [NA: a b e]

ουκ εχει χρειαν P66 ℵ A B C* W Ψ UBS] ου χρειαν εχει Cc rell [NA: a b e]

---

[4] The three references in the body of the commentary confirm the omission of ει μη τους ποδας, against the reading of the lemma.

νιψασθαι ℵ] ει μη τους ποδας νιψασθαι B C* L W Π Ψ f¹³
33 892 a b e UBS; ει μη τους ποδας μονον νιψασθαι P⁶⁶ Θ; η
τους ποδας νιψασθαι A Cᶜ E Δ Ω f¹ 700 1241 TR; την
κεφαλην νιψασθαι ει μη τους ποδας μονον D; omit 579

ο Ιησους rell] Ιησους B; omit Ψ

αλλ' εστι rell] εστιν f¹³; εστιν γαρ D

John 13:11

+ ηδει γαρ τον παραδιδοντα αυτον· δια τουτο ειπεν· ουχι
παντες καθαροι εστε   (Io.Com 32, 5, 56) [L]

ηδει γαρ τον παραδιδοντα αυτον   (Io.Com 32, 9, 109) [C]

Lac.: P⁴⁵ P⁷⁵ 565

ειπεν rell] add οτι P⁶⁶ B C L W Ψ 33 a b UBS [D lac.]

γαρ rell] add Ιησους D

παραδιδοντα rell] παραδιδουντα W

δια ... εστε rell] omit D

ειπεν rell] add αλλ' 579 [D lac.]

ουχι rell] ου 33 [D lac.]

John 13:12

οτε ουν ενιψεν τους ποδας αυτων και ελαβεν τα ιματια αυτου
και ανεπεσεν παλιν ειπεν αυτοις· γινωσκετε τι πεποιηκα
υμιν; +   (Io.Com 32, 10, 111) [L]

γινωσκετε τι πεποιηκα υμιν;   (Io.Com 32, 10, 113) [C]

γινωσκετε τι πεποιηκα υμιν;   (Io.Com 32, 12, 134) [C]

Lac.: P⁴⁵ P⁷⁵ 565

και¹ C* rell] omit P⁶⁶ ℵ A Cᶜ L Ψ 33 1241 a b

αυτου rell] εαυτου W; omit D b e

και ανεπεσεν ℵ* B C* W 579 a e UBS] και ανεπεσων P66 ℵc
Ac L Ψ 33 1241 b; ανεπεσων Cc rell [A* lac.]

\- -

τους ποδας αυτων rell] τους ποδας των μαθητων 700;
αυτων τους ποδας f13

και ανεπεσεν ... αυτοις Ac rell] omit A*

John 13:13

+ φωνειτε με ο διδασκαλος και ο κυριος· καλως λεγετε, ειμι
   γαρ +   (Io.Com 32, 10, 111) [L]

A υμεις φωνειτε με ο διδασκαλος και ο κυριος· και καλως
   λεγετε, ειμι γαρ   (Io.Com 1, 21, 127) [C]

A υμεις φωνειτε με ο διδασκαλος και ο κυριος· και καλως
   λεγετε, ειμι γαρ   (Io.Com 1, 29, 202) [C]

υμεις φωνειτε με ο διδασκαλος και ο κυριος· και καλως λεγετε,
   ειμι γαρ +   (Io.Com 32, 10, 114) [C]

υμεις φωνειτε με ο διδασκαλος και ο κυριος· και καλως λεγετε,
   ειμι γαρ   (Io.Com 32, 11, 123) [C]

υμεις φωνειτε με ο διδασκαλος και ο κυριος· και καλως λεγετε,
   ειμι γαρ   (Io.Com 32, 30, 374) [C]

υμεις φωνειτε με ο διδασκαλος και ο κυριος και καλως λεγετε·
   ειμι γαρ   (Mat.Com 16, 8) [C]

καλως λεγετε, ειμι γαρ   (Io.Com 32, 11, 126) [C]

υμεις φωνειτε με ο κυριος και καλως λεγετε   (Io.Com 32, 11,
   123) [Ad]

και καλως λεγετε   (Io.Com 32, 11, 129) [Ad]

TEXT: υμεις φωνειτε με ο διδασκαλος και ο κυριος· και καλως
   λεγετε, ειμι γαρ

Lac.: P45 P75 565

διδασκαλος και ο κυριος C* rell] ο κυριος και ο διδασκαλος
Cᶜ E f¹³ 33 892 1241

John 13:14

+ ει ουν εγω ενιψα υμων τους ποδας ο κυριος και ο
   διδασκαλος, και υμεις οφειλετε αλληλων νιπτειν τους ποδας
   + (Io.Com 32, 10, 111) [L]

+ ει ουν εγω ενιψα υμων τους ποδας ο κυριος και ο
   διδασκαλος, και υμεις οφειλετε αλληλων νιπτειν τους ποδας
   (Io.Com 32, 10, 114) [C]

ει ουν ενιψα τους ποδας υμων ο κυριος και ο διδασκαλος, και
   υμεις οφειλετε αλληλων νιπτειν τους ποδας + (Io.Com 32,
   12, 137) [C]

και υμεις οφειλετε τους ποδας αλληλων νιπτειν + (Io.Com 32,
   2, 10) [C]

και υμεις οφειλετε αλληλων νιπτειν τους ποδας (Io.Com 32,
   12, 133) [C]

οφειλετε αλληλων νιπτειν τους ποδας (Io.Com 32, 12, 140)
   [C]

TEXT: ει ουν εγω⁵ ενιψα υμων τους ποδας ο κυριος και ο
   διδασκαλος, και υμεις οφειλετε αλληλων νιπτειν τους ποδας

Lac.: P⁴⁵ P⁷⁵ 565

υμων τους ποδας rell] τους ποδας υμων D Π 579 a e

διδασκαλος rell] add ποσῳ μαλλον D Θ a

κυριος και ο διδασκαλος rell] διδασκαλος και ο κυριος e

αλληλων νιπτειν rell] νιπτειν αλληλων ℵ

---

⁵ In the one reference (Io.Com 32, 12, 137) that omits the pronoun εγω, the
editor indicates some uncertainty regarding the text at this point; we have, therefore,
followed the reading of the two certain citations.

John 13:15

　+ υποδειγμα γαρ εδωκα υμιν ινα καθως εγω εποιησα υμιν, και υμεις ποιητε　(Io.Com 32, 10, 111)　[L]

　+ υποδειγμα γαρ εδωκα υμιν ινα καθως εγω εποιησα υμιν, και υμεις ποιητε　(Io.Com 32, 2, 10)　[C]

　+ υποδειγμα γαρ εδωκα υμιν ινα καθως εγω εποιησα υμιν, και υμεις ποιητε　(Io.Com 32, 12, 137)　[C]

　ινα καθως εγω εποιησα υμιν, και υμεις ποιητε　(Io.Com 32, 12, 136)　[C]

　TEXT: υποδειγμα γαρ εδωκα υμιν ινα καθως εγω εποιησα υμιν, και υμεις ποιητε

　Lac.: P45 P75 565

　γαρ　P66c rell] omit　P66* 700

　εδωκα　B C D E L W Δ Θ Ω 579 UBS TR] δεδωκα　rell　[NA: a b e]

　εγω　rell] omit　33 1241

　εποιησα　rell] πεποιηκα　f13; ποιω　b

John 13:16

　αμην αμην λεγω υμιν, ουκ εστιν δουλος μειζων του κυριου εαυτου ουδε αποστολος μειζων του πεμψαντος αυτον +　(Io.Com 32, 13, 141)　[L]

　ουκ εστιν δουλος μειζων του κυριου αυτου ουδε αποστολος μειζων του πεμψαντος αυτον　(Io.Com 32, 13, 151)　[C]

　ουκ εστιν δουλος μειζων του κυριου αυτου ουδε αποστολος μειζων του πεμψαντος αυτον　(Io.Com 32, 17, 201)　[C]

　ουκ εστιν δουλος μειζων του κυριου αυτου　(Io.Com 32, 13, 147)　[C]

　ουκ εστιν δουλος μειζων του κυριου αυτου　(Io.Com 32, 30, 374)　[C]

TEXT: αμην αμην λεγω υμιν, ουκ εστιν δουλος μειζων του
κυριου αυτου ουδε αποστολος μειζων του πεμψαντος αυτον

Lac.: P⁴⁵ P⁷⁵ 565

μειζων² rell]μειζον P⁶⁶ᶜ W 579; omit P⁶⁶* [NA: a b e; Θ
lac.]

κυριου ... του² rell] omit Θ

μειζων¹ rell]μειζον 579

John 13:17
+ ει ταυτα οιδατε, μακαριοι εστε εαν ποιητε αυτα + (Io.Com
32, 13, 141) [L]

ει ταυτα οιδατε, μακαριοι εστε εαν ποιητε αυτα (Io.Com 32,
13, 141) [C]

μακαριοι εστε εαν ποιητε αυτα (Io.Com 32, 13, 145) [C]

Lac.: P⁴⁵ P⁷⁵ 565

εαν ποιητε αυτα rell] omit e

John 13:18
+ ου περι παντων υμων λεγω· εγω οιδα τινας εξελεξαμην·
αλλ' ινα η γραφη πληρωθη· ο τρωγων τον αρτον, επηρεν επ'
εμε την πτερναν αυτου (Io.Com 32, 13, 141) [L]

ου περι παντων υμων λεγω· εγω οιδα τινας εξελεξαμην· αλλ'
ινα η γραφη πληρωθη· ο τρωγων μετ' εμου τον αρτον,
επηρεν επ' εμε την πτερναν αυτου (Io.Com 32, 15, 169)
[C]

ου περι παντων υμων λεγω (Io.Com 32, 13, 145) [C]

ου περι παντων υμων λεγω (Io.Com 32, 13, 147) [C]

ου περι παντων υμων λεγω (Io.Com 32, 13, 151) [C]

εγω οιδα τινας εξελεξαμην (Io.Com 32, 14, 152) [C]

εγω οιδα τινας εξελεξαμην   (Io.Com 32, 14, 155)   [C]

ο τρωγων μου τον αρτον επηρεν επ' εμε την πτερναν αυτου
(Io.Com 32, 14, 156)   [C]

ο τρωγων μου τον αρτον επηρεν επ' εμε την πτερναν αυτου
(Io.Com 32, 15, 175)   [C]

επηρεν επ' εμε πτερναν αυτου   (Io.Com 32, 14, 164)   [C]

επηρεν επ' εμε την πτερναν αυτου   (Io.Com 32, 14, 168)   [C]

ου περι παντων δε των παροντων φημι το εγω οιδα τινας
εξελεξαμην   (Io.Com 32, 14, 156)   [Ad]

... περι του επαιροντος επ' εμε την πτερναν αυτου, ος εστι
τρωγων μετ' εμου τον αρτον, απ' αρτι ...   (Io.Com 32, 15,
169)   [All]

απο του τρωγοντος μετ' αυτου τον αρτον επαραντος την
εαυτου πτερναν κατ' αυτου   (Io.Com 32, 15, 169)   [All]

TEXT: ου περι παντων υμων λεγω· εγω οιδα τινας εξελεξαμην·
αλλ' ινα η γραφη πληρωθη· ο τρωγων [μου / μετ' εμου][6] τον
αρτον, επηρεν επ' εμε την πτερναν αυτου

Lac.: P[45] P[75] 565

εγω rell] add γαρ ℵ A Π f[13]

τινας ℵ B C L 33 892 1241 UBS] ους rell [NA: a b e]

η γραφη πληρωθη rell] πληρωθη η γραφη D b

μου (Origen) B C L 892 UBS] μετ' εμου (Origen) rell

---

[6] The lemma is clearly defective, as Preuschen suspected. When Origen first
cites the text in the following discussion (32, 14, 156, ινα πληρωθη η λεγουσα
γραφη·) he reads τρωγων μου. But later, in 32, 15, 169, when he refers to the
previously mentioned (το προειρημενον) verse, he reads τρωγων μετ' εμου, and
repeats it twice in the following two sentences. Yet when in the following long
paragraph he returns to 13:18 once more (32, 15, 175, πληρουμενην την λεγουσαν
γραφην·), he reads τρωγων μου. Both readings are, therefore, solidly established in
his commentary.

επηρεν rell] επηρκεν ℵ A W Θ Π [NA: a b e]

επ' P66c rell] omit P66* B

λεγω rell] λεγων f13

πληρωθη rell] add οτι 1241

τον αρτον Ec rell] add μου E*; omit f1

την rell] omit 33

John 13:19

απ' αρτι λεγω υμιν προ του γενεσθαι ινα πιστευητε οταν γενηται οτι εγω ειμι (Io.Com 32, 15, 169) [L]

απ' αρτι λεγω υμιν προ του γενεσθαι ινα πιστευητε οταν γενηται οτι εγω ειμι (Io.Com 32, 16, 196) [C]

ινα πιστευητε οταν γενηται οτι εγω ειμι (Io.Com 32, 15, 171) [C]

ινα πιστευητε (Io.Com 32, 15, 176) [C]

... το απ' αρτι λεγω υμιν προ του γενεσθαι και δια τουτο λεγω ιν' οταν γενηται πιστευσητε οτι εγω ειμι (Io.Com 32, 15, 170) [Ad]

απ' αρτι λεγω υμιν, και λεγω προ του γενεσθαι, ινα επαν γενηται το πληρωθησομενον των προφητευθεντων εν τη γραφη πιστευσητε οτι εγω ειμι (Io.Com 32, 15, 169) [All]

TEXT: απ' αρτι λεγω υμιν προ του γενεσθαι ινα πιστευητε [7] οταν γενηται οτι εγω ειμι

Lac.: P45 P75 565

πιστευητε B C] πιστευσητε rell

---

[7] The lemma and the three instances where the verse (or part thereof) are preceded by explicit introductory formulae all read πιστευητε. The two instances of the aorist involve adaptations of the verse to the context of Origen's discussion. We are inclined, therefore, to think that the present represents his actual text.

πιστευητε οταν γενηται B (P⁶⁶) (ℵ) (L) (579) (a) (b) (e)
(UBS)] οταν γενηται πιστευσητε (C) (Ω) rell

υμιν rell] omit 1241

οταν rell] εαν 579

ειμι rell] ειπον υμιν f¹³

John 13:20
αμην αμην λεγω υμιν, ο λαμβανων αν τινα πεμψω εμε
λαμβανει, ο δε εμε λαμβανων λαμβανει τον πεμψαντα με
(Io.Com 32, 17, 198) [L]

ο λαμβανων εαν τινα πεμψω (Io.Com 32, 17, 211) [C]

ο λαμβανων φησιν εαν τινα πεμψω εμε λαμβανει, ο δε εμε
λαμβανων λαμβανει τον πεμψαντα με (Io.Com 32, 17, 216)
[Ad]

TEXT: αμην αμην λεγω υμιν, ο λαμβανων εαν τινα πεμψω εμε
λαμβανει, ο δε εμε λαμβανων λαμβανει τον πεμψαντα με

Lac.: P⁴⁵ P⁷⁵ 565

εαν P⁶⁶ᶜ D E Δ Θ Ω f¹· ¹³ 700 TR] α A; αν P⁶⁶* rell [NA: a b
e]

ο δε rell] και ο D 33 (e) [a lac.]

πεμψαντα rell] αποστειλαντα f¹ 892 [NA: a b e]

εμε λαμβανων rell] λαμβανων εμε D; λαβων επ᾽ εμε 579
[NA: e]

λαμβανει² P⁶⁶ᶜ rell] add και P⁶⁶*

John 13:21
ταυτα ειπων ο Ιησους εταραχθη τω πνευματι και εμαρτυρησεν
και ειπεν· αμην αμην λεγω υμιν οτι εις εξ υμων παραδωσει
με (Io.Com 32, 18, 218) [L]

ταυτα ειπων ο Ιησους εταραχθη τω πνευματι   (Io.Com 32, 18, 218)   [C]

αμην αμην λεγω υμιν οτι εις εξ υμων παραδωσει με   (Io.Com 32, 19, 258)   [C]

λεγω υμιν οτι εις εξ υμων παραδωσει με   (Io.Com 32, 18, 226) [C]

εμαρτυρησεν ... εις εξ υμων παραδωσει με   (Io.Com 32, 18, 231)   [C]

εις εξ υμων παραδωσει με   (Io.Com 32, 18, 229)   [C]

εις εξ υμων παραδωσει με   (Io.Com 32, 19, 240)   [C]

τα προειρημενα· ειπων ο Ιησους εταραχθη ου την ψυχην ουδε τη ψυχη αλλ᾽ ουδε του πνευματος, αλλα τω πνευματι (Io.Com 32, 18, 223)   [Ad]

Ιησους ειρηται εταραχθη τω πνευματι   (Io.Com 32, 18, 227) [Ad]

εν δε τω εταραχθη τω πνευματι ο Ιησους   (Io.Com 32, 18, 223) [Ad]

TEXT: ταυτα ειπων ο Ιησους εταραχθη τω πνευματι και εμαρτυρησεν και ειπεν· αμην αμην λεγω υμιν οτι εις εξ υμων παραδωσει με

Lac.: P45 P75 565

ο P66c rell] omit P66* ℵ B L [NA: a b e]

λεγω υμιν rell] υμιν λεγω B

John 13:22

εβλεπον εις αλληλους οι μαθηται απορουμενοι περι τινος λεγει   (Io.Com 32, 19, 240)   [L]

εβλεπον εις αλληλους οι μαθηται   (Io.Com 32, 19, 258)   [C]

νυνι δε βλεπουσιν εις αλληλους οι μαθηται απορουμενοι περι τινος λεγει   (Io.Com 32, 19, 240)   [Ad] οτι ευλογως οι μαθηται επι τω του κυριου λογω εβλεπον εις αλληλους απορουμενοι περι τινος λεγει (Io.Com 32, 19, 246) [Ad]

οτι εικοτως οι μαθηται εβλεπον εις αλληλους απορουμενοι περι τινος λεγει (Io.Com 32, 19, 250) [Ad]

συνεζητουν γαρ απορουμενοι περι τινος λεγει (Io.Com 32, 19, 251) [Ad]

TEXT: εβλεπον εις αλληλους οι μαθηται απορουμενοι περι τινος λεγει

Lac.: P⁴⁵ P⁷⁵ 565

⁸ εβλεπον ℵᶜ B C Ψ e UBS] add ουν P⁶⁶ ℵ* rell; add δε (a)

μαθηται rell] add αυτου P⁶⁶ f¹³ 1241 a

απορουμενοι rell] απορουντες D f¹³ [NA: a b e]

εβλεπον ℵᶜ rell] add οι Ιουδαιοι ℵ*

John 13:23

ην ανακειμενος εις εκ των μαθητων αυτου εν τω κολπω του Ιησου, ον ηγαπα ο Ιησους + (Io.Com 32, 20, 260) [L]

ην ανακειμενος εις εκ των μαθητων αυτου εν τω κολπω του Ιησου (Io.Com 32, 20, 263) [C]

και μαθοντες οτι ον ηγαπα ο Ιησους ην ανακειμενος εν τω κολπω του Ιησου (Io.Com 32, 21, 274) [All]

και κατ' εξοχην ουκ ην νυξ τω ανακειμενω εν τω κολπω του Ιησου· ηγαπα γαρ αυτον ο Ιησους (Io.Com 32, 24, 314) [All]

---

⁸ While we are generally sceptical of citations with regard to the presence or absence of introductory conjunctions, because of the tendency to adapt the reference to the context, this consideration does not apply in the same way to the lemmata. There appears to be no reason to doubt the reliability of Origen's text for this verse, or for vv. 23 and 25 below.

TEXT: ην ανακειμενος εις εκ των μαθητων αυτου εν τω κολπω
του Ιησου, ον ηγαπα ο Ιησους

Lac.: P⁴⁵ P⁷⁵ 565

ην B C* L Ψ 892 UBS] add δε Cᶜ rell; add ουν b; και ην e

εκ rell] omit E Θ Ω f¹ 700 TR

ον rell] add και D (a)

ο Ιησους P⁶⁶ᶜ rell (a) (b)] Ιησους P⁶⁶* B (a) (b); omit e

εις ... Ιησου rell] εν τω κολπω του Ιησου εις των μαθητων
αυτου e

αυτου rell] omit W

του rell] omit 700

John 13:24

+ νευει ουν τουτω Σιμων Πετρος και λεγει αυτω· ειπε τις
εστιν περι ου λεγει +   (Io.Com 32, 20, 260) [L]

ειπε τις εστιν περι ου λεγει   (Io.Com 32, 21, 274) [C]

ειπε τις εστιν περι ου λεγει   (Io.Com 32, 21, 275) [C]

νευει αυτω και λεγει· ειπε τις εστιν περι ου ο Ιησους
προδωσοντος φησιν   (Io.Com 32, 20, 262) [All]

TEXT: νευει ουν τουτω Σιμων Πετρος και λεγει αυτω· ειπε τις
εστιν περι ου λεγει

Lac.: P⁴⁵ P⁷⁵

και λεγει αυτω· ειπε τις εστιν B C L 33 892 (a) (b)]
πυθεσθαι τις αν ειη P⁶⁶ᶜ A E W Δ (Θ) Π Ω f¹· ⁽¹³⁾ 565 700
(1241) UBS TR; πυθεσθαι τις αν ειη ουτος D; πυθεσθαι
αυτοι τι αν ειη 579; πυθεσθαι Ψ (e); πυθεσθαι τις αν ειη
περι ου ελεγεν και λεγει αυτω ειπε τις εστιν ℵ [P⁶⁶* illeg.]

περι ου λεγει P⁶⁶* rell] περι ου ειπεν P⁶⁶ᶜ e; omit b

νευει ουν C^c rell] και νευει e; νευει C*

ου rell] τινος Ψ [e lac.]

John 13:25

+ αναπεσων εκεινος επι το στηθος του Ιησου λεγει αυτω·
κυριε, τις εστιν; +   (Io.Com 32, 20, 260) [L]

^A αλλα γε τηρει τω επι το στηθος αναπεσοντι του Ιησου
(Io.Com 1, 4, 22) [All]

^A ουδεις δυναται λαβειν μη αναπεσων επι το στηθος Ιησου
(Io.Com 1, 4, 23) [All]

Lac.: P^45 P^75

αναπεσων P^66* א^c B C L Π* Ψ 33 892 UBS] επιπεσων P^66c
א* rell; οτι πεσων 579 [NA: a b e]

αναπεσων B C e] add δε A E Θ Π Ψ Ω 700 TR; add ουν rell

εκεινος rell] add ουτως P^66 B C E L Δ Ω f^13 33 UBS

John 13:26

+ αποκρινεται ουν ο Ιησους· εκεινος εστιν ω εγω βαψω το
ψωμιον. βαψας ουν το ψωμιον λαμβανει και διδωσιν Ιουδα
Σιμωνος Ισκαριωτου +   (Io.Com 32, 20, 260) [L]

εκεινος φησιν εστιν ω εγω βαψω το ψωμιον και δωσω αυτω·
ειπεν ουν τουτο ο Ιησους, και βαψας το ψωμιον λαμβανει και
διδωσιν Ιουδα Σιμωνος Ισκαριωτου +   (Io.Com 32, 22, 280)
[Ad]

οτε βαψας ο Ιησους το ψωμιον λαμβανει και διδωσιν Ιουδα
Σιμωνος Ισκαριωτη (Io.Com 32, 14, 166) [Ad]

... γεγραπται· εκεινος εστιν ω εγω δωσω το ψωμιον, αλλα μετα
προσθηκης της βαψω· βαψω γαρ φησι το ψωμιον και δωσω.
και βαψας το ψωμιον λαμβανει και διδωσιν Ιουδα Σιμωνος
Ισκαριωτη (Io.Com 32, 22, 288) [Ad]

Βαψας, φησι, το ψωμιον ο Ιησους, και δηλον οτι ... (Io.Com 32,
24, 306) [Ad]

βαψας ουν το ψωμιον, ... διδωσιν Ιουδα Σιμωνος Ισκαριωτου +
  (Io.Com 32, 24, 306) [Ad]

ταυτα δε μοι ειρηται <δια το > ψωμιον ο εμβαψας διδωσιν
  Ιουδα Σιμωνος Ισκαριωτη (Io.Com 32, 24, 312) [All]

οτε βαψας το ψωμιον εδιδου αυτω αλλ᾽ οτε μετα το ψωμιον
  εισηλθεν εις εκεινον ο σατανας (Io.Com 32, 30, 381) [All]

TEXT: αποκρινεται ουν ο Ιησους· εκεινος εστιν ω εγω βαψω το
  ψωμιον και δωσω αυτω.[9] βαψας ουν [10] το ψωμιον λαμβανει
  και διδωσιν Ιουδα Σιμωνος Ισκαριωτου [11]

Lac.: P[45] P[75]

ουν ℵ[c] B C* L 892 a] αυτω D f[13] e; omit ℵ* C[c] rell

ο Ιησους rell] Ιησους P[66] B W [NA: a b e]

Ιησους rell] add και λεγει ℵ D f[13]; add και λεγει αυτω 892;
και ειπεν 1241

ω rell] add αν D f[1] 565 [NA: a b e]

εγω rell] omit 579 b (e)

βαψω B C L 1241 UBS] εμβαψας A D (W) Π f[1. 13] 565;
βαψας rell

και δωσω B C (L) 1241 UBS] δωσω (W); επιδωσω rell [579
lac.]

---

[9] The omission of και δωσω αυτω in the lemma appears to be without support
in the manuscript tradition. The presence of και δωσω αυτω in Io.Com 32, 22, 280
and of δωσω (twice in 32, 22, 288) confirms the lemma as an anomaly.

[10] The reading βαψας ουν seems secure, as the lemma is confirmed by 32, 24,
306. The three instances where ουν is omitted (32, 24, 306; 22, 14, 166; 32, 30, 381)
appear to be the result of adaptation to context, as does one instance of και βαψας
(32, 22, 280; cf. the preceding clause). The only reason for uncertainty is the και
βαψας in 32, 22, 288, but this too may reflect adaptation.

[11] While both Ισκαριωτου and Ισκαριωτη are firmly established in Origen's
commentary, it seems more likely that Ισκαριωτου represents the reading of his
text; the instances of Ισκαριωτη may be due to the influence of 13:2 (Ισκαριωτης),
which is quoted twice in the immediate context (32, 22, 281 and 32, 22, 286).

αυτω B C L 33 1241 UBS] omit rell [579 lac.]

βαψας ουν א B C L 33 892 1241 a UBS] και εμβαψας rell; και βαψας D; και εμβαψας ουν Π^c [579 lac.]

λαμβανει και א^c B C L 33 892 1241 UBS] omit א[*] rell [579 lac.]

Σιμωνος rell] Σιμωνι f¹³ b; omit a e

Ισκαριωτου א B C L Θ Π^c Ψ 33 UBS] Ισκαριωτη Π[*] (f¹³) rell; Ισκαριωτης 579; απο Καρυωτου D; Scarioth a e; Scariotae b

----

αποκρινεται rell] αποκρινατο 1241

και δωσω ... λαμβανει και rell] omit 579

βαψω το ψωμιον και δωσω αυτω rell] δωσω ενβαψας το ψωμιον W

το ψωμιον² rell] ψωμιον B [579 lac.]

διδωσιν rell] επιδιδωσιν Θ

Ιουδα rell] Ιουδας 579

John 13:27

+ και μετα το ψωμιον τοτε εισηλθεν εις εκεινον ο σατανας. λεγει ουν αυτω ο Ιησους· ο ποιεις ποιησον ταχιον + (Io.Com 32, 20, 260) [L]

+ και μετα το ψωμιον τοτε εισηλθεν εις εκεινον ο σατανας (Io.Com 32, 22, 281) [C]

+ και μετα το ψωμιον τοτε εισηλθεν εις εκεινον ο σατανας (Io.Com 32, 24, 307) [C]

ο ποιεις ποιησον ταχιον (Io.Com 32, 23, 295) [C]

ο ποιεις ποιησον ταχιον + (Io.Com 32, 23, 297) [C]

ο ποιεις ποιησον ταχιον (Io.Com 32, 23, 299) [C]

ο ποιεις ποιησον ταχιον (Io.Com 32, 24, 300) [C]

ο ποιεις ποιησον ταχιον   (Io.Com 32, 24, 308)   [C]

διο και· μετα το ψωμιον εισηλθεν εις αυτον ο σατανας
(Io.Com 10, 46, 322)   [Ad]

κατα δε τα νυν εξεταζομενα μετα το ψωμιον εισηλθεν εις
εκεινον   (Io.Com 32, 22, 286)   [Ad]

λεγει φησιν αυτω ο Ιησους· ο ποιεις ποιησον ταχιον   (Io.Com
32, 23, 295)   [Ad]

εισερχεται εις αυτον ο σατανας ωσπερ εδωκεν Ιουδας
(Io.Com 10, 46, 322)   [All]

οτε μετα το ψωμιον εισηλθεν ο σατανας   (Io.Com 32, 9, 110)
[All]

οτε μετα το ψωμιον εισηλθεν ο σατανας εις τον Ιουδαν
(Io.Com 32, 14, 167)   [All]

... ινα μετα το ψωμιον εισελθη εις εκεινον ο σατανας   (Io.Com
32, 22, 289)   [All]

αλλ' οτε μετα το ψωμιον εισηλθεν εις εκεινον ο σατανας
(Io.Com 32, 30, 381)   [All]

... και Ιουδας ην, εις ον μετα το ψωμιον εισηλθεν ο Σατανας
(Mat.Com 13, 8)   [All]

... μετα το ψωμιον εισελθων εις αυτον Σατανας   (Mat.Com A
117)   [All]

TEXT: και μετα το ψωμιον τοτε εισηλθεν εις εκεινον ο
σατανας. λεγει ουν αυτω ο Ιησους· ο ποιεις ποιησον ταχιον

Lac.: P45 P75

μετα το ψωμιον rell] omit D e

μετα rell] add το λαβειν a b [D e lac.]

τοτε rell] omit ℵ D L 565 579 a b

o1 rell] omit D Δ [NA: a b e]

λεγει ουν rell] και λεγει D e; λεγει a

ο² rell] omit B L [NA: a b e]

εις rell] omit Ψ

εκεινον rell] αυτον 1241

ποιησον rell] ποιης D

John 13:28
+ τουτο δε ουδεις εγνω των ανακειμενων προς τι ειπεν αυτω
  + (Io.Com 32, 20, 260) [L]

+ ουδεις εγνω των ανακειμενων προς τι ειρηται (Io.Com 32, 23, 297) [Ad]

Lac.: P⁴⁵ P⁷⁵

δε rell] omit B W Ψ 579

John 13:29
+ τινες γαρ εδοκουν, επει το γλωσσοκομον ειχεν Ιουδας, οτι λεγει αυτω Ιησους· αγορασον ων χρειαν εχομεν εις την εορτην, η τοις πτωχοις ινα τι δω (Io.Com 32, 20, 260) [L]

ωοντο λεγειν αυτον τω εχοντι το γλωσσοκομον των αναλωματων και των εις την χρειαν των πτωχων διδομενων οτι ωνησεται ουτος ων χρηζομεν εις την εορτην η εκ των συναχθεντων δωσει τοις πτωχοις (Io.Com 32, 23, 298) [All]

Lac.: P⁴⁵ P⁷⁵

ειχεν rell] add ο P⁶⁶ C D E Δ Θ Π Ψ Ω 1241 TR [NA: a b e]

Ιησους ℵ B (a) (b)] ο Ιησους (a) (b) rell; omit f¹ 565 e

γαρ rell] δε P⁶⁶

επει rell] οτι D

χρειαν rell] omit 579

εορτην rell] omit 33

δῳ rell] δοι D

John 13:30
λαβων ουν το ψωμιον εκεινος εξηλθεν ευθυς· ην δε νυξ
  (Io.Com 32, 24, 300) [L]

εξηλθεν ευθυς (Io.Com 32, 24, 300) [C]

ην δε νυξ (Io.Com 32, 24, 313) [C]

λαβων το ψωμιον ο Ιουδας εξηλθεν ευθυς (Io.Com 32, 24, 308)
  [Ad]

οτε λαβων το ψωμιον ο Ιουδας και εξηλθεν ευθυς, τοτε
  εξελθοντι αυτω νυξ ην (Io.Com 32, 24, 316) [All]

TEXT: λαβων ουν το ψωμιον εκεινος εξηλθεν ευθυς· ην δε νυξ

Lac.: P45 P75

το ψωμιον εκεινος rell] εκεινος το ψωμιον 33 a; το ψωμιον
b; Iudas e

εξηλθεν ευθυς P66 ℵ B C D L W (Π) (Ψ) (f13) (33) 579 b
UBS] ευθεως εξηλθεν rell; εξηλθεν e

ευθυς P66 ℵ B C D L W 579 UBS] ευθεως rell; omit e [NA:
a b]

ουν rell] δε e; omit 892

εξηλθεν ... νυξ rell] ην δε νυξ οτε εξηλθεν ευθεως Π

John 13:31
οτε ουν εξηλθεν ο Ιησους λεγει· νυν εδοξασθη ο υιος του
  ανθρωπου και ο θεος εδοξασθη εν αυτω + (Io.Com 32, 25,
  318) [L]

νυν εδοξασθη ο υιος του ανθρωπου ... και ο θεος εδοξασθη εν
  αυτω (Io.Com 32, 25, 321) [C]

νυν εδοξασθη ο υιος του ανθρωπου ... και ο θεος εδοξασθη εν
  αυτω (Io.Com 32, 26, 329) [C]

νυν εδοξασθη ο υιος του ανθρωπου και ο θεος εδοξασθη εν
  αυτω (Io.Com 32, 28, 344) [C]

νυν εδοξασθη ο υιος του ανθρωπου (Io.Com 32, 25, 319) [C]

νυν εδοξασθη ο υιος του ανθρωπου (Io.Com 32, 25, 320) [C]

νυν εδοξασθη ο υιος του ανθρωπου (Io.Com 32, 25, 323) [C]

νυν εδοξασθη ο υιος του ανθρωπου (Io.Com 32, 29, 359) [C]

εδοξασθη ο υιος του ανθρωπου (Io.Com 32, 26, 328) [C]

και ο θεος εδοξασθη εν αυτω (Io.Com 32, 29, 359) [C]

εδοξασθη φησιν ο υιος του ανθρωπου ου μονος· και ο θεος γαρ
  εδοξασθη εν αυτω (Io.Com 32, 28, 354) [Ad]

TEXT: οτε ουν [12] εξηλθεν, ο Ιησους [13] λεγει· νυν εδοξασθη ο
  υιος του ανθρωπου και ο θεος εδοξασθη εν αυτω

Lac.: P⁴⁵ P⁷⁵

ουν rell] omit A E Δ [Π lac.]

ο¹ rell] omit P⁶⁶ ℵ B L Δ UBS [NA: a b e; 1241 lac.]

- -

οτε ουν εξηλθεν rell] omit Π

---

[12] As in 13:25, there appears to be no reason to doubt the reading of the
lemma (which is not subject to the pressure of contextual adaptation that citations
suffer), especially as in this instance the tendency would be to drop, rather than add,
the ουν.

[13] If the lemma is trustworthy, then Origen preserves here a singular variant
reading which, because of the syntactical ambiguity created by the placement of ο
Ιησους between the two verbs, would be considered the *lectio difficilior* in
comparison to the other variants. On the other hand, it is difficult to place much
weight on an uncorroborated singular reading that may be nothing more than a
scribal anomaly. The statistical analysis will not be affected either way.

ο Ιησους λεγει] λεγει (ο) Ιησους rell; λεγει ουν ο Ιησους
Ψ; omit 1241

John 13:32

+ ει θεος εδοξασθη εν αυτω και ο θεος δοξασει αυτον εν αυτω,
και ευθυς δοξασει αυτον˙ (Io.Com 32, 25, 318) [L]

ει ο θεος εδοξασθη εν αυτω και ο θεος δοξασει αυτον εν αυτω
... και ευθυς δοξασει αυτον   (Io.Com 32, 26, 329) [C]

και ευθυς δοξασει αυτον   (Io.Com 32, 29, 365) [C]

... απο του ο θεος εδοξασθη εν αυτω ληγη δε εις το και ο θεος
δοξασει αυτον εν αυτω, και ευθυς δοξασει αυτον   (Io.Com
32, 26, 330) [Ad]

TEXT: ει ο θεος εδοξασθη εν αυτω και ο θεος δοξασει αυτον εν
αυτω, και ευθυς δοξασει αυτον˙

Lac.: P45 P75

ει ο θεος εδοξασθη εν αυτω ℵc Cc Πc rell] omit P66ℵ* B C*
D L W Π* f1 579 a b

αυτω2 P66ℵ* B UBS] εαυτω ℵc rell [C 579 lac.]

εν αυτω2 ... αυτον2 rell] omit 579

και ευθυς δοξασει αυτον rell] omit W [579 lac.]

John 13:33

τεκνια, ετι μικρον μεθ᾽ υμων ειμι˙ ζητησετε με <και> καθως
ειπον τοις Ιουδαιοις οτι οπου εγω ειμι υμεις ου δυνασθε
ελθειν, και υμιν λεγω αρτι (Io.Com 32, 30, 368) [L]

τεκνια ετι μικρον μεθ᾽ υμων ειμι   (Io.Com 32, 30, 374) [C]

ετι μικρον μεθ᾽ υμων ειμι   (Io.Com 32, 30, 376) [C]

ετι μικρον μεθ᾽ υμων ειμι   (Io.Com 32, 30, 381) [C]

ετι μικρον μεθ᾽ υμων ειμι   (Io.Com 32, 30, 381) [C]

ετι μικρον μεθ᾽ υμων ειμι   (Io.Com 32, 31, 384) [C]

και καθως ειπον τοις Ιουδαιοις οτι οπου εγω υπαγω υμεις ου
δυνασθε ελθειν και υμιν λεγω αρτι   (Io.Com 32, 31, 389)
[C]

καθως ειπον τοις Ιουδαιοις και υμιν λεγω· οπου εγω υπαγω
υμεις ου δυνασθε ελθειν αρτι   (Io.Com 32, 32, 394)   [C]

οπου εγω υπαγω υμεις ου δυνασθε ελθειν αρτι   (Io.Com 32,
32, 398)   [C]

και υμιν λεγω αρτι   (Io.Com 32, 31, 391)   [C]

... του οπου εγω υπαγω υμεις ου δυνασθε ελθειν το καθως
ειπον τοις Ιουδαιοις   (Io.Com 32, 32, 392)   [Ad]

τοις μαθηταις λεγει το· Τεκνια, εμφαινοντος ...   (Io.Com 32,
30, 368)   [All]

... ειπεν· Τεκνια, μετα ...   (Io.Com 32, 30, 372)   [All]

οι δε μαθηται μεθ' ον εμελλεν μικρον χρονον μηκετι εσεσθαι
μετ' αυτων δια τα προειρημενα ουκ εδυναντο επεσθαι τω
λογω απιοντι επι τας εαυτου οικονομιας   (Io.Com 32, 31,
391)   [All]

TEXT: τεκνια, ετι μικρον μεθ' υμων ειμι· ζητησετε με και
καθως ειπον τοις Ιουδαιοις οτι οπου εγω υπαγω υμεις ου
δυνασθε ελθειν, και υμιν λεγω αρτι

Lac.: P45 P75

μικρον rell] add χρονον ℵ L Θ Ψ f13 892

οτι ℵc rell] omit P66 ℵ* D W 579 b e; και 1241

εγω υπαγω rell] υπαγω εγω Ε Δ Ψ Ω 565 700 892 b TR;
υπαγω P66 W 579; εγω ειμι e

τεκνια rell] add μου 579

ειμι1 rell] add και υπαγω προς τον πεμψαντα με 33

ζητησετε ... Ιουδαιοις rell] και καθως ειπον τοις Ιουδαιοις
ζητησετε με και ουχ ευρησετε 1241

ειπον rell] ειρηκα W

λεγω αρτι rell] λεγω πλην αρτι P⁶⁶; λεγω αρτι πλην f¹ 565
[NA: a b e]

John 13:36

οπου εγω υπαγω ου δυνασαι μοι *νυν* ακολουθησαι,
   ακολουθησεις δε υστερον (Io.Com 19, 14, 86) [C]

οπου εγω υπαγω ου δυνασαι μοι *νυν* <ακολουθησαι>,
   ακολουθησεις δε υστερον (Io.Com 32, 3, 36) [C]

ακολουθησεις δε μοι υστερον (Io.Com 32, 3, 37) [C]

ακολουθησεις δε υστερον (Io.Com 32, 3, 38) [C]

TEXT: οπου εγω υπαγω ου δυνασαι μοι *νυν* ακολουθησαι,
   ακολουθησεις δε υστερον

Lac.: P⁴⁵ P⁷⁵

εγω ℵ D Ψ f¹³ 33 700 1241] omit rell

μοι rell] omit 565 e

νυν ακολουθησαι (C) rell] ακολουθησαι Δ; συνακολουθησαι
αρτι D* e; συ *νυν* ακολουθησαι αρτι Dᶜ; αρτι ακολουθησαι
b

ακολουθησεις δε υστερον C* rell] υστερον δε
ακολουθησεις A Θ 892*; υστερον δε ακολουθησεις μοι Cᶜ E
Δ Π Ψ Ω f¹³ 700 892ᶜ 1241 (b) TR; υστερον δε μοι
ακολουθησεις D

υπαγω rell] add συ e

ακολουθησαι rell] ακολουθειν C

John 13:38

ου μη φωνησει αλεκτωρ εως αν αρνηση με τρις (Io.Com 32, 4,
   53) [C]

Lac.: P⁴⁵ P⁷⁵

φωνησει αλεκτωρ b] αλεκτωρ φωνησει (rell)

αρνηση P⁶⁶ B D L f¹ 565 b e UBS] απαρνηση (f¹³) rell

αρνηση με τρις P⁶⁶ B D L f¹ 565 b e UBS (rell)] τρις
απαρνησει με f¹³; με απαρνηση τρις 579; συ με απαρνηση
τρις W

αν] ου (L) rell

John Chapter Fourteen

John 14:2

... οικια του πατρος εν η πολλαι μοναι εισιν   (Io.Com 10, 44, 312)   [All]

John 14:3

φησι γαρ ιν' οπου εγω υπαγω και υμεις ητε   (Cels 6, 20)   [Ad]*

Lac.: P45 P75

ητε rell] εσθαι D

John 14:6

^A εγω ειμι η οδος και η αληθεια και η ζωη   (Io.Com 1, 4, 22)
[C]

^A εγω ειμι η οδος και η αληθεια και η ζωη   (Io.Com 1, 9, 53)
[C]

^A εγω ειμι η οδος και η αληθεια και η ζωη   (Io.Com 1, 19, 112)
[C]

^A εγω ειμι η οδος και η αληθεια και η ζωη   (Io.Com 1, 21, 126)
[C]

εγω ειμι η οδος και η αληθεια και η ζωη   (Io.Com 6, 6, 37)   [C]

εγω ειμι η οδος και η αληθεια και η ζωη   (Io.Com 6, 6, 41)   [C]

εγω ειμι η οδος και η αληθεια και η ζωη   (Cels 1, 66)   [C]

εγω ειμι η οδος και η αληθεια και η ζωη   (Cels 2, 9)   [C]

εγω ειμι η οδος και η αληθεια και η ζωη   (Cels 2, 9)   [C]

εγω ειμι η οδος και η αληθεια και η ζωη   (Cels 2, 25)   [C]

εγω ειμι η οδος και η αληθεια και η ζωη   (Cels 2, 64)   [C]

εγω ειμι η οδος και η αληθεια και η ζωη   (Cels 6, 66)   [C]

εγω ειμι η οδος και η αληθεια και η ζωη   (Cels 8, 20)   [C]

A εγω ειμι η οδος (Io.Com 1, 8, 51) [C]

εγω ειμι η οδος (Io.Com 6, 19, 104) [C]

εγω ειμι η οδος (Io.Com 32, 7, 80) [C]

εγω ειμι η οδος (Ier.Hom 18, 10) [C]

εγω ειμι η οδος (Luc.Hom 35, 9) [C]

εγω ειμι η οδος (Reg.Hom 9) [C]

εγω ειμι η αληθεια και η ζωη (Io.Com 19, 2, 6) [Ad]

εγω ειμι η αληθεια (Io.Com 20, 21, 173) [Ad]

εγω ειμι η αληθεια (Io.Com 20, 27, 240) [Ad]

εγω ειμι η αληθεια (Io.Com 20, 28, 245) [Ad]

εγω ειμι η αληθεια (Cels 8, 12) [Ad]

εγω ειμι η αληθεια (Mat.Com 12, 40) [Ad]

A εγω ειμι η αληθεια (Princ A 1, Praef., 1) [Ad]

A ... πως αυτον εκδεκτεον θυραν και τινα τροπον αμπελον τινι τε αιτια οδον (Io.Com 1, 24, 154) [All]

A πως αυτος εστιν η οδος (Io.Com 1, 27, 183) [All]

A ... ει ολοκληρος εστιν η αληθεια (Io.Com 1, 27, 187) [All]

ει γαρ Ιησους εστιν ο φασκων εγω ειμι η αληθεια, πως η αληθεια δια Ιησου Χριστου γινεται; (Io.Com 6, 6, 37) [All]

και οδος δε που και θυρα ειναι ομολογων (Io.Com 6, 43, 224) [All]

ο λεγων· εγω ειμι η αληθεια και εγω ειμι η ζωη και εγω ειμι η θυρα και εγω ειμι η οδος και εγω ειμι ο αρτος ο ζων ... (Cels 7, 16) [All]

TEXT: εγω ειμι η οδος και η αληθεια και η ζωη

Lac.: P45 P75

John 14:8

δειξον ημιν τον πατερα και αρκει ημιν   (Cels 7, 43)   [C]

Lac.: P⁴⁵ P⁷⁵ C

John 14:9

τοσουτω χρονω μεθ' υμων ειμι και ουκ εγνωκας με, Φιλιππε;
(Cels 7, 43)   [C]

ο εωρακως εμε εωρακε τον πατερα τον πεμψαντα με   (Io.Com
13, 25, 153)   [C]

ο εωρακως εμε εωρακε τον πατερα τον πεμψαντα με   (Io.Com
32, 29, 359)   [C]

ο εωρακως εμε εωρακε τον πατερα τον πεμψαντα με   (Cels 7,
43)   [C]

ο εωρακως εμε εωρακε τον πατερα τον πεμψαντα με   (Cels 7,
43)   [C]

ο εωρακως εμε εωρακε τον πατερα τον πεμψαντα με   (Cels 7,
43)   [C]

ο εωρακως εμε εωρακε τον πατερα τον πεμψαντα με
(Luc.Hom 1, 4)   [C]

... επει ο εωρακως τον υιον εωρακε τον πατερα   (Io.Com 6, 4,
19)   [Ad]

οτε μεν <ουν> ο εωρακως τον υιον εωρακε τον πατερα τον
πεμψαντα αυτον   (Io.Com 20, 7, 47)   [All]

TEXT: τοσουτω χρονω μεθ' υμων ειμι και ουκ εγνωκας με,
Φιλιππε; ο εωρακως εμε εωρακε τον πατερα[1]

---

[1] Seven of the preceding references, which come from three different sources
(Io.Com 13, 20, and 32; Cels 7; Luc.Hom 1), combine elements from 14:9 (εωρακε
τον πατερα) with the last phrase of 12:45 (και ο θεωρων εμε θεωρει τον πεμψαντα
με). This appears to be the form of 14:9 that Origen customarily cited, almost
certainly from memory, and it is just possible that it represents a genuine variant
textual form of 14:9. In view of its uniqueness, however, it appears more probable
that this singular form is due to mental conflation (analogous to the common
reference to the "rich young ruler"), and does not represent Origen's actual text of
14:9.

Lac.: P⁴⁵ (P⁷⁵) C

τοσουτω χρονω ℵ* D L W UBS] τοσουτον χρονον ℵᶜ rell
[NA: a b e; P⁷⁵ˈlac.]

εωρακεν rell] add και P⁷⁵ a b

John 14:11
ο γαρ πατηρ φησιν εν εμοι, καγω εν τω πατρι   (Cels 8, 12)
  [All]²

Lac.: P⁴⁵ C

ο πατηρ εν εμοι καγω εν τω πατρι D] εγω εν τω πατρι και ο
πατηρ εν εμοι rell

John 14:12
... οτι κατα την Ιησου επαγγελιαν οι μαθηται και μειζονα
    πεποιηκασιν ων Ιησους αισθητων πεποιηκεν   (Cels 2, 48)
    [All]

John 14:21
... η οταν τηρηση τις τας εντολας   (Io.Com 20, 17, 140) [All]

John 14:23
απεκριθη ο Ιησους και ειπεν αυτοις· εαν τις αγαπα με, τον
    λογον μου τηρησει και ο πατηρ μου αγαπησει αυτον και
    προς αυτον ελευσομεθα και μονην παρ᾽ αυτω ποιησομεθα
    (Orat 23, 1) [C]

προς αυτον ελευσομεθα και μονην παρ᾽ αυτω ποιησομεθα
    (Orat 25, 1) [C]

---

² We are generally reluctant to place much weight upon allusions with regard
to variations in word order. We include the variant in the apparatus solely because
of the remarkable (but perhaps only coincidental) agreement with D, and will
investigate the matter further in the second volume.

εγω γαρ φησι και ο πατηρ προς αυτον ελευσομεθα και μονην
  παρ᾽ αυτω ποιησομεθα   (Orat 20, 2) [Ad]

εαν τις ακουη μου τους λογους και ποιη αυτους εγω και ο πατηρ
  μου ελευσομεθα προς αυτον και μονην παρ᾽ αυτω
  ποιησομεθα   (Cels 8, 18) [All]

εγω και ο πατηρ μου ελευσομεθα προς αυτον και μονην παρ᾽
  αυτω ποιησομεθα   (Ier.Hom 8, 1) [All]

TEXT: απεκριθη ο Ιησους και ειπεν αυτοις· εαν τις αγαπα με,
  τον λογον μου τηρησει και ο πατηρ μου αγαπησει αυτον και
  προς αυτον ελευσομεθα και μονην παρ᾽ αυτω ποιησομεθα

Lac.: P45 C (892)

o1 f13 565 TR] omit 892 rell [NA: a b e]

αυτοις Ω] αυτω 892 rell [NA: e]

προς P66c rell] παρ᾽ P66* e [892 lac.]

ελευσομεθα P66c rell] εισελευσομεθα P66*; ελευσομαι D
e [892 lac.]

ποιησομεθα (a b) rell] ποιησομεν A E Θ (Δ) Π Ψ (Ω) 700
(1241) (a b) TR; ποιησομαι D e [892 lac.]

- -

μονην παρ᾽ αυτω rell] προς αυτον μονην D

John 14:26
  εκεινος υμας διδαξει παντα και υπομνησει υμας παντα οσα
  ειπον υμιν   (Mat.Com 15, 30) [C]

Lac.: P45 (P66) (P75) C W 892

οσα Θ f1 565 a b] α rell

ειπον rell] αν ειπω D Π a b e [P75 lac.]

υμιν rell] omit a b e [P75 lac.]

υμιν rell] add εγω B L UBS [P66. 75 lac.]

υμας διδαξει rell] διδαξει υμας 1241

και ... παντα P75vid rell] omit 1241

οσα (P66) (P75vid) rell] add εγω 33

John 14:27

ειρηνην αφιημι υμιν, ειρηνην την εμην διδωμι υμιν· ου καθως ο κοσμος διδωσιν ειρηνην καγω διδωμι ειρηνην (Io.Com 6, 1, 3) [C]

ειρηνην αφιημι υμιν, ειρηνην την εμην διδωμι υμιν ... ου καθως ο κοσμος διδωσιν ειρηνην καγω διδωμι υμιν ειρηνην (Cels 8, 14) [C]

ειρηνην αφιημι υμιν (Luc.Hom 13, 4) [C]

TEXT: ειρηνην αφιημι υμιν, ειρηνην την εμην διδωμι υμιν· ου καθως ο κοσμος διδωσιν ειρηνην καγω διδωμι υμιν[3] ειρηνην

Lac.: P45 P66 (P75) C W 892

διδωσιν rell] add υμιν ℵ [P75 lac.]

ειρηνην[3]] omit P75vid rell

καγω] εγω rell [P75 lac.]

διδωμι[2] rell] διδω Ω [P75 lac.]

ειρηνην[4]] omit P75vid rell

John 14:28

ηκουσατε οτι εγω ειπον υμιν· υπαγω και ερχομαι προς υμας. ει ηγαπατε με, εχαρητε αν οτι πορευομαι προς τον πατερα (Orat 23, 1) [C]

ο πατηρ ο πεμψας με μειζων μου εστιν (Io.Com 13, 25, 151) [C]

---

[3] The singular omission of υμιν in Io.Com 6, 1, 3 is more likely an authorial or scribal slip than a genuine variant in Origen's text.

ο πατηρ ο πεμψας με μειζων μου εστιν   (Io.Com 13, 37, 237)
[C]

ο πατηρ ο πεμψας με μειζων μου εστιν   (Io.Com 32, 29, 363)
[C]

ο πατηρ ο πεμψας με μειζων μου εστι   (Cels 8, 14)   [C]

ο πατηρ ο πεμψας με μειζων μου εστι   (Cels 8, 15)   [C]

ο πατηρ ο πεμψας με μειζων μου εστιν   (Mat.Com 15, 10)   [C]

^{A}ο πατηρ μου ο πεμψας με μειζων μου εστιν   (Princ A 4, 4, 8)
[C]

ουτος και μονος αγαθος και μειζων του πεμφθεντος   (Io.Com
6, 39, 200)   [All]

TEXT: ηκουσατε οτι εγω ειπον υμιν· υπαγω και ερχομαι προς
υμας. ει ηγαπατε με, εχαρητε αν οτι πορευομαι προς τον
πατερα, ... ο πατηρ [4] [ο πεμψας με] [5] μειζων μου εστιν

Lac.: P[45] P[66] P[75] C W 892

ηγαπατε rell] αγαπατε D L f[13] 33 579 [NA: a b e]

οτι[2] rell] add ειπον E Δ Ω 700 TR; add εγω f[13] e

πατηρ ℵ[c] A B D* L Ψ f[1] 33 565 b e UBS] add μου ℵ* D[c] rell

- -

πορευομαι rell] απερχωμαι 579

πατερα rell] add μου f[13]

---

[4] We follow the six references (from three major sources) without μου (which
is in any case more likely to have been added than omitted) as representative of
Origen's text, against the solitary reference that includes it.

[5] Here, as in 14:9, we have a situation in which Origen consistently and
repeatedly quotes the verse in a form that is not found in the MS tradition. The
phrase in question (ο πεμψας με) is certainly Johannine (cf. 6:44, and ο πεμψας με
πατηρ in 5:37, 8:16, 8:18, and 12:49), and just possibly represents a genuine textual
variant here. In view of its lack of any MS support, however, it appears more
probable that this singular form is due to mental conflation or harmonization.

ο πεμψας με] omit rell

John 14:30

ερχεται ο αρχων του κοσμου τουτου και εν εμοι ευρισκει ουδεν
(Io.Com 20, 31, 281) [C]

ερχεται ο αρχων του κοσμου τουτου και εν εμοι ουκ εχει ουδεν
(Io.Com 20, 36, 330) [C]

ερχεται ο αρχων του κοσμου τουτου και εν εμοι ευρησει ουδεν
(Luc.Hom 23, 6) [C]

ερχεται ο αρχων του κοσμου τουτου ουκ εχει δε εν εμοι ουδεν
(Ier.Hom 15, 5) [All]

ο γαρ αρχων του αιωνος τουτου ουδεν ειχεν εν αυτω
(Mat.Com 13, 10) [All]

TEXT: ερχεται ... ο αρχων του κοσμου τουτου και εν εμοι [ουκ
εχει ουδεν / ευρησει ουδεν / ευρισκει ουδεν]

Lac.: P45 (P66) P75 C W 892

αρχων του κοσμου τουτου f1. 13 579 e] του κοσμου αρχων
(P66) rell; του κοσμου τουτου αρχων (P66) Ψ a b TR

ουκ εχει ουδεν (Origen) rell] ευρησει ουδεν (Origen) π;
ευρισκει ουδεν (Origen) [P66 lac.]

ουδεν rell] add ευρειν D a [P66 lac.]

John Chapter Fifteen

John 15:1

ᴬ εγω ειμι η αμπελος η αληθινη, και ο πατηρ μου ο γεωργος εστι   (Io.Com 1, 21, 130)   [C]

ᴬ πως εστιν ο υιος αληθινη αμπελος   (Io.Com 1, 30, 205)   [All]

ᴬ ... αμπελος εστιν αληθινη   (Io.Com 1, 30, 206)   [All]

ανηει προς τον γεωργον της αληθινης απμελου πατερα (Io.Com 6, 57, 292)   [All]

δηλον οτι και οι του λογου μαθηται τα νοητα της αληθινης αμπελου του λογου κληματα, ου δυνανται φερειν τους καρπους της αρετης, εαν μη μενωσιν εν τη αληθινη αμπελω, τω Χριστω του θεου   (Cels 5, 12)   [All]

TEXT: εγω ειμι η αμπελος η αληθινη, και ο πατηρ μου ο γεωργος εστι

Lac.: P⁴⁵ P⁶⁶ P⁷⁵ C W 892

o² rell] omit D Δ   [NA: a b e]

John 15:4

κλημα καρπον ου δυναται φερειν, εαν μη εμμεινη τη αμπελω (Cels 5, 12)   [All]

John 15:5

ᴬ εγω ειμι αμπελος, υμεις τα κληματα   (Io.Com 1, 21, 130)   [C]

Lac.: P⁴⁵ P⁷⁵ C W 892

ειμι] add η rell

John 15:15

ᴬ ουκετι υμας λεγω δουλους οτι ο δουλος ουκ οιδε τι το θελημα του κυριου αυτου· αλλα λεγω υμας φιλους   (Io.Com 1, 29, 202)   [Ad] ᴬ ο δουλος ουκ οιδε τι θελει ο κυριος αυτου   (Io.Com 1, 29, 201) [Ad]

TEXT: ουκετι υμας λεγω δουλους οτι ο δουλος ουκ οιδε τι[1] ... φιλους

Lac.: P⁴⁵ P⁷⁵ C W 892

υμας λεγω D E Δ Θ Π Ω f¹· ¹³ 565 700 1241 TR] λεγω υμας rell

John 15:19

δια τουτο ο κοσμος υμας μισει οτι ουκ εστε εκ του κοσμου τουτου· ει γαρ ητε εκ του κοσμου τουτου ο κοσμος αν το ιδιον εφιλει (Mart 39) [Ad]

εκ του κοσμου ητε, καγω εξελεξαμην υμας εκ του κοσμου και ουκετι εστε εκ του κοσμου (Io.Com 19, 20, 136) [All]

... μαθηται, ους εξελεξατο εκ του κοσμου (Io.Com 19, 22, 150) [All]

TEXT: ει εκ του κοσμου ητε, ο κοσμος αν το ιδιον εφιλει· οτι ... [ουκ εστε εκ του κοσμου] ... εγω εξελεξαμην υμας εκ του κοσμου, δια τουτο [ο κοσμος υμας μισει][2]

Lac.: P⁴⁵ P⁷⁵ C W 892

το rell] τον P⁶⁶ 1241   [NA: a b e]

John 15:22

ᴬ ει μη ηλθον και ελαλησα αυτοις αμαρτιαν ουκ ειχοσαν· νυν δε προφασιν ουκ εχουσιν περι της αμαρτιας αυτων (Io.Com 1, 37, 270) [C]

---

[1] The middle portions of the two references differ so much from each other and from the MS tradition (both appear to be unique) that it is not possible to reconstruct Origen's text of this section of the verse.

[2] It does not appear possible to determine with any certainty the word order of Origen's text of the bracketed portions of this verse.

^A ει μη ηλθον και ελαλησα αυτοις αμαρτιαν ουκ ειχοσαν· νυν
δε προφασιν ουκ εχουσιν περι της αμαρτιας αυτων (Io.Com
1, 37, 274) [C]

^A ει μη ηλθον και ελαλησα αυτοις αμαρτιαν ουκ ειχοσαν
(Io.Com 1, 37, 270) [C]

^A ει γαρ μη ηλθον, φασι, και ελαλησα αυτοις αμαρτιαν ουκ
ειχοσαν (Io.Com 2, 15, 106) [Ad]

TEXT: ει μη ηλθον και ελαλησα αυτοις αμαρτιαν ουκ ειχοσαν·
νυν δε προφασιν ουκ εχουσιν περι της αμαρτιας αυτων

Lac.: P[45] (P[66]) P[75] C W 892

ειχοσαν Π[c] rell] ειχον A D E Δ Θ Π[*] Ψ Ω f[13] 565 579 700
1241 TR [NA: a b e]

δε ℵ[c] rell] omit ℵ[*] e [P[66] lac.]

αυτων P[66c] rell] omit P[66*] e

John Chapter Sixteen

John 16:2

ερχεται ωρα οτε πας ο αποκτεινας υμας δοξει λατρειαν
προσφερειν τω θεω   (Io.Com 28, 25, 235)   [Ad]*

Lac.: P⁴⁵ P⁶⁶ P⁷⁵ C W 892

υμας rell] ημας 579; omit B

προσφερειν rell] προσφερη Δ

θεω rell] κυριω A

John 16:5

νυν δε υπαγω προς τον πεμψαντα με και ουδεις εξ υμων ερωτα
με· που υπαγεις;   (Orat 23, 1)   [C]

Lac.: P⁴⁵ P⁶⁶ P⁷⁵ C W 579 892

δε rell] add εγω ℵ

υπαγεις rell] υπαγει ℵ

John 16:7

συμφερει¹ υμιν ινα εγω απελθω   (Pasc 2, 49)   [C]

Lac.: P⁴⁵ P⁶⁶ P⁷⁵ C W 892

John 16:11

νυν ο αρχων του κοσμου τουτου κεκριται   (Cels 8, 54)   [Ad]*

νυν ο αρχων του κοσμου τουτου κεκριται   (Mat.Com 11, 14)
   [Ad]*

---

¹ Because of the difficulties involved in citing introductory conjunctions, we
have not included in the apparatus the variant involving the addition of γαρ in 1241
(omit rell).

ννν ο αρχων του κοσμου τουτου κεκριται   (Mat.Com 12, 18)
[Ad]*

Lac.: P45 (P66) P75 C 892

τουτου rell] omit f1

John 16:12

ετι πολλα εχω υμιν λεγειν αλλ' ου δυνασθε βασταζειν αρτι +
(Cels 2, 2) [C]

ετι πολλα εχω υμιν λεγειν αλλ' ου δυνασθε βασταζειν αρτι
(Cels 2, 2) [C]

και ζητουμεν εν τω τοπω τινα ην τα πολλα α ειχε μεν λεγειν ο
Ιησους τοις μαθηταις εαυτου ουκ εδυναντο δε αυτα
βασταζειν τοτε (Cels 2, 2) [All]

Lac.: P45 P66 P75 C 892

εχω υμιν λεγειν ℵ B L Ψ 33 b e UBS] λεγειν εχω υμιν 579;
εχω λεγειν υμιν rell

δυνασθε rell] add αυτα D a b e

- -

αρτι ℵc rell] omit ℵ*

John 16:13

+ οταν δε ελθη εκεινος το πνευμα της αληθειας οδηγησει
υμας εις την αληθειαν πασαν· ου γαρ λαλησει αφ' εαυτου
αλλ' οσα ακουσει λαλησει (Cels 2, 2) [C]**

οταν ελθη εκεινος το πνευμα της αληθειας οδηγησει υμας εις
την αληθειαν πασαν (Cels 2, 2) [C]

Lac.: P45 P66 P75 C 892

2δε rell] omit D W 579

---

2 The omission of δε in the second reference may represent adaptation to the
introductory formula, δια τουτο λελεκται. Also, the first reference is cited as part
of a larger unit of text that includes 16:12. These circumstances lead us to take the
first citation as more representative of Origen's text, and to include the variant even

οδηγησει υμας rell] εκεινος υμας οδηγησει D a

εις την αληθειαν πασαν A B e] εις πασαν την αληθειαν E
Ψ Δ Π Ω f¹³ 700 1241 a TR; εν τη αληθεια παση ℵᶜ rell; εν
παση τη αληθεια Θ; εν τη αληθεια ℵ*

ακουσει B D* W Ψ f¹ 579 UBS] ακουει ℵ L b e; αν ακουει
33; αν ακουσει Dᶜ E Θ; (ε)αν ακουση rell

John 16:14
ᴬ οτι εκ του εμου ληψεται και αναγγελει υμιν (Io.Com 2, 18, 127) [C]

εκ του εμου ληψεται και αναγγελει υμιν (Io.Com 20, 29, 263) [C]

Lac.: P⁴⁵ P⁶⁶ P⁷⁵ C 579 892 1241

ληψεται rell] λαμβανει Ω f¹³ e

John 16:16
μικρον φασι και ουκετι θεωρειτε με και παλιν μικρον <και>
οψεσθε με³ (Io.Com 32, 31, 384) [Ad]*

Lac.: P⁴⁵ P⁷⁵ C 892

ουκετι P⁶⁶ᵛⁱᵈ ℵ B D L W Θ Ψ f¹ 33 b UBS] ου rell

- -

και¹ rell] add οτι 1241

John 16:18
τι εστιν τουτο ο λεγει μικρον; ουκ οιδαμεν τι λαλει +
(Io.Com 32, 31, 384) [Ad]*

---

though it represents the omission of an introductory conjunction.

³ In view of the way Origen appears to cite in Io.Com 32 only the portions of
verse 16 relevant to the immediate discussion, it is doubtful that he can be taken as a
witness for the omission (with P⁶⁶ ℵ B D L W a b e UBS) of οτι υπαγω προς τον
πατερα (read by A Δ Θ Π [Ψ] Ω f¹· ¹³ [33] 565 579 700 1241 [TR]).

Lac.: P⁴⁵ P⁷⁵ C 892

τι εστιν τουτο D* rell] τουτο τι εστιν A Dᶜ E Δ Π Θ Ω 700 1241 TR [NA: a b e]

ο λεγει ℵᶜ Dᶜ rell] το λεγει A; omit P⁶⁶ℵ* D* W f¹· ¹³ 565 579 a b e

μικρον ℵᶜ B L Ψ 33] το μικρον ℵ* rell [NA: a b e; P⁶⁶ lac.]

τι λαλει Dᶜ rell] τι λεγει Θ; ο λεγει D* (a); omit B

John 16:19

+ γνους ο Ιησους και οτι ηθελον αυτον ερωταν, ειπεν αυτοις· περι τουτου ζητειτε μετ' αλληλων οτι ειπον· μικρον και ου θεωρειτε με, και παλιν μικρον και οψεσθε με; + (Io.Com 32, 31, 384) [Ad]*

Lac.: P⁴⁵ P⁷⁵ C 892

ο rell] omit B L W [NA: a b e; P⁶⁶ lac.]

ηθελον rell] ημελλον P⁶⁶ᶜℵ W (579); ημελλον και ηθελον P⁶⁶*

ερωταν rell] add περι τουτου D (Θ)

ου rell] ουκετι Θ 565 [P⁶⁶ lac.]

και¹] omit rell

ερωταν rell] επηρωταν Θ; επερωτησαι D

αυτοις rell] omit A

John 16:20

+ αμην αμην λεγω υμιν οτι κλαυσετε και θρηνησετε υμεις, ο κοσμος χαρησεται· υμεις δε λυπηθησεσθε, αλλ' η λυπη υμων εις χαραν γενησεται (Io.Com 32, 31, 384) [C]

Lac.: P⁴⁵ P⁶⁶ P⁷⁵ C 892

δε Χᶜ rell] omit Χ* B D f¹ a b e UBS

αμην αμην rell] αμην f¹³

ο] add δε rell

John 16:23
αμην αμην λεγω υμιν αν τι αιτησητε τον πατερα μου δωσει
υμιν εν τω ονοματι μου +   (Orat 15, 2) [C]

εαν τι αιτησητε τον πατερα δωσει υμιν εν τω ονοματι μου
(Orat 15, 2) [Ad]

ου γαρ ειπεν αιτειτε με ουδε αιτειτε τον πατερα απλως αλλα ...
(Orat 15, 2) [All]

εως γαρ εδιδαξε ταυτα ο Ιησους, ουδεις ητηκει τον πατερα εν
τω ονοματι του υιου   (Orat 15, 2) [All]

TEXT: αμην αμην λεγω υμιν αν⁴ τι αιτησητε τον πατερα⁵ δωσει
υμιν εν τω ονοματι μου

Lac.: P⁴⁵ P⁶⁶ P⁷⁵ 892

αν τι B C L UBS] εαν τι D*; οτι εαν τι Ψ; οτι ο αν Χ; οτι ο
εαν Θ Π 33 1241; οτι οσα αν E Δ Ω f¹·¹³ 565 579 700 TR;
οτι αν A Dᶜ W [NA: a b e]

δωσει υμιν εν τω ονοματι μου Χ B C* L Δ] εν τω ονοματι
μου δωσει υμιν rell

δωσει rell] δωη 33

---

⁴ We have followed the text of the one full citation in preference to that of the
shorter adaptation, which may have been altered for contextual reasons.
⁵ We have taken the three references that read πατερα (without μου) as
representative of Origen's text, especially since the reading πατερα μου appears to
be virtually unattested in the MS tradition.

John 16:24

+ εως αρτι ουκ ητησατε ουδεν εν τω ονοματι μου· αιτειτε και
    ληψεσθε ινα η χαρα υμων η πεπληρωμενη   (Orat 15, 2) [C]

εως αρτι ουκ ητησατε ουδεν εν τω ονοματι μου· ... αιτειτε και
    ληψεσθε ινα η χαρα υμων η πεπληρωμενη   (Orat 15, 2) [C]

Lac.: P45 (P66) P75 892

αιτειτε rell] αιτησασθε P66ℵ W 579 [NA: a b e]

ητησατε rell] ητησασθαι A

η πεπληρωμενη rell] πεπληρωμενη ην W [P66 lac.]

John 16:25

ταυτ᾽ εν παροιμιαις λελαληκα υμιν· ερχεται ωρα οτε ουκετι εν
    παροιμιαις λαλησω υμιν   (Cels 4, 87) [C]

Lac.: P45 P75 892

υμιν1 P66ℵ B C* D* L W Πc f1 33 579 a b e UBS] add αλλ(α)
Dc Cc Π* rell

λελαληκα rell] λαλησω Δ

οτε rell] οπου ℵ; omit f1

John 16:33

εν τω κοσμω θλιψιν εχετε αλλα θαρσειτε εγω νενικηκα τον
    κοσμον (Cels 6, 59) [C]

εν τω κοσμω θλιψιν εχετε αλλα θαρσειτε εγω νενικηκα τον
    κοσμον (Cels 8, 14) [C]

θαρσειτε εγω νενικηκα τον κοσμον (Cels 8, 70) [C]

... το νενικησθαι τον κοσμον και ... (Io.Com 6, 55, 286) [All]

TEXT: εν τω κοσμω θλιψιν εχετε αλλα θαρσειτε εγω νενικηκα
    τον κοσμον

Lac.: P⁴⁵ (P⁶⁶) P⁷⁵ 892

εν τω ... εχετε rell] omit P⁶⁶ᵛⁱᵈ Δ

εχετε rell] εξετε D Ω f¹. ¹³ 565 1241 a b e TR [P⁶⁶ Δ lac.]

John Chapter Seventeen

John 17:1

ταυτα ελαλησεν ο Ιησους και επαρας τους οφθαλμους αυτου
εις τον ουρανον ειπε· πατερ εληλυθεν η ωρα· δοξασον σου
τον υιον ινα και ο υιος σου δοξαση σε   (Orat 13, 1) [C]

^A πατερ εληλυθεν η ωρα· δοξασον σου τον υιον ινα ο υιος
δοξαση σε   (Io.Com 1, 21, 128) [C]

Lac.: P⁴⁵ (P⁶⁶) P⁷⁵ 892

ελαλησεν rell] λελαληκεν ℵ W 579 [NA: a b e; P⁶⁶ lac.]

ο¹ rell] omit ℵ B Θ UBS [NA: a b e; P⁶⁶ lac.]

επαρας ... ειπεν P^{66vid} rell] επηρεν ... και ειπεν A E Δ Π Ψ
Ω 700 e TR

ινα (Origen) ℵ A B C* D W Θ f¹ 579 a b e UBS] add και
(Origen) C^c rell [P⁶⁶ lac.]

υιος (Origen) ℵ B C* W e UBS] add σου (Origen) C^c rell
[P⁶⁶ lac.]

John 17:3

^A ινα γινωσκωσι σε τον μονον αληθινον θεον   (Io.Com 2, 2,
17) [C]

^A ... ινα γινωσκωσι σε τον μονον αληθινον θεον   (Princ A 1, 2,
13) [C]

^A αληθινος ουν θεος ο θεος   (Io.Com 2, 2, 18) [All]

Χριστιανοις δε μεμαθηκοσι την αιωνιον αυτοις ειναι ζωην εν
τω γινωσκειν τον μονον επι πασιν αληθινον θεον και ον
εκεινος απεστειλεν Ιησουν Χριστον   (Cels 3, 37) [All]

TEXT: ινα γινωσκωσι σε τον μονον αληθινον θεον και ον
απεστειλας Ιησουν Χριστον

Lac.: P⁴⁵ (P⁶⁶) P⁷⁵ 892

γινωσκωσι rell] γινωσκουσιν A D L W Δ 33 579 1241 [NA:
a b e; P⁶⁶ lac.]

σε rell] omit W

απεστειλας rell] απεστειλεν W; (απ- ?)επεμψας P⁶⁶

John 17:5

και νυν δοξασον με πατερ παρα σεαυτω τη δοξη η ειχον προ
του τον κοσμον ειναι παρα σοι (Mat.Com 13, 20) [C]

πατερ δοξασον με τη δοξη η ειχον παρα σοι προ του τον
κοσμον ειναι (Mat.Com 15, 23) [Ad]

TEXT: και νυν δοξασον με πατερ παρα σεαυτω τη δοξη η ειχον
[προ του τον κοσμον ειναι παρα σοι / παρα σοι προ του τον
κοσμον ειναι]¹

Lac.: P⁴⁵ P⁷⁵ 892

η ℵᶜ rell] ην ℵ* 579 [P⁶⁶ lac.]

προ του τον κοσμον ειναι παρα σοι (Origen) rell] παρα σοι
προ του τον κοσμον ειναι (Origen) P⁶⁶ a; παρα σοι προ του
γενεσθαι τον κοσμον D

με] add συ rell

John 17:9

περι ων ο σωτηρ ερωτα τον πατερα μονων, και ου περι του
κοσμου ολου των ανθρωπων (Mat.Com 13, 20) [All]

---

¹The differences between the two references are striking. The first part of the
second reference (up to τη) is without parallel among the MS witnesses, and may
reflect citation from memory or paraphrasis; it is, at least with regard to word order,
the easier reading in every respect. But because the last part of the verse agrees
precisely with P⁶⁶, we list both forms for this portion of the verse.

John 17:10

παντα τα εμα σα εστιν ... παντα τα εμα σα εστιν   (Io.Com 20, 38, 354) [Ad]

Lac.: P⁴⁵ P⁷⁵ 892

John 17:11

καγω προς σε ερχομαι και ουκετι ειμι εν τω κοσμω   (Mat.Com 13, 20) [Ad]

καγω προς σε ερχομαι και ουκετι ειμι εν τω κοσμω   (Mat.Com 13, 20) [Ad]

TEXT: και ουκετι ειμι εν τω κοσμω ... καγω προς σε ερχομαι

Lac.: P⁴⁵ (P⁶⁶) P⁷⁵ 892

ειμι εν τω κοσμω rell] εν τω κοσμω ειμι A Π

καγω ℵ B C* D L Ψ f¹ 33 UBS] και εγω Cᶜ rell [NA: a b e; P⁶⁶ lac.]

και ουκετι ειμι εν τω κοσμω rell] omit a

εν rell] add τουτω D

John 17:13

και ταυτα λαλω εν τω κοσμω   (Mat.Com 13, 20) [C]

Lac.: P⁴⁵ P⁶⁶ P⁷⁵ 892

εν rell] add τουτω D [NA: a b e]

John 17:14

και ο κοσμος εμισησεν αυτους οτι ουκ εισιν εκ του κοσμου (Mat.Com 13, 20) [C]

ουκ εισιν εκ του κοσμου   (Mat.Com 13, 20) [C]

... το εκ του κοσμου ουκ εισιν, αληθως ως εκ του κοσμου (Mat.Com 13, 21) [Ad] ουκ εισι δε οι μαθηται εκ του κοσμου   (Mat.Com 13, 21)   [All]

Lac.: P⁴⁵ P⁷⁵ 892

εμισησεν rell] μισει D a e

εκ rell] add τουτου D

John 17:16
εκ του κοσμου ουκ εισιν ως ουδ᾽ αυτος εκ του κοσμου ην
(Mat.Com 13, 20) [Ad]

... το εκ του κοσμου ουκ εισιν, αληθως ως εκ του κοσμου
(Mat.Com 13, 21) [Ad]

ουκ εισι δε οι μαθηται εκ του κοσμου   (Mat.Com 13, 21)   [All]

TEXT: εκ του κοσμου ουκ εισιν

Lac.: P⁴⁵ P⁷⁵ 33 892

εκ rell] add τουτου D

John 17:19
Χριστος ο ειπων· αγιαζω εμαυτον υπερ τουτων, και ου τουτων
μονων ... (Pasc 2, 47) [All]

John 17:20
... αλλα και υπερ ολων² των πιστευοντων εις σε   (Pasc 2, 47)
[All]*

Lac.: P⁴⁵ (P⁶⁶) P⁷⁵ 892

υπερ W 579] περι rell [P⁶⁶ lac.]

---

² The singular ολων is almost certainly Origen's emphatic addition; it is highly
unlikely that it has any conection with the added παντων read by Π f¹ 565 700 (omit
rell).

πιστευοντων D* rell] πιστευσοντων Dᶜ Ω 565 a e TR [P⁶⁶ lac.]

John 17:21

ινα ο κοσμος πιστευση οτι συ με απεστειλας   (Mat.Com 13, 20) [C]

ᴬ ... ινα και αυτοι εν ημιν εν ωσι   (Io.Com 1, 26, 174)   [All]

... ινα και αυτοι εν ημιν εν ωσιν   (Io.Com 28, 21, 184)   [All]

... ινα και αυτοι εν ημιν εν ωσι   (Mart 39)   [All]

... ινα και αυτοι εν ημιν εν ωσιν   (Rom.Com 5, 2)   [All]

TEXT: ινα και αυτοι εν ημιν εν ωσι ινα ο κοσμος πιστευση οτι συ με απεστειλας

Lac.: P⁴⁵ P⁷⁵ 892

εν² Cᶜ rell] omit P⁶⁶ᵛⁱᵈ B C* D W a b e UBS

πιστευση ℵᶜ Cᶜ rell] πιστευη P⁶⁶ℵ* B C* W UBS [NA: a b e]

- -

ινα² rell] add και f¹

John 17:24

ου γαρ ως ετυχεν ακουστεον του προ καταβολης κοσμου (Io.Com 19, 22, 149) [All]

John Chapter Eighteen

John 18:1

εξηλθεν γαρ συν τοις μαθηταις αυτου περαν του χειμαρρου
των Κεδρων οπου ην κηπος εις ον εισηλθεν αυτος και οι
μαθηται αυτου   (Io.Com 28, 23, 202)   [Ad]*

χειμαρρουν δε τινα εχρην ειναι τον τοπον ενθα εβουλετο
πιασθηναι ο Ιησους και εδυνατο   (Io.Com 19, 10, 62)   [All]

Lac.: P45 (P66) P75 892

των Κεδρων ℵc rell] του Κεδρων A Δ e UBS; του Κεδρου
ℵ* D W a b [P66 lac.]

εισηλθεν rell] εισηλθον E e; εισεληλυθεν W; εξηλθεν
579 [P66 lac.]

John 18:3

ο γαρ Ιουδας λαβων την σπειραν και εκ των αρχιερεων και
Φαρισαιων υπηρετας ερχεται εκει μετα φανων και λαμπαδων
και οπλων   (Io.Com 19, 10, 63)   [Ad]

Ιουδας λαβων σπειραν και εκ των αρχιερεων και Φαρισαιων
υπηρετας ερχεται εκει μετα φανων και λαμπαδων και οπλων
(Io.Com 28, 23, 204)   [Ad][1]

TEXT: ο ... Ιουδας λαβων την σπειραν και εκ των αρχιερεων και
Φαρισαιων υπηρετας ερχεται εκει μετα φανων και λαμπαδων
και οπλων

Lac.: P45 (P66) P75 892

λαβων rell] παραλαβων f1 565 [NA: a b e; P66 lac.]

και[2] ℵc rell] add εκ των ℵ* D L 579 a UBS; add των B [P66
lac.]

---

[1] The absence of the ο and the την in this reference (here judged to be the
result of adaptation), if taken to be representative of Origen's text, would not affect
the analysis, inasmuch as they are singular readings.

λαβων P66vid rell] add ολην f13

εκει א c rell] omit א* [P66 lac.]

οπλων rell] οχλων 700 [P66 lac.]

John 18:4

τινα ζητειτε; +   (Io.Com 28, 23, 206) [C]

ειδως γουν παντα τα ερχομενα επ᾽ αυτον εξηλθε και λεγει
αυτοις· τινα ζητειτε; +   (Cels 2, 10) [Ad]

TEXT: ... ειδως παντα τα ερχομενα επ᾽ αυτον εξηλθε και λεγει
αυτοις· τινα ζητειτε;

Lac.: P45 (P66) P75 892

ειδως rell] ιδων D Ψ f13 [NA: a b e; P66 lac.]

εξηλθε και λεγει B C* D f1 565 a (b) e UBS] εξηλθων ειπεν
P66vid Cc rell

ερχομενα rell] επερχομενα Δ [P66 lac.]

John 18:5

+ απεκριθησαν αυτω· Ιησουν τον Ναζωραιον   (Io.Com 28, 23,
206) [C]

+ οι δ᾽ απεκριθησαν· Ιησουν τον Ναζωραιον· λεγει δε αυτοις·
εγω ειμι ειστηκει δε και Ιουδας ο παραδιδους αυτον μετ᾽
αυτων +   (Cels 2, 10) [Ad]

TEXT: απεκριθησαν αυτω· 2 Ιησουν τον Ναζωραιον· λεγει
αυτοις· εγω ειμι. ειστηκει δε και Ιουδας ο παραδιδους αυτον
μετ᾽ αυτων

---

2 While both references are part of larger quotations from John 18, and follow
directly after verse 4, the presence of two singular readings in the second reference
(οι δ᾽ απεκριθησαν and λεγει] + δε) leads us to consider it an adaptation.

Lac.: P^{45} (P^{66}) P^{75} 892

Ναζωραιον rell] Ναζαρηνον D a [P^{66} lac.]

αυτοις B D a b e UBS] add Ιησους ℵ; add ο Ιησους rell [P^{66} lac.]

ειμι rell] add Ιησους B (a) [P^{66} lac.]

και rell] omit 579 [P^{66} lac.]

ο παραδιδους αυτον P^{66c} rell] omit P^{66*vid}

John 18:6

+ ως ουν ειπεν αυτοις εγω ειμι απηλθον εις τα οπισω και επεσον χαμαι + (Cels 2, 10) [C]

ειπεν αυτοις· εγω ειμι <δυναμεως> απηλθον εις τα οπισω και επεσον χαμαι (Io.Com 28, 23, 206) [Ad]

ει γαρ μη εβουλετο παθειν, ειπεν αν παλιν· εγω ειμι· και απηλθον αν οι τοσουτοι εις τα οπισω και παντες επεσον αν χαμαι (Io.Com 28, 23, 208) [All]

Lac.: P^{45} (P^{66}) P^{75} 892

αυτοις rell] add οτι C E Δ Ω f^{13} (579) 700 1241 TR [P^{66} lac.]

ουν rell] omit A

αυτοις $ℵ^{c}$ rell] omit $ℵ^{*}$ [P^{66} lac.]

αυτοις P^{66vid} rell] add ο Ιησους 579

John 18:7

παλιν ηρωτησεν αυτους· τινα ζητειτε; οι δε ειπον· Ιησουν τον Ναζωραιον (Io.Com 28, 23, 207) [Ad]

+ παλιν ουν αυτος επηρωτησε· τινα ζητειτε; οι δε ειπον παλιν· Ιησουν τον Ναζωραιον + (Cels 2, 10) [Ad]

TEXT: παλιν ουν³ [επηρωτησεν αυτους]·⁴ τινα ζητειτε; οι δε
[ειπον / ειπον παλιν]· Ιησουν τον Ναζωραιον

Lac.: P⁴⁵ (P⁶⁶) P⁷⁵ 892

ουν rell] omit 1241 a e [P⁶⁶ lac.]

ειπον (Origen) P⁶⁶vid rell] add παλιν (Origen) D

Ναζωραιον rell] Ναζαραιον Ω; Nazarenum a e [P⁶⁶ lac.]

αυτους P⁶⁶vid rell] add λεγων D

John 18:8

+ απεκριθη αυτοις ο Ιησους· ειπον υμιν οτι εγω ειμι· ει ουν
εμε ζητειτε αφετε τουτους υπαγειν (Cels 2, 10) [C]

Lac.: P⁴⁵ (P⁶⁶) P⁷⁵ 892

αυτοις D f¹· ¹³ 565] omit P⁶⁶vid rell

ο D π^c f¹· ¹³ 565 TR] omit π* rell [NA: a b e; P⁶⁶ lac.]

τουτους rell] αυτους 1241 [P⁶⁶ lac.]

John 18:12

η σπειρα και ο χιλιαρχος και οι υπηρεται των Ιουδαιων
συνελαβον τον Ιησουν εκοντα και εδησαν αυτον ... (Io.Com
28, 23, 208) [Ad]*

---

³ The absence of ουν in the Io.Com reference is likely due to adaptation. Note that the reference from Cels 2, 10 is part of a longer citation covering vv. 4-8; the ουν in v. 7 is, therefore, not an introductory conjunction subject to adaptation. Consequently we judge the Cels 2, 10 reference likely to be reliable on this point.

⁴ The two singular readings (αυτος επηρωτησε and ηρωτησεν αυτους) provide no basis for any certainty regarding Origen's text at this point. The MSS split between αυτους επηρωτησεν [P⁶⁶ ℵ D E W Δ Θ Π Ω f¹ 565 579 700 1241 a (b) TR] and επηρωτησεν αυτους [A B C L Ψ f¹³ (33) (e) UBS].

προτερον μεν συλληφθεις υπο της σπειρας και του χιλιαρχου
και των Ιουδαικων υπηρετων οιτινες δησαντες αυτον +
(Io.Com 32, 30, 376)   [All]

Lac.: P⁴⁵ (P⁶⁶) P⁷⁵ 892 e

οι P⁶⁶ᶜ rell] omit P⁶⁶*

John 18:13
   + απηγαγον προς Ανναν πρωτον   (Io.Com 32, 30, 376)   [All]*

Lac.: P⁴⁵ (P⁶⁶) P⁷⁵ 892 e

απηγαγον ℵᶜ rell] ηγαγον P⁶⁶ℵ* B D W 579 a UBS

απηγαγον (P⁶⁶ᵛⁱᵈ) (ℵ) (B) C* (D) (W) Δ 33 (579) (a) (UBS)]
add αυτον Cᶜ rell

John 18:14
   καλον γαρ ενα ανθρωπον αποθανειν υπερ ολου του λαου   (Pasc
   2, 43)   [All]*

Lac.: P⁴⁵ P⁷⁵ D Ω 892 e

αποθανειν P⁶⁶ᵛⁱᵈ C* rell] απολεσθαι A Cᶜ E Δ Π Ψ 700 1241
TR

John 18:28
   αγουσι⁵ τον Ιησουν απο του Καιαφα εις το πραιτωριον
   (Io.Com 28, 14, 119)   [C]

Lac.: P⁴⁵ P⁶⁶ P⁷⁵ D 892

Καιαφα rell] Καιφα a b e

---

⁵ There is insufficient evidence to determine whether the absence of ουν (also
absent in L b) is due to adaptation or is the reading of Origen's text.

John 18:31

ημιν ουκ εξεστιν αποκτειναι ουδενα   (Io.Com 28, 25, 232)   [C]

Lac.: P⁴⁵ (P⁶⁶) P⁷⁵ D 892

αποκτειναι ουδενα P⁶⁶vid rell] ουδενα αποκτειναι f¹ a

εξεστιν rell] add τινα Θ

John 18:33

ᴬ συ ει ο βασιλευς των Ιουδαιων;⁶   (Io.Com 1, 21, 129)   [C]

Lac.: P⁴⁵ P⁶⁶ P⁷⁵ D 892

John 18:35

μητι εγω Ιουδαιος ειμι; το σον εθνος και οι αρχιερεις
παρεδωκαν σε εμοι   (Io.Com 28, 25, 232)   [C]

Lac.: P⁴⁵ P⁷⁵ D 892

μητι ℵᶜ rell] μη ℵ* W f¹ 565; μη γαρ P⁶⁶

οι αρχιερεις παρεδωκαν ℵᶜ rell] ο αρχιερευς παρεδωκαν ℵ*
b; ο αρχιερευς παρεδωκεν e

σον εθνος] εθνος το σον rell

John 18:36

ᴬ η βασιλεια η εμη ουκ εστιν εκ του κοσμου τουτου· ει εκ του
κοσμου τουτου ην η βασιλεια η εμη, οι υπηρεται οι εμοι
ηγωνιζοντο αν, ινα μη παραδοθω τοις Ιουδαιοις· νυν δε η
βασιλεια η εμη ουκ εστιν εντευθεν   (Io.Com 1, 21, 129)   [C]

---

⁶ While the identical words are also found in Matt. 27:11, Mark 15:2, and Luke
23:3, the ten Biblical references preceding and the six following this quotation are
drawn entirely from the fourth gospel, making it virtually certain that Origen has
John 18:33 in mind.

ει ην εκ του κοσμου τουτου η βασιλεια η εμη, οι υπηρεται οι εμοι ηγωνιζοντο αν, ινα μη παραδοθω τοις Ιουδαιοις (Ier.Hom 14, 17) [C]

ει ην εκ του κοσμου τουτου η βασιλεια η εμη, οι υπηρεται αν οι εμοι ηγωνιζοντο, ινα μη παραδοθω τοις Ιουδαιοις (Mat.Com 13, 9) [C]

ει ην εκ του κοσμου τουτου η βασιλεια η εμη, οι υπηρεται οι εμοι ηγωνιζοντο αν, ινα μη παραδοθω τοις Ιουδαιοις· νυνι δε ουκ εστιν εκ του κοσμου τουτου η βασιλεια η εμη (Cels 1, 61) [Ad]

TEXT: η βασιλεια η εμη ουκ εστιν εκ του κοσμου τουτου· ει [εκ του κοσμου τουτου ην / ην εκ του κοσμου τουτου][7] η βασιλεια η εμη, οι υπηρεται οι εμοι ηγωνιζοντο αν,[8] ινα μη παραδοθω τοις Ιουδαιοις· νυν δε η βασιλεια η εμη ουκ εστιν εντευθεν[9]

Lac.: P[45] (P[66]) P[75] C (expl. τουτο[1]) D 892

εκ του κοσμου τουτου ην (Origen) rell] ην εκ του κοσμου τουτου (Origen) W; εκ τουτου του κοσμου ην P[66vid] [NA: a b e]

βασιλεια η εμη[2] rell] εμη βασιλεια ℵ Θ [NA: a b e; P[66] lac.]

οι εμοι ηγωνιζοντο αν ℵ B[c] L W Ψ f[1. 13] 33 579 UBS] οι εμοι ηγωνιζοντο B[*]; αν οι εμοι ηγωνιζοντο rell [NA: a b e; P[66] lac.]

βασιλεια η εμη[1] rell] εμη βασιλεια ℵ [P[66] lac.]

εμη[2] rell] add και ℵ [P[66] lac.]

βασιλεια η εμη[3] rell] εμη βασιλεια ℵ [P[66] lac.]

---

[7] We are inclined to think that the citation from the Io.Com preserves Origen's text, but in view of the three witnesses supporting the alternative order we give both readings.

[8] With regard to οι εμοι ... αν, we are following the word order of the Io.Com, which is supported by two of the three other references.

[9] Here we follow the reading of the Io.Com, rather than the unique reading of the adaptation.

John 18:40
   μη τουτον απολυσης αλλα τον Βαραββαν. ην δε ο Βαραββας
    ληστης   (Io.Com 28, 25, 233) [Ad]*

   Lac.: P45 (P66) P75 C D 892

   Βαραββας P66vid rell] add ουτος Θ f1

   ο P66c rell] omit P66*

John Chapter Nineteen

John 19:1

οθεν επει εβουλετο υπερ του κοσμου παθειν, εξεταζομενους
υπο του Πιλατου και μαστιγουμενος σωπα   (Io.Com 19, 10,
61) [All]

John 19:7

απεκριθησαν οι Ιουδαιοι· ημεις νομον εχομεν και κατα τον
νομον οφειλει αποθανειν οτι υιον θεου εαυτον εποιησεν
(Io.Com 28, 25, 234) [C]

Lac.: P45 P75 C D 892

απεκριθησαν P66 ℵ W f1 565 579 a b e] add ουν αυτω 700;
add αυτω rell [Ω lac.]

νομον2 P66vid ℵ B L W Δ Ψ 579 a b e UBS] add ημων rell

υιον rell] add του W Ω 1241 TR [NA: a b e]

υιον θεου εαυτον (P66) (W) rell] εαυτον υιον θεου A E Θ Π
(Ω) (1241) (TR); εαυτον θεου υιον Δ 700

Ιουδαιοι rell] add και ειπαν f13

John 19:12

οι1 Ιουδαιοι εκραυγαζον λεγοντες προς τον Πιλατον· εαν
τουτον απολυσης ουκ ει φιλος του Καισαρος· πας ο βασιλεα
εαυτον ποιων αντιλεγει τω Καισαρι   (Io.Com 28, 25, 234)
[Ad]*

Lac.: P45 P75 C D 892

εκραυγαζον rell] εκραυγασαν P66vid B Ψ 33 700 a UBS;
εκραζον ℵc E Δ Ω 579vid TR; ελεγον ℵ* [NA: a b e]

---

1 The absence of δε (found in all other witnesses) is probably due to adaptation
to context.

λεγοντες rell] omit ℵ 579

εαν P⁶⁶ᶜ rell] αν P⁶⁶* B [NA: a b e]

εαυτον ποιων rell] αὐτον ποιων Ω TR; ποιων εαυτον W 579 [NA: a b e]

πας rell] add ουν 700; add γαρ a

βασιλεα rell] add τινα 579

τω rell] omit f¹

John 19:15

ουκ εχομεν βασιλεα ει μη Καισαρα   (Io.Com 28, 25, 235) [C]

εκραυγασαν οι Ιουδαιοι· αρον αρον σταυρωσον αυτον (Io.Com 28, 25, 234) [Ad]

ᴬ ...φασκοντες αιφε απο της γης τον τοιουτον, και σταυρου σταυρου αυτον   (Io.Com 1, 11, 70) [All]

TEXT: εκραυγασαν ...αρον αρον σταυρωσον αυτον. ...ουκ εχομεν βασιλεα ει μη Καισαρα

Lac.: P⁴⁵ P⁷⁵ C D 892

εκραυγασαν P⁶⁶ᶜ ℵᶜ rell] εκραυγαζον Θ Π 1241; εκραυγασον A; ελεγον P⁶⁶*ᵛⁱᵈ ℵ* W 579 [NA: a b e]

αρον¹ rell] λεγοντες αρον f¹³ 700

αρον αρον P⁶⁶ᶜ rell] αρον P⁶⁶*

αυτον P⁶⁶ᵛⁱᵈ rell] omit f¹³

John 19:16

...δι᾽ ημας βασταζοντι τον εαυτου σταυρον κατα το ειρημενον ουτω παρα τω Ιωαννη παραλαβοντες ουν αυτον επεθηκαν αυτω και τα εξης εως του οπου αυτον ... (Mat.Com 12, 24) [All]²

---

² While the allusion might appear to offer evidence for two variant readings (first, παραλαβοντες ουν ℵᶜ 700] παρελαβον ουν B L Ψ 33 a b e UBS; παρελαβον δε A E Δ Θ Π Ω 1241 TR; οι δε παραλαβοντες W f¹·¹³ 565 579; οι δε λαβοντες

John 19:17

κατα τον Ιωαννην Ιησους εαυτω βασταζει τον σταυρον[3] και
βασταζων αυτον εξηλθεν   (Mat.Com 12, 24)   [All]*

Lac.: P45 (P66) P75 C D Δ 892

εαυτω P66c (f1) (565) (a b e) rell] αυτω B 33 579 (a b e);
εαυτου A Θ 700; αυτου E Ω 1241 TR; omit f13   [P66* lac.]

John 19:18

... οπου αυτον εσταυρωσαν   (Mat.Com 12, 24)   [C]

Lac.: P45 (P66) P75 C D Δ 892

αυτον εσταυρωσαν rell] εσταυρωσαν αυτον f1

John 19:23

τις, ος νοησει τον εκ των ανωθεν χιτωνα αραφον δια το δι'
ολου υφαντον τυγχανειν καταλαβειν ον εχει λογον
(Io.Com 6, 32, 164)   [All]

John 19:26

A ιδε ο υιος σου   (Io.Com 1, 4, 23)   [C]

A ιδε ο υιος σου   (Io.Com 1, 4, 23)   [C]

Lac.: P45 (P66) P75 C D Δ 892

ιδε B 579 1241 UBS] ιδου rell [NA: a b e; P66 lac.]

א* [P66 lac.]; second, αυτον P66 f1. 13 565] τον Ιησουν rell), it is in fact too
paraphrastic and influenced by its context to be a reliable guide to Origen's text.
We have not, therefore, drawn any evidence from it.

[3] The allusion may also testify to a word order variation (εαυτω τον σταυρον
P66c א [B] L W Π Ψ [33] [579] a b e UBS] τον σταυρον εαυτω f1 565; τον σταυρον
εαυτου A [E] Θ [Ω] 700 [1241] [TR]; αυτον f13 [P66* lac.]), but in view of its
paraphrastic character it is too uncertain a basis upon which to base any firm
conclusion.

John 19:32
    ηλθον ουν οι στρατιωται και του μεν πρωτου κατεαξαν τα
    σκελη <και του > αλλου του συνσταυρωθεντος αυτω +
    (Io.Com 10, 16, 95)   [C]

    του μεν γαρ πρωτου οι στρατιωται κατεαξαν τα σκελη και του
    αλλου του συσταυρωθεντος αυτω +   (Cels 2, 16)   [Ad]

    ει μεν γαρ ως οι συσταυρωθεντες αυτω λησται, των
    στρατιωτων κατεαξαντων τα σκελη των πεπονθοτων
    (Io.Com 19, 16, 102)   [All]

TEXT: ηλθον ουν οι στρατιωται και του μεν πρωτου κατεαξαν
τα σκελη και του αλλου του συνσταυρωθεντος αυτω

Lac.: P45 (P66) P75 C D Δ 892

αλλου P66vid rell] add ομοιως Θ a

συνσταυρωθεντος rell] συνσταυρωθεντων Θ [P66 lac.]

John 19:33
    + επι δε τον Ιησουν ελθοντες ως ειδον ηδη αυτον τεθνηκοτα
    ου κατεαξαν αυτου τα σκελη +   (Io.Com 10, 16, 95)   [C]

    + επι δε τον Ιησουν ελθοντες και ιδοντες οτι εξεπνευσεν ου
    κατεαξαν αυτου τα σκελη   (Cels 2, 16)   [Ad]

Lac.: P45 (P66) P75 C D Δ 892

ηδη αυτον P66 B L W UBS] αυτον ηδη rell

ως ειδον ... τεθνηκοτα ℵc rell] ευρον αυτον ηδη τεθνηκοτα
και ℵ*

ειδον rell] ιδων 579 [P66 lac.]

John 19:34
    + αλλ᾽ εις των στρατιωτων λογχῃ την πλευραν αυτου ενυξεν
    και εξηλθεν ευθυς αιμα και υδωρ +   (Io.Com 10, 16, 95)   [C]

ηδη δ' αυτου αποθανοντος εις των στρατιωτων λογχη την πλευραν ενυξε και εξηλθεν αιμα και υδωρ +   (Cels 2, 36) [Ad]

ᴬ ως προχυθηναι αυτου και αιμα επι την γην νυξαντος του στρατιωτου την πλευραν αυτου   (Io.Com 2, 8, 61)   [All]

Lac.: P⁴⁵ (P⁶⁶) P⁷⁵ C D Δ 892

την πλευραν αυτου 579] αυτου την πλευραν rell [NA: a b e]

εξηλθεν ευθυς P⁶⁶א B L W Ψ 33 579 a b UBS] εξηλθεν e; ευθυς εξηλθεν (f¹³) (1241) rell

ευθυς rell] ευθεως f¹³ 700 1241 [NA: a b e]

αιμα και υδωρ rell] υδωρ και αιμα 579 b

λογχη rell] λογχην 579 [P⁶⁶ lac.]

ενυξεν rell] ηνοιξεν 579

John 19:35

+ και ο εωρακως μεμαρτυρηκεν και αληθινη αυτου εστιν η μαρτυρια· και εκεινος οιδεν οτι αληθη λεγει ινα και υμεις πιστευητε +   (Io.Com 10, 16, 95) [C]

+ και ο εωρακως μεμαρτυρηκε και αληθινη αυτου εστιν η μαρτυρια· κακεινος οιδεν οτι αληθη λεγει   (Cels 2, 36) [C]

TEXT: και ο εωρακως μεμαρτυρηκεν και αληθινη αυτου εστιν η μαρτυρια· [και εκεινος / κακεινος] οιδεν οτι αληθη λεγει ινα και υμεις πιστευητε

Lac.: P⁴⁵ (P⁶⁶) P⁷⁵ C D Δ (expl. οιδεν) 892 e

αυτου εστιν η μαρτυρια rell] εστιν αυτου η μαρτυρια P⁶⁶ E Ω 700; εστιν η μαρτυρια αυτου 579 1241 (a) b [Δ lac.]

και εκεινος (Origen) P⁶⁶ᵛⁱᵈ B W Θ f¹ 579 UBS] κακεινος (Origen) rell [NA: a b; Δ lac.]

ινα και rell] ινα E Δ Ω 700 TR

πιστευητε ℵ* Β Ψ] πιστευσητε ℵc rell [NA: a b; P66 lac.]

αληθινη P66 rell] αληθης ℵ

John 19:36

+ εγενετο γαρ [4] ταυτα ινα < η > γραφη πληρωθη· οστουν αυτου
ου συντριβησεται (Io.Com 10, 16, 95) [C]

οστουν < αυτου > ου συντριβησεται (Mat.Com 10, 22) [C]

Lac.: P45 (P66) P75 C D 892

γαρ rell] δε Ψ e [P66 lac.]

αυτου rell] απ' αυτου ℵ Ω 33 1241 (a) b [P66 lac.]

----

[5] αυτου ου συντριβησεται] ου συντριβησεται αυτου (ℵ) (Ω)
(33) (1241) (a) (b) rell [P66 lac.]

John 19:41

...φησιν· εν ω ουδεπω ουδεις ετεθη (Cels 2, 69) [Ad]*

Lac.: P45 (P66) P75 C D 892

ετεθη rell] ην τεθειμενος P66 ℵ B W 579 UBS [NA: a b e]

ουδεπω rell] ουδεποτε Θ; ουδεπος 579 [NA: a b e]

ουδεπω ουδεις rell] ουδεις ουδεπω ℵ

---

[4] While quotations are often unreliable with regard to the addition or omission of introductory conjunctions, here it is a matter of substitution in a citation that continues without interruption from v. 35; we have no reason to doubt Origen's text at this point.

[5] The reference from Mat.Com 10, 22 is, regrettably, ambiguous with regard to word order, so we have followed the evidence of the one clear citation.

John Chapter Twenty

John 20:17

μη μου απτου ουπω γαρ αναβεβηκα προς τον πατερα. αλλα
πορευου και ειπε τοις αδελφοις μου· πορευομαι προς τον
πατερα μου και πατερα υμων και θεον μου και θεον υμων
(Io.Com 6, 55, 287)　[C]

μη μου απτου ουπω γαρ αναβεβηκα προς τον πατερα μου.
πορευου δε προς τους αδελφους μου και ειπε αυτοις·
αναβαινω προς τον πατερα μου και πατερα υμων και θεον
μου και θεον υμων　(Mat.Com 17, 36)　[C]

μη μου απτου ουπω γαρ αναβεβηκα προς τον πατερα　(Io.Com
10, 37, 245)　[C]

μη μου απτου ουπω γαρ αναβεβηκα προς τον πατερα μου　(Orat
23, 2)　[C]

μη μου απτου　(Io.Com 6, 57, 291)　[C]

μη μου απτου　(Io.Com 13, 30, 180)　[C]

μη μου απτου　(Heracl 8)　[C]

ουπω γαρ αναβεβηκα προς τον πατερα　(Heracl 8)　[C]

πορευου δε προς τους αδελφους μου και ειπε αυτοις· πορευομαι
προς τον πατερα μου και πατερα υμων και θεον μου και
θεον υμων　(Io.Com 19, 5, 27)　[C]

πορευου προς τους αδελφους και ειπε αυτοις· αναβαινω προς
τον πατερα μου και πατερα υμων και θεον μου και θεον
υμων　(Io.Com 32, 30, 373)　[C]

πορευομαι προς τον πατερα μου και πατερα υμων και θεον μου
και θεον υμων　(Io.Com 20, 37, 340)　[C]

πως γαρ αλλως δει νοειν το· ουπω αναβεβηκα προς τον πατερα
μου, και το· πορευομαι δε προς τον πατερα μου;　(Io.Com 6,
56, 288)　[Ad]

TEXT: ¹μη μου απτου· ουπω γαρ αναβεβηκα προς τον [πατερα
μου / πατερα].² [πορευου δε / πορευου]³ προς τους
[αδελφους μου / αδελφους] και ειπε αυτοις· [αναβαινω /
πορευομαι]⁴ προς τον πατερα μου και πατερα υμων και θεον
μου και θεον υμων

Lac.: P⁴⁵ (P⁶⁶) P⁷⁵ C 579 892

πατερα μου (Origen) rell] πατερα (Origen) ℵ B D W b e UBS

δε (Origen) ℵ* rell] omit (Origen) A; ουν ℵ^c D L [P⁶⁶ lac.]

αδελφους μου (Origen) ℵ^c rell] αδελφους (Origen) ℵ* D W e

μου απτου rell] απτου μου B [P⁶⁶ lac.]

αυτοις P^{66vid} rell] add ιδου ℵ; add οτι f¹³

αναβαινω (Origen) rell] πορευομαι (Origen)

---

¹ The variations among the citations are baffling and reveal no apparent pattern. In Io.Com 6, e.g., consecutive sections of the commentary respectively omit and include μου after πατηρ in 20:17a. The form of 20:17b in Io.Com 6, 55, 287 is unique. Even the two witnesses from very late in Origen's life (ca. 248-249 C.E.), namely Io.Com 32, 30, 373 and Mat.Com 17, 36, which agree against the other citations in reading αναβαινω in 20:17c, differ from each other in two other places in 20:17b (πορευου] + δε and αδελφους] + μου). In view of the diversity of the evidence we have placed several sets of alternatives in brackets, but have in each instance placed first the reading we think is most likely that of Origen's text.

² Three references (Io.Com 6, Io.Com 10, and Heracl 8) omit μου, while three (Io.Com 6, Mat.Com 17, and Orat 23) include it. In view of Origen's habits of citation, we are inclined to the view that his text included it.

³ Two of the four references, including, significantly, one continuous text citation, read δε, and the anomalous αλλα in Io.Com 6, 55, 287 is probably indirect evidence for it. It seems likely, therefore, that it was part of Origen's text.

⁴ While πορευομαι may represent the form in which Origen sometimes cited the verse, in view of the singularity of this reading it may be questioned whether it represents a real textual variant. It may be that πορευομαι is due to the influence of πορευου just a bit earlier in the verse. In view of the diversity of the evidence, however, we have included both readings in the apparatus to avoid prejudicing the issue.

John 20:22

λαβετε πνευμα αγιον   (Cels 7, 51)   [C]

λαβετε πνευμα αγιον ...   (Mat.Com 12, 10)   [C]

λαβετε πνευμα αγιον +   (Mat.Com 16, 15)   [C]

λαβετε πνευμα αγιον +   (Orat 28, 9)   [C]

αναστας δε ο σωτηρ ενεφυσησεν τοις μαθηταις και λεγει
   αυτοις· λαβετε πνευμα αγιον   (Io.Com 28, 15, 128)   [Ad]

TEXT: ... ενεφυσησεν ... και λεγει αυτοις· λαβετε πνευμα αγιον

Lac.: P45 P66 P75 C 579 892

και λεγει αυτοις rell] αυτοις και λεγει W

John 20:23

+ αν τινων αφητε τας αμαρτιας αφιενται αυτοις· αν τινων
   κρατητε κεκρατηνται   (Mat.Com 16, 15)   [C]

+ αν τινων αφητε τας αμαρτιας αφιενται αυτοις· αν τινων
   κρατητε κεκρατηνται   (Orat 28, 9)   [C]

Lac.: P45 P66 P75 C 579 892

αν1 rell] εαν A D [NA: a b e]

τινων1 rell] τινος B a e

αφιενται Bc E W Δ Θ Π Ω 700 1241 TR] αφιονται B* Ψ;
αφεωνται ℵc (L) 33vid rell; αφεθησεται ℵ* [NA: a b e]

αν2 ℵc rell] εαν ℵ* A D [NA: a b e]

αν2 ℵc rell] add δε ℵ* (b)

τινων2 rell] τινος B a e

κρατητε rell] κρατησητε D [Ω lac.]

John 20:25

... οθεν ειπε μεν· εαν μη ιδω, ου μη πιστευσω, προσεθηκε δε
και το· εαν μη βαλω την χειρα μου εις τον τυπον των ηλων
και ψηλαφησω αυτου την πλευραν, ου μη πιστευσω   (Cels 2,
61) [All]*5

Lac.: P45 P66 P75 C 579 892

τον τυπον των ηλων ℵc rell] τον τοπον των ηλων A Θ a b;
την χειραν αυτου ℵ*; omit e

John 20:26

οθεν οτ᾽ ησαν οι μαθηται αυτου και Θωμας επι το αυτο μετ᾽
αυτων ερχεται ο Ιησους των θυρων κεκλεισμενων και εστη
εις το μεσον και ειπεν ειρηνη υμιν +   (Cels 2, 62) [Ad]

... εφανη των θυρων κεκλεισμενων εν μεσω αυτων ...   (Cels 2,
63) [All]

... οτε μεν των θυρων κεκλεισμενων εστη εν μεσω των
μαθητων ... (Cels 2, 69) [All]

TEXT: ... ησαν ... οι μαθηται αυτου και Θωμας μετ᾽ αυτων.
ερχεται ο Ιησους των θυρων κεκλεισμενων και εστη εις το
μεσον και ειπεν ειρηνη υμιν

Lac.: P45 P66 P75 579 892

αυτου rell] omit ℵ W f1 565 a b e

ερχεται rell] add ουν D f1 565

και1 rell] add ο D

ο rell] omit W

και ειπεν rell] λεγει αυτοις Θ

---

5 Origen here appears to be paraphrasing the content of the verse as he adapts
it to the context. Most of the resulting differences do not appear to represent
genuine textual variants, and so we have not presented them in the apparatus.

John 20:27

+ ειτα λεγει τω Θωμα· φερε τον δακτυλον σου ωδε ... (Cels 2, 62) [C]

φερε τον δακτυλον σου ωδε και ιδε τας χειρας μου και φερε την χειρα σου και βαλε εις την πλευραν μου και μη γινου απιστος αλλα πιστος (Cels 2, 61) [C]

φερε τον δακτυλον σου ωδε και ιδε τας χειρας μου και φερε την χειρα σου και βαλε εις την πλευραν μου (Io.Com 13, 30, 180) [C]

TEXT: ειτα λεγει τω Θωμα· φερε τον δακτυλον σου ωδε και ιδε τας χειρας μου και φερε την χειρα σου και βαλε εις την πλευραν μου και μη γινου απιστος αλλα πιστος

Lac.: P^{45} (P^{66}) P^{75} 579 892

μου^2 rell] σου 1241 [P^{66} lac.]

γινου rell] ισθι D

John 20:29

μακαριοι οι μη ιδοντες και πιστευσαντες (Io.Com 10, 43, 301) [C]

μακαριοι οι μη ιδοντες και πιστευσαντες (Io.Com 10, 43, 303) [C]

πλην φασι μακαριωτερους ειναι τους μη ιδοντας και πιστευσαντας των εωρακοτων και πεπιστευκοτων (Io.Com 10, 43, 301) [All]

ου γαρ <εστιν> μακαριωτερους ειναι τους μη ιδοντας και πιστευσαντας των εωρακοτων και πεπιστευκοτων (Io.Com 10, 43, 301) [All]

TEXT: μακαριοι οι μη ιδοντες και πιστευσαντες

Lac.: P^{45} (P^{66}) P^{75} 579 892

ιδοντες rell] ειδοτες W (1241) [NA: a b e; P^{66} lac.]

ιδοντες ℵ^c rell] add με ℵ* f^{13}

και πιστευσαντες rell] πεπιστευσαντες A

John Chapter Twenty-One

John 21:18

οταν δε γηρασης εκτενεις τας χειρας σου ...   (Cels 2, 45)   [C]

... τω εγνωκεναι τα περι αυτου, οτι οταν γηραση, εκτενει τας
χειρας αυτου και αλλος αυτον ζωσει και οισει οπου ου θελει
(Io.Com 32, 20, 262)   [All]

TEXT: οταν δε γηρασης εκτενεις τας χειρας σου και αλλος σε
ζωσει και οισει οπου ου θελεις[1]

Lac.: P[45] P[66] P[75] L (Ω) 579 892

αλλος σε ζωσει rell] αλλος ζωσει σε B C[*vid]; αλλοι σε
ζωσουσιν D W Π f[1] 33 565; αλλοι ζωσουσιν σε ℵ (C[c])

οισει οπου C[*] (Θ) (Ψ) rell] οισει σε οπου A a; αποισουσιν
σε οπου ℵ[c] W 33 565; αποισουσιν οπου Π f[1]; οισουσιν οπου
C[c]; απαγουσιν σε οπου D; ποιησουσιν σοι οσα ℵ[*]

οπου rell] add συ D W Θ

- -

τας χειρας ℵ[c] rell] την χειραν ℵ[*] [Ω lac.]

ου D[c] rell] omit D[*]

John 21:19

τουτο δ' ειπε σημαινων ποιω θανατω δοξασει τον θεον   (Cels
2, 45)   [C]

ταυτα δε ειπε σημαινων ποιω θανατω δοξασει τον θεον   (Mart
50)   [C]

σημαινοντος ποιω θανατω δοξασει τον θεον   (Io.Com 32, 25,
319)   [Ad]

---

[1] The σε and θελεις of the reconstruction are simply the αυτον and θελει of
the allusion reverted back to the second person of the Johannine narrative; the
placement of σε after αλλος and not οισει is based on the position of αυτον in the
allusion.

TEXT: [τουτο / ταυτα] δε ειπε σημαινων ποιω θανατω δοξασει
τον θεον

Lac.: P45 P66 P75 L 579 892 1241

τουτο (Origen) rell] ταυτα (Origen) D

ειπεν rell] ελεγεν W Θ f1 565 [NA: a b e]

τον θεον rell] αυτον e

John 21:20

επιστραφεις[2] ο Πετρος βλεπει τον μαθητην ον ηγαπα ο Ιησους
ακολουθουντα, ος και ανεπεσεν εν τω δειπνω επι το στηθος
αυτου και ειπεν· κυριε τις εστιν ο παραδιδους σε; +
(Io.Com 32, 20, 260) [C]

επιστραφεις ο Πετρος βλεπει τον μαθητην ον ηγαπα ο Ιησους
ακολουθουντα, ος και ανεπεσεν εν τω δειπνω επι το στηθος
αυτου και ειπεν· κυριε τις εστιν ο παραδιδους σε; (Io.Com
32, 21, 279) [C]

Lac.: P45 P66 P75 L 579 892

ακολουθουντα ℵc rell] omit ℵ* W

αυτου rell] του Ιησου Cvid a

ειπε rell] add αυτω ℵ C D W 33

επιστραφεις rell] στραφεις 1241

ο[1] rell] omit f1

ο[2] rell] omit D

ος ℵc rell] omit ℵ*

---

[2] It is not possible to determine whether Origen's text omitted the introductory
conjunction (επιστραφεις A B C W Π 33 b e UBS] add δε rell).

ειπεν ℵᶜ rell] λεγει ℵ*

κυριε rell] omit C

τις εστιν ο παραδιδους σε rell] omit e

παραδιδους rell] παραδιδων D

John 21:21
+ τουτον ουν ιδων ο Πετρος λεγει τω Ιησου· κυριε ουτος δε τι;
  + (Io.Com 32, 20, 260) [C]

οπου δε ιδων αυτον ακολουθουντα ως φροντιζων αυτου μαλλον
παρα τους λοιπους λεγει τω Ιησου περι αυτου· κυριε ουτος
δε τι; (Io.Com 32, 20, 262) [Ad]

Lac.: P⁴⁵ P⁶⁶ P⁷⁵ L 579 892

³ ουν ℵ B C D 33 b UBS] omit rell [a e lac.]

λεγει rell] ειπεν ℵ W [e lac.]

- -

τουτον ... κυριε rell] omit e

τω rell] αυτω D

κυριε rell] omit ℵ

John 21:22
+ λεγει αυτω ο Ιησους· εαν αυτον θελω μενειν εως ερχομαι,
  τι προς σε; συ μοι ακολουθει +   (Io.Com 32, 20, 260) [C]

Lac.: P⁴⁵ P⁶⁶ P⁷⁵ L Ω 579 892

μενειν rell] add ουτως D (b) [a lac.]

μοι ακολουθει ℵ A B C* D W f¹ 33 a b e UBS] ακολουθει μοι
Cᶜ rell

---

³ Because this citation is part of a long quotation of vv. 20-23, there is no
reason to doubt that this was the reading of Origen's text.

συ rell] add δε C^{vid}

John 21:23

+ εξηλθεν ουν ο λογος εις τους αδελφους οτι ο μαθητης εκεινος ουκ αποθνησκει. ουκ ειπεν δε αυτω ο Ιησους οτι ουκ αποθνησκει αλλ᾽ εαν αυτον θελω μενειν εως ερχομαι, τι προς σε; (Io.Com 32, 20, 260) [C]

Lac.: P^{45} P^{66} P^{75} L Ω 579 892

ο λογος] ουτος ο λογος ℵ B C D W f^1 33 a b e UBS; ο λογος ουτος rell

ουκ ειπεν δε ℵ B C W 33 UBS] και ουκ ειπεν rell

αυτω rell] omit f^{13} 1241 a; αυτο D

οτι rell] omit D a b e

αποθνησκει rell] αποθνησκεις D e

τι προς σε ℵ^c rell] omit ℵ* f^1 565 a e; προς σε D

αδελφους rell] add και εδοξαν D

John 21:24

ουτος εστιν ο μαθητης ο και μαρτυρων περι τουτων, ο^4 γραψας ταυτα (Io.Com 32, 20, 261) [Ad]*

Lac.: P^{45} P^{66} P^{75} L Ω 579 892

---

4 The MSS read either και ο (B D UBS), ο και (ℵ^c Θ f^{13} 33), or και (ℵ* rell). The absence of a και either before or after ο^3 is a reading without parallel among the MSS and is almost certainly the result of adaptation to the context of Origen's discussion. He has already mentioned ο γραψας twice in the two sentences leading up to and containing this reference to 21:24, and the resulting syntactical construction almost certainly accounts for the absence of και here. (There is a slight, but in our estimation negligible, possibility that the και before μαρτυρων is also due to adaptation.)

και B C W] omit rell

τουτων rell] Ιησου a e

ο³ ℵᶜ B D Θ f¹³ 33 a b e UBS] omit ℵ* rell

John 21:25

^A ουδε αυτον οιμαι τον κοσμον χωρησαι το γραφομενα βιβλια
   (Io.Com 1, 10, 61) [C]

ουδ᾽ αυτον οιμαι τον κοσμον χωρησαι τα γραφομενα βιβλια
   (Io.Com 20, 34, 304) [C]

εστιν γαρ και αλλα πολλα α εποιησεν ο Ιησους ατινα εαν
   γραφηται καθ᾽ εν ουδε αυτον οιμαι τον κοσμον χωρησειν τα
   γραφομενα βιβλια   (Io.Com 13, 5, 27) [Ad]

^A ... Ιωαννου, ος ευαγγελιον εν καταλελοιπεν, ομολογων
   δυνασθαι τοσαυτα ποιησειν, α ουδε ο κοσμος χωρησαι
   εδυνατο   (Io.Com 5, 3) [All]

ῳετο γαρ μηδε αυτον τον κοσμον χωρειν τα γραφομενα βιβλια
   (Io.Com 13, 6, 33) [All]

φησιν ο Ιωαννης ως αρα ουδε τον κοσμον οιμαι χωρειν τα
   γραφομενα βιβλια το γαρ μη χωρειν τον κοσμον τα
   γραφομενα βιβλια ... (Cels 6, 77) [All]

... ουδε γαρ αυτον τον κοσμον χωρησαι τα γραφομενα βιβλια
   (? Fr 36) [All]

ουδε τον κοσμον οιμαι χωρειν τα γραφομενα βιβλια. το γαρ μη
   χωρειν τον κοσμον τα γραφομενα βιβλια ου δια το πληθος
   των γραμματων ...αλλα δια το μεγεθος των πραγματων
   (Fr C, Cels?; Philoc 15, 19)⁵ [All]

ως μηδε αυτον τον κοσμον χωρειν τα γραφομενα εις τας
   τοιαυτας παραβολας βιβλια (Mat.Com 14, 12) [All]

... λογον, ον ουδε ο κοσμος ολος χωρειν ηδυνατο (Mat.Com
   17, 2) [All]

---

⁵ On the difficulty of identifying the work from which this chapter of the
Philocalia has been drawn, see the discussion of M. Harl, SC 302, pp. 440-42.

TEXT: εστιν⁶ ... και αλλα πολλα α εποιησεν ο Ιησους ατινα εαν
γραφηται καθ᾿ εν ουδε αυτον οιμαι τον κοσμον [χωρησειν /
χωρησαι]⁷ τα γραφομενα βιβλια

Lac.: P⁴⁵ P⁶⁶ P⁷⁵ L Ω 579 892

α ℵᶜ B C* Ψ 33 UBS] οσα Cᶜ rell [NA: a b e; ℵ* lac.]

χωρησειν (Origen) ℵᶜ B C*] χωρησαι (Origen) Cᶜ rell [NA:
a b e; ℵ* lac.]

εστιν ... βιβλια ℵᶜ rell] omit ℵ*

ο ℵᶜ rell] add Χριστος D [ℵ* lac.]

---

⁶ The singular γαρ in Io.Com 13, 5, 27 (in place of δε) is almost certainly due
to adaptation to context.

⁷ The singular reading χωρειν, which appears in five distant allusions, is not
likely to be the reading of Origen's text, but is best taken as indirect support for
χωρησειν, whose primary support is the substantial reference in Io.Com 13.
Against this stand the four references reading χωρησαι, three of which are from the
John commentary. It seems possible, even probable, that Origen found both
readings in the MSS available to him.

CHAPTER FOUR
The Fourth Gospel According to Origen

The following pages contain the running text of the Fourth Gospel according to Origen, to the extent that it can be recovered with any certainty on the basis of the evidence presented in the preceding apparatus.

Square brackets ([]) designate either (*a*) reconstructed words and phrases that are suggested but not demonstrated by the evidence, (*b*) words or phrases attested by Origen's quotations that we have grounds to question (e.g., 3:18 or 4:13), or (*c*) compelling divergences among Origen's quotations (e.g., when the evidence indicates that he knew more than one form of the text). We do not use brackets when there is virtually no doubt concerning the accuracy of our reconstruction (e.g., when we make a reversion from a participle that, for contextual reasons, Origen has generated from a main verb). We use ellipses (...) wherever the data do not indicate whether Origen knew of an intervening word or phrase (including introductory conjunctions).

In several instances we have included verses or portions of verses that are attested only in close adaptations for which we have not provided a full reconstruction in our apparatus. In such instances, following the conventions just described, we have enclosed the "adapted" words in brackets, leaving the portions that represent Origen's actual text outside the brackets (see, e.g., 6:44 or 6:47). Naturally, the bracketed words cannot be taken as representative of Origen's text. Moreover, as a rule, we have not incorporated verses or portions of verses that are attested only in allusions, as these references usually provide an insufficient basis upon which to make a decision. Exceptions have been made only in instances where an allusion provides reliable evidence for a specific variant reading; in such cases, we have presented only the relevant word or phrase (e.g., 18:14).

In short, we present here a summary of the preceding apparatus, a full account of Origen's text of John as it is positively and reliably attested among his surviving works. For the sake of convenience we have accented and capitalized the text, and have followed the versification of the NA[26].

Chapter One

¹ Ἐν ἀρχῇ ἦν ὁ λόγος, καὶ ὁ λόγος ἦν πρὸς τὸν θεόν, καὶ θεὸς ἦν ὁ λόγος. ²οὗτος ἦν ἐν ἀρχῇ πρὸς τὸν θεόν. ³ πάντα δι' αὐτοῦ ἐγένετο, καὶ χωρὶς αὐτοῦ ἐγένετο οὐδὲ ἕν. ὃ γέγονεν ⁴ἐν αὐτῷ ζωὴ ἦν, καὶ ἡ ζωὴ ἦν τὸ φῶς τῶν ἀνθρώπων· ⁵καὶ τὸ φῶς ἐν τῇ σκοτίᾳ φαίνει, καὶ ἡ σκοτία αὐτὸ οὐ κατέλαβε.

⁶ Ἐγένετο ἄνθρωπος ἀπεσταλμένος παρὰ θεοῦ, ὄνομα αὐτῷ Ἰωάννης· ⁷οὗτος ἦλθεν εἰς μαρτυρίαν, ἵνα μαρτυρήσῃ περὶ τοῦ φωτός, ἵνα πάντες πιστεύσωσι δι' αὐτοῦ. ⁸....
⁹Ἦν τὸ φῶς τὸ ἀληθινόν, ὃ φωτίζει πάντα ἄνθρωπον, ἐρχόμενον εἰς τὸν κόσμον. ¹⁰ἐν τῷ κόσμῳ ἦν, καὶ ὁ κόσμος δι' αὐτοῦ ἐγένετο, καὶ ὁ κόσμος αὐτὸν οὐκ ἔγνω. ¹¹εἰς τὰ ἴδια ἦλθεν, καὶ οἱ ἴδιοι αὐτὸν οὐ παρέλαβον. ¹²ὅσοι δὲ ἔλαβον αὐτόν, ἔδωκεν αὐτοῖς ἐξουσίαν τέκνα θεοῦ γενέσθαι, τοῖς πιστεύουσιν εἰς τὸ ὄνομα αὐτοῦ, ¹³οἳ οὐκ ἐξ αἱμάτων ... οὐδὲ ἐκ θελήματος ἀνδρὸς ἀλλ' ἐκ θεοῦ ἐγεννήθησαν.

¹⁴Καὶ ὁ λόγος σὰρξ ἐγένετο καὶ ἐσκήνωσεν ἐν ἡμῖν, καὶ ἐθεασάμεθα τὴν δόξαν αὐτοῦ, δόξαν ὡς μονογενοῦς παρὰ πατρός, πλήρης χάριτος καὶ ἀληθείας. ¹⁵ὁ Ἰωάννης μαρτυρεῖ περὶ αὐτοῦ καὶ κέκραγε λέγων, Οὗτος ἦν ὁ εἰπών, Ὁ ὀπίσω μου ἐρχόμενος ἔμπροσθέν μου γέγονεν, ὅτι πρῶτός μου ἦν. ¹⁶ὅτι ἐκ τοῦ πληρώματος αὐτοῦ ἡμεῖς πάντες ἐλάβομεν, καὶ χάριν ἀντὶ χάριτος· ¹⁷ὅτι ὁ νόμος διὰ Μωσέως ἐδόθη, ἡ χάρις καὶ ἡ ἀλήθεια διὰ Ἰησοῦ Χριστοῦ ἐγένετο. ¹⁸ θεὸν οὐδεὶς ἑώρακε πώποτε· ὁ μονογενὴς θεὸς ὁ ὢν εἰς τὸν κόλπον τοῦ πατρὸς ἐκεῖνος ἐξηγήσατο.

¹⁹ Καὶ αὕτη ἐστὶν ἡ μαρτυρία τοῦ Ἰωάννου, ὅτε ἀπέστειλαν οἱ Ἰουδαῖοι ἐξ Ἱεροσολύμων ἱερεῖς καὶ Λευίτας ἵνα ἐρωτήσωσιν αὐτόν, Σὺ τίς εἶ; ²⁰καὶ ὡμολόγησε καὶ οὐκ ἠρνήσατο, καὶ ὡμολόγησεν ὅτι Ἐγὼ οὐκ εἰμὶ ὁ Χριστός. ²¹ καὶ ἠρώτησαν αὐτόν, Τί οὖν; σύ Ἠλίας εἶ; καὶ λέγει, Οὐκ εἰμί. Ὁ προφήτης εἶ σύ; καὶ ἀπεκρίθη, Οὔ. ²²εἶπον οὖν αὐτῷ, Τίς εἶ; ἵνα ἀπόκρισιν δῶμεν τοῖς πέμψασιν ἡμᾶς· τί λέγεις περὶ σεαυτοῦ; ²³ ἔφη, Ἐγὼ φωνὴ βοῶντος ἐν τῇ ἐρήμῳ,

Εὐθύνατε τὴν ὁδὸν κυρίου, καθὼς εἶπεν ᾽Ησαΐας ὁ προφήτης.
²⁴ Καὶ ἀπεσταλμένοι ἦσαν ἐκ τῶν Φαρισαίων. ²⁵ καὶ ἠρώτησαν
αὐτὸν καὶ εἶπαν αὐτῷ, Τί οὖν βαπτίζεις εἰ σὺ οὐκ εἶ ὁ
Χριστὸς οὐδὲ ᾽Ηλίας οὐδὲ ὁ προφήτης; ²⁶ ἀπεκρίνατο αὐτοῖς
ὁ ᾽Ιωάννης λέγων, ᾽Εγὼ βαπτίζω ἐν ὕδατι· μέσος ὑμῶν
[ἔστηκεν / στήκει] ὃν ὑμεῖς οὐκ οἴδατε, ²⁷ ὀπίσω μου
ἐρχόμενος, οὗ οὐκ εἰμὶ ἐγὼ ἄξιος ἵνα λύσω αὐτοῦ τὸν ἱμάντα
τοῦ ὑποδήματος. ²⁸ Ταῦτα ἐν Βηθανίᾳ ἐγένετο πέραν τοῦ
᾽Ιορδάνου, ὅπου ἦν ᾽Ιωάννης βαπτίζων.

²⁹ Τῇ ἐπαύριον βλέπει τὸν ᾽Ιησοῦν ἐρχόμενον πρὸς
αὐτόν, καὶ λέγει, ῍Ιδε ὁ ἀμνὸς τοῦ θεοῦ ὁ αἴρων τὴν
ἁμαρτίαν τοῦ κόσμου. ³⁰ οὗτός ἐστιν ὑπὲρ οὗ ἐγὼ εἶπον ὅτι
᾽Οπίσω μου ἔρχεται ἀνὴρ ὃς ἔμπροσθέν μου γέγονεν, ὅτι
πρῶτός μου ἦν. ³¹ κἀγὼ οὐκ ᾔδειν αὐτόν, ἀλλ᾽ ἵνα φανερωθῇ
τῷ ᾽Ισραὴλ διὰ τοῦτο ἦλθον ἐγὼ ἐν ὕδατι βαπτίζων. ³²…
ἐμαρτύρησεν ὁ ᾽Ιωάννης λέγων ὅτι Τεθέαμαι τὸ πνεῦμα
καταβαῖνον ὡς περιστερὰν ἐξ οὐρανοῦ, καὶ ἔμεινεν ἐπ᾽
αὐτόν· ³³ κἀγὼ οὐκ ᾔδειν αὐτόν, ἀλλ᾽ ὁ πέμψας με βαπτίζειν
ἐν τῷ ὕδατι ἐκεῖνός μοι εἶπεν, ᾽Εφ᾽ ὃν ἂν ἴδῃς τὸ πνεῦμα
καταβαῖνον καὶ μένον ἐπ᾽ αὐτόν, οὗτός ἐστιν ὁ βαπτίζων ἐν
πνεύματι ἁγίῳ. ³⁴ κἀγὼ ἑώρακα, καὶ μεμαρτύρηκα ὅτι οὗτός
ἐστιν ὁ υἱὸς τοῦ θεοῦ.

³⁵ Τῇ ἐπαύριον πάλιν εἱστήκει ὁ ᾽Ιωάννης καὶ ἐκ τῶν
μαθητῶν αὐτοῦ δύο, ³⁶… ἐμβλέψας τῷ ᾽Ιησοῦ περιπατοῦντι
λέγει, ῍Ιδε ὁ ἀμνὸς τοῦ θεοῦ. ³⁷… ³⁸ στραφεὶς δὲ ὁ ᾽Ιησοῦς
καὶ θεασάμενος αὐτοὺς ἀκολουθοῦντας λέγει αὐτοῖς, Τί
ζητεῖτε; … ᾽Ραββί (ὃ λέγεται μεθερμηνευόμενον
Διδάσκαλε), ποῦ μένεις; ³⁹ λέγει αὐτοῖς, ῍Ερχεσθε καὶ
ὄψεσθε … καὶ παρ᾽ αὐτῷ ἔμειναν τὴν ἡμέραν ἐκείνην· ὥρα …
ἦν [ὡς] δεκάτη. ⁴⁰ ῟Ην ᾽Ανδρέας ὁ ἀδελφὸς Σίμωνος Πέτρου
εἷς ἐκ τῶν δύο τῶν ἀκουσάντων ὑπὸ ᾽Ιωάννου καὶ
ἀκολουθησάντων αὐτῷ· ⁴¹ εὑρίσκει … τὸν ἀδελφὸν τὸν ἴδιον
Σίμωνα [καὶ] λέγει … Εὑρήκαμεν τὸν Μεσσίαν (ὅ ἐστι
μεθερμηνευόμενον Χριστός)· ⁴²… σὺ κληθήσῃ Κηφᾶς ….

⁴³ Τῇ ἐπαύριον ἠθέλησεν ἐξελθεῖν εἰς τὴν Γαλιλαίαν,
καὶ εὑρίσκει Φίλιππον. καὶ λέγει αὐτῷ [ὁ] ᾽Ιησοῦς,

'Ακολούθει μοι. ⁴⁴ ... ⁴⁵ ... ῞Ον ἔγραψεν Μωυσῆς ἐν τῷ νόμῳ καὶ οἱ προφῆται εὑρήκαμεν, 'Ιησοῦν [υἱὸν / τὸν υἱὸν] τοῦ 'Ιωσὴφ τὸν ἀπὸ Ναζαρέθ. ⁴⁶⁻⁵⁰ ... ⁵¹ ... 'Αμὴν ἀμὴν λέγω ὑμῖν, ὄψεσθε τὸν οὐρανὸν ἀνεῳγότα καὶ τοὺς ἀγγέλους τοῦ θεοῦ ἀναβαίνοντας καὶ καταβαίνοντας ἐπὶ τὸν υἱὸν τοῦ ἀνθρώπου.

Chapter Two

¹ ... τῇ ἡμέρᾳ τῇ τρίτῃ γάμος ἐγένετο ἐν Κανὰ τῆς Γαλιλαίας ... ἡ μήτηρ τοῦ 'Ιησοῦ ... ² ἐκλήθη δὲ ... ὁ 'Ιησοῦς καὶ οἱ μαθηταὶ αὐτοῦ ... ³⁻⁵ ... ⁶ ... κείμεναι [χωροῦσαι ἀνὰ] μητρητὰς [δύο ἤ τρεῖς] ⁷⁻¹⁰ ... ¹¹ [Ταύτην ἀρχὴν τῶν σημείων ἐποίησεν]ὁ 'Ιησοῦς ἐν Κανὰ τῆς Γαλιλαίας ....

¹² Μετὰ τοῦτο κατέβη εἰς Καφαρναοὺμ αὐτὸς καὶ ἡ μήτηρ αὐτοῦ καὶ οἱ ἀδελφοὶ καὶ οἱ μαθηταὶ, καὶ ἐκεῖ ἔμειναν οὐ πολλὰς ἡμέρας.

¹³ Καὶ ἐγγὺς ἦν τὸ πάσχα τῶν 'Ιουδαίων, καὶ ἀνέβη εἰς 'Ιεροσόλυμα ὁ 'Ιησοῦς. ¹⁴ καὶ εὗρεν ἐν τῷ ἱερῷ τοὺς πωλοῦντας βόας καὶ πρόβατα καὶ περιστερὰς καὶ τοὺς κερματιστὰς καθημένους, ¹⁵ καὶ ποιήσας φραγέλλιον ἐκ σχοινίων πάντας ἐξέβαλεν ἐκ τοῦ ἱεροῦ, τά τε πρόβατα καὶ τοὺς βόας, καὶ τῶν κολλυβιστῶν ἐξέχεεν τὸ κέρματα καὶ τὰς τραπέζας ἀνέτρεψεν, ¹⁶ καὶ τοῖς τὰς περιστερὰς πωλοῦσιν εἶπεν, ῎Αρατε ταῦτα ἐντεῦθεν, μὴ ποιεῖτε τὸν οἶκον τοῦ πατρός μου οἶκον ἐμπορίου. ¹⁷ [τότε] ἐμνήσθησαν οἱ μαθηταὶ αὐτοῦ ὅτι γεγραμμένον ἐστίν, 'Ο ζῆλος τοῦ οἴκου σου καταφάγεταί με.

¹⁸ 'Απεκρίθησαν οὖν οἱ 'Ιουδαῖοι καὶ εἶπαν αὐτῷ, Τί σημεῖον δεικνύεις, ὅτι ταῦτα ποιεῖς; ¹⁹ ἀπεκρίθη 'Ιησοῦς καὶ εἶπεν αὐτοῖς, Λύσατε τὸν ναὸν τοῦτον καὶ ἐν τρισὶν ἡμέραις ἐγερῶ αὐτόν. ²⁰ εἶπαν οὖν οἱ 'Ιουδαῖοι, Τεσσεράκοντα καὶ ἓξ ἔτεσιν ᾠκοδομήθη ὁ ναὸς οὗτος, καὶ σὺ ἐν τρισὶν ἡμέραις ἐγερεῖς αὐτόν; ²¹ ἐκεῖνος δὲ ἔλεγεν περὶ τοῦ ναοῦ τοῦ σώματος αὐτοῦ. ²² ὅτε οὖν ἠγέρθη ἐκ νεκρῶν, ἐμνήσθησαν οἱ μαθηταὶ αὐτοῦ ὅτι τοῦτο ἔλεγεν, καὶ ἐπίστευσαν τῇ γραφῇ καὶ τῷ λόγῳ ὃν εἶπεν ὁ 'Ιησοῦς.

²³ Ὡς δὲ ἦν ἐν τοῖς ʿΙεροσολύμοις ἐν τῷ πάσχα ἐν τῇ ἑορτῇ, πολλοὶ ἐπίστευσαν εἰς τὸ ὄνομα αὐτοῦ, θεωροῦντες αὐτοῦ τὰ σημεῖα ἃ ἐποίει· ²⁴αὐτὸς δὲ ʿΙησοῦς οὐκ ἐπίστευεν ἑαυτὸν αὐτοῖς διὰ τὸ αὐτὸν γινώσκειν πάντας, ²⁵καὶ ὅτι οὐ χρείαν εἶχεν ἵνα τις μαρτυρήσῃ περὶ τοῦ ἀνθρώπου· αὐτὸς γὰρ ἐγίνωσκεν τί ἦν ἐν τῷ ἀνθρώπῳ.

Chapter Three

¹ ... ² [οὗτος ἦλθεν νυκτὸς] πρὸς [αὐτόν] ... ʿΡαββεί, οἴδαμεν ὅτι ἀπὸ θεοῦ ἐλήλυθας διδάσκαλος· οὐδεὶς γὰρ δύναται τὰ σημεῖα ταῦτα ποιεῖν ἃ σὺ ποιεῖς, ἐὰν μὴ ᾖ ὁ θεὸς μετ' αὐτοῦ. ³⁻⁵ ... ⁶τὸ γεγενημένον ἐκ τῆς σαρκὸς σάρξ ἐστιν ... ⁷⁻¹³ ... ¹⁴ ... [ὥσπερ] Μωυσῆς ὕψωσεν τὸν ὄφιν ἐν τῇ ἐρήμῳ, οὕτως ὑψωθῆναι δεῖ τὸν υἱὸν τοῦ ἀνθρώπου, ¹⁵⁻¹⁷ ... ¹⁸ὁ πιστεύων εἰς [εμε] οὐ κρίνεται ... ¹⁹ ... ²⁰πᾶς ... ὁ φαῦλα πράσσων μισεῖ τὸ φῶς καὶ οὐκ ἔρχεται πρὸς τὸ φῶς ... ²¹....

²²Μετὰ ταῦτα ἦλθεν ὁ ʿΙησοῦς καὶ οἱ μαθηταὶ αὐτοῦ εἰς τὴν ʿΙουδαίαν γῆν, καὶ ἐκεῖ διέτριβεν μετ' αὐτῶν καὶ ἐβάπτιζεν. ²³ἦν ... καὶ ʿΙωάννης βαπτίζων ἐν Αἰνὼν ἐγγὺς τοῦ Σαλίμ, ὅτι ὕδατα πολλὰ ἦν ἐκεῖ, καὶ παρεγίνοντο καὶ ἐβαπτίζοντο· ²⁴οὔπω γὰρ ἦν βεβλημένος εἰς τὴν φυλακὴν ὁ ʿΙωάννης. ²⁵ἐγένετο ... ζήτησις ἐκ τῶν μαθητῶν ʿΙωάννου μετὰ ʿΙουδαίων περὶ καθαρισμοῦ. ²⁶καὶ ἦλθον πρὸς τὸν ʿΙωάννην ... ἴδε οὗτος βαπτίζει καὶ πάντες ἔρχονται πρὸς αὐτόν. ²⁷⁻²⁹ ... ³⁰ἐκεῖνον δεῖ αὐξάνειν, ἐμὲ δὲ ἐλαττοῦσθαι.

³¹ ... ὁ ὢν ἐκ τῆς γῆς ἐκ τῆς γῆς ἐστιν καὶ ἐκ τῆς γῆς λαλεῖ. ὁ ἐκ τοῦ οὐρανοῦ ἐρχόμενος ἐπάνω πάντων ἐστίν· ³² ὃ ἑώρακεν καὶ ἤκουσεν τοῦτο μαρτυρεῖ ... ³³⁻³⁶....

Chapter Four

¹ [... ἔγνω ὁ κύριος ὅτι ἤκουσαν] οἱ Φαρισαῖοι ὅτι ʿΙησοῦς πλείονας μαθητὰς ποιεῖ καὶ βαπτίζει ἢ ʿΙωάννης ² -- ... [ʿΙησοῦς αὐτὸς] οὐκ ἐβάπτιζεν ἀλλ' οἱ μαθηταὶ αὐτοῦ -- ³ ἀφῆκεν τὴν ʿΙουδαίαν καὶ ἀπῆλθεν ... εἰς τὴν Γαλιλαίαν.

⁴ ʺΕδει ... αὐτὸν διέρχεσθαι διὰ τῆς Σαμαρείας. ⁵ ... πλησίον τοῦ χωρίου ὃ ἔδωκεν ʿΙακὼβ τῷ ʿΙωσήφ ... ⁶ ... πηγὴ

τοῦ ᾽Ιακώβ. ὁ ... ᾽Ιησοῦς κεκοπιακὼς ἐκ τῆς ὁδοιπορίας ἐκαθέζετο ... ἐπὶ τῇ πηγῇ· ὥρα ... ἦν ... ἕκτη. [7] ... λέγει αὐτῇ ὁ ᾽Ιησοῦς, Δός μοι πιεῖν· [8] οἱ ... μαθηταὶ ... ἀπεληλύθεισαν εἰς τὴν πόλιν, ἵνα τροφὰς ἀγοράσωσιν. [9] ... οὐ γὰρ συγχρῶνται ᾽Ιουδαῖοι Σαμαρείταις. [10] ... Εἰ ᾔδεις τὴν δωρεὰν τοῦ θεοῦ καὶ τίς ἐστιν ὁ λέγων σοι, Δός μοι πιεῖν, σὺ ἂν ᾔτησας αὐτὸν καὶ ἔδωκεν ἄν σοι ὕδωρ ζῶν. [11] καὶ λέγει αὐτῷ ἡ γυνή, Κύριε, οὔτε ἄντλημα ἔχεις καὶ τὸ φρέαρ ἐστὶν βαθύ· πόθεν οὖν ἔχεις τὸ ὕδωρ τὸ ζῶν; [12] μὴ σὺ μείζων εἶ τοῦ πατρὸς ἡμῶν ᾽Ιακώβ, ὃς δέδωκεν ἡμῖν τὸ φρέαρ καὶ αὐτὸς ἐξ αὐτοῦ ἔπιεν καὶ οἱ υἱοὶ αὐτοῦ καὶ τὰ θρέμματα αὐτοῦ; [13] ἀπεκρίθη [ὁ] ᾽Ιησοῦς καὶ εἶπεν αὐτῇ, Πᾶς ὁ πίνων ἐκ τοῦ ὕδατος τούτου διψήσει πάλιν· [14] ὃς δ᾽ ἂν πίῃ ἐκ τοῦ ὕδατος οὗ ἐγὼ δώσω αὐτῷ, οὐ μὴ διψήσει εἰς τὸν αἰῶνα [ἀλλὰ τὸ ὕδωρ ὃ δώσω αὐτῷ] γενήσεται πηγὴ ἐν αὐτῷ ὕδατος ἁλλομένου εἰς ζωὴν αἰώνιον. [15] λέγει πρὸς αὐτὸν ἡ γυνή, Κύριε, δός μοι τοῦτο τὸ ὕδωρ, ἵνα μὴ διψῶ μηδὲ διέρχωμαι ἐνθάδε ἀντλεῖν.

[16] Λέγει αὐτῇ, Ὕπαγε φώνησον [σου τὸν ἄνδρα / τὸν ἄνδρα σου] καὶ ἐλθὲ ἐνθάδε. [17] ἀπεκρίθη ἡ γυνὴ καὶ εἶπεν, Οὐκ ἔχω ἄνδρα. λέγει αὐτῇ ὁ ᾽Ιησοῦς, Καλῶς εἶπας ὅτι ῎Ανδρα οὐκ ἔχω· [18] πέντε γὰρ ἄνδρας ἔσχες, καὶ νῦν ὃν ἔχεις οὐκ ἔστιν σου ἀνήρ· τοῦτο ἀληθὲς εἴρηκας. [19] λέγει αὐτῷ ἡ γυνή, Κύριε, θεωρῶ ὅτι προφήτης εἶ σύ. [20] οἱ πατέρες ἡμῶν ἐν τῷ ὄρει τούτῳ προσεκύνησαν· καὶ ὑμεῖς λέγετε ὅτι ἐν ᾽Ιεροσολύμοις ἐστὶν ὁ τόπος ὅπου προσκυνεῖν δεῖ. [21] λέγει αὐτῇ ὁ ᾽Ιησοῦς, Πίστευέ μοι, γύναι, ὅτι ἔρχεται ὥρα ὅτε οὔτε ἐν τῷ ὄρει τούτῳ οὔτε ἐν ᾽Ιεροσολύμοις προσκυνήσετε τῷ πατρί. [22] ὑμεῖς προσκυνεῖτε ὃ οὐκ οἴδατε· ἡμεῖς προσκυνοῦμεν ὃ οἴδαμεν, ὅτι ἡ σωτηρία ἐκ τῶν ᾽Ιουδαίων ἐστίν. [23] ἀλλ᾽ ἔρχεται ὥρα, καὶ νῦν ἐστιν, ὅτε οἱ ἀληθινοὶ προσκυνηταὶ προσκυνήσουσιν τῷ πατρὶ ἐν πνεύματι καὶ ἀληθείᾳ· καὶ γὰρ ὁ πατὴρ τοιούτους ζητεῖ τοὺς προσκυνοῦντας αὐτόν. [24] πνεῦμα ὁ θεός, καὶ τοὺς προσκυνοῦντας αὐτὸν ἐν πνεύματι καὶ ἀληθείᾳ δεῖ προσκυνεῖν. [25] λέγει αὐτῷ ἡ γυνή, [Οἶδα / Οἴδαμεν] ὅτι Μεσσίας ἔρχεται, ὁ λεγόμενος Χριστός· ὅταν ἔλθῃ ἐκεῖνος,

ἀναγγελεῖ ἡμῖν ἅπαντα. ²⁶λέγει αὐτῇ ὁ Ἰησοῦς, Ἐγώ εἰμι, ὁ λαλῶν σοι.

²⁷ Καὶ ἐπὶ τούτῳ ἦλθον οἱ μαθηταὶ αὐτοῦ, καὶ ἐθαύμαζον ὅτι μετὰ γυναικὸς ἐλάλει· οὐδεὶς μέντοι [γε] εἶπεν, Τί ζητεῖς; ἤ, Τί λαλεῖς μετ' αὐτῆς; ²⁸ἀφῆκεν οὖν τὴν ὑδρίαν αὐτῆς ἡ γυνὴ καὶ ἀπῆλθεν εἰς τὴν πόλιν καὶ λέγει τοῖς ἀνθρώποις, ²⁹Δεῦτε ἴδετε ἄνθρωπον ὃς εἶπέν μοι πάντα [ἃ / ὅσα] ἐποίησα· μήτι οὗτός ἐστιν ὁ Χριστός; ³⁰ἐξῆλθον ἐκ τῆς πόλεως καὶ ἤρχοντο πρὸς αὐτόν.

³¹ Ἐν ... τῷ μεταξὺ ἠρώτων αὐτὸν οἱ μαθηταὶ λέγοντες, Ῥαββί, φάγε. ³²ὁ δὲ εἶπεν αὐτοῖς, Ἐγὼ βρῶσιν ἔχω φαγεῖν ἣν ὑμεῖς οὐκ οἴδατε. ³³ ἔλεγον οὖν οἱ μαθηταὶ πρὸς ἀλλήλους, Μή τις ἤνεγκεν αὐτῷ φαγεῖν; ³⁴λέγει αὐτοῖς ὁ Ἰησοῦς, Ἐμὸν βρῶμά ἐστιν ἵνα ποιήσω τὸ θέλημα τοῦ πέμψαντός με καὶ τελειώσω αὐτοῦ τὸ ἔργον. ³⁵οὐχ ὑμεῖς λέγετε [ὅτι / ὅτι ἔτι] τετράμηνός ἐστιν καὶ ὁ θερισμὸς ἔρχεται; ἰδοὺ λέγω ὑμῖν, ἐπάρατε τοὺς ὀφθαλμοὺς ὑμῶν καὶ θεάσασθε τὰς χώρας ὅτι λευκαί εἰσι πρὸς θερισμόν ἤδη. ³⁶ὁ θερίζων μισθὸν λαμβάνει καὶ συνάγει καρπὸν εἰς ζωὴν αἰώνιον, ἵνα ὁ σπείρων ὁμοῦ χαίρῃ καὶ ὁ θερίζων. ³⁷ἐν γὰρ τούτῳ ὁ λόγος ἐστὶν ἀληθινὸς ὅτι Ἄλλος ἐστὶν ὁ σπείρων καὶ ἄλλος ὁ θερίζων. ³⁸ἐγὼ ἀπέστειλα ὑμᾶς θερίζειν ὃ οὐχ ὑμεῖς κεκοπιάκατε· ἄλλοι κεκοπιάκασιν, καὶ ὑμεῖς εἰς τὸν κόπον αὐτῶν εἰσεληλύθατε.

³⁹ Ἐκ δὲ τῆς πόλεως ἐκείνης πολλοὶ ἐπίστευσαν εἰς αὐτὸν τῶν Σαμαρειτῶν διὰ τὸν λόγον τῆς γυναικὸς μαρτυρούσης ὅτι Εἶπέν μοι πάντα ἃ ἐποίησα. ⁴⁰ὡς οὖν ἦλθον πρὸς αὐτὸν οἱ Σαμαρεῖται, ἠρώτων αὐτὸν μεῖναι παρ' αὐτοῖς· καὶ ἔμεινεν ἐκεῖ δύο ἡμέρας. ⁴¹ καὶ πολλῷ πλείους ἐπίστευσαν διὰ τὸν λόγον αὐτοῦ, ⁴²τῇ δε γυναικὶ ἔλεγον· Οὐκέτι διὰ τὴν λαλιάν σου πιστεύομεν· αὐτοὶ γὰρ ἀκηκόαμεν, καὶ οἴδαμεν ὅτι [οὗτός ἐστιν ἀληθῶς / ἀληθῶς οὗτός ἐστιν] ὁ σωτὴρ τοῦ κόσμου.

⁴³ Μετὰ δὲ τὰς δύο ἡμέρας ἐξῆλθεν ἐκεῖθεν εἰς τὴν Γαλιλαίαν· ⁴⁴ αὐτὸς γὰρ Ἰησοῦς ἐμαρτύρησεν ὅτι προφήτης ἐν τῇ ἰδίᾳ πατρίδι τιμὴν οὐκ ἔχει. ⁴⁵ὅτε οὖν ἦλθεν εἰς τὴν

Γαλιλαίαν, ἐδέξαντο αὐτὸν οἱ Γαλιλαῖοι, πάντα ἑωρακότες ὅσα ἐποίησεν ἐν ˈΙεροσολύμοις ἐν τῇ ἑορτῇ, καὶ αὐτοὶ γὰρ ἦλθον εἰς τὴν ἑορτήν. [46]ˆ Ἦλθεν οὖν πάλιν εἰς τὴν Κανὰ τῆς Γαλιλαίας, ὅπου ἐποίησε τὸ ὕδωρ οἶνον. καὶ ἦν τις βασιλικὸς οὗ ὁ υἱὸς ἠσθένει ἐν Καφαρναούμ· [47] ... ἐκ τῆς ˈΙουδαίας εἰς τὴν Γαλιλαίαν [ἀπῆλθεν] πρὸς αὐτὸν καὶ ἠρώτα ἵνα καταβῇ καὶ ἰάσηται αὐτοῦ τὸν υἱόν, ἤμελλεν γὰρ ἀποθνήσκειν. [48] ... ˈΕὰν μὴ σημεῖα καὶ τέρατα ἴδητε, οὐ μὴ πιστεύσητε. [49] ... κατάβηθι πρὶν ἀποθανεῖν τὸ παιδίον μου. [50] ... Πορεύου· ὁ υἱός σου ζῇ.... [51]ἤδη ... αὐτοῦ καταβαίνοντος οἱ δοῦλοι [αὐτοῦ] ἀπήντησαν αὐτῷ ... λέγοντες [ὅτι] ὁ παῖς σου ζῇ. [52] ... ὥραν ἑβδόμην ἀφῆκεν αὐτὸν ὁ πυρετός. [53] ... καὶ ἐπίστευσεν αὐτὸς καὶ ἡ οἰκία αὐτοῦ ὅλη. [54] Τοῦτο δὲ πάλιν δεύτερον σημεῖον ἐποίησεν ὁ ˈΙησοῦς ἐλθὼν ἐκ τῆς ˈΙουδαίας εἰς τὴν Γαλιλαίαν.

Chapter Five

[1] Μετὰ ταῦτα ἦν ἑορτὴ τῶν ˈΙουδαίων, καὶ ἀνέβη ὁ ˈΙησοῦς εἰς ˈΙεροσόλυμα. [2-4] ... [5] ... τριάκοντα ὀκτὼ ἔτη ἔχων ἐν τῇ ἀσθενείᾳ ... [6-16] ... [17] ... ˈΟ πατήρ μου ἕως ἄρτι ἐργάζεται, κἀγὼ ἐργάζομαι. [18] ... πατέρα ἴδιον ἔλεγεν τὸν θεόν....

[19] ... οὐ δύναται ὁ υἱὸς ποιεῖν ἀφ᾽ ἑαυτοῦ οὐδὲν ἐὰν μή τι βλέπῃ τὸν πατέρα ποιοῦντα· ἃ γὰρ ἐὰν ποιῇ ὁ πατήρ, ταῦτα καὶ ὁ υἱὸς ὁμοίως ποιεῖ. [20] ὁ ... πατὴρ [ἀγαπᾷ] τὸν υἱὸν καὶ πάντα δείκνυσιν αὐτῷ ἃ αὐτὸς ποιεῖ ... [21]ὥσπερ γὰρ ὁ πατὴρ ἐγείρει τοὺς νεκροὺς καὶ ζῳοποιεῖ, οὕτως καὶ ὁ υἱὸς οὓς θέλει ζῳοποιεῖ. [22]οὐδὲ γὰρ ὁ πατὴρ κρίνει οὐδένα, ἀλλὰ τὴν κρίσιν πᾶσαν δέδωκεν τῷ υἱῷ, [23]ἵνα πάντες τιμῶσιν τὸν υἱὸν καθὼς τιμῶσιν τὸν πατέρα.... [24-25] ... [26]ὥσπερ γὰρ ὁ πατὴρ ἔχει ζωὴν ἐν ἑαυτῷ, οὕτως καὶ τῷ υἱῷ ζωὴν ἔδωκεν ἔχειν ἐν ἑαυτῷ· [27] ... ἐξουσίαν ἔδωκεν αὐτῷ κρίσιν ποιεῖν, ὅτι υἱὸς ἀνθρώπου ἐστίν. [28-29] ... [30] Οὐ δύναμαι ἐγὼ ποιεῖν ἀπ᾽ ἐμαυτοῦ οὐδέν· καθὼς ἀκούω κρίνω, καὶ ἡ κρίσις ἡ ἐμὴ δικαία

ἐστίν, ὅτι οὐ ζητῶ τὸ θέλημα τὸ ἐμὸν ἀλλὰ τὸ θέλημα τοῦ πέμψαντός με.

³¹ [κἂν ἐγὼ εἴπω] περὶ ἐμαυτοῦ, ἡ μαρτυρία μου οὐκ ἔστιν ἀληθής· ³²⁻³⁸ ... ³⁹ ἐρευνᾶτε τὰς γραφάς, ὅτι ὑμεῖς δοκεῖτε ἐν αὐταῖς ζωὴν αἰώνιον ἔχειν· καὶ ἐκεῖναί εἰσιν αἱ μαρτυροῦσαι περὶ ἐμοῦ· ⁴⁰ ...

⁴¹ [δόξαν παρὰ] ἀνθρώπων [οὐ λαμβάνω] ⁴²⁻⁴³ ... ⁴⁴ πῶς δύνασθε ὑμεῖς πιστεῦσαι, δόξαν [παρ' ἀλλήλων / παρὰ ἀνθρώπων] λαμβάνοντες καὶ τὴν δόξαν τὴν παρὰ τοῦ [μόνου / μόνου θεοῦ] οὐ ζητεῖτε; ⁴⁵ ... εἰς ὃν ὑμεῖς [ἠλπίσατε]. ⁴⁶ εἰ ... ἐπιστεύετε Μωσεῖ, ἐπιστεύετε ἂν ἐμοί, περὶ γὰρ ἐμοῦ ἐκεῖνος ἔγραψεν. ⁴⁷ εἰ δὲ τοῖς ἐκείνου γράμμασιν οὐ πιστεύετε, πῶς τοῖς ἐμοῖς ῥήμασι [πιστεύσετε / πιστεύσητε];

Chapter Six

¹⁻⁸ ... ⁹ "Εστι παιδάριον ὧδε ὃς ἔχει πέντε ἄρτους κριθίνους καὶ δύο ὀψάρια· ... ¹⁰ ... Ποιήσατε τοὺς ἀνθρώπους ἀναπεσεῖν.... ¹¹ ... εὐχαριστήσας ἔδωκε τοῖς ἀνακειμένοις ... ¹²⁻¹⁴ ... ¹⁵ ' Ιησοῦς [γὰρ πότε] γνοὺς ὅτι μέλλουσιν ἔρχεσθαι καὶ ἁρπάζειν αὐτὸν ἵνα ποιήσωσιν βασιλέα ἀνεχώρησεν εἰς τὸ ὄρος....

¹⁶⁻²⁵ ... ²⁶ ... ' Αμὴν ἀμὴν λέγω ὑμῖν, ζητεῖτέ με οὐχ ὅτι εἴδετε σημεῖα ἀλλ' ὅτι ἐφάγετε ἐκ τῶν ἄρτων καὶ ἐχορτάσθητε. ²⁷ ἐργάζεσθε μὴ τὴν βρῶσιν τὴν ἀπολλυμένην ἀλλὰ τὴν βρῶσιν τὴν μένουσαν εἰς ζωὴν αἰώνιον, ἣν ὁ υἱὸς τοῦ ἀνθρώπου ὑμῖν δώσει ... ²⁸ ... Τί ποιῶμεν ἵνα ἐργαζώμεθα τὰ ἔργα τοῦ θεοῦ; ²⁹ ἀπεκρίθη ὁ ' Ιησοῦς καὶ εἶπεν αὐτοῖς, Τοῦτό ἐστι τὸ ἔργον τοῦ θεοῦ, ἵνα πιστεύητε εἰς ὃν ἀπέστειλεν ἐκεῖνος.

³⁰⁻³¹ ... ³² ... οὐ Μωυσῆς δέδωκεν ὑμῖν τὸν ἄρτον ἐκ τοῦ οὐρανοῦ, ἀλλ' ὁ πατήρ μου δίδωσιν ὑμῖν τὸν ἄρτον ἐκ τοῦ οὐρανοῦ τὸν ἀληθινόν· ³³ ὁ γὰρ ἄρτος τοῦ θεοῦ ἐστιν ὁ καταβαίνων ἐκ τοῦ οὐρανοῦ καὶ ζωὴν διδοὺς τῷ κόσμῳ. ³⁴ ... πάντοτε δὸς ἡμῖν τὸν ἄρτον τοῦτον. ³⁵ ... ' Εγώ εἰμι ὁ ἄρτος

τῆς ζωῆς· ὁ ἐρχόμενος πρός με οὐ μὴ πεινάσῃ, καὶ ὁ πιστεύων εἰς ἐμὲ οὐ μὴ διψήσῃ πώποτε.

36-43 ... 44 [οὐδεὶς ἔρχεται] πρός με ἐὰν μὴ ὁ πατὴρ ὁ πέμψας με ἑλκύσῃ αὐτόν .... 45 ... πᾶς ὁ ἀκούσας παρὰ τοῦ πατρὸς καὶ μαθὼν ἔρχεται πρός με. 46 οὐχ ὅτι τὸν πατέρα ἑώρακέν τις εἰ μὴ ὁ ὢν παρὰ τῷ πατρί, οὗτος ἑώρακε τὸν πατέρα. 47-48 ... 49 [οἱ πατέρες ἐν τῇ ἐρήμῳ ἔφαγον τὸ μάννα] καὶ ἀπέθανον· 50 οὗτός ἐστιν ὁ ἄρτος ὁ ἐκ τοῦ οὐρανοῦ καταβαίνων ἵνα τις ἐξ αὐτοῦ φάγῃ καὶ μὴ ἀποθάνῃ. 51 ἐγώ εἰμι ὁ ἄρτος ὁ ζῶν ὁ ἐκ τοῦ οὐρανοῦ καταβάς· ἐάν τις φάγῃ ἐκ τούτου τοῦ ἄρτου ζήσει εἰς τὸν αἰῶνα· καὶ ὁ ἄρτος δὲ ὃν ἐγὼ δώσω ἡ σάρξ μού ἐστιν ἣν ἐγὼ δώσω ὑπὲρ τῆς τοῦ κόσμου ζωῆς.

52 Ἐμάχοντο ... πρὸς ἀλλήλους οἱ Ἰουδαῖοι λέγοντες, Πῶς δύναται ἡμῖν οὗτος δοῦναι τὴν σάρκα φαγεῖν; 53 ... ἐὰν μὴ φάγητε τὴν σάρκα τοῦ υἱοῦ τοῦ ἀνθρώπου καὶ πίητε αὐτοῦ τὸ αἷμα, οὐκ ἔχετε ζωὴν ἐν ἑαυτοῖς. 54 ὁ τρώγων μου τὴν σάρκα καὶ πίνων μου τὸ αἷμα ἔχει ζωὴν αἰώνιον, [κἀγὼ / καὶ ἐγὼ] ἀναστήσω αὐτὸν ἐν τῇ ἐσχάτῃ ἡμέρᾳ· 55 ἡ γὰρ σάρξ μου ἀληθής ἐστιν βρῶσις, καὶ τὸ αἷμά μου ἀληθής ἐστιν πόσις. 56 ὁ τρώγων μου τὴν σάρκα καὶ πίνων μου τὸ αἷμα ἐν ἐμοὶ μένει κἀγὼ ἐν αὐτῷ. 57 καθὼς ἀπέστειλέ με ὁ ζῶν πατὴρ κἀγὼ ζῶ διὰ τὸν πατέρα, καὶ ὁ τρώγων με κἀκεῖνος ζήσει δι᾽ ἐμέ. 58 οὗτός ἐστιν ὁ ἄρτος ὁ ἐκ τοῦ οὐρανοῦ καταβάς, οὐ καθὼς ἔφαγον οἱ πατέρες καὶ ἀπέθανον· ὁ τρώγων τοῦτον τὸν ἄρτον ζήσει εἰς τὸν αἰῶνα.

59-66 ... 67 ... Μὴ καὶ ὑμεῖς θέλετε [πορεύεσθαι]; 68 ... Κύριε, πρὸς τίνα ἀπελευσόμεθα; ῥήματα ζωῆς αἰωνίου ἔχεις. 69 -71 ....

Chapter Seven

1 ... 2 ἦν ... ἐγγὺς ἡ ἑορτὴ τῶν Ἰουδαίων ἡ σκηνοπηγία. 3-14 ... 15 ... Πῶς οὗτος γράμματα οἶδε μὴ μεμαθηκώς; 16-24 ... 25 Ἔλεγον οὖν τινες ἐκ τῶν Ἱεροσολυμιτῶν, Οὐχ οὗτός ἐστιν ὃν ζητοῦσιν ἀποκτεῖναι; 26 καὶ ἴδε παρρησίᾳ λαλεῖ καὶ οὐδὲν αὐτῷ λέγουσιν. μήποτε ἀληθῶς ἔγνωσαν οἱ ἄρχοντες

ὅτι οὗτός ἐστιν ὁ Χριστός;   27 ἀλλὰ τοῦτον οἴδαμεν πόθεν
ἐστίν· ὁ δὲ Χριστὸς ὅταν ἔρχηται οὐδεὶς γινώσκει πόθεν
ἐστίν. 28 … Κάμὲ οἴδατε καὶ οἴδατε πόθεν εἰμί· … ἀπ' ἐμαυτοῦ
οὐκ ἐλήλυθα, ἀλλ' ἔστιν ἀληθινὸς ὁ πέμψας με, ὃν ὑμεῖς οὐκ
οἴδατε· 29 ἐγὼ οἶδα αὐτόν, ὅτι παρ' αὐτοῦ εἰμι κάκεῖνός με
ἀπέστειλεν. 30 ἐζήτουν οὖν αὐτὸν πιάσαι, καὶ οὐδεὶς
[ἐπέβαλεν / ἐπέβαλλεν] ἐπ' αὐτὸν τὴν χεῖρα, ὅτι οὔπω
ἐληλύθει ἡ ὥρα αὐτοῦ. 31-36 ….

37 … εἱστήκει ὁ ' Ἰησοῦς καὶ ἔκραξεν λέγων, ' Ἐάν τις
διψᾷ ἐρχέσθω πρός με καὶ πινέτω. 38 … 39 … οὔπω γὰρ ἦν
πνεῦμα, ὅτι ' Ἰησοῦς [οὔπω / οὐδέπω] ἐδοξάσθη.

40 … Οὗτός ἐστιν ἀληθῶς ὁ προφήτης· 41 ἄλλοι δὲ
ἔλεγον, Οὗτός ἐστιν ὁ Χριστός· οἱ δὲ ἔλεγον, Μὴ γὰρ ἐκ
τῆς Γαλιλαίας ὁ Χριστὸς ἔρχεται; 42 οὐχ ἡ γραφὴ εἶπεν ὅτι ἐκ
τοῦ σπέρματος Δαυίδ, καὶ ἀπὸ Βηθλέεμ τῆς κώμης ὅπου ἦν
Δαυίδ, ἔρχεται ὁ Χριστός; 43 σχίσμα … ἐγένετο ἐν τῷ ὄχλῳ
δι' αὐτόν. 44-45 … 46 ἀπεκρίθησαν οἱ ὑπηρέται, Οὐδέποτε
ἐλάλησεν οὕτως ἄνθρωπος. 47 … Μὴ καὶ ὑμεῖς πεπλάνησθε;
48 μή τις ἐκ τῶν ἀρχόντων ἐπίστευσεν εἰς αὐτὸν ἢ ἐκ τῶν
Φαρισαίων; 49 ἀλλὰ [ἢ] ὁ ὄχλος οὗτος ὁ μὴ γινώσκων τὸν
νόμον ἐπάρατοί εἰσιν. 50 … 51 Μὴ ὁ νόμος ἡμῶν κρίνει τὸν
ἄνθρωπον ἐὰν μὴ ἀκούσῃ πρῶτον παρ' αὐτοῦ καὶ γνῷ τί ποιεῖ;
52 ἀπεκρίθησαν … Μὴ καὶ σὺ ἐκ τῆς Γαλιλαίας εἶ; ἐραύνησον
καὶ ἴδε ὅτι ἐκ τῆς Γαλιλαίας προφήτης [οὐκ ἐξέρχεται οὐδὲ
ἐγείρεται].

Chapter Eight

12 … ἐγώ εἰμι τὸ φῶς τοῦ κόσμου· ὁ ἀκολουθῶν μοι οὐ μὴ
περιπατήσῃ ἐν τῇ σκοτίᾳ ἀλλ' ἔξει τὸ φῶς τῆς ζωῆς. 13 εἶπαν
οὖν αὐτῷ οἱ Φαρισαῖοι· σὺ περὶ σεαυτοῦ μαρτυρεῖς· ἡ
μαρτυρία σου οὐκ ἔστιν ἀληθής. 14 ἀπεκρίθη ὁ ' Ἰησοῦς καὶ
εἶπεν αὐτοῖς· κἂν ἐγὼ μαρτυρῶ περὶ ἐμαυτοῦ, [ἀληθής ἐστιν
ἡ μαρτυρία μου / ἡ μαρτυρία μου ἀληθής ἐστιν], ὅτι οἶδα
πόθεν ἦλθον καὶ ποῦ ὑπάγω· … 15 ὑμεῖς κατὰ τὴν σάρκα
κρίνετε, ἐγὼ οὐ κρίνω οὐδένα. 16 καὶ ἐὰν κρίνω δὲ ἐγώ, ἡ
κρίσις ἡ ἐμὴ [ἀληθινή / ἀληθής] ἐστιν, ὅτι μόνος οὐκ εἰμί,

ἀλλ' ἐγὼ καὶ ὁ πέμψας με πατήρ. ¹⁷ καὶ ἐν τῷ νόμῳ δὲ τῷ ὑμετέρῳ γέγραπται ὅτι δύο ἀνθρώπων ἡ μαρτυρία ἀληθής ἐστιν. ¹⁸ ἐγώ εἰμι ὁ μαρτυρῶν περὶ ἐμαυτοῦ καὶ μαρτυρεῖ περὶ ἐμοῦ ὁ πέμψας με πατήρ. ¹⁹ ... ποῦ ἐστιν ὁ πατήρ σου; ἀπεκρίθη ὁ Ἰησοῦς· οὔτε ἐμὲ οἴδατε οὔτε τὸν πατέρα μου· εἰ ἐμὲ ᾔδειτε, καὶ τὸν πατέρα μου ἂν ᾔδειτε. ²⁰ Ταῦτα τὰ ῥήματα ἐλάλησεν ἐν τῷ γαζοφυλακίῳ διδάσκων ἐν τῷ ἱερῷ· καὶ οὐδεὶς ἐπίασεν αὐτόν, ὅτι οὔπω ἐληλύθει ἡ ὥρα αὐτοῦ.

²¹ Εἶπεν οὖν πάλιν αὐτοῖς· ἐγὼ ὑπάγω καὶ ζητήσετέ με, καὶ ἐν τῇ ἁμαρτίᾳ ὑμῶν ἀποθανεῖσθε· ὅπου ἐγὼ ὑπάγω ὑμεῖς οὐ δύνασθε ἐλθεῖν. ²² ἔλεγον οὖν οἱ Ἰουδαῖοι· μήτι ἀποκτενεῖ ἑαυτόν, ὅτι λέγει· ὅπου ἐγὼ ὑπάγω ὑμεῖς οὐ δύνασθε ἐλθεῖν; ²³ καὶ ἔλεγεν αὐτοῖς· ὑμεῖς ἐκ τῶν κάτω ἐστέ, ἐγὼ ἐκ τῶν ἄνω εἰμί· ὑμεῖς ἐκ τούτου τοῦ κόσμου ἐστέ, ἐγὼ οὐκ εἰμὶ ἐκ τοῦ κόσμου τούτου. ²⁴ εἶπον οὖν ὑμῖν ὅτι ἀποθανεῖσθε ἐν ταῖς ἁμαρτίαις ὑμῶν· ἐὰν γὰρ μὴ πιστεύ[σ]ητε ὅτι ἐγώ εἰμι, ἀποθανεῖσθε ἐν ταῖς ἁμαρτίαις ὑμῶν. ²⁵ ἔλεγον οὖν αὐτῷ· σὺ τίς εἶ; ... ²⁶⁻²⁷ ... ²⁸ ... ὅταν ὑψώσητε τὸν υἱὸν τοῦ ἀνθρώπου, τότε γνώσεσθε ὅτι ἐγώ εἰμι... ²⁹ ...

³⁰ Ταῦτα αὐτοῦ λαλοῦντος πολλοὶ ἐπίστευσαν εἰς αὐτόν. ³¹ ἔλεγεν οὖν ὁ Ἰησοῦς πρὸς τοὺς πεπιστευκότας αὐτῷ Ἰουδαίους· ἐὰν ὑμεῖς μείνητε ἐν τῷ λόγῳ τῷ ἐμῷ, ἀληθῶς μαθηταί μού ἐστε ³² καὶ γνώσεσθε τὴν ἀλήθειαν, καὶ ἡ ἀλήθεια ἐλευθερώσει ὑμᾶς. ³³ ... σπέρμα Ἀβραάμ ἐσμεν καὶ οὐδενὶ δεδουλεύκαμεν πώποτε· ... ³⁴ ... πᾶς ὁ ποιῶν τὴν ἁμαρτίαν δοῦλός ἐστιν τῆς ἁμαρτίας. ³⁵⁻³⁶ ...

³⁷ οἶδα ὅτι σπέρμα Ἀβραάμ ἐστε· ἀλλὰ ζητεῖτέ με ἀποκτεῖναι, ὅτι ὁ λόγος ὁ ἐμὸς οὐ χωρεῖ ἐν ὑμῖν. ³⁸ ἃ ἐγὼ ἑώρακα παρὰ τῷ πατρὶ λαλῶ· καὶ ὑμεῖς οὖν ἃ ἠκούσατε παρὰ τοῦ πατρὸς ποιεῖτε. ³⁹ ἀπεκρίθησαν καὶ εἶπαν αὐτῷ· ὁ πατὴρ ἡμῶν Ἀβραάμ ἐστιν. λέγει αὐτοῖς ὁ Ἰησοῦς· εἰ τέκνα τοῦ Ἀβραάμ [ἐστε / ἦτε], τὰ ἔργα τοῦ Ἀβραὰμ [ποιεῖτε / ἐποιεῖτε] ⁴⁰ νῦν δὲ ζητεῖτέ με ἀποκτεῖναι ἄνθρωπον ὃς τὴν ἀλήθειαν ὑμῖν λελάληκα ἣν ἤκουσα παρὰ τοῦ θεοῦ· τοῦτο Ἀβραὰμ οὐκ ἐποίησεν. ⁴¹ ὑμεῖς ποιεῖτε τὰ ἔργα τοῦ πατρὸς

ὑμῶν. εἶπον αὐτῷ· ἡμεῖς ἐκ πορνείας οὐ γεγεννήμεθα, ἕνα πατέρα ἔχομεν τὸν θεόν. ⁴² εἶπεν αὐτοῖς ὁ ᾽Ιησοῦς· εἰ ὁ θεὸς πατὴρ ὑμῶν ἦν ἠγαπᾶτε ἂν ἐμέ, ἐγὼ γὰρ ἐκ τοῦ θεοῦ ἐξῆλθον καὶ ἥκω· οὐδὲ γὰρ ἀπ᾽ ἐμαυτοῦ ἐλήλυθα, ἀλλ᾽ ἐκεῖνός με ἀπέστειλεν. ⁴³ διὰ τί τὴν λαλιὰν τὴν ἐμὴν οὐ γινώσκετε; ὅτι οὐ δύνασθε ἀκούειν τὸν λόγον τὸν ἐμόν. ⁴⁴ ὑμεῖς ἐκ τοῦ πατρὸς τοῦ διαβόλου ἐστὲ καὶ τὰς ἐπιθυμίας τοῦ πατρὸς ὑμῶν θέλετε ποιεῖν. ἐκεῖνος ἀνθρωποκτόνος ἦν ἀπ᾽ ἀρχῆς καὶ ἐν τῇ ἀληθείᾳ οὐχ ἔστηκεν, ὅτι οὐκ ἔστιν ἀλήθεια ἐν αὐτῷ. ὅταν λαλῇ τὸ ψεῦδος, ἐκ τῶν ἰδίων λαλεῖ, ὅτι ψεύστης ἐστὶν καὶ ὁ πατὴρ αὐτοῦ. ⁴⁵ ἐγὼ δὲ ὅτι τὴν ἀλήθειαν λέγω, οὐ πιστεύετέ μοι. ⁴⁶ τίς ἐξ ὑμῶν ἐλέγχει με περὶ ἁμαρτίας; εἰ ἀλήθειαν λέγω, διὰ τί ὑμεῖς οὐ πιστεύετέ μοι; ⁴⁷ ὁ ὢν ἐκ τοῦ θεοῦ τὰ ῥήματα τοῦ θεοῦ ἀκούει· διὰ τοῦτο ὑμεῖς οὐκ ἀκούετε, ὅτι ἐκ τοῦ θεοῦ οὐκ ἐστέ.

⁴⁸ ᾽Απεκρίθησαν οἱ ᾽Ιουδαῖοι καὶ εἶπαν αὐτῷ· οὐ καλῶς λέγομεν ἡμεῖς ὅτι Σαμαρίτης εἶ σὺ καὶ δαιμόνιον ἔχεις; ⁴⁹ ἀπεκρίθη ᾽Ιησοῦς· ἐγὼ δαιμόνιον οὐκ ἔχω, ἀλλὰ τιμῶ τὸν πατέρα μου, καὶ ὑμεῖς ἀτιμάζετέ με. ⁵⁰ ἐγὼ δὲ οὐ ζητῶ τὴν δόξαν μου· ἔστιν ὁ ζητῶν καὶ κρίνων. ⁵¹ ἀμὴν ἀμὴν λέγω ὑμῖν, ἐάν τις τὸν ἐμὸν λόγον τηρήσῃ, θάνατον οὐ μὴ θεωρήσῃ εἰς τὸν αἰῶνα. ⁵² εἶπον αὐτῷ οἱ ᾽Ιουδαῖοι· νῦν ἐγνώκαμεν ὅτι δαιμόνιον ἔχεις. ᾽Αβραὰμ ἀπέθανεν καὶ οἱ προφῆται, καὶ σὺ λέγεις· ἐάν τις τὸν ἐμὸν λόγον τηρήσῃ, οὐ μὴ γεύσηται θανάτου εἰς τὸν αἰῶνα. ⁵³ μὴ σὺ μείζων εἶ τοῦ πατρὸς ἡμῶν ᾽Αβραάμ, ὅστις ἀπέθανεν; καὶ οἱ προφῆται ἀπέθανον. τίνα σεαυτὸν ποιεῖς; ⁵⁴ ἀπεκρίθη ᾽Ιησοῦς· ἐὰν ἐγὼ δοξάσω ἐμαυτόν, ἡ δόξα μου οὐδέν ἐστιν· ἔστιν ὁ πατήρ ὁ δοξάζων με... ⁵⁵ ... ⁵⁶ ᾽Αβραὰμ ὁ πατὴρ ὑμῶν ἠγαλλιάσατο ἵνα ἴδῃ τὴν ἡμέραν τὴν ἐμήν, καὶ εἶδεν καὶ ἐχάρη. ⁵⁷ ... ⁵⁸ ... ἀμὴν λέγω ὑμῖν, πρὶν ᾽Αβραὰμ γενέσθαι ἐγὼ εἰμί. ⁵⁹ ... αὐτόν. ᾽Ιησοῦς ... ἐκρύβη καὶ ἐξῆλθεν ἐκ τοῦ ἱεροῦ.

Chapter Nine
¹ ... παράγων εἶδεν ... γενετῆς. ²⁻³ ... ⁴ ... ἕως ἡμέρα ἐστίν· ἔρχεται νὺξ ὅτε οὐδεὶς δύναται ἐργάζεσθαι. ⁵ ὅταν ἐν τῷ κόσμῳ ὦ, φῶς εἰμι τοῦ κόσμου. ⁶⁻²³ ...

24-29 ... 30 ... τὸ θαυμαστόν ἐστιν ... 31-38 ...

39 ... εἰς κρίμα ἐγὼ εἰς τὸν κόσμον τοῦτον ἦλθον, ἵνα οἱ μὴ βλέποντες βλέπωσιν καὶ οἱ βλέποντες τυφλοὶ γένωνται. 40-41 ...

Chapter Ten

1-2 ... 3 τούτῳ ὁ θυρωρὸς ἀνοίγει... 4-6 ...

7 ... 8 πάντες ὅσοι [ἦλθον πρὸ ἐμοῦ / πρὸ ἐμοῦ ἦλθον] κλέπται εἰσὶ καὶ λῃσταί, [καὶ] οὐκ ἤκουσεν αὐτῶν τὰ πρόβατα. 9 ἐγώ εἰμι ἡ θύρα· ... 10 ὁ κλέπτης οὐκ ἔρχεται εἰ μὴ ἵνα κλέψῃ καὶ θύσῃ καὶ ἀπολέσῃ· ...

11-15 ... 16 ... καὶ γενήσονται μία ποίμνη, εἷς ποιμήν.

17 ... 18 οὐδεὶς αἴρει [αὐτὴν] ἀπ᾽ ἐμοῦ, ἀλλ᾽ ἐγὼ τίθημι αὐτὴν ἀπ᾽ ἐμαυτοῦ. ἐξουσίαν ἔχω θεῖναι αὐτήν, καὶ πάλιν ἐξουσίαν ἔχω λαβεῖν αὐτήν· ...

19-20 ... 21 ... δαιμόνιον δύναται τυφλῶν ὀφθαλμοὺς ἀνοῖξαι;

22-23 ... 24 ... εἰ σὺ εἶ ὁ χριστός, εἰπὲ ἡμῖν παρρησίᾳ. 25 ... 26 ... ὑμεῖς οὐκ [ἀκούετε], ὅτι οὐκ ἐστὲ ἐκ τῶν προβάτων τῶν ἐμῶν. 27 τὰ [ἐμὰ πρόβατα] τῆς [ἐμῆς φωνῆς / φωνῆς μου] ἀκούουσιν... 28-29 ... 30 ἐγὼ καὶ ὁ πατὴρ ἕν ἐσμεν.

31-32 ... 33 ... σὺ ἄνθρωπος ὢν ποιεῖς σεαυτὸν θεόν. 34-35 ... 36 ὃν ὁ πατὴρ ἡγίασε καὶ ἀπέστειλεν εἰς τὸν κόσμον ὑμεῖς λέγετε ὅτι βλασφημεῖς, ὅτι εἶπον· υἱὸς τοῦ θεοῦ εἰμι; 37-39 ... 40-42 ...

Chapter Eleven

1-3 ... 4 ... αὕτη ἡ ἀσθένεια οὐκ ἔστιν πρὸς θάνατον ... 5-10 ...

11 ... Λάζαρος ὁ φίλος ἡμῶν κεκοίμηται· ἀλλὰ πορεύομαι ἵνα ἐξυπνίσω αὐτόν. 12-13 ... 14 ... Λάζαρος ἀπέθανεν, 15-16 ...

17-24 ... 25 ... ἐγώ εἰμι ἡ ἀνάστασις καὶ ἡ ζωή· ... 26-37 ...

38 ... 39 λέγει ὁ Ἰησοῦς· ἄρατε τὸν λίθον.... ἡ ἀδελφὴ τοῦ τετελευτηκότος ... κύριε, ἤδη ὄζει, τεταρταῖος γάρ

ἐστιν. ⁴⁰ …οὐκ εἶπόν σοι ὅτι ἐὰν πιστεύσῃς ὄψῃ τὴν δόξαν τοῦ θεοῦ; ⁴¹ ἦραν οὖν τὸν λίθον. ὁ δὲ ' Ἰησοῦς ἦρεν τοὺς ὀφθαλμοὺς ἄνω καὶ εἶπεν· πάτερ, εὐχαριστῶ σοι ὅτι ἤκουσάς μου. ⁴² ἐγὼ δὲ ᾔδειν ὅτι πάντοτέ μου ἀκούεις, ἀλλὰ διὰ τὸν ὄχλον τὸν περιεστῶτα εἶπον, ἵνα πιστεύσωσιν ὅτι σύ με ἀπέστειλας. ⁴³ καὶ ταῦτα εἰπὼν φωνῇ μεγάλῃ ἐκραύγασεν· Λάζαρε, δεῦρο ἔξω. ⁴⁴ ἐξῆλθεν ὁ τεθνηκὼς δεδεμένος τοὺς πόδας καὶ τὰς χεῖρας κειρίαις καὶ ἡ ὄψις αὐτοῦ σουδαρίῳ περιεδέδετο. λέγει ' Ἰησοῦς αὐτοῖς· λύσατε αὐτὸν καὶ ἄφετε αὐτὸν ὑπάγειν.

⁴⁵ Πολλοὶ οὖν ἐκ τῶν ' Ἰουδαίων οἱ ἐλθόντες πρὸς τὴν Μαριὰμ καὶ θεασάμενοι ἃ ἐποίησεν ἐπίστευσαν εἰς αὐτόν· ⁴⁶ τινὲς δὲ ἐξ αὐτῶν ἀπῆλθον πρὸς τοὺς Φαρισαίους καὶ εἶπον αὐτοῖς ἃ ἐποίησεν ὁ ' Ἰησοῦς.

⁴⁷ Συνήγαγον οὖν οἱ ἀρχιερεῖς καὶ οἱ Φαρισαῖοι συνέδριον καὶ ἔλεγον· τί ποιοῦμεν ὅτι οὗτος ὁ ἄνθρωπος πολλὰ ποιεῖ σημεῖα; ⁴⁸ ἐὰν ἀφῶμεν αὐτὸν οὕτως, πάντες πιστεύσωσιν εἰς αὐτόν, καὶ ἐλεύσονται οἱ ' Ῥωμαῖοι καὶ ἀροῦσιν ἡμῶν καὶ τὸν τόπον καὶ τὸ ἔθνος. ⁴⁹ εἷς δέ τις ἐξ αὐτῶν Καϊάφας, ἀρχιερεὺς ὢν τοῦ ἐνιαυτοῦ ἐκείνου, εἶπεν αὐτοῖς· ὑμεῖς οὐκ οἴδατε οὐδέν, ⁵⁰ οὐδὲ λογίζεσθε ὅτι συμφέρει ἡμῖν ἵνα εἷς ἄνθρωπος ἀποθάνῃ ὑπὲρ τοῦ λαοῦ καὶ μὴ ὅλον τὸ ἔθνος ἀπόληται. ⁵¹ τοῦτο δὲ ἀφ' ἑαυτοῦ οὐκ εἶπεν, ἀλλ' ἀρχιερεὺς ὢν τοῦ ἐνιαυτοῦ ἐκείνου προεφήτευσεν ὅτι ἔμελλεν ' Ἰησοῦς ἀποθνήσκειν ὑπὲρ τοῦ ἔθνους, ⁵² καὶ οὐχ ὑπὲρ τοῦ ἔθνους μόνον ἀλλ' ἵνα καὶ τὰ τέκνα τοῦ θεοῦ τὰ διεσκορπισμένα συναγάγῃ εἰς ἕν. ⁵³ ἀπ' ἐκείνης οὖν τῆς ἡμέρας συνεβουλεύσαντο ἵνα ἀποκτείνωσιν αὐτόν.

⁵⁴ ' Ὁ οὖν ' Ἰησοῦς οὐκέτι παρρησίᾳ περιεπάτει ἐν τοῖς ' Ἰουδαίοις, ἀλλὰ ἀπῆλθεν ἐκεῖθεν εἰς τὴν χώραν ἐγγὺς τῆς ἐρήμου, εἰς ' Ἐφραὶμ λεγομένην πόλιν, καὶ ἐκεῖ ἔμεινεν μετὰ τῶν μαθητῶν.

⁵⁵ Ἦν δὲ ἐγγὺς τὸ πάσχα τῶν ' Ἰουδαίων, καὶ ἀνέβησαν πολλοὶ εἰς ' Ἱεροσόλυμα ἐκ τῆς χώρας πρὸ τοῦ πάσχα ἵνα ἁγνίσωσιν ἑαυτούς. ⁵⁶ ἐζήτουν οὖν τὸν ' Ἰησοῦν καὶ ἔλεγον

μετ᾽ ἀλλήλων ἐν τῷ ἱερῷ ἑστηκότες· τί δοκεῖ ὑμῖν; ὅτι οὐ μὴ ἔλθῃ εἰς τὴν ἑορτήν; ⁵⁷ δεδώκεισαν δὲ οἱ ἀρχιερεῖς καὶ οἱ Φαρισαῖοι ἐντολὰς ἵνα ἐάν τις γνῷ ποῦ ἐστιν μηνύσῃ, ὅπως πιάσωσιν αὐτόν.

Chapter Twelve

¹ ... πρὸ ἓξ ἡμερῶν τοῦ πάσχα ἦλθεν [᾽Ιησοῦς] εἰς Βηθανίαν, ὅπου ἦν Λάζαρος, ὃν ἤγειρεν ἐκ νεκρῶν ... ² ἐποίησαν ... αὐτῷ δεῖπνον ἐκεῖ, καὶ ἡ Μάρθα διηκόνει, ὁ δὲ Λάζαρος εἷς ἦν ἐκ τῶν ἀνακειμένων σὺν αὐτῷ. ³⁻⁵ ... ⁶ ... ὅτι περὶ τῶν πτωχῶν [οὐκ]ἔμελεν αὐτῷ, ἀλλ᾽ ὅτι κλέπτης ἦν καὶ τὸ γλωσσόκομον ἔχων τὰ βαλλόμενα ἐβάσταζεν. ⁷⁻¹¹ ...

¹² Τῇ ἐπαύριον ὄχλος πολὺς ὁ ἐλθὼν εἰς τὴν ἑορτήν, ἀκούσαντες ὅτι ἔρχεται ᾽Ιησοῦς εἰς ῾Ιεροσόλυμα ¹³ ἔλαβον τὰ βαΐα τῶν φοινίκων καὶ ἐξῆλθον εἰς ἀπάντησιν αὐτῷ καὶ ἔκραζον· ὡσαννά· εὐλογημένος ὁ ἐρχόμενος ἐν ὀνόματι κυρίου, [ὁ / καὶ ὁ] βασιλεὺς τοῦ ᾽Ισραήλ. ¹⁴ εὑρὼν δὲ ὁ ᾽Ιησοῦς ὀνάριον ἐκάθισεν ἐπ᾽ αὐτό, καθώς ἐστι γεγραμμένον· ¹⁵ μὴ φοβοῦ, θυγάτηρ Σιών· ἰδοὺ ὁ βασιλεύς σου ἔρχεται, καθήμενος ἐπὶ πῶλον ὄνου. ¹⁶ ταῦτα δὲ οὐκ ἔγνωσαν οἱ μαθηταὶ αὐτοῦ τὸ πρότερον... ¹⁷⁻¹⁹ ...

²⁰⁻²³ ...²⁴ ... ἐὰν μὴ ὁ κόκκος τοῦ σίτου πεσὼν εἰς τὴν γῆν ἀποθάνῃ, αὐτὸς μόνος μένει· ἐὰν δὲ ἀποθάνῃ, πολὺν καρπὸν φέρει. ²⁵ ... ὁ μισῶν τὴν [ἑαυτοῦ] ψυχὴν ... ἐν τῷ κόσμῳ τούτῳ εἰς ζωὴν αἰώνιον [φυλάσσει] αὐτήν. ²⁶ ... ὅπου εἰμὶ ἐγὼ ἐκεῖ καὶ ὁ διάκονος ὁ ἐμὸς ἔσται· ...

²⁷ Νῦν ἡ ψυχή μου τετάρακται ... ²⁸⁻³⁰ ... ³¹ ... νῦν ὁ ἄρχων τοῦ κόσμου τούτου ἐκβληθήσεται ἔξω· ³² ... ἐὰν ὑψωθῶ ἐκ τῆς γῆς, πάντας ἑλκύσω πρὸς ἐμαυτόν. ³³⁻³⁴ ... ³⁵ ... ἐν ὑμῖν ... ³⁶⁻⁴³ ...

⁴⁴ ... ⁴⁵ ... ὁ θεωρῶν ἐμὲ θεωρεῖ τὸν πέμψαντά με. ⁴⁶⁻⁵⁰ ...

Chapter Thirteen

¹ Πρὸ δὲ τῆς ἑορτῆς τοῦ πάσχα εἰδὼς ὁ ᾽Ιησοῦς ὅτι ἦλθεν αὐτοῦ ἡ ὥρα ἵνα μεταβῇ ἐκ τοῦ κόσμου τούτου πρὸς τὸν πατέρα, ἀγαπήσας τοὺς ἰδίους τοὺς ἐν τῷ κόσμῳ εἰς τέλος ἠγάπησεν αὐτούς. ² καὶ δείπνου γινομένου, τοῦ διαβόλου ἤδη βεβληκότος εἰς τὴν καρδίαν ἵνα παραδῷ αὐτὸν ᾽Ιούδας Σίμωνος ᾽Ισκαριώτης, ³ εἰδὼς ὅτι πάντα ἔδωκεν αὐτῷ ὁ πατὴρ εἰς τὰς χεῖρας καὶ ὅτι ἀπὸ θεοῦ ἐξῆλθεν καὶ πρὸς τὸν θεὸν ὑπάγει, ⁴ ἐγείρεται ἐκ τοῦ δείπνου καὶ τίθησιν τὰ ἱμάτια καὶ λαβὼν λέντιον διέζωσεν ἑαυτόν· ⁵ εἶτα βάλλει ὕδωρ εἰς τὸν νιπτῆρα καὶ ἤρξατο νίπτειν τοὺς πόδας τῶν μαθητῶν καὶ ἐκμάσσειν τῷ λεντίῳ ᾧ ἦν διεζωσμένος. ⁶ ἔρχεται οὖν πρὸς Σίμωνα Πέτρον· λέγει αὐτῷ· κύριε, σύ μου νίπτεις τοὺς πόδας; ⁷ ἀπεκρίθη ᾽Ιησοῦς καὶ εἶπεν αὐτῷ· ὃ ἐγὼ ποιῶ σὺ οὐκ οἶδας ἄρτι, γνώσῃ δὲ μετὰ ταῦτα. ⁸ λέγει αὐτῷ ὁ Πέτρος· οὐ μὴ νίψῃς μου τοὺς πόδας εἰς τὸν αἰῶνα. ἀπεκρίθη ᾽Ιησοῦς αὐτῷ· ἐὰν μὴ νίψω σε, οὐκ ἔχεις μέρος μετ᾽ ἐμοῦ. ⁹ λέγει αὐτῷ Σίμων Πέτρος· μὴ τοὺς πόδας μου μόνον ἀλλὰ καὶ τὰς χεῖρας καὶ τὴν κεφαλήν. ¹⁰ λέγει αὐτῷ ὁ ᾽Ιησοῦς· ὁ λελουμένος οὐκ ἔχει χρείαν νίψασθαι, ἀλλ᾽ ἔστι καθαρὸς ὅλος· καὶ ὑμεῖς καθαροί ἐστε, ἀλλ᾽ οὐχὶ πάντες. ¹¹ ᾔδει γὰρ τὸν παραδιδόντα αὐτόν· διὰ τοῦτο εἶπεν· οὐχὶ πάντες καθαροί ἐστε.

¹² ῞Οτε οὖν ἔνιψεν τοὺς πόδας αὐτῶν καὶ ἔλαβεν τὰ ἱμάτια αὐτοῦ καὶ ἀνέπεσεν πάλιν, εἶπεν αὐτοῖς· γινώσκετε τί πεποίηκα ὑμῖν; ¹³ ὑμεῖς φωνεῖτέ με· ὁ διδάσκαλος, καί· ὁ κύριος, καὶ καλῶς λέγετε· εἰμὶ γάρ. ¹⁴ εἰ οὖν ἐγὼ ἔνιψα ὑμῶν τοὺς πόδας ὁ κύριος καὶ ὁ διδάσκαλος, καὶ ὑμεῖς ὀφείλετε ἀλλήλων νίπτειν τοὺς πόδας· ¹⁵ ὑπόδειγμα γὰρ ἔδωκα ὑμῖν ἵνα καθὼς ἐγὼ ἐποίησα ὑμῖν καὶ ὑμεῖς ποιῆτε. ¹⁶ ἀμὴν ἀμὴν λέγω ὑμῖν, οὐκ ἔστιν δοῦλος μείζων τοῦ κυρίου αὐτοῦ οὐδὲ ἀπόστολος μείζων τοῦ πέμψαντος αὐτόν. ¹⁷ εἰ ταῦτα οἴδατε, μακάριοί ἐστε ἐὰν ποιῆτε αὐτά.

¹⁸ Οὐ περὶ πάντων ὑμῶν λέγω· ἐγὼ οἶδα τίνας ἐξελεξάμην· ἀλλ᾽ ἵνα ἡ γραφὴ πληρωθῇ· ὁ τρώγων [μου / μετ᾽ ἐμοῦ] τὸν ἄρτον ἐπῆρεν ἐπ᾽ ἐμὲ τὴν πτέρναν αὐτοῦ. ¹⁹

ἀπ' ἄρτι λέγω ὑμῖν πρὸ τοῦ γενέσθαι, ἵνα πιστεύητε ὅταν γένηται ὅτι ἐγώ εἰμι. ²⁰ἀμὴν ἀμὴν λέγω ὑμῖν, ὁ λαμβάνων ἐάν τινα πέμψω ἐμὲ λαμβάνει, ὁ δὲ ἐμὲ λαμβάνων λαμβάνει τὸν πέμψαντά με. ²¹ Ταῦτα εἰπὼν ὁ Ἰησοῦς ἐταράχθη τῷ πνεύματι καὶ ἐμαρτύρησεν καὶ εἶπεν· ἀμὴν ἀμὴν λέγω ὑμῖν ὅτι εἷς ἐξ ὑμῶν παραδώσει με. ²² ἔβλεπον εἰς ἀλλήλους οἱ μαθηταὶ ἀπορούμενοι περὶ τίνος λέγει. ²³ἦν ἀνακείμενος εἷς ἐκ τῶν μαθητῶν αὐτοῦ ἐν τῷ κόλπῳ τοῦ Ἰησοῦ, ὃν ἠγάπα ὁ Ἰησοῦς. ²⁴ νεύει οὖν τούτῳ Σίμων Πέτρος καὶ λέγει αὐτῷ· εἰπὲ τίς ἐστιν περὶ οὗ λέγει. ²⁵ἀναπεσὼν ἐκεῖνος ἐπὶ τὸ στῆθος τοῦ Ἰησοῦ λέγει αὐτῷ· κύριε, τίς ἐστιν; ²⁶ἀποκρίνεται οὖν ὁ Ἰησοῦς· ἐκεῖνός ἐστιν ᾧ ἐγὼ βάψω τὸ ψωμίον καὶ δώσω αὐτῷ. βάψας οὖν τὸ ψωμίον λαμβάνει καὶ δίδωσιν Ἰούδᾳ Σίμωνος Ἰσκαριώτου. ²⁷καὶ μετὰ τὸ ψωμίον τότε εἰσῆλθεν εἰς ἐκεῖνον ὁ σατανᾶς. λέγει οὖν αὐτῷ ὁ Ἰησοῦς· ὃ ποιεῖς ποίησον τάχιον. ²⁸ τοῦτο δὲ οὐδεὶς ἔγνω τῶν ἀνακειμένων πρὸς τί εἶπεν αὐτῷ· ²⁹ τινὲς γὰρ ἐδόκουν, ἐπεὶ τὸ γλωσσόκομον εἶχεν Ἰούδας, ὅτι λέγει αὐτῷ Ἰησοῦς· ἀγόρασον ὧν χρείαν ἔχομεν εἰς τὴν ἑορτήν, ἢ τοῖς πτωχοῖς ἵνα τι δῷ. ³⁰ λαβὼν οὖν τὸ ψωμίον ἐκεῖνος ἐξῆλθεν εὐθύς. ἦν δὲ νύξ.

³¹ Ὅτε οὖν ἐξῆλθεν, [ὁ Ἰησοῦς] λέγει· νῦν ἐδοξάσθη ὁ υἱὸς τοῦ ἀνθρώπου καὶ ὁ θεὸς ἐδοξάσθη ἐν αὐτῷ· ³² εἰ ὁ θεὸς ἐδοξάσθη ἐν αὐτῷ, καὶ ὁ θεὸς δοξάσει αὐτὸν ἐν αὐτῷ, καὶ εὐθὺς δοξάσει αὐτόν. ³³ τεκνία, ἔτι μικρὸν μεθ᾽ ὑμῶν εἰμι· ζητήσετέ με, καὶ καθὼς εἶπον τοῖς Ἰουδαίοις ὅτι ὅπου ἐγὼ ὑπάγω ὑμεῖς οὐ δύνασθε ἐλθεῖν, καὶ ὑμῖν λέγω ἄρτι. ³⁴⁻³⁵ ...

³⁶ ... ὅπου ἐγὼ ὑπάγω οὐ δύνασαί μοι νῦν ἀκολουθῆσαι, ἀκολουθήσεις δὲ ὕστερον. ³⁷ ... ³⁸ ...οὐ μὴ φωνήσει ἀλέκτωρ ἕως [ἂν] ἀρνήσῃ με τρίς.

Chapter Fourteen

¹⁻⁵ ... ⁶ ...ἐγώ εἰμι ἡ ὁδὸς καὶ ἡ ἀλήθεια καὶ ἡ ζωή· ... ⁷ ... ⁸ ...δεῖξον ἡμῖν τὸν πατέρα, καὶ ἀρκεῖ ἡμῖν. ⁹ ... τοσούτῳ

χρόνῳ μεθ' ὑμῶν εἰμι καὶ οὐκ ἔγνωκάς με, Φίλιππε; ὁ ἑωρακὼς ἐμὲ ἑώρακε τὸν πατέρα· ... 10 ... 11 ... [ὁ πατὴρ ἐν ἐμοὶ κἀγὼ ἐν τῷ πατρί]· ...

12-22 ... 23 ἀπεκρίθη ὁ ᾽Ιησοῦς καὶ εἶπεν αὐτοῖς· ἐάν τις ἀγαπᾷ με τὸν λόγον μου τηρήσει, καὶ ὁ πατήρ μου ἀγαπήσει αὐτὸν καὶ πρὸς αὐτὸν ἐλευσόμεθα καὶ μονὴν παρ' αὐτῷ ποιησόμεθα. 24 ...

25 ... 26 ... ἐκεῖνος ὑμᾶς διδάξει πάντα καὶ ὑπομνήσει ὑμᾶς πάντα ὅσα εἶπον ὑμῖν.

27 Εἰρήνην ἀφίημι ὑμῖν, εἰρήνην τὴν ἐμὴν δίδωμι ὑμῖν· οὐ καθὼς ὁ κόσμος δίδωσιν [εἰρήνην] κἀγὼ δίδωμι ὑμῖν [εἰρήνην].... 28 ἠκούσατε ὅτι ἐγὼ εἶπον ὑμῖν· ὑπάγω καὶ ἔρχομαι πρὸς ὑμᾶς. εἰ ἠγαπᾶτέ με ἐχάρητε ἂν ὅτι πορεύομαι πρὸς τὸν πατέρα... ὁ πατὴρ [ὁ πέμψας με] μείζων μού ἐστιν. 29 ... 30 ... ἔρχεται ... ὁ ἄρχων τοῦ κόσμου τούτου· καὶ ἐν ἐμοὶ [οὐκ ἔχει οὐδέν / εὑρήσει οὐδέν / εὑρίσκει οὐδέν], 31 ...

Chapter Fifteen

1 ᾽Εγώ εἰμι ἡ ἄμπελος ἡ ἀληθινή καὶ ὁ πατήρ μου ὁ γεωργός ἐστι. 2-4 ... 5 ἐγώ εἰμι ἄμπελος, ὑμεῖς τὰ κλήματα.... 6-8 ...

9-14 ... 15 οὐκέτι ὑμᾶς λέγω δούλους, ὅτι ὁ δοῦλος οὐκ οἶδε τί ... φίλους ... 16-17 ...

18 ... 19 εἰ ἐκ τοῦ κόσμου ἦτε, ὁ κόσμος ἂν τὸ ἴδιον ἐφίλει· ὅτι ... [οὐκ ἐστὲ ἐκ τοῦ κόσμου] ... ἐγὼ ἐξελεξάμην ὑμᾶς ἐκ τοῦ κόσμου, διὰ τοῦτο [ὁ κόσμος ὑμᾶς μισεῖ]. 20-21 ... 22 εἰ μὴ ἦλθον καὶ ἐλάλησα αὐτοῖς, ἁμαρτίαν οὐκ εἴχοσαν· νῦν δὲ πρόφασιν οὐκ ἔχουσιν περὶ τῆς ἁμαρτίας αὐτῶν. 23-27 ...

Chapter Sixteen

1 ... 2 ... ἔρχεται ὥρα ... πᾶς ὁ ἀποκτείνας ὑμᾶς δόξει λατρείαν προσφέρειν τῷ θεῷ. 3-4 ...

5 Νῦν δὲ ὑπάγω πρὸς τὸν πέμψαντά με, καὶ οὐδεὶς ἐξ ὑμῶν ἐρωτᾷ με· ποῦ ὑπάγεις; 6 ... 7 ... συμφέρει ὑμῖν ἵνα ἐγὼ ἀπέλθω.... 8-10 ... 11 ... ὁ ἄρχων τοῦ κόσμου τούτου κέκριται.

12 ῎Ετι πολλὰ ἔχω ὑμῖν λέγειν, ἀλλ᾽ οὐ δύνασθε βαστάζειν ἄρτι· 13 ὅταν δὲ ἔλθῃ ἐκεῖνος, τὸ πνεῦμα τῆς ἀληθείας, ὁδηγήσει ὑμᾶς εἰς τὴν ἀλήθειαν πᾶσαν· οὐ γὰρ λαλήσει ἀφ᾽ ἑαυτοῦ, ἀλλ᾽ ὅσα ἀκούσει λαλήσει ... 14 ...ὅτι ἐκ τοῦ ἐμοῦ λήμψεται καὶ ἀναγγελεῖ ὑμῖν. 15 ...

16 Μικρὸν καὶ οὐκέτι θεωρεῖτέ με, καὶ πάλιν μικρὸν <καὶ > ὄψεσθέ με.... 17 ... 18 ...τί ἐστιν τοῦτο ὃ λέγει μικρόν; οὐκ οἴδαμεν τί λαλεῖ.

19 ῎Εγνω ... ὁ ᾽Ιησοῦς [καὶ] ὅτι ἤθελον αὐτὸν ἐρωτᾶν ... εἶπεν αὐτοῖς· περὶ τούτου ζητεῖτε μετ᾽ ἀλλήλων ὅτι εἶπον· μικρὸν καὶ οὐ θεωρεῖτέ με, καὶ πάλιν μικρὸν καὶ ὄψεσθέ με; 20 ἀμὴν ἀμὴν λέγω ὑμῖν ὅτι κλαύσετε καὶ θρηνήσετε ὑμεῖς, ὁ ... κόσμος χαρήσεται· ὑμεῖς δὲ λυπηθήσεσθε, ἀλλ᾽ ἡ λύπη ὑμῶν εἰς χαρὰν γενήσεται. 21-22 ...

23 ...ἀμὴν ἀμὴν λέγω ὑμῖν, ἄν τι αἰτήσητε τὸν πατέρα δώσει ὑμῖν ἐν τῷ ὀνόματί μου. 24 ἕως ἄρτι οὐκ ἠτήσατε οὐδὲν ἐν τῷ ὀνόματί μου· αἰτεῖτε καὶ λήμψεσθε, ἵνα ἡ χαρὰ ὑμῶν ᾖ πεπληρωμένη.

25 Ταῦτ᾽ ἐν παροιμίαις λελάληκα ὑμῖν· ἔρχεται ὥρα ὅτε οὐκέτι ἐν παροιμίαις λαλήσω ὑμῖν ... 26-28 ...

29-32 ... 33 ... ἐν τῷ κόσμῳ θλῖψιν ἔχετε· ἀλλὰ θαρσεῖτε, ἐγὼ νενίκηκα τὸν κόσμον.

Chapter Seventeen

1 Ταῦτα ἐλάλησεν ὁ ᾽Ιησοῦς καὶ ἐπάρας τοὺς ὀφθαλμοὺς αὐτοῦ εἰς τὸν οὐρανὸν εἶπε· πάτερ, ἐλήλυθεν ἡ ὥρα· δόξασόν σου τὸν υἱόν, [ἵνα / ἵνα καὶ] ὁ [υἱὸς / υἱός σου] δοξάσῃ σέ, 2 ... 3 ... ἵνα γινώσκωσι σὲ τὸν μόνον ἀληθινὸν θεὸν καὶ ὃν ἀπέστειλας ᾽Ιησοῦν Χριστόν. 4 ... 5 καὶ νῦν δόξασόν με ..., πάτερ, παρὰ σεαυτῷ τῇ δόξῃ ᾗ εἶχον [πρὸ τοῦ τὸν κόσμον εἶναι παρὰ σοί / παρὰ σοὶ πρὸ τοῦ τὸν κόσμον εἶναι].

6-9 ... 10 ... [πάντα τὰ ἐμὰ] σά ἐστιν ... 11 καὶ οὐκέτι εἰμὶ ἐν τῷ κόσμῳ ... κἀγὼ πρὸς σὲ ἔρχομαι.... 12 ... 13 ... καὶ ταῦτα λαλῶ ἐν τῷ κόσμῳ ... 14 ... καὶ ὁ κόσμος ἐμίσησεν αὐτούς, ὅτι οὐκ εἰσὶν ἐκ τοῦ κόσμου ... 15 ... 16 ἐκ τοῦ κόσμου οὐκ εἰσὶν ... 17-19 ...

²⁰ ... ἀλλὰ καὶ ὑπὲρ τῶν πιστευόντων ... ²¹ ... ἵνα καὶ αὐτοὶ ἐν ἡμῖν ἓν ὦσιν, ἵνα ὁ κόσμος πιστεύῃ ὅτι σύ με ἀπέστειλας. ²²⁻²⁶ ...

Chapter Eighteen

¹ ... ἐξῆλθεν σὺν τοῖς μαθηταῖς αὐτοῦ πέραν τοῦ χειμάρρου τῶν Κεδρὼν ὅπου ἦν κῆπος, εἰς ὃν εἰσῆλθεν αὐτὸς καὶ οἱ μαθηταὶ αὐτοῦ. ² ... ³ ὁ ... Ἰούδας λαβὼν τὴν σπεῖραν καὶ ἐκ τῶν ἀρχιερέων καὶ Φαρισαίων ὑπηρέτας ἔρχεται ἐκεῖ μετὰ φανῶν καὶ λαμπάδων καὶ ὅπλων. ⁴ ... εἰδὼς πάντα τὰ ἐρχόμενα ἐπ' αὐτὸν ἐξῆλθε καὶ λέγει αὐτοῖς· τίνα ζητεῖτε; ⁵ ἀπεκρίθησαν αὐτῷ· Ἰησοῦν τὸν Ναζωραῖον. λέγει αὐτοῖς· ἐγώ εἰμι. εἱστήκει δὲ καὶ Ἰούδας ὁ παραδιδοὺς αὐτὸν μετ' αὐτῶν. ⁶ ὡς οὖν εἶπεν αὐτοῖς· ἐγώ εἰμι, ἀπῆλθον εἰς τὰ ὀπίσω καὶ ἔπεσον χαμαί. ⁷ πάλιν οὖν [ἐπηρώτησεν αὐτούς]· τίνα ζητεῖτε; οἱ δὲ [εἶπον / εἶπον πάλιν]· Ἰησοῦν τὸν Ναζωραῖον. ⁸ ἀπεκρίθη αὐτοῖς ὁ Ἰησοῦς· εἶπον ὑμῖν ὅτι ἐγώ εἰμι. εἰ οὖν ἐμὲ ζητεῖτε, ἄφετε τούτους ὑπάγειν· ⁹⁻¹¹ ...

¹² Ἡ ... σπεῖρα καὶ ὁ χιλίαρχος καὶ οἱ ὑπηρέται τῶν Ἰουδαίων συνέλαβον τὸν Ἰησοῦν καὶ ἔδησαν αὐτὸν ¹³ ...ἀπήγαγον πρὸς Ἄνναν πρῶτον· ... ¹⁴ ... ἕνα ἄνθρωπον ἀποθανεῖν ὑπὲρ ... ¹⁵⁻²⁷ ...

²⁸ Ἄγουσιν ... τὸν Ἰησοῦν ἀπὸ τοῦ Καϊάφα εἰς τὸ πραιτώριον· ...

²⁹⁻³⁰ ... ³¹ ...ἡμῖν οὐκ ἔξεστιν ἀποκτεῖναι οὐδένα· ³² ...

³³ ... σὺ εἶ ὁ βασιλεὺς τῶν Ἰουδαίων; ³⁴ ... ³⁵ ... μήτι ἐγὼ Ἰουδαῖός εἰμι; τὸ [σὸν ἔθνος] καὶ οἱ ἀρχιερεῖς παρέδωκάν σε ἐμοί· ... ³⁶ ... ἡ βασιλεία ἡ ἐμὴ οὐκ ἔστιν ἐκ τοῦ κόσμου τούτου· εἰ [ἐκ τοῦ κόσμου τούτου ἦν / ἦν ἐκ τοῦ κόσμου τούτου] ἡ βασιλεία ἡ ἐμή, οἱ ὑπηρέται οἱ ἐμοὶ ἠγωνίζοντο ἂν ἵνα μὴ παραδοθῶ τοῖς Ἰουδαίοις· νῦν δὲ ἡ βασιλεία ἡ ἐμὴ οὐκ ἔστιν ἐντεῦθεν. ³⁷⁻³⁹ ... ⁴⁰ ... μὴ τοῦτον [ἀπολύσῃς] ἀλλὰ τὸν Βαραββᾶν. ἦν δὲ ὁ Βαραββᾶς λῃστής.

Chapter Nineteen

1-6 ... ⁷ ἀπεκρίθησαν οἱ ' Ιουδαῖοι· ἡμεῖς νόμον ἔχομεν
καὶ κατὰ τὸν νόμον ὀφείλει ἀποθανεῖν, ὅτι υἱὸν θεοῦ ἑαυτὸν
ἐποίησεν. 8-11 ... ¹² ... οἱ ...' Ιουδαῖοι ἐκραύγαζον λέγοντες
[πρὸς τὸν Πιλάτον]· ἐὰν τοῦτον ἀπολύσῃς, οὐκ εἶ φίλος τοῦ
Καίσαρος· πᾶς ὁ βασιλέα ἑαυτὸν ποιῶν ἀντιλέγει τῷ Καίσαρι.
13-14 ... ¹⁵ ἐκραύγασαν ... ˆΑρον ἆρον, σταύρωσον αὐτόν....
οὐκ ἔχομεν βασιλέα εἰ μὴ Καίσαρα. ¹⁶ ...
    ¹⁷ ... [βαστάζων] ἑαυτῷ [τὸν σταυρὸν] ἐξῆλθεν ... ¹⁸
ὅπου αὐτὸν ἐσταύρωσαν ... ¹⁹⁻²² ...
    23-25 ... ²⁶ ... ἴδε ὁ υἱός σου. ²⁷ ...
    28-31 ... ³² ἦλθον οὖν οἱ στρατιῶται καὶ τοῦ μὲν πρώτου
κατέαξαν τὰ σκέλη καὶ τοῦ ἄλλου τοῦ συνσταυρωθέντος
αὐτῷ· ³³ ἐπὶ δὲ τὸν ' Ιησοῦν ἐλθόντες, ὡς εἶδον ἤδη αὐτὸν
τεθνηκότα, οὐ κατέαξαν αὐτοῦ τὰ σκέλη, ³⁴ ἀλλ' εἰς τῶν
στρατιωτῶν λόγχῃ τὴν πλευρὰν αὐτοῦ ἔνυξεν, καὶ ἐξῆλθεν
εὐθὺς αἷμα καὶ ὕδωρ. ³⁵ καὶ ὁ ἑωρακὼς μεμαρτύρηκεν, καὶ
ἀληθινὴ αὐτοῦ ἐστιν ἡ μαρτυρία, [καὶ ἐκεῖνος / κἀκεῖνος]
οἶδεν ὅτι ἀληθῆ λέγει, ἵνα καὶ ὑμεῖς πιστεύητε. ³⁶ ἐγένετο
γὰρ ταῦτα ἵνα ἡ γραφὴ πληρωθῇ· ὀστοῦν [αὐτοῦ οὐ
συντριβήσεται]. ³⁷ ...
    38-40 ... ⁴¹ ... ἐν ᾧ οὐδέπω οὐδεὶς ἐτέθη· ⁴² ...

Chapter Twenty

1-16 ... ¹⁷ ... μή μου ἅπτου, οὔπω γὰρ ἀναβέβηκα πρὸς
τὸν [πατέρα μου / πατέρα]· [πορεύου δὲ / πορεύου] πρὸς τοὺς
[ἀδελφούς μου / ἀδελφοὺς] καὶ εἰπὲ αὐτοῖς· [ἀναβαίνω /
πορεύομαι] πρὸς τὸν πατέρα μου καὶ πατέρα ὑμῶν καὶ θεόν
μου καὶ θεὸν ὑμῶν. ¹⁸ ...
    19-21 ... ²² ... ἐνεφύσησεν ... καὶ λέγει αὐτοῖς· λάβετε
πνεῦμα ἅγιον· ²³ ἄν τινων ἀφῆτε τὰς ἁμαρτίας ἀφίενται
αὐτοῖς, ἄν τινων κρατῆτε κεκράτηνται.
    24 ... 25 ... βάλω ... εἰς τὸν τύπον τῶν ἥλων καὶ ... ²⁶ ...
ἦσαν ... οἱ μαθηταὶ αὐτοῦ καὶ Θωμᾶς μετ' αὐτῶν. ἔρχεται ὁ
' Ιησοῦς τῶν θυρῶν κεκλεισμένων καὶ ἔστη εἰς τὸ μέσον καὶ

εἶπεν· εἰρήνη ὑμῖν. ²⁷ εἶτα λέγει τῷ Θωμᾷ· φέρε τὸν δάκτυλόν σου ὧδε καὶ ἴδε τὰς χεῖράς μου καὶ φέρε τὴν χεῖρά σου καὶ βάλε εἰς τὴν πλευράν μου, καὶ μὴ γίνου ἄπιστος ἀλλὰ πιστός. ²⁸ ... ²⁹ ... μακάριοι οἱ μὴ ἰδόντες καὶ πιστεύσαντες. 30-31 ...

Chapter Twenty-one

1-17 ... ¹⁸ ... ὅταν δὲ γηράσῃς, ἐκτενεῖς τὰς χεῖράς σου, καὶ ἄλλος σε ζώσει καὶ οἴσει ὅπου οὐ θέλεις. ¹⁹ [τοῦτο / ταῦτα] δὲ εἶπε σημαίνων ποίῳ θανάτῳ δοξάσει τὸν θεόν....

²⁰ Ἐπιστραφεὶς ... ὁ Πέτρος βλέπει τὸν μαθητὴν ὃν ἠγάπα ὁ Ἰησοῦς ἀκολουθοῦντα, ὃς καὶ ἀνέπεσεν ἐν τῷ δείπνῳ ἐπὶ τὸ στῆθος αὐτοῦ καὶ εἶπεν· κύριε, τίς ἐστιν ὁ παραδιδούς σε; ²¹ τοῦτον οὖν ἰδὼν ὁ Πέτρος λέγει τῷ Ἰησοῦ· κύριε, οὗτος δὲ τί; ²² λέγει αὐτῷ ὁ Ἰησοῦς· ἐὰν αὐτὸν θέλω μένειν ἕως ἔρχομαι, τί πρός σέ; σύ μοι ἀκολούθει. ²³ ἐξῆλθεν οὖν ὁ λόγος εἰς τοὺς ἀδελφοὺς ὅτι ὁ μαθητὴς ἐκεῖνος οὐκ ἀποθνήσκει· οὐκ εἶπεν δὲ αὐτῷ ὁ Ἰησοῦς ὅτι οὐκ ἀποθνήσκει ἀλλ'· Ἐὰν αὐτὸν θέλω μένειν ἕως ἔρχομαι, τί πρός σέ;

²⁴ Οὗτός ἐστιν ὁ μαθητὴς ὁ καὶ μαρτυρῶν περὶ τούτων ... ὁ γράψας ταῦτα ... ²⁵ Ἔστιν ... καὶ ἄλλα πολλὰ ἃ ἐποίησεν ὁ Ἰησοῦς, ἅτινα ἐὰν γράφηται καθ' ἕν, οὐδὲ αὐτὸν οἶμαι τὸν κόσμον [χωρήσειν / χωρῆσαι] τὰ γραφόμενα βιβλία.

The Catena Fragments and Latin References

The following list presents the quotations of and allusions to the Fourth Gospel found in the Greek catenae attributable to Origen and in the Latin translations of his works (when these do not also survive in Greek). Because these materials cannot be relied upon to provide an accurate account of Origen's own text,[1] we have not included a critical apparatus. Our listing of these materials follows the general procedures laid out in the Introduction;[2] under each reference we have cited the Greek catenae in full before giving the references that are preserved only in Latin translation.

John 1:1

εν αρχη ην ο λογος (Io.Cat 1) [C]

εν αρχη ην ο λογος (Io.Cat 1) [C]

εν αρχη ην ο λογος (Io.Cat 1) [C]

εν τη αρχη ην ο λογος (Io.Cat 1) [C]

εν αρχη ην ο λογος (Ps.Cat C 118, 90) [C]

ην ο λογος προς τον θεον (Io.Cat 1) [C]

και θεος λογος ην (Io.Cat 118) [C]

in principio erat verbum, et verbum erat apud deum, et deus erat verbum (Gen.Hom 1, 1) [C]

in principio erat verbum, et verbum erat apud deum, et deus erat verbum (Luc.Hom 29, 6) [C]

in principio erat verbum, et verbum erat apud deum, et deus erat verbum (Mat.Com A 92) [C]

in principio erat verbum, et verbum erat apud deum, et deus erat verbum (Princ 1, 7, 1) [C]

---

[1] See pp. 18-20 above.
[2] See pp. 21-25 above.

in principio erat verbum, et verbum erat apud deum, et deus erat verbum   (Princ 2, 9, 4)   [C]

in principio erat verbum, et verbum erat apud deum, et deus erat verbum   (Rom.Com A 1, 3)   [C]

et deus erat verbum   (Princ 1, 2, 3)   [C]

quod erat in principio apud deum   (Exod.Hom 3, 1)   [Ad]

Christi, qui cum esset in principio verbum dei, et apud deum esset, et deus esset verbum patri in omnibus ministravit (Col.Com A 13)   [All]

in principio erat apud deum deus verbum   (Ct.Com 2)   [All]

in principio apud deum deus erat verbum   (Ct.Com 3)   [All]

qui erat in principio apud deum deus verbum   (Ct.Com 3)   [All]

qui in principio erat apud patrem deus verbum   (Ez.Hom 1, 9)   [All]

quod in principio erat deus verbum   (Num.Hom 24, 1)   [All]

solus deus apud quem erat verbum   (Princ 2, 6, 1)   [All]

quod verbum est deus   (Princ 4, 4, 1)   [All]

John 1:2

του εν αρχη προς τον θεον λογου, και αυτου θεος οντος... (Ier.Cat 1)   [All]

του σωτηρος ημων λογου του εν αρχη προς τον θεον   (Ps.Cat 50, 1)   [All]

ο εν αρχη προς θεον λογος   (Ps.Cat E 118, 105)   [All]

hoc erat in principio apud deum   (Gen.Hom 1, 1)   [C]

hoc erat in initio apud deum   (Princ 1, 2, 3)   [C]

hoc erat in principio apud deum   (Princ 1, 7, 1)   [C]

hoc erat in principio apud deum   (Princ 2, 9, 4)   [C]

qui erat in principio apud deum   (Ct.Com 3)   [Ad]

verbum autem quod erat in principio apud deum   (Mat.Com A 6) [Ad]

qui erat in principio apud deum   (Mat.Com A 6)   [Ad]

qui erat in principio apud deum   (Princ 4, 4, 1)   [Ad]

verbum quod in principio erat apud deum deus   (Es.Hom 7, 3) [All]

verbum autem quod erat in principio apud deum, deus verbum (Mat.Com A 6)   [All]

secundum quod est deus verbum, quod fuit in principio apud deum   (Mat.Com A 35)   [All]

in statum quem habuit a principio apud deum   (Mat.Com A 50) [All]

John 1:3

παντα δι' αυτου εγενετο   (Io.Cat 1)   [C]

παντα δι' αυτου εγενετο   (Io.Cat 50)   [C]

παντα δι' αυτου εγενετο   (Ct.Cat A 6)   [C]

παντα δι' αυτου εγενετο   (Eph.Cat 1)   [C]

παντα δι' αυτου εγενετο   (Ps.Cat C 54, 21)   [C]

ει γαρ παντα δι' αυτου γεγονεν   (Ps.Cat B 23, 10)   [All]

ει γαρ παντα δι' αυτου γεγονε   (Ps.Cat 23, 10)   [All]

omnia per ipsum facta sunt et sine ipso factum est nihil (Gen.Hom 1, 1)   [C]

omnia per ipsum facta sunt et sine ipso factum est nihil   (Princ 1, 2, 10)   [C]

omnia per ipsum facta sunt et sine ipso factum est nihil   (Princ 1, 7, 1)   [C] omnia per ipsum facta sunt et sine ipso factum est nihil   (Princ 2, 9, 4)   [C]

omnia per ipsum facta sunt et sine ipso factum est nihil   (Princ 4, 4, 3)   [C]

omnia enim per ipsum facta sunt   (Col.Com A 14)   [C]

omnia per ipsum facta sunt   (Princ 1, 7, 2)   [C]

omnia enim per ipsum facta sunt   (Rom.Com A 3, 10)   [C]

qui cum in omnium conditione patri ministrasset per ipsum namque omnia facta sunt   (Princ 1, Pref., 4)   [All]

per quem omnia facta esse dicuntur   (Princ 4, 4, 4)   [All]

John 1:4

ο γεγονεν εν αυτω ... ζωη ην   (Io.Cat 2)   [C]

και η ζωη ην το φως των ανθρωπων   (Io.Cat 2)   [C]

και η ζωη ην το φως των ανθρωπων   (Io.Cat 2)   [C]

ο γεγονεν εν τω λογω ζωη ην   (Ps.Cat E 118, 50)   [Ad]

γεγονεν γαρ εν αυτω η ζωη και το φως   (Ps.Cat E 118, 105) [All]

quod autem factum est in eo vita est   (Mat.Com 12, 33)   [C]

quod factum est in ipso vita erat   (Rom.Com A 3, 10)   [C]

vita erat lux hominum   (Gen.Hom 15, 2)   [C]

John 1:5

το γαρ φως εν τη σκοτια φαινει και η σκοτια αυτο ου κατελαβεν (Ps.Cat 138, 11)   [C]

lux in tenebris lucet   (Ez.Hom 9, 3)   [C]

sed et lux est, et lucem certum est quod tenebrae non conpraehendant   (Princ 1, 8, 3)   [All]

John 1:6

εγενετο ανθρωπος απεσταλμενος παρα θεου ονομα αυτω
Ιωαννης   (Io.Cat 49)   [C]

εγενετο απεσταλμενος παρα θεου εις μαρτυριαν   (Io.Cat 4)
[All]

John 1:7

ουτος ηλθεν εις μαρτυριαν ινα μαρτυρηση περι του φωτος
(Io.Cat 49)   [C]

εκεινος ηλθεν εις μαρτυριαν ινα περι του φωτος μαρτυρηση
(Mat.Cat 417)   [Ad]

εγενετο απεσταλμενος παρα θεου εις μαρτυριαν   (Io.Cat 4)
[All]

απεσταλην γαρ μαρτυρησαι περι του φωτος   (Io.Cat 20)   [All]

εληλυθα γαρ μαρτυρησαι αυτω ινα παντες πιστευσωσιν αυτω
δι' εμου   (Io.Cat 45)   [All]

John 1:8

ουκ ην εκεινος το φως   (Io.Cat 6)   [C]

John 1:9

ην το φως το αληθινον ο φωτιζει παντα ανθρωπον ερχομενον
εις τον κοσμον   (Io.Cat 6)   [C]

το φως ο φωτιζει παντα ανθρωπον ερχομενον   (Io.Cat 6)   [Ad]

το φως το αληθινον φωτιζει παντα τον ερχομενον εις τον
κοσμον ανθρωπον   (Io.Cat 6)   [Ad]

το φως ερχομενον εις τον κοσμον επι τω φωτισαι τον
ανθρωπον   (Io.Cat 6)   [All]

το φως το αληθινον αυτον ηδει   (Io.Cat 20)   [All]

φως εστιν αληθινον το του κοσμου λεξοντος   (Mat.Cat 93)
[All]

erat lux vera quae illuminat omnem hominem venientem in hunc
mundum   (Iud.Hom 1, 2)   [C]

lux vera quae illuminat omnem hominem venientem in hunc
mundum   (Gen.Hom 1, 6)   [C]

lumen est verum quod illuminat omnem hominem venientem in
hunc mundum   (Princ 1, 2, 6)   [C]

illuminat quidem omnem hominem venientem in hunc mundum
(Ex.Hom 13, 4)   [C]

quique illuminat omnem hominem venientem in hunc mundum
(Rom.Com A Pref.)   [C]

lux vera illuminans omnem hominem venientem in hunc mundum
(Ct.Com 2)   [Ad]

intelligamus lumen verum quod illuminat omnem hominem
venientem in hunc mundum   (Iud.Hom 1, 1)   [Ad]

veri luminis quod illuminat omnem hominem   (Num.Hom 27, 5)
[Ad]

John 1:10

εν τω κοσμω ην και ο κοσμος δι᾽ αυτου εγενετο   (Ier.Cat 17)
[C]

in mundo enim erat ... et mundus per ipsum factus est ... et
mundus eum non cognovit   (Mat.Com 13, 20)   [C]

et qui in hoc mundo erat et mundus per ipsum factus est
(Ct.Com 2)   [Ad]

John 1:11

in sua propria venit et sui eum non receperunt   (Lev.Hom 1, 2)
[C]

John 1:12

οσοι δε ελαβον αυτον εδωκεν αυτοις εξουσιαν τεκνα θεου
γενεσθαι   (Cor.Cat 7)   [C]

οσοι δε ελαβον αυτον εδωκεν αυτοις εξουσιαν τεκνα θεου
γενεσθαι τοις πιστευουσιν εις το ονομα αυτου   (Luc.Cat
174)   [C]

οσοι δε ελαβον αυτον εσχον εξουσιαν τεκνα θεου γενεσθαι
(Io.Cat 7)   [Ad]

δι᾽ ην εσχον την εξουσιαν δηλοι γραψας δεδοσθαι αυτην τοις
πιστευσασιν εις το ονομα αυτου   (Io.Cat 7)   [All]

εξουσια διδοται, τουτεστιν επιτηδειοτης προς το γενεσθαι
τεκνα, τοις πιστευσασιν εις το ονομα αυτου   (Io.Cat 7)
[All]

in se filium dei, potestatem acceperunt filii dei fieri   (Io.Cat 109)
[All]

John 1:13

οι ουκ εξ αιματων ουδε εκ θεληματος σαρκος ουδε εκ
θεληματος ανδρος αλλ᾽ εκ θεου εγεννηθησαν   (Luc.Cat
174)   [C]

οι γαρ εκ θεου γεννηθεντες ... ουχ υποκεινται δε τη εξ
αιματων γεννησει   (Io.Cat 8)   [All]

υποκεινται δε και θεληματι σαρκος και γενεσει ανδρος
(Io.Cat 8)   [All]

και την εκ θεληματος ανδρος γενεσιν   (Io.Cat 8)   [All]

το μεν γαρ εκ γυναικος γεννηθηναι καθ᾽ ημας, το δε μη εκ
θεληματος σαρκος η ανδρος αλλ᾽ εκ πνευματος αγιου υπερ
ημας   (Mat.Cat 11)   [All]

qui licet non ex sanguine neque ex voluntate carnis neque ex
voluntate viri, sed ex deo nati sint   (Io.Cat 109)   [C]

qui non ex sanguinibus neque ex voluntate viri neque ex voluntate
carnis, sed ex deo nati sunt   (Ios.Hom 2, 1)   [C]

ut dicatur de eo quia non ex carne neque ex voluntate viri sed ex
deo natus est   (Mat.Com A 12)   [All]

John 1:14

εσκηνωσεν εν ημιν   (Io.Cat 1)   [C]

ως μονογενους παρα πατρος   (Io.Cat 9)   [C]

δοξαν ως μονογενους παρα πατρος πληρης χαριτος και
αληθειας   (Ps.Cat 117, 27)   [C]

και την δοχαν αυτου θεασασθαι, δοξαν ως μονογενους παρα
πατρος   (Ps.Cat C 117, 26)   [Ad]

πληρης χαριτος και αληθειας ωφθη τοις αυτον θεασαμενοις ...
πληρης αρα αληθειας και χαριτος εστιν   (Io.Cat 9)   [All]

γενομενος σαρξ ολως και σκηνωσας εν ημιν ... οταν
σκηνωσαντος εν ημιν αυτου θεασωμεθα την δοξαν αυτου
πληρους χαριτος και αληθειας   (Ps.Cat C 101, 16)   [All]

verbum caro factum est et habitavit in nobis   (Rom.Com A 6, 3)
   [C]

verbum caro factum est et habitavit in nobis   (Rom.Com A 6, 7)
   [C]

caro factum est et inhabitavit in nobis   (Mat.Com A 119)   [C]

verbum caro factum et habitavit in nobis   (Th.Com)   [C]

et verbum caro factum est   (Luc.Hom 29, 6)   [C]

verbum caro factum est   (Ex.Hom 7, 8)   [C]

verbum caro factum est   (Ex.Hom 12, 4)   [C]

verbum caro factum est   (Gen.Hom 8, 9)   [C]

verbum caro factum est   (Num.Hom 7, 5)   [C]

verbum enim caro factum est   (Rom.Com A 5, 8)   [C]

et vidimus gloriam eius, gloriam tamquam unigeniti a patre,
   plenum gratiae et veritatis   (Ct.Com 3)   [C]

et vidimus gloriam eius, gloriam tanquam unigeniti a patre,
   plenum gratiae et veritatis   (Rom.Com A 4, 8)   [C]

gloriam tanquam unigeniti a patre, plenum gratiae et veritatis
   (Rom.Com A 4, 8)   [C]

quod caro factum est   (Ex.Hom 12, 4)   [Ad]

recepi verbum carnem factum   (Ct.Com 1)   [All]

et verbum caro factum dicitur   (Ct.Com 2)   [All]

si videre potuerit gloriam eius, gloriam tamquam unigeniti a patre
(Ct.Com 1)   [All]

et verbum caro factum dicitur   (Ct.Com 2)   [All]

quod caro factum est, quod habitavit in nobis, cuius vidimus
gloriam non sicut Moyses velamine obtectam, sed gloriam
tamquam unigeniti a patre, plenum gratiae et veritatis
(Es.Hom 7, 3)   [All]

et verbum carnem factum   (Lev.Hom 27, 3)   [All]

ad Iesum, tamquam ad verbum carnem factum   (Lev.Hom 4, 8)
[All]

si verbum caro factum habitat in vobis   (Lev.Hom 7, 5)   [All]

et susceperint verbum quod factum est caro tantum ascendunt
prae multis, ut possint capere non qualemcumque gloriam sed
gloriam quasi unici a patre ... vidimus gloriam eius, gloriam
quasi unici a patre, plenum gratia et veritate   (Mat.Com A 35)
[All]

nec verbum carnem factum   (Num.Hom 26, 4)   [All]

quomodo verbum caro factum sit   (Princ 4, 2, 7)   [All]

ne forte is qui verbum caro factus apparuit positis in carne
(Rom.Com A 1, 4)   [All]

et verbum carnem factum   (Rom.Com A 10, 14)   [All]

usquequo tempus adesset ut verbum caro fieret et habitaret in
nobis   (Rom.Com A 10, 43)   [All]

John 1:15

ο οπισω μου ερχομενος εμπροσθεν μου γεγονεν   (Io.Cat 12)
[C]

ο οπισω μου ερχομενος   (Io.Cat 18)   [C]

εμπροσθεν μου γεγονεν   (Io.Cat 10)   [C]

εμπροσθεν μου γεγονεν   (Io.Cat 10)   [C]

ηλθεν ο Ιησους οπισω αυτον κατα τα προειρημενα, εβαπτισθη, εμαρτυρηθη υπ᾽ αυτου   (Io.Cat 45)   [All]

John 1:16

οτι φησιν εκ του πληρωματος αυτου παντες ελαβομεν και χαριν αντι χαριτος   (Io.Cat 10)   [C]

οτι εκ του πληρωματος αυτου ημεις παντες ελαβομεν και χαριν αντι χαριτος   (Io.Cat 10)   [C]

εκ του πληρωματος αυτου ημεις παντες ελαβομεν και χαριν αντι χαριτος   (Ps.Cat B 7, 5)   [C]

εκ του πληρωματος αυτου ημεις παντες ελαβομεν   (Io.Cat 10)   [C]

εκ του πληρωματος αυτου ημεις παντες ελαβομεν και χαριν αντι χαριτος   (Ps.Cat B 7, 5)   [C]

και εκ του πληρωματος αυτου ημεις παντες ελαβομεν   (Ps.Cat 7, 5)   [C]

και εκ του πληρωματος αυτου ημεις παντες ελαβομεν   (Ps.Cat 47, 11)   [C]

εκ του πληρωματος αυτου παντες ημεις ελαβομεν   (Ps.Cat 23, 1)   [C]

εκ του πληρωματος αυτου ημεις παντες ελαβομεν   (Ps.Cat A 23, 1)   [C]

εκ του πληρωματος αυτου ημεις παντες ελαβομεν   (Ps.Cat C 88, 7)   [C]

και χαριν αντι χαριτος   (? Pr.Cat 12)   [C]

quia de plenitudine eius nos omnes accepimus   (Ct.Com 1)   [C]

nos omnes ex plenitudine eius accepimus   (Es.Hom 7, 3)   [Ad]

John 1:17

η χαρις και η αληθεια δια Ιησου Χριστου εγενετο   (Io.Cat 12) [C]

διατ Μωσεως δε ο νομος εδοθη αλλ' ουχ υπ' αυτου　(Io.Cat 12)
[All]

gratia et veritas per Iesum Christum facta sit　(Princ 1, Pref., 1)
[C]

gratia enim et veritas per Iesum Christum facta est　(Reg.Hom A
5)　[C]

cessante lege prima quae per Moysen data est　(Princ 4, 3, 12)
[All]

John 1:18

θεον ουδεις εωρακεν ... πωποτε　(Io.Cat 13)　[C]

ο ων εις τον κολπον του πατρος　(Io.Cat 14)　[C]

ως εν κολποις οντα του πατρος　(Luc.Cat 59)　[All]

deum nemo vidit umquam; unigenitus filius, qui est in sinu patris,
ipse enarravit　(Ct.Com 3)　[C]

deum nemo vidit umquam　(Princ 1, 1, 8)　[C]

deum nemo vidit umquam　(Princ 2, 4, 3)　[C]

quod verbum in sinu patris requiescens, annuntiat deum quem
nemo vidit unquam　(Io.Cat 108)　[All]

John 1:21

tu Elias es? et dicit: non sum　(Mat.Com B 4)　[C]

John 1:23

εγω φωνη βοωντος εν τη ερημω　(Io.Cat 17)　[C][3]

ευθυνατε φησι την οδον κυριου　(Io.Cat 17)　[C]

---

[3] This citation and the one that follows derive from a catena on John 1:23; even
though they have Synoptic parallels, the reference is secure.

John 1:26

μεσος υμων εστηκεν ον υμεις ουκ οιδατε   (Io.Cat 18)   [C]

μεσος υμων εστηκεν ον υμεις ουκ οιδατε   (Mat.Cat 503)   [C]

μεσος υμων εστηκε   (Io.Cat 18)   [C]

μεσος υμων εστηκε   (Io.Cat 18)   [C]

αλλων δε μεσος εστηκεν των μη γινωσκοντων αυτον   (Io.Cat 82)   [All]

και η δυναμις του κυριου Ιησου συναχθησεται μεθ᾽ ημων, μεσος δε εστηκεν και των ουκ ειδοτων αυτον   (Mat.Cat 504) [All]

in medio autem vestrum stat quem vos nescitis   (Mat.Com A 65) [C]

medius vestrum stat quem vos nescitis   (Num.Hom 3, 2)   [C]

medius vestrum stat quem vos nescitis   (Princ 4, 4, 3)   [C]

medius inquit vestrum stat quem vos nescitis   (Rom.Com A 8, 2) [C]

John 1:27

ου ουκ ειμι αξιος λυσαι τον ιμαντα του υποδηματος   (Io.Cat 18)   [C][4]

ipse est qui post me venit   (Mat.Com A 65)   [C]

qui post me venit cuius non sum dignus solvere corrigiam calciamentorum   (Princ 4, 4, 3)   [C]

qui post me venit   (Rom.Com A 8, 2)   [C]

John 1:28

πρωτον εβαπτιζεν Ιωαννης περαν του Ιορδανου   (Io.Cat 76) [All]

---

[4] The context indicates that this citation derives from John rather than the Synoptics.

John 1:29

τη επαυριον βλεπει τον Ιησουν ερχομενον προς αυτον   (Io.Cat
   18) [C]

ο αιρων την αμαρτιαν (Io.Cat 19) [C]

ο γαρ αμνος του θεου ο την αμαρτιαν αιρων του κοσμου
   (Mat.Cat 53) [Ad]

Ιησους ο αιρων ου μονον την αμαρτιαν του λαου αλλα και ολου
   του κοσμου   (Mat.Cat 39) [All]

γενομενος αμνος του θεου· ουτος γαρ τας αμαρτιας ημων
   φερει (Ps.Cat. C 129, 3) [All]

ecce agnus dei, ecce qui tollit peccatum mundi   (Gen.Hom 2, 3)
   [C]

ecce agnus dei, ecce qui tollit peccatum mundi   (Gen.Hom 8, 9)
   [C]

ecce agnus dei, ecce qui tollit peccatum mundi   (Gen.Hom 8, 9)
   [C]

ecce agnus dei, ecce qui tollit peccatum mundi   (Num.Hom 24, 1)
   [C]

hic est agnus dei qui tollit peccata mundi   (Rom.Com A 3, 8)
   [C]

agnus dei qui tollit peccatum mundi   (Ios.Hom 7, 1)   [C]

qui tollit peccatum mundi   (Mat.Com A 79)   [C]

sed quod designaret immolari debere illum agnum, qui tollit
   peccatum mundi   (Lev.Hom 2, 5)   [All]

et factus est agnus dei ut tollat mundi peccata   (Mat.Com A 50)
   [All]

qui totius mundi tolleret peccatum   (Num.Hom 17, 1)   [All]

qui tollat peccatum totius mundi   (Num.Hom 24, 1)   [All]

sed vide tu agnum verum agnum dei, agnum qui tollit peccatum
   mundi   (Num.Hom 23, 6)   [All]

hoc est, usquequo Christus veniret qui tollit peccatum mundi
(Rom.Com A 5, 1) [All]

et quomodo cum sit agnus dei tulerit peccatum mundi
(Rom.Com A 4, 11) [All]

John 1:31

καγω ουκ ηδειν αυτον (Io.Cat 20) [C][5]

καγω ουκ ηδειν αυτον (Io.Cat 20) [C]

John 1:32

το πνευμα ... ωσει περιστερα καταβαινον εκ του ουρανου και
μενον επ᾽ αυτον (Mat.Cat 255) [Ad]

εχετε δε και Ιωαννην τον βαπτιστην τον εξ ουρανου
θεασαμενον το πνευμα καταβαινον ωσει περιστεραν και
μενον επ᾽ αυτον (Mat.Cat 342) [Ad]

si dixisset spiritum descendentum et non edidisset: et manentem
in eo (Num.Hom 6, 3) [Ad]

John 1:33

ο πεμψας με βαπτιζειν εν τω υδατι εκεινος μοι ειπεν· εφ᾽ ον
αν ιδης το πνευμα καταβαινον και μενον επ᾽ αυτον, εκεινος
εστιν ο βαπτιζων εν πνευματι αγιω (Io.Cat 49) [C]

εφ᾽ ον γαρ αν ιδης φησιν καταβαινον και μενον επ᾽ αυτον
(Io.Cat 20) [C]

καγω ουκ ηδειν αυτον φησιν αλλ᾽ ο πεμψας με βαπτιζειν εν
υδατι εκεινος μοι ειπεν· εφ᾽ ον αν ιδης το πνευμα
καταβαινον επ᾽ αυτον ουτος εστιν ο υιος μου (Io.Cat 20)
[Ad]

qui misit me baptizare in aqua, ille mihi dixit: super quem videris
spiritum descendentem et manentem in eo, ipse est
(Num.Hom 6, 3) [C]

---

[5] The context indicates that this citation and the one that follows derive from
the Fourth Gospel.

super quem videris spiritum descendentem et manentem in eo,
iste est filius dei   (Es.Hom 3, 2)   [Ad]

John 1:34
καγω εωρακα και μεμαρτυρηκα οτι ουτος εστιν ο υιος του θεου
(Io.Cat 49)   [C]

καγω εωρακα και μεμαρτυρηκα   (Io.Cat 20)   [C]

ουτος εστιν <υιος > του θεου   (Luc.Cat 96)   [C]

John 1:37
et audierunt duo discipuli eius et secuti sunt Iesum   (Mat.Com
12, 22)   [C]

John 1:39
ερχεσθε φησι και ιδετε   (Io.Cat 21)   [C]

John 1:41
Ανδρεας ... ευρισκει τον αδελφον τον ιδιον Πετρον   (Io.Cat 21)
[Ad]

John 1:43
τη επαυριον ηθελησεν εξελθειν εις την Γαλιλαιαν   (Io.Cat 23)
[C]

ακολουθει μοι   (Io.Cat 23)   [C]

John 1:45
ον εγραψε Μωσης εν τω νομω και οι προφηται ευρηκαμεν
Ιησουν   (Io.Cat 48)   [C]

αλλ᾽ αντι του τον Ιωσηφ υιον τον απο Ναζαρετ τουτον
ευρηκαμεν οντα εκεινον περι ου Μωυσης τε εν τω νομω και
οι προφηται ειπον   (Io.Cat 24)   [All]

quem scripsit Moyses et prophetae, invenimus Jesum a Nazareth
(Rom.Com A 4, 8)

John 1:46
   εκ Ναζαρετ δυναται τι αγαθον ειναι;   (Io.Cat 25)   [C]

   ερχου και ιδε   (Io.Cat 25)   [C]

   ερχου και ιδε   (Io.Cat 27)   [C]

John 1:47
   εστι γαρ Ισραηλιτης αληθως   (Io.Cat 27)   [All]

   ecce verus Istrahelita in quo dolus non est   (Ex.Hom 1, 2)   [C]

   verus Israelita es in quo dolus non est   (Gen.Hom 16, 6)   [Ad]

John 1:49
   συ <ει> ο υιος του θεου· συ του Ισραηλ, του διορατικου
   γενους βασιλευς υπαρχεις   (Io.Cat 26)   [All]

John 1:50
   ειπον σοι οτι ειδον σε υπο την συκην πιστευεις; μειζονα
   τουτων οψει   (Io.Cat 27)   [C]

John 1:51
   amen, amen dico vobis, videbitis caelum apertum et angelos dei
   adscendentes et descendentes super filium hominis   (Luc.Hom
   23. 8)   [C]

   videbitis enim caelum apertum et angelos dei adscendentes et
   descendentes super filium hominis   (Ez.Hom 13, 2)   [C]

   sunt angeli qui adscendebant et descendebant super filium
   hominis   (Ez.Hom 1, 7)   [All]

   angeli enim dei adscendunt et descendunt ad filium hominis
   (Lev.Hom 9, 8)   [All]

John 2:1
   τριτης ηδη ημερας ενεστηκυιας αφ᾽ ου ο Ιησους εβαπτισθη,
   γαμου εν Κανα της Γαλιλαιας γενομενου, και ουσης της
   μητρος Ιησου εκει   (Io.Cat 28)   [All]

John 2:2
και αυτος ο Ιησους εκληθη αμα των μαθητων   (Io.Cat 28)   [All]

John 2:3
οιον εν των καλων εργων ην το εν Κανα σημειον οτε
υστερησεν ο προτερος οινος   (Io.Cat 74)   [All]

John 2:4
τι εμοι και σοι γυναι; και ουπως ηκει η ωρα μου   (Ps.Cat C 144,
15)   [C]

nondum venit hora mea   (Mat.Com A 74)   [C]

nondum venit hora mea   (Mat.Com A 97)   [C]

John 2:7
εγεμισαν τας υδριας εως ανω   (Io.Cat 29)   [Ad]

John 2:10
omnis homo primum bonum vinum ponit et cum inebriati fuerint
id quod inferius est; tu autem servasti vinum bonum usque
nunc   (Ct.Com 1)   [C]

John 2:11
ταυτην την αρχην των σημειων εποιησεν ο Ιησους   (Io.Cat 74)
[C]

John 2:12
και μετα τουτο κατεβη εις Καφαρναουμ αυτος και η μητηρ
αυτου και οι αδελφοι αυτου και οι μαθηται αυτου   (Io.Cat 31)
[C]

John 2:14
οι την των θυσιων χρειαν προφασιν αισχροκερδειας
λαμβανοντες βοας και τρυγονας και περιστερας επιπρασκον
(Mat.Cat 412)   [All]

οθεν Ιησους εκβεβληκει τους προβατα και βοας και περιστερας
πωλουντας   (Mat.Cat 543, I)   [All]

John 2:15
λεγων μη ποιειτε τον <οικον του πατρος μου > οικον
εμποριου   (Mat.Cat 543, I)   [Ad]

John 2:16
μη ποιειτε τον <οικον του πατρος μου > οικον εμποριου
(Mat.Cat 543 I)   [C]

τον οικον του πατρος αυτου οικον εμποριου γενομενον
(Io.Cat 74)   [Ad]

tollite ista hinc et nolite facere domum patris mei domum
negotiationis   (Princ 2, 4, 1)   [C]

et dixisse venditoribus columbarum: tollite haec hinc et nolite
facere domum patris mei domum negotiationis   (Mat.Com A
117)   [Ad]

John 2:18
τι σημειον δεικνυεις υμιν οτι ταυτα ποιεις   (Io.Cat 32)   [C]

εμνησθησαν οι μαθηται εκ προσωπου του κυριου εν ψαλμοις
ειρημενου οτι ο ζηλος του οικου σου κατεφαγε με   (Ps.Cat
D 118, 339)   [Ad]

John 2:19
λυσατε γαρ φησιν τον ναον τουτον, και εν τρισιν ημεραις
εγερω αυτον   (Ps.Cat B 5, 8)   [C]

λυσατε τον ναον τουτον, και εν τρισιν ημεραις εγερω αυτον
(Ps.Cat C 34, 11)   [C]

ουκ ειπεν γαρ λυσω τον ναον του θεου αλλα λυσατε τον ναον
τουτον και ουκ ειπεν οικοδομησω αλλ' εγερω   (Mat.Cat
538)   [Ad]

solvite templum hoc et ego in tribus diebus suscitabo illud
(Mat.Com A 108)   [C]

solvite templum hoc et ego in triduo suscitabo eum   (Mat.Com A 132) [C]

solvite templum hoc et ego in triduo suscitabo illud   (Mat.Com A 145) [C]

solvite templum hoc et ego in triduo suscitabo eum   (Mat.Com A 145) [C]

solvite templum hoc   (Lev.Hom 10, 1) [C]

et ego in triduo reaedificabo eum   (Mat.Com A 132) [C]

solvis enim templum dei quod in tribus diebus resuscitatum est iis qui credunt   (Rom.Com A 2, 11) [All]

John 2:20
quadraginta et sex annis aedificatum est templum hoc, et tu in tribus diebus suscitas eum?   (Mat.Com A 108) [C]

John 2:21
hoc autem dicebat de templo corporis sui   (Mat.Com A 108) [C]

et quod ille dixit de templo corporis sui   (Mat.Com A 108) [All]

templum corporis sui post triduum suscitare se dicit   (Num.Hom 17, 6) [All]

John 2:24
ουκ επιστευσεν εαυτον αυτοις   (Io.Cat 33) [C]

ουδε επιστευσεν εαυτον αυτοις   (Io.Cat 33) [Ad]

John 2:25
αυτος εγινωσκεν τι ην εν τω ανθρωπω   (Mat.Cat 70) [C]

της καρδιας το κρυπτον επισταται, ου χρηζει παρ' ανθρωπου μαρτυριαν λαβειν, επισταμενος τι εστιν εν τω ανθρωπω. ου γαρ ειρηται γινωσκειν τον ανθρωπον απλως, αλλα τι εστιν εν τω ανθρωπω   (Io.Cat 33) [All]

ο ειδως τι ην εν τω ανθρωπω   (Mat.Cat 70) [All]

qui sciebat quid esset in homine et propterea non habebat opus, ut aliquis testimonium daret ei de homine   (Mat.Com A 80) [Ad]

John 3:2

απο θεου εληλυθας διδασκαλος ...ουδεις γαρ δυναται τα σημεια ταυτα ποιειν α συ εργαζη εαν μη η ο θεος μετ' αυτου   (Io.Cat 34)   [C]

John 3:3

τον τροπον του πως εστιν γεννηθηναι ανωθεν ερμηνευων ο σωτηρ λεγει   (Io.Cat 36)   [All]

ο δε Ιωαννης και Λουκας απο του βασιλευοντος θεου ωνομασε (Io.Cat 122)   [All]

John 3:5

εξ υδατος και πνευματος γεννηθηναι   (Io.Cat 36)   [All]

και ο μεν Φιλιππος τους αναγεννωμενους εξ υδατος και πνευματος αγιου   (Cor.Cat 5)   [All]

nisi quis renatus fuerit ex aqua et spiritu sancto, non potest intrare in regna coelorum   (Ex.Hom 5, 1)   [C]

nisi enim quis renatus fuerit ex aqua et spiritu, non poterit intrare in regnum caelorum   (Luc.Hom 14, 5)   [C]

nisi quis renatus fuerit ex aqua et spiritu sancto non possit introire in regnum coelorum   (Rom.Com A 2, 7)   [C]

nisi quis renatus fuerit denuo ex aqua et spiritu sancto, non potest introire in regnum dei   (Rom.Com A 5, 8)   [C]

oportet enim prius aliquem baptizari aqua et spiritu   (Luc.Hom 24, 2)   [All]

sed et qui superna nativitate non solum ex aqua sed etiam de spiritu natus est   (Mat.Com A 12)   [All]

quia non credit Christo, et intrare non possit in regnum coelorum, quia renatus non est ex aqua et spiritu   (Rom.Com A 2, 7) [All]

John 3:6

quod natum est ex carne, caro est   (Mat.Com B 2)

John 3:8

το πνευμα οπου θελει πνει   (Io.Cat 37)   [C]

οπου θελει πνει ... το πνευμα   (Io.Cat 123)   [Ad]

την φωνην αυτου ακουων ουκ οιδεν που υπαγει και ποθεν
ερχεται   (Io.Cat 37)   [All]

spiritus enim ubi vult spirat   (Princ 1, 3, 4)   [C]

sed quia dominus est spiritus, idcirco ubi vult spirat   (Num.Hom
27, 13)   [All]

John 3:12

πως εαν ειπω υμιν τα επουρανια πιστευσετε   (Io.Cat 38)   [C]

ουκ ειπεν ο Ιησους· ει τα γηινα ειπον υμιν, αλλα τα επιγεια
(Io.Cat 38)   [All]

John 3:13

neque enim alius adscendit in coelum nisi qui descendit de coelo,
filius hominis, qui est in coelo   (Gen.Hom 4, 5)   [C]

nemo adscendit in coelum nisi qui de coelo descendit, filius
hominis, qui est in coelo   (Rom.Com A 8,2)   [C]

nemo enim adscendit in coelum nisi qui de caelo descendit, filius
hominis   (Es.Hom 5, 1)   [C]

dominus vero meus de caelo descendit et qui descendit, ipse est
filius hominis   (Ez.Hom 13, 2)   [All]

John 3:14

παρακληθεις ο θεος υψωθηναι τον εαυτου υιον ευδοκησεν
(Io.Cat 39)   [All]

ut Moyses elevavit serpentem in deserto, sic oportet exaltari
filium hominis   (Ez.Hom 11, 3)   [C]

John 3:15

ινα παντες οι δια πιστεως εις αυτον ορωντες ... και ζωην
αιωνιον εχωσι   (Io.Cat 39)   [All]

John 3:16

ita dilexit deus hunc mundum, ut filium suum unicum daret
(Iud.Hom 1, 5)   [C]

ut qui credit in eum, iam non moriartur sed vivat in aeternum
(Num.Hom 9, 5)   [C]

sic enim dilexit hunc mundum, ut filium suum unicum daret pro
huius mundi vita   (Gen.Hom 4, 2)   [Ad]

sic enim deus dilexit mundum, ut filium suum unigenitum daret
pro mundi huius vita   (Num.Hom 24, 2)   [Ad]

John 3:18

ο πιστευων εις αυτον ου κρινεται   (Io.Cat 41)   [C]

ο πιστευων εις εμε ... ου κρινεται   (Ps.Cat 16, 2)   [C]

οτι ο πιστευων εις εμε ου κρινεται   (Ps.Cat 71, 4)   [C]

omnis qui credit in me, non judicabitur. qui autem non credit, iam
judicatus est, quia non credit in nomine unigeniti filii dei
(Rom.Com A 2, 7)   [C]

John 3:19

αυτη δε εστιν η κρισις οτι το φως εληλυθεν εις τον κοσμον και
ηγαπησαν οι ανθρωποι μαλλον το σκοτος η το φως   (Io.Cat
42)   [C]

αυτη δε εστιν η κρισις οτι το φως εληλυθεν εις τον κοσμον
(Io.Cat 41)   [C]

ηγαπησαν γαρ φησιν οι ανθρωποι το σκοτος μαλλον η το φως
(Io.Cat 42)   [C]

ηγαπησαν μαλλον οι ανθρωποι το σκοτος η το φως   (Io.Cat 43)
[C]

ηγαπησαν οι ανθρωποι το σκοτος μαλλον η το φως   (Ps.Cat C
51, 5)   [C]

quia dilexerunt tenebras magis quam lucem   (Ex.Hom 5, 4)   [Ad]

John 3:20

πας γαρ ο φαυλα πρασσων μισει το φως ... ινα μη ελεγχθη τα εργα αυτου οντα πονηρα   (Io.Cat 42)   [C]

φαυλα πρασσοντες μισουσι το φως   (Io.Cat 43)   [Ad]

και παλιν ου τω μη ερχεσθαι προς το φως φαυλα πραττουσιν· αλλα τω φαυλα πραττειν ουκ ερχονται προς το φως   (Io.Cat 42)   [All]

πας μεν γαρ ο φαυλα πρασσων μισει το φως και μη ερχομενος προς το φως σκοτος εστι και υιος σκοτους και νυκτους   (Eph.Cat 25)   [All]

πας γαρ ο τα φαυλα πραττων μισει το φως και ουκ ερχεται προς το φως, ινα μη ελεγχθη αυτου τα εργα   (Ps.Cat D 118, 106)   [C]

πας γαρ ο τα φαυλα πραττων μισει το φως   (? Pr.Cat 1)   [C]

πας ο φαυλα πρασσων μισει το φως και ουκ ερχεται προς το φως   (Ps.Cat 36)   [C]

πας ο φαυλα πρασσων οιον ο πορνευμων μισει το φως και το οσον εφ᾽ εαυτω κρυπτει α ποιει ινα μη ελεγχθη   (Ps.Cat A 36, 6)   [All]

omnis qui male agit odit lucem et non venit ad lucem ut ne arguantur opera eius   (Ps.Hom 1, 5)   [C]

omnis enim qui male agit odit lucem et non venit ad lucem   (Gen.Hom 1, 2)   [C]

omnis enim qui male agit odit lucem et non venit ad lucem   (Lev.Hom 7, 7)   [C]

quoniam et ipsi oderunt lucem, quia male agunt   (Ct.Com 2)   [All]

John 3:21

ο ποιων την αληθειαν   (Io.Cat 42)   [C]

ο δε ποιων την αληθειαν   (Ps.Cat A 36, 6)   [C]

ο δε ποιων την αληθειαν ερχομενος προς το φως φως εστι και
υιος φωτος   (Eph.Cat 25)   [All]

qui autem facit veritatem, venit ad lucem   (Ps.Hom 1, 5)   [C]

uti ne manifestentur opera eius, et videantur, si in deo sunt gesta
(Gen.Hom 1, 2)   [Ad]

John 3:23

εν Αινων εγγυς του Σαλημ   (Io.Cat 76)   [C]

ην δε και Ιωαννης βαπτιζων εν Αινων εγγυς του Σαλειμ
(Mat.Cat 69)   [C]

John 3:24

ουπω γαρ ην Ιωαννης βεβλημενος εις φυλακην   (Mat.Cat 69)
[C]

John 3:26

παντες ερχονται προς αυτον   (Io.Cat 44)   [C]

ουκ αλλος δ᾽ εστι του Ιησου ου ειρηκατε βαπτιζειν, υπ᾽ εμου
μεμαρτυρημενου, προς ον ερχεσθαι παντας φατε   (Io.Cat
45)   [All]

John 3:27

ου δυναται ανθρωπος αφ᾽ εαυτου λαμβανειν ουδεν εαν μη η
δεδομενον εκ του ουρανου   (Io.Cat 44)   [C]

ου δυναται ανθρωπος λαμβανειν ουδεν   (Io.Cat 44)   [C]

John 3:29

αυτη ουν η εμη χαρα πεπληρωται   (Io.Cat 45)   [C]

ο γαρ εχων φησι την νυμφην νυμφιος εστι   (Ps.Cat 18, 6)   [C]

qui habet ergo sponsam, sponsus est   (Lev.Hom 12, 5)   [C]

amicus autem sponsi stans et audiens eum gaudio gaudet propter
vocem sponsi   (Ct.Hom 1, 5)   [C]

John 3:30

εκεινον δει αυξανειν, εμε δε ελαττουσθαι (Io.Cat 45) [C]

αυξανειν εκεινον προσηκει, εμε δε ελαττουσθαι (Io.Cat 45) [All]

illum oportet crescere, me autem minui (Luc.Hom 21, 3) [C]

illum oportet crescere, me autem minui (Rom.Com A 3, 11) [C]

John 3:31

ο ανωθεν ερχομενος επανω παντων εστιν (Io.Cat 35) [C]

ο γαρ ων εκ της γης εκ της γης εστι και εκ της γης λαλει· ο εκ του ουρανου ερχομενος επανω παντων εστιν (Eph.Cat 35) [C]

ο ων εκ της γης εκ της γης λαλει (Io.Cat 49) [C]

ο γαρ ων εκ της γης εκ της γης λαλει (Ps.Cat 18, 2) [C]

ιστε γαρ εκεινον ανωθεν ερχομενον επανω παντων ειναι βασιλεια (Io.Cat 45) [All]

ει γαρ ανωθεν και εκ πατρος ερχεται ως παντοκρατωρ, δηλον οτι επανω παντων εστιν (Io.Cat 46) [All]

Ιησους ανωθεν εληλυθως (Io.Cat 47) [All]

qui est ex terra de terra loquitur; qui de caelo venit, super omnes est (Es.Hom 7, 2) [C]

aut terrenus est, et de terra sapit, ac de terra loquitur (Rom.Com A 2, 4) [All]

John 3:32

και ο εωρακεν και ηκουσεν τουτο μαρτυρει (Eph.Cat 35) [C]

και την μαρτυριαν αυτου ουδεις λαμβανει (Io.Cat 47) [C]

και την μαρτυριαν αυτου ουδεις λαμβανει (Io.Cat 47) [C]

την μαρτυριαν αυτου ουδεις λαμβανει (Io.Cat 47) [C]

λαλων τε α ηκουσε και ειδεν   (Io.Cat 47)   [All]

λαμβανοντος την περι αυτου μαρτυριαν   (Io.Cat 48)   [All]

quod vidit et audivit testificatur   (Es.Hom 7, 2)   [C]

John 3:33

ο λαβων την αυτου μαρτυριαν εσφραγισεν οτι ο θεος αληθης
εστι   (Io.Cat 47)   [C]

ο λαβων αυτου την μαρτυριαν   (Io.Cat 47)   [C]

σφραγιζοντος οτι ο θεος αληθης εστιν   (Io.Cat 48)   [Ad]

ο εκ του πιστευειν τω θεω σφραγισας οτι αληθης εστιν ο θεος
(Eph.Cat 21)   [All]

John 3:34

ον γαρ απεστειλεν ο θεος τα ρηματα αυτου λαλει   (Io.Cat 49)
[C]

ου γαρ εκ μερους διδωσι το πνευμα   (Io.Cat 48)   [C]

αποσταλεις του θεου τα ρηματα λαλει   (Io.Cat 47)   [Ad]

ουκ εκ μετρου μεν διδωσι το πνευμα   (Eph.Cat 17)   [Ad]

αλλ᾽ ουν εκ μερους ειχον το πνευμα   (Io.Cat 48)   [All]

ο δε γε σωτηρ αποσταλεις επι τω τα ρηματα του θεου λαλειν
ουκ εκ μερους διδωσι το πνευμα   (Io.Cat 48)   [All]

ου γαρ εκ μετρου διδωσιν ο θεος το πνευμα   (Ps.Cat 15, 6)   [C]

non enim cum mensura dat deus spiritum   (Num.Hom 27, 13)
[C]

non enim ad mensuram dat deus spiritum   (Rom.Com A 4, 1)
[C]

John 3:35

ο πατηρ αγαπα τον υιον και τα παντα διδωσιν εν τη χειρι αυτου
(Io.Cat 50)   [C]

ο πατηρ αγαπα τον υιον   (Io.Cat 50)   [C]

αγαπα δε τον υιον ο πατηρ   (Io.Cat 127)   [Ad]

John 3:36
ο πιστευων τω υιω εχει ζωην αιωνιον   (Io.Cat 50)   [C]

John 4:6
εκαθεζετο επι πηγης ο Ιησους   (Io.Cat 74)   [Ad]

εκτη γαρ ωρα της ημερας ην   (Io.Cat 52)   [All]

εκτης ωρας της ημερας ουσης ο Ιησους εν τη πηγη καθεσθεις
(Io.Cat 59)   [All]

ουτω και ο σωτηρ εκαθεζετο επι τη πηγη, ωρα ην ωσει εκτη   (?
Pr.Cat 5)   [All]

sed et illud, quod itineris et aestus labore fatigatus sedens super
puteum requiescit, et sitit   (Gal.Com 96)   [All]

ipse dominus cum ex itinere fatigatus fuisset   (Gen.Hom 10, 5)
[All]

et ibi invenies puteum, supra quem Salvator noster sedebat
requiescens post itineris laborem   (Num.Hom 12, 1)   [All]

John 4:7
αμα προνοουμενος ωφελειας της μελλουσης επι τω αντλησαι
υδωρ εκ της πηγης ερχεσθαι γυναικος   (Io.Cat 52)   [All]

da mihi bibere   (Gen.Hom 10, 3)   [C]

tunc cum veniente muliere Samaraitana et volente haurire aquam
de puteo   (Num.Hom 12, 1)   [All]

da mihi bibere   (Rom.Com A 3, 7)   [C]

John 4:8
οι μαθηται αυτου απεληλυθεισαν εις την πολιν ινα τροφης
αγορασωσι   (Io.Cat 53)   [C]

των μαθητων επι τω αγορασαι τροφας απεληλυθοτων   (Io.Cat
59)   [All]

John 4:9
δι᾿ ην Ιουδαιοι ου συγχρωνται Σαμαρειταις   (Io.Cat 53)   [All]

John 4:10
απεκριθη ο Ιησους και ειπεν αυτη· ει ηδεις την δωρεαν του
θεου και τις εστιν ο λεγων σοι, δος μοι πιειν, συ αν ητησας
αυτον και εδωκε σοι υδωρ ζων   (Io.Cat 74)   [C]

si scires quis est qui dicit tibi: da mihi bibere; tu utique petisses
eum, et dedisset tibi aquam vivam   (Rom.Com A 3, 7)   [C]

John 4:12
μη μειζων ει συ του πατρος ημων Ιακωβ   (Io.Cat 54)   [C]

John 4:13
διο ο πινων εκ του υδατος του νομικου διψησει παλιν   (Io.Cat
56)   [Ad]

και γαρ εκ τουτου φησι του υδατος ο πινων διψησει παλιν
(Io.Cat 54)   [All]

omnis qui bibit ex aqua hac, sitiet iterum; qui autem biberit ex
aqua quam ego do ei, non sitiet in aeternum   (Rom.Com A 3,
7)   [C]

quicumque biberit ex hac aqua quam ego do ei, non sitiet in
aeternum   (Ct.Com, prol.)   [C]

qui autem biberit de aqua quam ego do ei, non sitiet in aeternum
(Gen.Hom 7, 5)   [C]

omnis enim qui biberit ex aqua ista, sitiet rursum   (Ez.Hom 13, 4)
[C]

omnis qui biberit ex hac aqua iterum sitiet   (Gen.Hom 7, 5)   [C]

qui bibit non sitiet in aeternum   (Ps.Hom 1, 4)   [Ad]

John 4:14

ος δ' αν πιη εκ του υδατος ου εγω δωσω αυτω ου μη διψηση εις
  τον αιωνα   (Io.Cat 54) [C]

ο πινων εκ του υδατος ου εγω δωσω αυτω ου μη διψησει εις τον
  αιωνα   (Ps.Cat C 106, 5) [C]

ου μη διψηση εις τον αιωνα   (Io.Cat 54) [C]

ο πινων εκ του υδατος τουτου ου μη διψηση εις τον αιωνα   (?
  Pr.Cat 24) [Ad]

εχοντα ποταμους εν αυτω αλλομενους εις ζωην αιωνιον
  (Ier.Cat 22) [All]

αφ' ης ποταμοι ρευσουσιν υδατος αλλομενου εις ζωην αιωνιον
  (Luc.Cat 165) [All]

και πινει υδωρ ου ο πιων ου διψα   (Ps.Cat B 22, 2) [All]

πηγης υδατος αλλομενου εις ζωην αιωνιον   (Ps.Cat C 78, 40)
  [All]

ρευσονται υδατος αλλομενου εις ζωην αιωνιον   (Ps.Cat C 88,
  33) [All]

πηγας εν αυταις εχουσαι υδατος ζωντος αλλομενου εις ζωην
  αιωνιον   (Ps.Cat C 142, 6) [All]

qui autem biberit ex aqua quam ego dedero, non sitiet in
  aeternum, sed erit fluvius in eo fons aquae salientis in vitam
  aeternam   (Ez.Hom 13, 4) [C]

qui autem biberit de aqua quam ego do ei, fiet in eo fons aquae
  salientis in vitam aeternam   (Ios.Hom 19, 4) [C]

qui ab Jesu aquam sibi datam biberunt et haec facta est in iis fons
  aquae vivae salientis in vitam aeternam   (Ct.Com 3) [Ad]

qui credit inquit in me, fiet in eo fons aquae salientis in vitam
  aeternam   (Gen.Hom 7, 5) [Ad]

quae fiat in vobis fons aquae salientis in vitam aeternam
  (Gen.Hom 11, 3) [Ad]

fiet in te fons aquae salientis in vitam aeternam in ipso Iesu Christo domino nostro (Gen.Hom 12, 5) [Ad]

et aqua illa fiat in eo fons aquae salientis in vitam aeternam (Rom.Com A 8, 4) [Ad]

per affluentiam doctrinae fons aquae vivae salientis in vitam aeternam (Ct.Com 3) [All]

ubi in corde uniuscuiusque credentium fons aquae vivae fit salientis in vitam aeternam (Ct.Com 3) [All]

si quis ait credit in me, flumina de ventre eius fluent fons aquae salientis in vitam aeternam (Es.Hom 7, 3) [All]

flumina de ventre suo educat aquae vivae salientis in vitam aeternam (Gen.Hom 1, 2) [All]

habemus aquam vivam salientem in vitam aeternam (Lev.Hom 9, 7) [All]

John 4:15

da mihi domine hanc aquam ut non sitiam, neque veniam huc haurire (Gen.Hom 7, 5) [C]

John 4:17

καλως λεγεις ανδρα μη εχειν (Io.Cat 57) [Ad]

John 4:18

πεντε γαρ ανδρας εσχες (Io.Cat 57) [C]

και νυν ον εχεις ουκ εστι σου ανηρ (Io.Cat 57) [C]

John 4:20

patres nostri omnes in hoc monte adoraverunt, et vos dicitis quia in Hierosolymis est locus ubi oportet adorare (Princ 1, 1, 4) [C]

John 4:21

venit hora ut veri adoratores neque in Hierosolymis neque in hoc monte adorent patrem (Princ 1, 1, 4) [Ad]

uti iam neque in monte Garizim neque in Hierosolymis sit locus
ubi oporteat adorare   (Ios.Hom 17, 1)   [All]

John 4:23

venit hora et nunc est quando veri adoratores adorabunt patrem
in spiritu et veritate   (Rom.Com A 1, 10)   [C]

nunc enim illud est tempus quando veri adoratores adorant
patrem ... in spiritu et veritate   (Gen.Hom 13, 3)   [Ad]

sed veri adoratores qui adorant patrem, in spiritu et veritate
adorent   (Ios.Hom 17, 1)   [All]

John 4:24

spiritus deus est et qui adorant eum in spiritu et veritate oportet
adorare   (Luc.Hom 26, 1)   [C]

deus spiritus est, et eos qui adorant eum in spiritu et veritate
oportet adorare   (Princ 1, 1, 1)   [C]

deus spiritus est, et eos qui adorant eum in spiritu et veritate
oportet adorare   (Princ 1, 1, 4)   [C]

deus spiritus est   (Ez.Hom 1, 12)   [C]

deus spiritus est   (Lev.Hom 4, 1)   [C]

deus spiritus est   (Princ 1, 1, 2)   [C]

deus spiritus est   (Princ 1, 1, 4)   [C]

deus spiritus est   (Princ 1, 1, 4)   [C]

John 4:33

μητις ηνεγκεν αυτω φαγειν   (Io.Cat 59)   [C]

John 4:34

εμον βρωμα εστι του ποιησαι το θελημα του πεμψαντος με
(Num.Cat 34, 8)   [C]

meus cibus est ut faciam voluntatem eius qui me misit, et
perficiam opus eius   (Ct.Com 2)   [C]

meus cibus est ut faciam voluntatem eius qui me misit, et
consummem opus eius   (Es.Hom 3, 3)   [C]

meus cibus est dicens ut faciam voluntatem eius qui me misit, ut
perficiam opus eius   (Ez.Hom 14, 2)   [C]

meus inquit cibus est ut faciam voluntatem eius qui me misit, et
perficiam opus eius   (Lev.Hom 7, 3)   [C]

mea esca est ut faciam voluntatem eius qui me misit et perficiam
opus eius   (Mat.Com A 86)   [C]

meus cibus est ut faciam voluntatem eius qui me misit
(Num.Hom 17, 6)   [C]

John 4:35

επαρατε τους οφθαλμους υμων και θεασασθε τας χωρας οτι
λευκαι εισι προς θερισμον ηδη   (Pr.Cat 9)   [C]

nonne vos dicitis, quia adhuc quattuor menses sunt ut veniat
messis? elevate oculos vestros, et videte regiones, quia albae
sunt ad messem   (Rom Com A 3, 7)   [C]

John 4:36

και οτε λευκη εστιν ηδη προς θερισμον εξεστι μοι λοιπον
λαβειν   (Cor.Cat 41)   [All]

John 4:38

alii laboraverunt et vos in laborem eorum introistis   (Ex.Hom 6,
11)   [C]

John 4:44

προφητης εν τη ιδια πατριδι τιμην ουκ εχει   (Io.Cat 60)   [C]

John 4:48

εαν μη σημεια και τερατα ιδητε ου μη πιστευσητε   (Mat.Cat
179)   [C]

John 5:2
εστι δε φησιν εν τοις Ιεροσολυμοις   (Io.Cat 61)   [C]

John 5:4
και ο θεος συνεργων κατα τινας αδηλους καιρους κινησιν του
υδατος γινεσθαι παρεσκευαζεν   (Io.Cat 61)   [All]

John 5:9
εν ημερα καθ᾽ ην ουκ εξην τουτο ποιειν   (Io.Cat 63)   [All]

John 5:14
ιδε υγιης γεγονας μηκετι αμαρτανε ινα μη χειρον τι σοι
γενηται   (Luc.Cat 127)   [C]

ιδε υγιης γεγονας μηκετι αμαρτανε ινα μη χειρον τι σοι
γενηται   (Mat.Cat 181)   [C]

ecce iam sanus factus es, noli peccare ne quid tibi deterius
contingat   (Lev.Hom 8, 8)   [C]

ecce sanus factus es, iam noli peccare ne quid tibi deterius
contingat   (Lev.Hom 9, 4)   [C]

ecce iam sanus factus es, ultra noli peccare ne quid tibi deterius
contingat   (Ps.Hom 1, 5)   [C]

ecce iam sanus factus es   (Lev.Hom 8, 11)   [C]

iam noli peccare ne quid tibi deterius accidat   (Ios.Hom 5, 6)
[C]

John 5:17
pater meus inquit usque modo operatur et ego operor   (Ez.Hom
1, 3)   [C]

pater meus usque modo operatur et ego operor   (Num.Hom 23,
4)   [C]

John 5:19
εγω απ᾽ εμαυτου ουδεν ποιω αλλα καθως βλεπω τον πατερα
ποιουντα ουτως εγω ποιω   (Mat.Cat 417)   [All]

opera quae facit pater, haec etiam filius facit similiter ... non potest a se filius facere quicquam, nisi quod viderit patrem facientem   (Princ 1, 2, 12)   [Ad]

omnia quae facit pater haec et filius facit similiter   (Princ 1, 2, 6)   [Ad]

quaecunque facit pater, haec et filius facit similiter   (Rom Com A 3, 2)   [Ad]

John 5:21

sicut enim pater quos vult vivificat, et filius quos vult vivificat   (Rom Com A 10, 38)   [Ad]

John 5:22

πασαν γαρ την κρισιν εδωκεν ο πατηρ τω υιω   (Ps.Cat 49, 6)   [Ad]

πασαν την κρισιν εδωκεν ο πατηρ τω υιω   (Ps.Cat C 49, 4)   [Ad]

την κρισιν δε πασαν αυτω δεδωκεν ο πατηρ   (Ps.Cat 93, 15)   [Ad]

ει πασαν την κρισιν δεδωκεν ο πατηρ τω υιω   (Ps.Cat 16, 1)   [Ad]

pater enim neminem judicat, sed omne judicium dedit filio   (Rom Com A 2, 10)   [C]

pater neminem judicat, sed omne judicium dedit filio   (Rom Com A 7, 10)   [C]

omne judicium dedit filio   (Rom Com A 7, 3)   [C]

cui omne iudicium pater dedit   (Ex.Hom 11, 6)   [All]

cui omne iudicium tradidit pater   (Num.Hom 21, 1)   [All]

cui omne iudicium pater tradidit   (Num.Hom 21, 1)   [All]

cui pater omne iudicium tradidit   (Rom Com A 8, 2)   [All]

John 5:23

> omnes ita honorificant filium, sicut honorificant patrem
> (Ex.Hom 6, 1)   [C]

> ut omnes honorificent filium, sicut honorificant patrem   (Rom
> Com A 2, 5)   [C]

> ut omnes honorificent filium, sicut honorificant patrem   (Rom
> Com A 8, 5)   [C]

John 5:24

> de tenebris ad lucem de morte ad vitam   (Num.Hom 19, 4)   [All]

John 5:25

> venit autem hora ... ut qui in monumentis sunt audiant vocem filii
> dei et vivant   (Mat.Com A 139)   [Ad]

John 5:26

> sicut pater vitam habet in se sic et filio dedit vitam habere in
> semetipso   (Mat.Com A 112)   [C]

> et sicut pater habet in se vitam, et filio dedit habere in semetipso
> vitam   (Rom Com A 10, 38)   [Ad]

John 5:27

> εξουσιαν εδωκεν αυτω κρισιν ποιειν οτι υιος ανθρωπου εστι
> (Ps.Cat 4, 3)   [C]

> αλλ' ο Χριστος ω εδωκεν ο πατηρ κρισιν ποιειν οτι υιος
> ανθρωπου εστι   (Ps.Cat 3, 1)   [All]

John 5:28

> και οι εν τοις μνημειοις, εαν ακουσωσι της φωνης του υιου του
> ανθρωπου ζησουσιν   (Ps.Cat 48, 12)   [All]

> venit enim hora quando omnes qui in monumentis sunt audient
> vocem filii dei   (Mat.Com A 132)   [Ad]

> venit autem hora ... ut qui in monumentis sunt audiant vocem filii
> dei   (Mat.Com A 139)   [Ad]

John 5:29

  et resurgent   (Mat.Com A 132)   [C]

  et vivant   (Mat.Com A 139)   [C]

John 5:30

  εγω απ᾽ εμαυτου ουδεν ποιω αλλα καθως βλεπω τον πατερα
  ποιουντα ουτως εγω ποιω   (Mat.Cat 417)   [All]

John 5:35

  εκεινος ην ο λυχνος ο καιομενος και φαινων και υμεις
  ηθελησατε προς ολιγον αγαλλιαθηναι εν τω φωτι αυτου
  (Ps.Cat D 118, 106)   [C]

  εκεινος ην ο λυχνος ο καιομενος και φαινων   (Ps.Cat C 131, 17)
  [C]

  εκεινος ην ο λυχνος ο καιομενος και φαινων   (Luc.Cat 121)
  [C]

  ille erat lucerna ardens et lucens, et vos voluistis ad horam
  exsultare in lumine eius   (Lev.Hom 13, 2)   [C]

  ille enim inquit fuit lucerna ardens et lucens, et vos voluistis ad
  horam exsultare in lumine eius   (Luc.Hom 6, 8)   [C]

  Iohannes lucerna erat ardens quia erat angelus lucis   (Ios.Hom
  14, 2)   [All]

John 5:36

  sufficiebant enim ei ad credentium fidem (quoniam ipse est
  Christus) opera dei, quae solus poterat facere Christus
  (Mat.Com A 33)   [All]

John 5:39

  ερευνατε τας γραφας   (Ps.Cat E 118, 2)   [C]

  αυται εισιν αι μαρτυρουσαι περι εμου   (Io.Cat 49)   [Ad]

  επει γαρ ο ερευνων τας γραφας ευρισκει αυτας μαρτυρουσης
  περι Χριστου   (Io.Cat 48)   [All]

ως ειρηται ερευναν τας γραφας   (Ps.Cat C 118, 115)   [All]

scrutamini scripturas; ipsae sunt quae testimonium reddunt de me
(Rom Com A 3, 7)   [C]

scrutamini scripturas   (Es.Hom 2, 2)   [C]

scrutamini scripturas   (Ios.Hom 19, 4)   [C]

scrutamini scripturas   (Rom Com A 7, 17)   [C]

John 5:45
putatis quia ego accusem vos apud patrem? est qui vos accuset
Moyses   (Rom Com A 8, 8)   [C]

John 5:46
ει γαρ επιστευον Μωυσει, επιστευον αν και τη ζωση οδω του
Ιησου   (Ps.Cat D 118, 4)   [All]

ει γαρ επιστευον Μωσει επιστευον αν Χριστω   (Mat.Cat 313)
[All]

si crederetis Moysi crederetis utique et mihi; de me enim ille
scripsit   (Ios.Hom 3, 2)   [C]

si crederetis Moyseo crederetis utique et mihi; de me enim ille
scripsit   (Ios.Hom 18, 2)   [C]

si credritis Moysi crederitis utique et mihi; de me enim ille
scripsit   (Num.Hom 26, 3)   [C]

quod si credidissetis et ipsi Moysi, crederetis utique et mihi: de
me enim ille scripsit   (Rom Com A 2, 14)   [C]

si crederetis Moysi crederetis utique et mihi; de me enim ille
scripsit   (Rom Com A 4,4)   [C]

si crederetis Moysi crederitis utique et mihi   (Ios.Hom 1, 2)   [C]

de me enim ille scripsit   (Ex.Hom 4, 6)   [C]

de me enim ille scripsit   (Num.Hom 26, 3)   [C]

Moyses de me scripsit   (Rom Com A 3, 11)   [Ad]

Moyses de me scripsit   (Num.Hom 12, 1)   [Ad]

si enim crederet Moysi, crederet utique huic, de quo Moyses
   scripsit   (Rom Com A 2, 11)   [All]

John 5:47
   si autem illius litteris non creditis, quomodo meis verbis credetis
      (Num.Hom 26, 3)   [C]

John 6:12
   colligendum est et reservandum ne quid pereat   (Gen.Hom 12, 5)
      [All]

John 6:21
   ευθεως γαρ εγενετο το πλοιον επι την γην εις ην υπηρον
      (Pr.Cat 6)   [C]

   ευθεως γαρ εγενετο το πλοιον επι την γην εις ην υπηγον   (?
      Pr.Cat A 30)   [C]

John 6:32
   non Moyses dedit vobis panem, sed pater meus dat vobis panem
      de caelo verum   (Mat.Com A 86)   [C]

John 6:33
   ος εστιν αρτος εκ του ουρανου καταβας και ζωην διδους τω
      κοσμω   (Ps.Cat 64, 10)   [All]

   vitam do mundo   (Es.Hom 3, 3)   [All]

   quia et panis unus est, qui de coelo descendit et dat huic mundo
      vitam   (Ios.Hom 4, 2)   [All]

   si redeas ad illum panem, qui de coelo descendit et dat huic
      mundo vitam   (Lev.Hom 13, 3)   [All]

   panem verum qui vitam dat huic mundo   (Lev.Hom 13, 4)   [All]

John 6:37

ego venientem ad me non repello   (Ct.Com 2)   [C]

ego venientem ad me non repello   (Gen.Hom 12, 4)   [C]

John 6:38

ου γαρ ηλθον φησι ποιησαι το θελημα το εμον αλλα το θελημα
του πεμψαντος με   (Ps.Cat 39, 9)   [Ad]

ου γαρ ηλθον φησι ποιησαι το θελημα το εμον αλλα το θελημα
του πεμψαντος με   (Ps.Cat C 40, 8)   [Ad]

John 6:44

ουδεις δυναται ελθειν προς με εαν μη ο πατηρ ελκυση αυτον
(Io.Cat 112)   [C]

nemo venit ad me, nisi quem pater meus coelestis attraxerit
(Num.Hom 20, 3)   [Ad]

nemo enim venit ad eum si non qui misit eum attraxerit
venientem ad Salvatorem   (Es.Hom 7, 1)   [All]

ad Iesum enim nemo venit nisi quem trahit pater ad Iesum, ut
resuscitetur ab eo   (Mat.Com A 93)   [All]

John 6:49

patres vestri manna manducaverunt in deserto, et mortui sunt
(Ex.Hom 5, 1)   [C]

John 6:50

qui autem manducaverit de pane, quem ego do ei, non morietur
in aeternum   (Ex.Hom 5, 1)   [C]

John 6:51

εγω ειμι ο αρτος ο απο του ουρανου καταβας   (Ps.Cat C 104, 40)
[Ad]

εγω ειμι ο αρτος ο ζων ο εξ ουρανου καταβας. ο φαγων τουτον
τον αρτον ζησεται εις τον αιωνα   (Ps.Cat 118, 171)   [Ad]

ο αρτος ο ζων ο εκ του ουρανου καταβας και δοθεις υπερ της
του κοσμου ζωης   (Luc.Cat 60)   [Ad]

ο Χριστος ο εκ του ουρανου καταβας, ως φησιν· εγω ειμι ο
αρτος ο ζων   (Ps.Cat 67, 10)   [All]

ego sum panis vivus qui de coelo descendit; et qui manducaverit
hunc panem vivet in aeternum   (Lev.Hom 16, 5)   [C]

ego sum panis vivens, qui de caelo descendi   (Es.Hom 3)   [C]

ego sum panis, qui de coelo descendi   (Ex.Hom 5, 1)   [C]

ego sum panis vivus qui de caelo descendi   (Mat.Com A 6)   [C]

cum mandit et comedit panem vitae, qui de caelo descendit
(Princ 1, 1, 9)   [All]

iste est qui manducat panem illum qui de coelo descendit
(Ps.Hom 1, 2)   [All]

John 6:52

quomodo dabit nobis hic carnem suam manducare? quis potest
audire eum? et discesserunt ab eo   (Lev.Hom 7, 5)   [Ad]

John 6:53

nisi manducaveritis carnem meam et biberitis sanguinem meum
non habebitis vitam in vobis ipsis   (Lev.Hom 7, 5)   [Ad]

nisi manducaveritis carnem meam et biberitis sanguinem meum
non habebitis vitam manentem in vobis   (Mat.Com A 79)
[Ad]

nisi manducaveritis carnem meam et biberitis sanguinem meum
non habebitis vitam in vobis ipsis   (Num.Hom 16, 9)   [Ad]

nisi manducaveritis carnem meam et biberitis sanguinem meum
(Lev.Hom 7, 5)   [Ad]

nisi manducaveritis carnem meam non habetis vitam aeternam in
vobis   (Mat.Com A 10)   [Ad]

nisi comederitis carnes meas non habebitis vitam in vobis ipsis
(Num.Hom 23, 6)   [Ad]

quis potest manducare carnes et sanguinem bibere? (Num.Hom
15, 9)   [All]

John 6:54

ο τρωγων γαρ μου φησι την σαρκα και πινων μου το αιμα
(Ps.Cat 26, 2) [C]

ο τρωγων μου την σαρκα εχει ζωην εν εαυτω   (Ps.Cat 118, 171)
[Ad]

John 6:55

η σαρξ αληθινη εστι βρωσις και το αιμα αληθης εστι ποσις
(Ps.Cat C 68, 23) [C]

η γαρ σαρξ μου αληθης εστι βρωσις   (Ps.Cat 118, 171) [C]

η σαρξ μου αληθης εστι βρωσις   (Cor.Cat 12) [C]

quia caro mea vere cibus est et sanguis meus vere potus est
(Num.Hom 16, 9) [C]

caro enim mea vere cibus est et sanguis meus vere potus est
(Lev.Hom 7, 5) [C]

caro mea vere cibus est et sanguis meus vere potus est
(Num.Hom 7, 2) [C]

sanguis meus vere potus est et caro mea vere cibus est   (Lev.Hom
7, 2) [Ad]

John 6:58

ο τρωγων τον αρτον τουτον ζησεται εις τον αιωνα   (Mat.Cat
122) [C]

istas autem primitias qui manducaverit et gustaverit panem, qui
de coelo descendit (Num.Hom 11, 6) [All]

John 6:60

quis potest audire eum   (Lev.Hom 7, 5) [C]

John 6:63

τα ρηματα α λελαληκα υμιν πνευμα εστιν και ζωη εστιν
(Ps.Cat C 118, 131) [C]

τα ρηματα α ελαλησα υμιν πνευμα εστιν   (Ps.Cat 18, 3)   [C]

verba quae locutus sum vobis spiritus et vita est   (Lev.Hom 4, 1)
[C]

verba quae ego locutus sum spiritus et vita est   (Num.Hom 16, 9)
[C]

spiritus est qui vivificat; caro autem non prodest quidquam
(Rom Com A 3, 6)   [C]

John 6:68

ρηματα ζωης αιωνιου εχεις   (Ps.Cat 18, 3)   [C]

John 7:6

sed nondum tempus advenerat   (Gen.Hom 6, 3)   [All]

John 7:12

ουτος ουκ εστιν απο του θεου αλλα πλανα τον οχλον   (Ps.Cat
C 117, 22)   [Ad]

ουτος ουκ εστιν εκ του θεου αλλα πλανα τον οχλον   (Ps.Cat
117, 22)   [Ad]

John 7:19

ecce me vultis occidere qui legem non facitis   (Ios.Hom 1, 2)
[Ad]

John 7:22

et dicit eam ex patribus esse, et ante Moysem datam   (Rom Com
A 2, 13   [All]

John 7:23

ait circumcisionem accipere hominem in sabbato, et non solvi
legem Moysi   (Rom Com A 2, 13)   [All]

John 7:24

κριμα δικαιον κρινατε   (Ps.Cat 32, 5)   [All]

John 7:37
ειστηκει ο Ιησους και εκραζε λεγων· εαν τις διψα ερχεσθω
προς με και πινετω   (Ps.Cat D 118, 145) [C]

εαν τις διψα ερχεσθω προς με και πινετω   (Ps.Cat 3, 5) [C]

εαν τις διψα ερχεσθω προς με και πινετω   (Ps.Cat 41, 3) [C]

qui sitit, veniat et bibat   (Gen.Hom 10, 3) [Ad]

John 7:38
ο πιστευων εις εμε καθως ειπεν η γραφη, ποταμοι εκ της
κοιλιας αυτου ρευσουσιν υδατος ζωντος   (Io.Cat 36) [C]

ο πιστευων εις εμε ποταμοι εκ της κοιλιας αυτου ρευσουσιν
υδατος ζωντος   (Io.Cat 121) [C]

ποταμοι γαρ φησιν εκ της καρδιας αυτου ρευουσιν υδατος
ζωντος   (Ps.Cat C 45, 5) [C]

ποταμοι εκ της κοιλιας αυτου ρευσουσιν υδατος ζωντος
(Ps.Cat 97, 8) [C]

ο πιστευων εις εμε ποταμοι ρευσουσιν εκ της κοιλιας αυτου
υδατος ζωντος   (Pr.Cat 24) [Ad]

ποταμοι εκ της κοιλιας αυτου ρευσονται υδατος αλλομενου εις
ζωην αιωνιον   (Ps.Cat C 88, 33) [Ad]

και μακαρια η κοιλια αφ᾽ ης ποταμοι ρευσουσιν υδατος
αλλομενου εις ζωην αιωνιον   (Luk.Cat 165) [All]

ειπερ ποταμοι ρεουσιν υδατος εκ της κοιλιας πιστευσαντος
Χριστω   (Ps.Cat C 64, 10) [All]

qui credit in me, flumina de ventre eius fluent aquae vivae
(Gen.Hom 13, 3) [C]

qui credit inquit in eum, sicut scriptura dicit, flumina de ventre
eius procedent aquae vivae   (Num.Hom 12, 1) [Ad]

si quis ait credit in me, flumina de ventre eius fluent   (Es.Hom 7,
3) [Ad]

flumina de ventre eius egredientur   (Ez.Hom 13, 4) [Ad]

quemadmodum fons est et flumina aquae vivae de eo procedunt
(Ct.Com 2) [All]

flumina de ventre suo educat aquae vivae (Gen.Hom 1, 2) [All]

John 7:39

τουτο δε ελεγε περι του πνευματος ου εμελλον λαμβανειν οι
πιστευοντες εις αυτον (Io.Cat 36) [C]

ελεγε δε περι του πνευματος (Ps.Cat C 45, 5) [C]

nondum erat spiritus sanctus adhuc, quoniam Iesus nondum
fuerat honorificatus (Mat.Com A 87) [C]

nondum erat spiritus sanctus, quoniam Iesus nondum erat
honorificatus (Mat.Com A 95) [C]

nec enim habebant adhuc spiritum, quoniam Iesus nondum fuerat
honorificatus (Mat.Com A 104) [All]

cum spiritus sanctus nondum fuisset datus (Mat.Com A 88)
[All]

quoniam Iesus nondum fuerat honorificatus, nec erat in
hominibus spiritus sanctus (Mat.Com A 114) [All]

John 7:52

scrutare scripturas et vide quia propheta de Galilaea non surgit
(Num.Hom 14, 4) [C]

John 8:12

εγω ειμι το φως του κοσμου (Io.Cat 91) [C]

εγω ειμι το φως του κοσμου (Iob.Cat B 20, 25) [C]

εγω ειμι το φως του κοσμου (Ps.Cat 42) [C]

ego sum lux mundi (Num.Hom 15, 1) [C]

John 8:16

ουκ ειμι μονος αλλ᾽ εγω και ο πεμψας με πατηρ (Ps.Cat 109)
[C]

John 8:18
... alius est, qui de me testimonium dicit, pater   (Num.Hom 12, 1)
[All]

John 8:20
... οτι ουπω ηκει η ωρα αυτου   (Io.Cat 138)   [All]

John 8:28
οταν υψωσητε τον υιον του ανθρωπου τοτε γνωσεσθε οτι εγω
ειμι   (Mat.Cat 556)   [C]

John 8:31
εαν μεινητε εν τω εμω λογω αληθως μαθηται μου εστε, και
γνωσετε την αληθειαν ...   (Ps.Cat B 4, 4)   [C]

ελεγον ο Ιησους προς τους πεπιστευκοτας αυτω Ιουδαιους·
εαν μεινητε εν τω λογω τω εμω, γνωσεσθε ...   (Io.Cat 93)
[C]

εαν μεινητε εν τω εμω λογω, αληθως μαθηται μου εστε, και
γνωσεσθε ...   (Ps.Cat K)   [C]

εαν μεινητε εν τω λογω τω εμω, γνωσεσθε ...   (Io.Cat 93)   [C]

ελεγεν γαρ <ο Ιησους > προς πεπιστευκοτας αυτω Ιουδαιους·
εαν μεινητε εν τω λογω τω εμω γνωσεσθε την αληθειαν ...
(Ps.Cat D 118, 75)   [Ad]

εαν υμεις μεινητε εν τω λογω τω εμω αληθως μαθηται μου
εστε, και η αληθεια ηλευθερωσεν ...   (? Pr.Cat 25)   [Ad]

dicebat ergo Iesus ad eos qui crediderant ei Iudaeos: si vos
manseritis in verbo meo cognoscetis ...   (Mat.Com 12, 15)   [C]

si permanseritis in verbo meo vos agnoscetis ...   (Ex.Hom 8, 1)
[C]

si manseritis in verbo meo agnoscetis ...   (Gen.Hom 16, 2)   [C]

si manseritis in verbo meo, agnoscetis veritatem ...   (Rom.Com A
6, 11)   [C]

dicebat Iesus ad eos qui crediderunt Iudaeos: si manseritis in verbo meo cognoscetis ... (Mat.Com A 9) [Ad]

si credideritis verbo meo, agnoscetis veritatem ... (Rom.Com A 6,3) [Ad]

John 8:32

και γνωσετε την αληθειαν και η αληθεια ελευθερωσει υμας (Ps.Cat B 4:4) [C]

και γνωσεσθε την αληθειαν και η αληθεια ελευθερωσει υμας (Ps.Cat K) [C]

γνωσεσθε την αληθειαν και η αληθεια ελευθερωσει υμας (Io.Cat 93) [C]

γνωσεσθε την αληθειαν και η αληθεια ελευθερωσει υμας (Ps.Cat D 118, 75) [C]

γνωσεσθε την αληθειαν (Io.Cat 93) [C]

vos agnoscetis veritatem et veritas liberabit vos (Ex.Hom 8, 1) [C]

agnoscetis veritatem et veritas liberos faciet vos (Gen.Hom 16, 2) [C]

cognoscetis veritatem et veritas liberabit vos (Mat.Com 12, 15) [C]

cognoscetis veritatem et veritas liberabit vos (Mat.Com A 9) [C]

agnoscetis veritatem, et veritas liberabit vos (Rom.Com A 6, 3) [C]

agnoscetis veritatem, et veritas liberabit vos (Rom.Com A 6, 11) [C]

liberi autem sunt, qui manent in <veritate> verbis Iesu et propter hoc cognoverunt veritatem, et veritas liberabit eos a servitute peccati (Mat.Com 13, 11) [All]

John 8:34

πας γαρ ο ποιων την αμαρτιαν δουλος εστι της αμαρτιας (Pr.Cat 8) [Ad] και γινεται δουλος της αμαρτιας ποιων αυτην·   (? Pr.Cat 27) [All]

ουδεις δουλος της αμαρτιας δουλος εστι του θεου   (Ps.Cat D 118, 125) [All]

omnis inquit qui peccat servus est peccati   (Gen.Hom 16, 2)   [C]

omnis qui peccat servus est peccati   (Lev.Hom 16, 7)   [C]

omnis qui facit peccatum, servus est peccati   (Rom.Com A 6, 3) [C]

quoniam omnis qui facit peccatum servus est peccati   (Mat.Com 13, 11)   [C]

qui peccat servus est peccati   (Ex.Hom 8, 2)   [C]

qui autem peccat servus est peccati   (Ios.Hom 10, 3)   [C]

John 8:36

si vos filius liberaverit vere liberi eritis   (Ex.Hom 12, 4)   [C]

si vos filius liberaverit vere liberi eritis   (Gen.Hom 7, 2)   [C]

John 8:39

... τω μη ποιειν τα εργα του Αβρααμ   (? Pr.Cat A 1)   [All]

Abraham pater noster est   (Ez.Hom 4, 8)   [C]

si essetis filii Abraham opera Abrahae faceretis   (Ez.Hom 4, 4) [C]

si filii Abraham essetis opera utique Abraham faceretis (Gen.Hom 8, 7)   [C]

si filii Abraham essetis opera utique Abraham faceretis   (Ps.Hom 4, 3)   [C]

si filii Abrahae essetis, opera utique Abrahae faceretis (Rom.Com A 4, 2)   [C]

Salvator ... ad eos qui ... dixerant quia pater noster Abraham est, respondit: si semen Abrahae essetis, opera utique Abrahae faceretis. nunc autem ...   (Rom.Com A 4, 7)   [Ad]

John 8:40

νυν ζητειτε με αποκτειναι   (Ps.Cat 61)   [Ad]

... faceretis. nunc autem quaeritis me occidere, hominem qui
veritatem locutus sum vobis, quam audivi a patre meo: hoc
Abraham non fecit   (Rom.Com A 4, 7)   [C]

quid me vultis occidere hominem qui veritatem locutus sum
vobis?   (Num.Hom 27, 12)   [Ad]

John 8:41

nos de fornicatione nati non sumus, unum patrem habemus, deum
(Ez.Hom 4, 8)   [C]

John 8:44

υμεις εκ του πατρος του διαβολου εστε και τας επιθυμιας του
πατρος υμων θελετε ποιησαι. εκεινος ανθρωποκτονος
εστιν απ᾽ αρχης και εν τη αληθεια ουχ εστηκεν   (Ex.Cat A)
[C]

υμεις γαρ φησιν ο σωτηρ εκ του πατρος του διαβολου εστε
(Ps.Cat 9)   [Ad]

vos de patre diabolo estis et desideria patris vestri facere vultis.
ille homicida fuit ab initio et in veritate non stetit   (Ex.Hom 8,
6)   [C]

vos ex patre diabolo estis   (Ez.Hom 6, 3)   [C]

homicidium pecunia diaboli est; ille enim ab initio homicida est
(Ex.Hom 6, 9)   [All]

mendax est et pater eius   (Mat.Com 12, 40)   [All]

sed imitator es operum diaboli qui homicida fuit ab initio
(Ps.Hom B 2, 1)   [All]

... dicitur ... quia ille homicida erat ab initio   (Rom.Com A 5, 1)
[Ad]

mendax est sicut et pater eius et cum loquitur mendacium, de suis
propriis loquitur   (Rom.Com A 5, 8)   [All]

John 8:46

quis vestrum me arguit de peccato?   (Princ 2, 6, 4)   [C]

John 8:48

Σαμαρειτης ει, και δαιμονιον εχεις   (Ps.Cat 117)   [C]

Σαμαρειτης ει, και δαιμονιον εχεις   (Ps.Cat C 117, 22)   [C]

Samaritanus es tu et daemonium habes   (Luc.Hom 34, 4)   [C]

John 8:56

Αβρααμ ο πατηρ υμων ηγαλλιασατο ινα ιδη την ημεραν την εμην και ειδε και εχαρη   (Luc.Cat 162)   [C]

... ης και ο Αβρααμ ερωτα λαβων παρεσκευαστο προς το ιδειν αυτην και θεασαμενος εχαρη   (Io.Cat 34)   [All]

... επειπερ ειδεν την χριστου ημεραν και εχαρη   (Rom.Cat A 31)   [All]

Abraham pater vester desideravit ut videret diem meum et vidit et gavisus est   (Gen.Hom 10, 1)   [C]

... et vidit et gavisus est   (Ex.Hom 12, 3)   [C]

... Abraham desideraverit videre diem eius et viderit et laetatus sit   (Ct.Com 2)   [All]

Abraham desideravit ut videret diem domini, et vidit, et laetatus est   (Rom.Com A 1, 10)   [All]

Abraham pater vester exsultavit ut videret diem meum; et vidit et gavisus est   (Rom.Com A 4, 7)   [All]

John 8:57

πεντηκοντα ουπω εχεις ετη και Αβρααμ εωρακας;   (Luc.Cat 162)   [C]

John 8:58

αμην λεγω υμιν πριν Αβρααμ γενεσθαι εγω ειμι   (Luc.Cat 162)   [C]

ante Abraham ego sum   (Mat.Com A 6)   [C]

John 9:1

ο Ιησους απηλλαξε τον απο γενετης της τυφλοτητος   (Io.Cat 64) [All]

οτι ωσπερ επι του απο γενετης τυφλον   (Io.Cat 92) [All]

John 9:2

ουτος ημαρτεν η οι γονεις αυτου   (Io.Cat 72) [C]

domine, quis peccavit? hic aut parentes eius ut caecus nasceretur? (Gen.Hom 12, 4) [C]

John 9:3

ουτε ουτος ουτε οι γονεις αυτου   (Io.Cat 72) [Ad]

John 9:4

εργαζεσθε ως ημερα εστιν· ερχεται νυξ οτε ουδεις δυναται εργαζεσθαι   (Pr.Cat 9) [Ad]

... και οταν ελθη νυξ οτε ουδεις δυναται εργαζεσθαι   (Ps.Cat C 36, 19) [All]

... και ακουων του εργαζεσθαι εως ημερα εστιν· ερχεται νυξ οτε ουδεις δυναται εργαζεσθαι   (Ps.Cat E 129) [All]

ο μετα σκοτους της αγνοιας αρχομενος αρετης εν πρωια σπειρει κατα το εως ημερα εστιν εργαζεσθαι   (Qo.Cat) [All]

veniet nox quando nemo potest operari (Ps.Hom 3, 10) [C]

propterea ergo, dum dies est, operemur (Ios.Hom 10, 3) [All]

John 9:6

δια τουτο πτυει χαμαι ο Ιησους και ποιει πηλον   (Io.Cat 63) [Ad]

ω και χρισαι δει τους των μη βλεποντων οφθαλμους   (Io.Cat 63) [All]

απονιψωμεθα τοιγαρουν τω υδατι της κολυμβηθρας του απεσταλμενου τον επιχρισθεντα τοις οφθαλμοις πηλον (Io.Cat 63) [All]

John 9:7
    και ενιψατο και ηλθε βλεπων   (Io.Cat 66)   [C]

    απονιψωμεθα τοιγαρουν τω υδατι της κολυμβηθρας του
    απεσταλμενου τον επιχρισθεντα τοις οφθαλμοις πηλον
    (Io.Cat 63)   [All]

    μετα δε τουτο απελθειν εις τον Σιλωαμ του απεσταλμενου
    υπο του θεου   (Io.Cat 63)   [All]

    ... et mittens ad Siloam, quod interpretatur missus   (Es.Hom 6, 3)
    [Ad]

John 9:8
    ως γειτοσι και θεωρουσιν αυτον το προτερον οτι προσαιτης ην
    (Io.Cat 66)   [Ad]

    ο προσαιτης δι᾽ αποριαν των αναγκαιων και αδυναμιαν ...
    (Io.Cat 64)   [All]

    προσαιτης ην δι᾽ αποριαν των αναγκαιων και αδυναμιαν
    (Io.Cat 131)   [All]

John 9:11
    ... εν τω παρεχειν εαυτον τω Ιησου επιχριοντι πηλω τους
    οφθαλμους αυτου   (Io.Cat 63)   [All]

John 9:14
    ην δε σαββατον εν η ημερα τον πηλον εποιησε και ηνοιξεν
    αυτου τους οφθαλμους   (Io.Cat 66)   [Ad]

John 9:16
    πως δυναται ανθρωπος αμαρτωλος τοιαυτα σημεια ποιειν
    (Io.Cat 65)   [C]

    ουτος ουκ εστιν εκ του θεου, αλλα πλανα τον οχλον   (Ps.Cat
    117, 22)   [Ad]

    αλλ᾽ εκ των Φαρισαιων τινες τουτο ελεγον, ως φασιν ο
    ευαγγελιστης   (Io.Cat 65)   [All]

    ... οι Φαρισαιοι, ο μη τηρων ο εκεινοι ενομιζον ειναι σαββατον
    ουκ εστι παρα θεου   (Io.Cat 65)   [All]

ει ο μη τηρων το σαββατον ουκ εστιν απο θεου   (Io.Cat 132)
  [All]

hic homo non est a deo qui non custodit sabbata   (Gen.Hom 13,
  2)   [C]

John 9:27

τι ουν παλιν θελετε ακουειν   (Io.Cat 68)   [C]

το ουκ ηκουσατε, αντι του ουκ ηθελησατε, παραδεξασθαι το
  λεγομενον. το δε τι ουν παλιν θελετε ακουειν;   (Io.Cat
  134)   [Ad]

John 9:30

εν τουτω θαυμαστον εστι   (Io.Cat 69)   [C]

John 9:31

... το μη ακουεσθαι τον αμαρτωλον υπο του θεου,
  αποσεσιωπητο   (Io.Cat 70)   [All]

πως δε, ει αμαρτωλον ουκ ηκουσεν ο θεος, εδιδασκοντο ...
  (Io.Cat 70)   [All]

ει μη ηκουεν ο θεος αμαρτωλων   (Io.Cat 70)   [All]

περι γαρ των τοιουτων εργων αξιουμενος ο θεος υπο
  αμαρτωλων ουκ ακουει   (Io.Cat 70)   [All]

ει αμαρτωλων ο θεος ουκ ακουει, πως εδιδασκεν ο χριστος,
  λεγων ...   (Io.Cat 135)   [All]

scimus quia peccatores non exaudit deus   (Es.Hom 5, 2)   [C]

John 9:35

ηκουσεν ο Ιησους οτι εξεβαλον αυτον εξω και ευρων αυτον
  ειπεν αυτω· συ πιστευεις εις τον υιον του ανθρωπου;
  (Io.Cat 71)   [C]

ηκουσεν ο Ιησους οτι εξεβαλον αυτον εξω   (Io.Cat 71)   [C]

συ πιστευεις εις τον υιον του ανθρωπου;   (Io.Cat 71)   [C]

John 9:36

ειπε το· τις εστι, κυριε, ινα πιστευω εις αυτον;   (Io.Cat 71) [Ad]

John 9:37

και εωρακας αυτον και ο λαλων μετα σου εκεινος εστιν (Io.Cat 71) [C]

του μεν εωρακως επι τον παρελθοντα ... του δε ο λαλων μετα σου (Io.Cat 73) [Ad]

John 9:38

ου μονον ειπε· πιστευω, κυριε, αλλα· και προσεκυνησεν αυτω (Io.Cat 73) [Ad]

John 9:39

εις κριμα εγω εις τον κοσμον τουτον ηλθον ινα οι μη βλεποντες βλεπωσι και οι βλεποντες τυφλοι γενωνται (Rom.Cat B 36) [C]

εις κριμα εις τον κοσμον εληλυθα   (Io.Cat 41) [C]

εις κριμα εγω εις τον κοσμον τουτον ηλθον   (Ex.Cat A) [C]

εγω εις κρισιν του κοσμου εληλυθα ινα οι μη βλεποντες βλεπωσιν (Mat.Cat 187, 2) [Ad]

in iudicium ego in mundam istum veni, ut qui non vident videant et qui vident caeci fiant (Luc.Hom 16, 3) [C]

in iudicium ego veni in mundum istum ut non videntes videant et qui vident caeci fiant (Luc.Hom 16, 6) [C]

in iudicium ego veni in mundum istum ut qui non vident videant et qui vident caeci fiant (Luc.Hom 16, 7) [C]

in iudicium ego veni in hunc mundum ut non videntes videant et videntes caeci fiant (Num.Hom 3, 1) [C]

in iudicium ego veni in hunc mundum ut non videntes videant et videntes caeci fiant (Num.Hom 17, 3) [C]

in judicium ego veni in hunc mundum, ut qui non vident videant, et qui vident caeci fiant (Rom.Com A 3, 7) [C]

in iudicium quippe ait in mundum istum veni ut non videntes
videant et videntes caeci fiant   (Ez.Hom 2, 3)   [Ad]

in iudicium ait ego veni ut qui non videbant videant et qui
videbant caeci fiant   (Luc.Hom 17, 2)   [Ad]

John 9:41

dicitis quia videmus   (Es.Hom 6, 7)   [C]

John 10:1

amen amen dico vobis qui non intrat per ianuam in cohortem
ovium sed ascendit aliunde ille fur est et latro   (Mat.Com A
59)   [C]

John 10:2

sicut ergo qui per ianuam intrat in cohortem ovium pastor est
ovium cui ostiarius ...   (Mat.Com A 59)   [Ad]

John 10:3

... pastor est ovium cui ostiarius aperit ...   (Mat.Com A 59)   [Ad]

John 10:8

παντες οσοι ηλθον προ εμου κλεπται εισι και λησται και ουκ
ηκουσαν αυτων τα προβατα   (Ier.Cat 21)   [C]

omnes qui ante me venerunt fures fuerunt et latrones   Luc.Hom
34, 4)   [C]

John 10:9

εγω ειμι η θυρα· δι’ εμου εαν τις εισελθη, σωθησεται. και
εισελευσεται και εξελευσεται, και νομην ευρησει   (Iob.Cat)
[C]

εγω ειμι η θυρα   (Mat.Cat 138, 1)   [C]

εισελευσεται και εξελευσεται και νομην ευρησει   (Ps.Cat 73)
[C]

ego sum ostium; per me si quis introierit salvabitur et ingredietur
et egredietur et pascua inveniet   (Ct.Com 2)   [C]

ego sum ostium. Per me si quis ingressus fuerit, salvabitur
(Rom.Com A 5, 4) [C]

si quis per me introierit salvabitur et introibit et exiet et pascua
inveniet (Mat.Com A 14) [C]

... ostium fiet, ut per ipsum intret et per ipsum exeat et inveniat
pascua (Num.Hom 27, 2) [All]

John 10:10

ο κλεπτης ... ουκ ερχεται ει μη ινα κλεψη και θυση και απολεση
(? Pr.Cat 29) [C]

εγω ηλθον ινα ζωην εχωσι και περισσον εχωσι (Ps.Cat C 44,
3) [C]

John 10:11

ego sum pastor bonus; et iterum: pastor bonus animam suam
ponit pro ovibus suis (Rom.Com A 3, 3) [Ad]

... et illum solum sequi pastorem qui animam suam ponit pro
ovibus suis (Ct.Com 2) [All]

John 10:15

... ως δε μαθητης του καλου ποιμενος και τεθεικοτος την
ψυχην υπερ των προβατων (Cor.Cat 40) [All]

... αλλα τω εκοντα την ψυχην αυτου τεθεικεναι υπερ των
προβατων εαυτου, η υπερ των φιλων εαυτου (Rom.Cat A
30) [All]

sicut cognoscit me pater et ego agnosco patrem (Ct.Com 2) [C]

John 10:16

και αλλα προβατα εχω α ουκ εστιν εκ της αυλης ταυτης κακεινα
με δει αγαγειν (Ps.Cat C 117, 22) [C]

αμφοτεροι τοινυν γινομεθα μια ποιμνη, εις ποιμην (Ios.Cat
26, 3) [All]

οταν παντες μια ποιμνη γενησεται και εις ποιμην (? Pr.Cat
24) [All]

habeo enim inquit Iesus et alias oves quae non sunt de hoc ovili et illas oportet me adducere ut fiat unus grex et unus pastor (Lev.Hom 3, 8) [Ad]

habeo alias oves quae non sunt de hoc ovili; oportet me et illas adducere (Rom.Com A 8, 7) [Ad]

fit ergo unus grex et unus pastor (Ios.Hom 26, 3) [Ad]

... cum fiet uterque unus grex et unus pastor (Num.Hom 6, 4) [Ad]

John 10:18

ουδεις αιρει την ψυχην μου απ᾽ εμου αλλ᾽ εγω τιθημι αυτην απ᾽ εμου (Io.Cat 79) [Ad]

ουδεις αιρει την ψυχην μου απ᾽ εμου αλλ᾽ εγω τιθημι αυτην απ᾽ εμαυτου (Rom.Cat A 30) [Ad]

nemo tollit a me animam meam sed ego pono eam abs me. potestatem habeo ponendi eam, et iterum potestatem habeo adsumendi eam (Princ 4, 4, 4) [C]

nemo tollit a me animam meam, sed ego pono eam, et potestatem habeo ponendi eam, et potestatem habeo iterum sumendi eam (Rom.Com A 5, 10) [C]

nemo tollit a me animam meam sed ego pono ema abs me (Princ 2, 8, 4) [C]

nemo tollit animam meam a me, sed ego ponam eam a me ipso (Princ A 2, 6, 3) [C]

nemo aufert a me animam meam (Princ 2, 6, 3) [C]

potestatem habeo ponendi eam et potestatem habeo iterum sumendi eam (Ct.Com 2) [C]

potestatem habeo ponendi animam meam, et potestatem habeo iterum sumendi eam (Rom.Com A 5, 1) [C]

John 10:19

σχισμα εγενετο εν τοις Ιουδαιοις δια τους λογους αυτου (Io.Cat 74) [Ad]

John 10:26
vos non estis de ovibus meis   (Ct.Com 2)   [All]

John 10:27
τα εμα προβατα της εμης φωνης ακουουσι, και εγω ...   (Iob.Cat)
[C]

oves meae vocem meam audiunt, et ego praecedo eas, et
   sequuntur me meae   (Rom.Com A 8, 7)   [C]

oves meae vocem meam audiunt   (Ct.Com 2)   [C]

oves meae vocem emam audiunt   (Lev.Hom 3, 3)   [C]

oves meae vocem meam audiunt   (Rom.Com A 8, 5)   [C]

John 10:28
... φωνης ακουουσι, και εγω ζωην αιωνιον διδωμι αυτοις και τα
   εξης   (Iob.Cat)   [C]

John 10:30
εγω και ο πατηρ εν εσμεν   (Gen.Cat B)   [C]

εγω και ο πατηρ εν εσμεν   (Luc.Cat 212)   [C]

ego et pater unum sumus   (Ez.Hom 9, 1)   [C]

ego et pater unum sumus   (Princ 1, 2, 8)   [C]

ego et pater unum sumus   (Rom.Com A 1, 3)   [C]

John 10:31
ει παλιν εβαστασαν, προτερον εβαστασαν   (Io.Cat 74)   [Ad]

ουτος μαλιστα οψεται ποια πολλα εργα εδειξε τοις βαστασασι
   λιθους ινα λιθασωσι τον Ιησουν   (Io.Cat 74)   [All]

John 10:32
πολλα εργα εδειξε υμιν· δια ποιον αυτων εργον λιθαζετε με;
   (Io.Cat 74)   [C]

ουτος μαλιστα οψεται ποια πολλα εργα εδειξε τοις βαστασασι
λιθους ινα λιθασωσι τον Ιησουν   (Io.Cat 74)   [All]

si feci inquit in vobis opera quae nullus alius fecit pro quo horum
vultis me occidere?   (Lev.Hom 7, 3)   [All]

John 10:35

εκεινους θεους ειπεν προς ους ο λογος του θεου εγενετο
(Io.Cat 2)   [C]

quod si illos dicit deos ad quos sermo dei fit, et non potest solvi
scriptura   (Rom.Com A 2, 14)   [C]

si enim illos dixit deos ad quos sermo dei factus est et non potest
solvi scriptura   (Ez.Hom 1, 9)   [Ad]

... abusive deos dicit scriptura etiam illos ad quos sermo dei fit ...
(Ct.Com Pr)   [All]

John 10:36

quem pater sanctificavit et misit in hunc mundum   (Num.Hom
11, 8)   [C]

John 10:38

pater in me et ego in patre   (Princ 1, 2, 8)   [Ad]

John 10:39

εζητουν παλιν αυτον πιασαι· και εξηλθεν εκ της χειρος αυτων
(Io.Cat 76)   [C]

John 10:40

απηλθεν περαν του Ιορδανου εις τον τοπον οπου ην ο Ιωαννης
το προτερον βαπτιζων   (Io.Cat 75)   [C]

... οπου ην Ιωαννης το πρωτον βαπτιζων ...   (Io.Cat 76)   [Ad]

John 11:2

ην δε Μαρια η αλειψασα τον κυριον μυρω   (Io.Cat 77)   [C]

John 11:5
αγαπα ο Ιησους την Μαριαν και την Μαρθαν   (Mat.Cat 521, 1)
[All]

John 11:9
και Χριστος ελεγεν· ο περιπατων εν τη ημερα ου προσκοπτει·
(? Pr.Cat 4) [Ad]

ωσπερ εις δωδεκα ωρας διαιρειται η ημερα ... (Io.Cat 137)
[All]

John 11:11
πορευομαι ινα εξυπνισω αυτον   (Io.Cat 79) [Ad]

Λαζαρος κεκοιμηται, και χαιρω δι' υμας +   (Io.Cat 79) [Ad]

John 11:15
+ οτι ουκ ημην εκει   (Io.Cat 79) [Ad]

John 11:16
αγωμεν ινα συναποθανωμεν αυτω   (Io.Cat 79) [C]

John 11:17
ελθων ουν ο Ιησους ευρεν αυτον τεσσαρες ημερας εχοντα
(Io.Cat 79) [Ad]

John 11:19
και νυν ουν ελθων ο Ιησους ευρε τον Λαζαρον τεσσαρας ηδη
εχοντα εν τω μνημειω (Io.Cat 79) [All]

... και πενθουσαι δεονται της περι του αδελφου παραμυθιας, ην
βουλονται μεν προσαγειν αυταις Ιουδαιοι   (Io.Cat 80) [All]

John 11:20
ει γε Μαρθα μεν εδραμε προς τον Ιησουν, Μαρια δε οικοι
εμενε καθεζομενη   (Io.Cat 80) [All]

John 11:25
εγω ειμι η αναστασις   (Cels 7, 16) [C]

... ιν' ειπη· τεθνηκεν η ζωη, η· τεθνηκεν η αναστασις   (Cels 7, 16)   [All]

... και λογου θεου και αληθειας και αναστασεως και οδου ...
   (Eph.Cat 1)   [All]

... ego sum ianua, ego sum resurrectio ...   (Mat.Com A 6)   [C]

qui credit in me, etiamsi moriatur vivet   (Lev.Hom 9, 11)   [C]

omnis qui credit in me, etiamsi mortuus fuerit, vivet   (Th.Com)
   [Ad]

... nunc vita, nunc resurrectio ...   (Ex.Hom 12, 4)   [All]

... sciens quia ipse est vita et resurrectio   (Mat.Com A 92)   [All]

... pro eo quod filius dei, vita est, ...et pro eo quod resurrectio est
   ...   (Princ 1, 2, 4)   [All]

quomodo etiam veritas vel vita est vel resurrectio   (Princ 1, 2, 7)
   [All]

John 11:26

πιστευεις τουτο;   (Io.Cat 81)   [C]

πιστευεις τουτο;   (Io.Cat 81)   [C]

et omnis qui vivit, et credit in me, non morietur in aeternum
   (Th.Com)   [Ad]

John 11:27

Μαρθα ... λεγει· ναι, κυριε· ... το δε σε ειναι τον χριστον ου
   μονον αρτι πιστευω, αλλα και πεπιστευκα, και οτι συ ει ο
   υιος του θεου ο εις τον κοσμον ερχομενος   (Io.Cat 81)
   [Ad]

John 11:28

ο διδασκαλος παρεστι και φωνει σε   (Io.Cat 80)   [C]

John 11:29

και εγερθεισα ουχ απλως ηγερθη αλλα ταχυ, και πεσουσα ...
   (Io.Cat 80)   [All]

John 11:32
δια τι λεγει· ει ης ωδε   (Io.Cat 82)   [Ad]

... ουχ απλως ηγερθη αλλα ταχυ, και πεσουσα προς τους ποδας
του Ιησου ειπεν α ειπεν   (Io.Cat 80)   [All]

John 11:33
μακραν μεν τυγχανων του μνημειου ενεβριμησατο τω
πνευματι   (Io.Cat 84)   [Ad]

John 11:34
που τεθεικατε αυτον;   (Io.Cat 83)   [C]

που τεθεικατε αυτον;   (Io.Cat 83)   [C]

John 11:35
δακρυει δε ο Ιησους   (Io.Cat 83)   [Ad]

John 11:38
εμβριμωμενος εν εαυτω ερχεται εις το μνημειον   (Io.Cat 84)
[C]

John 11:39
αρατε τον λιθον   (Io.Cat 84)   [C]

τεταρταιος γαρ ανεστη Λαζαρος   (Io.Cat 77)   [All]

John 11:42
pater scio quia semper me audis   (Ps.Hom A 2, 3)   [All]

John 11:44
των δε μαθητων εργον ην τεθνηκοτα δεδεμενον τας χειρας
και τους ποδας κειριαις και της οψεως αυτου σουδαριω
περιδεδεμενης λυσαι αυτον δεσμοις νεκρων   (Io.Cat 79)
[All]

John 11:50
... οτι συμφερει ημιν ινα εις ανθρωπος αποθανη υπερ του λαου
και επηγαγεν ευθυς ...   (Luc.Cat 83)   [All]

expedit vobis ut unus moriatur homo pro populo, et non universa
gens pereat   (Rom.Com A 7, 13)   [C]

expedit vobis ut moriatur unus pro populo   (Ex.Hom 3, 3)   [All]

expedit vobis ut unus homo pereat pro omni populo   (Num.Hom
14, 4)   [All]

John 11:51

... και επηγαγεν ευθυς ην γαρ αρχιερευς του ενιαυτου εκεινου
... (Luc.Cat 83)   [All]

sed hoc inquit quia erat pontifex anni illius prophetavit
(Num.Hom 14, 4)   [Ad]

... quemadmodum Caiphas sacerdos (qui non ex se dixit verum,
sed quia sacerdos fuit anni illius, prophetavit)   (Mat.Com 17,
11)   [All]

John 11:52

non pro gente sola sed ut dispersos filios dei congregaret in unum
(Mat.Com A 28)   [Ad]

... et cum videris filios dei qui dispersi erant congregari in unum
(Ios.Hom 2, 1)   [All]

John 11:54

και νυν επι της ερημου διατριβει εν πολει λεγομενη Εφραιμ.
και εμεινε μετα των μαθητων αυτου τον επιτηδειον καιρον
αναμενων   (Io.Cat 138)   [All]

John 12:1

Ιησους προ εξ ημερων του πασχα ηλθεν εις Βηθανιαν οπου ην
Λαζαρος ον ηγειρεν εκ νεκρων   (Mat.Cat 521, 1)   [Ad]

secundum Iohannem, ante sex dies paschae venit in Bethaniam
(Mat.Com A 77)   [Ad]

John 12:2

και εποιησεν αυτω δειπνον και τα εξης   (Mat.Cat 521, 1)   [Ad]

... et fecerunt ei cenam ... et Martha ministrabat Lazarus autem erat unus ex discumbentibus   (Mat.Com A 77)   [All]

... ubi fecerunt ei cenam et Martha ministrabat et Lazarus unus erat ex discumbentibus   (Mat.Com A 77)   [All]

John 12:3

τη γαρ εαυτης ναρδω τους ποδας αλειψασα του Ιησου και ταις θριξιν απομαξασα ... την οικιαν ολην επληρωσε της μαθητριας το μυρον   (Ct.Cat 2)   [All]

et maria accepit libram unguenti nardi pistici pretiosi et cetera (Mat.Com A 77)   [C]

Maria inquit attulit libram unguenti nardi pretiosi et unxit pedes Iesu et extersit capillis capitis sui; domus autem inquit tota repleta est odore unguenti   (Ct.Com 2)   [Ad]

... dicitur afferre libram unguenti nardi pretiosi et unguere pedes Iesu et detergere capillis suis   (Ct.Com 2)   [Ad]

impleta est itaque odore unguenti domus   (Ct.Hom 1, 4)   [All]

Maria ... habens alabastrum unguenti pistici pretiosi effudit super caput Iesu.   (Ct.Hom 2, 2)   [All]

... pro alabastro posuit libram unguenti   (Mat.Com A 77)   [All]

quae et ipsa unxit domini pedes notet sibi quod scriptum est ibi quoniam omnis domus repleta est ex odore unguenti (Mat.Com A 77)   [All]

quia omnis domus repleta est ex odore unguenti   (Mat.Com A 77)   [All]

John 12:4

deinde super hoc indignantibus non omnibus discipulis sed Iuda solo ...   (Ct.Hom 2, 2)   [All]

John 12:5

quare unguentum hoc non est venundatum trecentis denariis et datum est pauperibus   (Mat.Com A 77)   [C]

potuit venumdari denariis trecentis et dari pauperibus respondit majister noster atque salvatur   (Ct.Hom 2, 2)   [All]

John 12:24

εαν μη ο κοκκος του σιτου πεσων αποθανη, αυτος μονος μενει·
εαν δε αποθανη, πολυν καρπον φερει   (Ps.Cat C 80, 17) [C]

ο κοκκος του σιτου εαν μη πεσων εις την γην αποθανη, αυτος
μονος μενει   (Cor.Cat A 84) [C]

πεσων δε εις την γην απεθανεν ινα πλειονα καρπον φερη
(Luc.Cat 221) [All]

nisi granum frumenti in terram ceciderit, et mortuum fuerit,
fructum non affert; si autem mortuum fuerit, fructum
plurimum affert   (Rom.Com A 7, 19) [Ad]

cecidisset granum frumenti in terram et mortuum fuisset, non
utique fructum hunc plurimum   (Ex.Hom 1, 4) [All]

... quod cadens in terram multum reddidit fructum   (Mat.Com A
85) [All]

granum frumenti nisi cecidisset in terram ut fructum plurimum
faceret   (Num.Hom 23, 2) [All]

John 12:26

ubi ego sum ibi erit et minister meus   (Ios.Hom 2, 3) [Ad]

John 12:27

νυν η ψυχη μου τεταρακται   (Ps.Cat 29) [C]

νυν η ψυχη μου τεταρακται   (Ps.Cat A 17) [C]

νυν η ψυχη μου τεταρακται   (Rom.Cat A 30) [C]

η ψυχη μου τεταρακται   (Ps.Cat 17) [C]

η ψυχη μου τεταρακται   (Ps.Cat 56) [C]

nunc anima mea turbatur et quid dicam? pater salva me ex hac
hora sed propter hoc veni in hanc horam   (Mat.Com A 74)
[C]

nunc anima mea turbatur   (Mat.Com A 65) [C]

nunc anima mea turbata est   (Princ 2, 8, 4) [C]

nunc anima mea turbata est   (Princ 4, 4, 4)   [C]

nunc anima mea turbata est   (Rom.Com A 1, 5)   [C]

John 12:28
εδοξασα και παλιν δοξασω   (Ps.Cat 20)   [C]

John 12:31
νυν η κρισις εστι του κοσμου τουτου   (Io.Cat 89)   [C]

νυν κρισις εστι του κοσμου τουτου   (Io.Cat 90)   [C]

νυν ο αρχων του κοσμου εκβληθησεται   (Io.Cat 90)   [C]

νυν αρχων του κοσμου τουτου εμβληθησεται εξω   (Ps.Cat 23)
[C]

nunc princeps huius mundi expellitur foras   (Mat.Com 12, 18)
[C]

ecce nunc princeps huius mundi mittetur foras   (Num.Hom 12, 4)
[Ad]

John 12:32
οταν υψωθω εκ της γης παντας ελκυσω προς εμαυτον
(Mat.Cat 552)   [C]

οταν υψωθω ... παντας ελκυσω προς εμαυτον   (Ps.Cat 7)   [Ad]

οταν υψωθω παντας ελκυσω προς εμαυτον   (Ps.Cat 29, 2)   [Ad]

εαν υψωθω ... παντας ελκυσω προς εμαυτον   (Ps.Cat 56)   [Ad]

οταν υψωθω ... παντα ελκυσω προς εμαυτον   (Ps.Cat C 88, 14)
[Ad]

οταν υψωθω ... ειλκυσω παντα προς εμαυτον   (Ps.Cat C 109, 7)
[Ad]

αλλ' αυτος φησιν· παντες ε <λκυσω προς εμαυτον > και παντα
τα εμα σα εισι και τα σα εμα   (? Fr E)   [Ad]

si fuero inquit exaltatus a terra, omnes traham ad me ipsuam
(Mat.Com 12, 18)   [Ad]

cum autem exaltatus fuero omnia ad me pertraham   (Num.Hom 20, 3)   [All]

John 12:34

το μεν γαρ εις τον αιωνα μενειν τον χριστον απο των τοιουτων ειληφασι φωνων   (Io.Cat 90)   [All]

ex Scripturis didicerant Judaei, quia Christus in aeternum manet (Rom.Com A 8, 8)   [Ad]

John 12:35

ετι μικρον το φως εν υμιν εστιν   (Io.Cat 91)   [C]

ουτως επειπερ οντος του φωτος εν αυτοις ου περιεπατησαν ως μη σκοτιαν αυτους λαβειν, δια τουτο μετα τον μικρον χρονον το εν αυτοις φως απ᾽ αυτων αφηρεθη   (Io.Cat 91) [All]

John 12:39

δια τουτο ουκ ηδυναντο πιστευειν   (Io.Cat 92)   [C]

John 12:40

ετυφλωσεν αυτων τους οφθαλμους και επωρωσεν αυτων τας καρδιας   (Io.Cat 92)   [C]

John 12:41

haec autem dixit Isaias, quando vidit gloriam eius   (Rom.Com A 6, 7)   [Ad]

John 12:44

Ιησους δε εκραξε και ειπε   (Io.Cat 93)   [C]

ο πιστευων εις εμε ου πιστευει εις εμε αλλ᾽ εις τον πεμψαντα με   (Io.Cat 93)   [C]

ο πιστευων εις εμε ου πιστευει εις εμε αλλ᾽ εις τον πεμψαντα με   (Io.Cat 93)   [C]

dixit quia qui credit in me, credit et in eum qui misit me (Rom.Com A 4, 4)   [Ad]

John 12:45
> και ο θεωρων εμε θεωρει τον πεμψαντα με   (Io.Cat 93)   [C]

> ουτε παρακλησιως τω ο θεωρων εμε θεωρει τον πεμψαντα με
> (Io.Cat 93)   [Ad]

John 12:46
> εγω φως εις τον κοσμον εληλυθα   (Luc.Cat 100)   [C]

> εγω φως εις τον κοσμον εληλυθα   (Luc.Cat 121)   [C]

John 12:47
> quia ego veni non ut judicem mundum, sed ut salvetur mundus
> per me   (Rom.Com A 8, 9)   [Ad]

John 12:49
> τι ειπω και τι λαλησω;   (Io.Cat 95)   [C]

John 12:50
> και οιδα οτι η εντολη αυτου ζωη αιωνιος εστι   (Io.Cat 95)   [C]

John 13:2
> ... του διαβολου ηδη βεβληκοτος εις την καρδιαν ινα παραδω
> αυτον Ιουδα <ς > Σιμωνος Ισκαριωτης   (Eph.Cat 20)   [C]

> του διαβολου βεβληκοτος εις την καρδιαν ινα παραδω αυτον
> Ιουδας Σιμων ο Ισκαριωτης   (Ex.Cat A)   [Ad]

> ... ως ει, βεβληκοτος του διαβολου εις την καρδιαν Ιουδα ινα
> παραδω τον κυριον   (Eph.Cat 20)   [All]

> cum autem immisisset inquit diabolus in cor Iudae Scariotis ut
> traderet eum   (Ct.Com 3)   [Ad]

> cum diabolus misisset in cor Iudae Scariotis ut traderet dominum
> ...   (Ct.Com 3)   [All]

> ... et quia misit in cor euis diabolus ut traderet eum   (Ex.Hom 3,
> 2)   [All]

> cum autem introisset diabolus in cor Iudae Scariotis, ut traderet
> eum   (Ex.Hom 8, 6)   [All]

... inmiserat in cor Iudae diabolus ut traderet Iesum (Mat.Com 16, 2) [All]

ne forte necdum inmiserat diabolus in cor eius, ut traderet dominum ... (Mat.Com 16, 8) [All]

sed et Iudas cum iam diabolus misisset in cor eius ut traderet Christum ... (Princ 3, 2, 1) [All]

... quia diabolus inmisisset in cor eius ut traderet eum (Princ 3, 2, 4) [All]

cum autem iam immisisset diabolus in cor Iudae Scariothis ut traderet eum (Princ 3, 3, 4) [All]

John 13:4

accipiens enim linteum postquam exutus est vestimentis praecinxit se (Es.Hom 6, 1) [All]

... exuentem se vestimenta sua et linteo praecinctum mittere ... (Iud.Hom 8, 5) [All]

John 13:5

ωστε και βαλοντα ποτε αυτον υδωρ εις την νιπτηρα πλυνειν τους ποδας των μαθητων (Eph.Cat 29) [All]

et mittens aquam in pelvim coepit lavare pedes discipulorum et detergere linteo quo erat praecinctus (Es.Hom 6, 1) [C]

... et linteo praecinctum mittere aquam in pelvem et lavare pedes discipulorum suorum (Iud.Hom 8, 5) [All]

gratifice autem pedes istos esse firmabis, quos Jesus discipulis lavat, et linteo quo praecinctus est tergit (Rom.Com A 8, 5) [All]

John 13:7

ο εγω ποιω συ ουκ οιδας αρτι γνωση δε μετα ταυτα (Lam.Cat 23) [C]

quod facio tu nescis modo scies autem postea (Es.Hom 6, 3) [C] quod ego facio tu nescis modo scies autem postea   (Es.Hom 6, 3) [C]

quod ego feci vos nescitis modo: scietis autem postmodum (Rom.Com A 8, 5)   [C]

John 13:8

εαν μη νιψω σε ουκ εχεις μερος μετ᾽ εμου   (Lam.Cat 23)   [C]

non lavabis pedes meos   (Es.Hom 6, 3)   [C]

si non lavero pedes tuos non habebis partem mecum   (Es.Hom 5, 2)   [C]

nisi lavero te non habebis partem mecum   (Iud.Hom 8, 5)   [C]

si te, inquit, non lavero, non habebis partem mecum   (Rom.Com A 8, 5)   [Ad]

... quos nisi laverit non habebimus partem cum eo   (Ios.Hom 6, 3) [All]

John 13:9

μη τους ποδας μου μονον   (Mat.Cat 331)   [C]

John 13:10

ο λελουμενος ουκ εχει χρειαν χειρας νιψασθαι   (Mat.Cat 331) [All]

qui mundus est non indiget nisi ut pedes lavet   (Lev.Hom 1, 4) [All]

John 13:13

vos vocatis me magistrum et dominum et bene dicitis sum enim (Es.Hom 6, 1)   [C]

vos vocatis me magistrum et dominum et bene dicitis sum enim (Es.Hom 6, 3)   [C]

vos vocatis me domine et magister et recte dicitis sum enim (Iud.Hom 8, 5)   [C]

vos vocatis me magistrum et dominum et bene dicitis sum etenim (Mat.Com A 2)   [C]

vos vocatis me magistrum et dominum et bene dicitis sum enim
(Mat.Com A 61)   [C]

John 13:14
si ergo ego dominus et magister lavi vestros pedes et vos debetis
alterutrum lavare pedes   (Es.Hom 6, 1)   [C]

si igitur ego dominus et magister lavi pedes vestros et vos debetis
invicem lavare pedes   (Es.Hom 6, 3)   [C]

si ergo ego dominus et magister lavi pedes vestros et vos
alterutrum lavate pedes   (Iud.Hom 8, 5)   [C]

sicut ego Dominus et Magister lavi pedes vestros: et vos invicem
lavate pedes alterutrum. +   (Rom.Com A 8, 5)   [C]

si ergo ego lavi pedes vestros et vos debetis alterutrum lavare
pedes   (Mat.Com A 61)   [Ad]

John 13:15
exemplum enim dedi vobis ut sicut ego feci sic faciatis   (Mat.Com
A 61)   [C]

+ exemplum enim dedi vobis   (Rom.Com A 8, 5)   [C]

John 13:17
beati estis, si feceritis ea   (Rom.Com A 5, 2)   [C]

John 13:18
ego scio quos elegerim   (Rom.Com A 8, 7)   [C]

John 13:23
... refert de quodam discipulo quem amabat Iesus quod in sinu
eius vel super pectus ipsius recumberet   (Ct.Com 1)   [All]

John 13:24
... ille profecto cui innuens Simon Petrus dicebat: interroga quis
est hic de quo dicit   (Ct.Com 1)   [Ad]

John 13:25
   post haec vero recumbens super pectus Iesu dicit ei: domine quis
      est   (Ct.Com 1)   [Ad]

John 13:27
   μετα το ψωμιον εισηλθεν εις εκεινον ο Σατανας   (Eph.Cat 20)
      [C]

   μετα το ψωμιον εισηλθεν εις αυτον ο Σατανας   (Ex.Cat A)
      [C]

   et post buccellam introivit in illum Satanas   (Ez.Hom 13, 1)   [C]

   quomodo refertur quia introivit in illum Satanas   (Ex.Hom 3, 2)
      [C]

   post buccellam enim introivit in eum Satanas   (Ex.Hom 6, 2)
      [Ad]

   quia post bucellam introivit in eum Satanas   (Princ 3, 2, 1)   [Ad]

   ... Iudas, in quem post panem ingressus est Satanas   (Mat.Com
      13, 8)   [All]

John 13:33
   τεκνια ετι μικρον μεθ᾽ υμων ειμι   (Ex.Cat A)   [C]

   filioli adhuc modicum vobiscum sum   (Lev.Hom 7, 1)   [C]

   filioli inquit adhuc pusillum vobiscum sum   (Ez.Hom 4, 5)   [Ad]

John 13:36
   quo ego vado vos non potestis venire modo dixisse sequeris autem
      postea   (Ct.Com Pr)   [Ad]

John 14:1
   πιστευετε εις τον θεον και εις εμε πιστευετε   (Io.Cat 7)   [C]

John 14:2
   multae mansiones sunt apud patrem; alioquin dicerem vobis:
      vado et praeparo vobis mansionem   (Num.Hom 27, 2)   [C]

multae mansiones sunt apud patrem   (Ios.Hom 23, 4)   [C]

multae mansiones sunt apud patrem   (Princ 2, 2, 6)   [C]

in domo patris mei multae sunt mansiones   (Ios.Hom 10, 1)   [C]

in domo patris mei mansiones multae sunt   (Lev.Hom 14, 3)   [C]

John 14:3

παλιν ερχομαι και παραληψομαι υμας προς εμαυτον   (Io.Cat 105)   [C]

ενταυθα δε οτι εαν πορευθω, ετοιμασω τοπον υμιν   (Io.Cat 105)   [Ad]

John 14:6

εγω ειμι η οδος και η αληθεια και η ζωη   (Ps.Cat B 22, 6)   [C]

εγω ειμι η οδος και η αληθεια   (? Pr.Cat 22)   [C]

εγω ειμι η οδος και η ζωη   (Ps.Cat D 118, 37)   [C]

εγω ειμι η οδος   (Eph.Cat 34)   [C]

εγω ειμι η οδος   (Ez.Cat A)   [C]

εγω ειμι η οδος   (Gen.Cat A)   [C]

εγω ειμι η οδος   (Lam.Cat 23)   [C]

εγω ειμι η οδος   (Mat.Cat 291)   [C]

εγω ειμι η οδος   (Ps.Cat 1)   [C]

εγω ειμι η οδος   (Ps.Cat 1)   [C]

εγω ειμι η οδος   (Ps.Cat 17)   [C]

εγω ειμι η οδος   (Ps.Cat 58)   [C]

εγω ειμι η οδος   (Ps.Cat 66)   [C]

εγω ειμι η οδος   (Ps.Cat 76)   [C]

εγω ειμι η οδος   (Ps.Cat 127)   [C]

εγω ειμι η οδος   (Ps.Cat B 1, 2)   [C]

εγω ειμι οδος   (Ps.Cat B 1, 6)   [C]

εγω ειμι η οδος   (Ps.Cat B 13, 3)   [C]

εγω ειμι η οδος   (Ps.Cat C 94, 10)   [C]

εγω ειμι οδος   (Ps.Cat C 118, 61)   [C]

εγω ειμι η οδος   (Ps.Cat D 118, 1)   [C]

εγω ειμι η οδος   (Ps.Cat D 118, 3)   [C]

εγω ειμι οδος   (Ps.Cat D 118, 15)   [C]

εγω ειμι η οδος   (Ps.Cat D 118, 33)   [C]

εγω ειμι η οδος   (Ps.Cat D 118, 168)   [C]

εγω ειμι η οδος   (Ps.Cat K)   [C]

εγω ειμι η οδος, φησιν ο Χριστος, και παλιν· εγω ειμι η αληθεια
(Ps.Cat C 85, 11)   [Ad]

εγω ειμι φησιν η οδος εν τοις ευαγγελιοις κυριος   (Ps.Cat C
118, 37)   [Ad]

εγω γαρ φησιν η οδος   (Ps.Cat 17)   [Ad]

εγω ειμι η αληθεια   (Eph.Cat 19)   [Ad]

εγω ειμι η αληθεια   (Io.Cat 9)   [Ad]

εγω ειμι η αληθεια   (Ps.Cat 25)   [Ad]

εγω ειμι η αληθεια   (Ps.Cat 42)   [Ad]

εγω ειμι η αληθεια   (Ps.Cat 56)   [Ad]

εγω ειμι αληθεια   (Ps.Cat C 53, 7)   [Ad]

εγω ειμι αληθεια   (Ps.Cat C 56, 4)   [Ad]

... και λογου θεου και αληθειας και αναστασεως και οδου ...
(Eph.Cat 1)   [All]

ego sum via et veritas et vita   (Iud.Hom 3, 6)   [C]

ego sum via et veritas et vita   (Luc.Hom 35, 9)   [C]

ego sum via et veritas et vita   (Num.Hom 12, 4)   [C]

ego sum via et veritas et vita   (Reg.Hom A 6)   [C]

ego sum via et veritas et vita   (Rom.Com A 6, 5)   [C]

ego sum via veritas et vita   (Ex.Hom 3, 3)   [C]

ego sum via veritas et vita   (Ps.Hom 4,1)   [C]

ego sum via veritas et vita   (Rom.Com A 2, 7)   [C]

ego sum veritas et via et vita   (Mat.Com A 6)   [C]

ego sum via   (Es.Hom 6, 3)   [C]

ego sum via   (Es.Hom 7, 3)   [C]

ego sum via   (Ez.Hom 8, 2)   [C]

ego sum via   (Gen.Hom 1, 4)   [C]

ego sum via   (Luc.Hom 7, 6)   [C]

ego sum via   (Mat.Com A 33)   [C]

ego sum via   (Ps.Hom 5, 1)   [C]

ego sum via   (Rom.Com A 8, 5)   [Ad]

ego sum veritas et vita   (Lev.Hom 9, 11)   [C]

ego sum veritas   (Mat.Com 12, 40)   [C]

ego sum veritas   (Mat.Com A 47)   [C]

ego sum veritas   (Mat.Com A 88)   [C]

ego sum veritas   (Princ Pr 1)   [C]

ego sum veritas   (Rom.Com A 2, 6)   [C]

nemo venit ad patrem nisi per me   (Num.Hom 27, 2)   [C]

nemo venit ad patrem nisi per me   (Rom.Com A 4, 8)   [C]

... quia Christus vita est et veritas et via   (Ct.Com 3)   [All]

nunc via nunc veritas nunc vita   (Ex.Hom 12, 4)   [All]

... qui est via et veritas et vita   (Lev.Hom 9, 11)   [All]

... qui est via et veritas et vita   (Num.Hom 27, 13)   [All]

... quomodo via sit et ducat ad patrem et quomodo verbum sit ... quomodo etiam veritas vel vita est vel resurrectio ...   (Princ 1, 2, 7)   [All]

John 14:8
δειξον ημιν τον πατερα και αρκει ημιν   (Io.Cat 93)   [C]

ostende nobis patrem, et sufficit nobis   (Luc.Hom 3, 4)   [C]

John 14:9
τοσουτω χρονω μεθ᾽ υμων ειμι και ουκ εγνωκας με, Φιλιππε; ο εωρακως εμε εωρακε τον πατερα   (Io.Cat 73)   [C]

τοσουτω χρονω μεθ᾽ υμων ειμι και ουκ εγνωκας με; ο εωρακως εμε εωρακε τον πατερα   (Io.Cat 93)   [C]

ο εωρακως εμε εωρακε τον πατερα   (Io.Cat 93)   [C]

ο εμε γαρ φησιν εωρακως και τον πατερα μου εωρακεν   (Ps.Cat C 66, 1)   [All]

tanto tempore vobiscum sum, et non cognovistis me? Philippe, qui videt me, videt et patrem   (Luc.Hom 3, 4)   [C]

qui me vidit, vidit et patrem   (Ct.Com 3)   [C]

qui me vidit, vidit et patrem   (Gen.Hom 1, 13)   [C]

qui me vidit, vidit et patrem   (Gen.Hom 1, 13)   [C]

qui me vidit, vidit et patrem   (Princ 1, 2, 6)   [C]

qui me vidit, vidit et patrem   (Princ 1, 2, 8)   [C]

qui me videt, videt et patrem   (Rom.Com A 7, 14)   [C]

qui enim vidit me inquit vidit et patrem   (Lev.Hom 13, 4)   [Ad]

... quoniam qui vidit inquit filium vidit et patrem   (Princ 2, 4, 3)
[Ad]

... ut sicut quis cum videt filium, vidisse se sciat et patrem ...
(Rom.Com A 4, 4)   [All]

John 14:10

ου πιστευεις οτι εγω εν τω πατρι και ο πατηρ εν εμοι εστιν;
(Io.Cat 7)   [C]

εγω εν τω πατρι και ο πατηρ εν εμοι   (Ps.Cat 18)   [C]

ο πατηρ εν εμοι μενων αυτος ποιει τα εργα   (Ps.Cat 18)   [All]

ο γαρ πατηρ, φησιν, εν εμοι μενων, και· αυτος ποιησει ...
(Ps.Hom 7, 13)   [All]

ego in patre et pater in me   (Gen.Hom 1, 13)   [Ad]

John 14:12

... εν εμοι μενων, και· αυτος ποιησει τα εργα α εγω ποιω
(Ps.Hom 7, 13)   [All]

si credideritis, non solum quae ego facio facietis sed et maiora
horum facietis   (Es.Hom 6, 4)   [C]

quia qui credit in eum non solum faciet illa quae ipse fecit sed et
maiora inquit horum faciet   (Num.Hom 7, 6)   [All]

John 14:15

εαν αγαπατε με τας εντολας μου τηρησατε   (Ps.Cat 118)   [C]

ει γαρ ο αγαπων αυτον τηρει τας εντολας αυτου, ο μη τηρων
αυτας ουκ αγαπα αυτον   (Ps.Cat 66)   [All]

si diligitis me mandata mea servate   (Ct.Com 1)   [C]

qui diligit me, mandata mea custodit   (Ex.Hom 8, 6)   [All]

John 14:20

και υμεις εν εμοι   (Ier.Cat 58)   [C]

John 14:21

και εμφανισω αυτω εμαυτον   (Io.Cat 14)   [C]

qui diligit me mandata mea custodit   (Ex.Hom 8, 6)   [Ad]

John 14:22

domine, quid est factum quod incipis nobis manifestare temet
ipsum et non huic mundo?   (Ct.Com 3)   [C]

John 14:23

ελευσομεθα εγω και ο πατηρ μου προς αυτον και μονην παρ'
αυτω ποιησομεθα   (Mat.Cat 204)   [Ad]

εγω και ο πατηρ μου ελευσομεθα και μονην παρ' αυτω
ποιησομεθα   (Ps.Cat A 9)   [Ad]

εγω και ο πατηρ μου ελευσομεθα και μονην παρ' αυτω
ποιησομεθα   (Ps.Cat B 9, 9)   [Ad]

respondit salvator si quis diligit me, verbum meum custodit, et
pater meus diligit eum et ad ipsum veniemus et mansionem
apud eum faciemus   (Ct.Com 3)   [Ad]

ego et pater meus veniemus ad eum et mansionem faciemus apud
eum   (Ct.Com Pr)   [Ad]

ego et pater meus veniemus et mansionem apud eum faciemus
(Luc.Hom 22, 4)   [Ad]

ego et pater veniemus et mansionem apud eum faciemus   (Princ
1, 1, 2)   [Ad]

ego et pater veniemus, et mansionem apud eum faciemus
(Rom.Com A 1, 18)   [Ad]

ego et pater veniemus et caenabimus cum eo, et mansionem
faciemus apud eum   (Ct.Com 2)   [All]

amen dico vobis quia ego et pater veniemus et mansionem
faciemus et coenabimus apud eum   (Ios.Hom 20, 1)   [All]

John 14:27

ειρηνην την εμην διδωμι υμιν   (Rom.Cat A 7)   [C]

ειρηνην την εμην αφιημι   (Ps.Cat C 84, 9)   [Ad]

meam pacem do vobis, meam pacem relinquo vobis; non sicut hic mundus dat pacem et ego do vobis   (Lev.Hom 16, 5)   [C]

pacem meam do vobis, pacem relinquio vobis; non sicut mundus iste dat pacem ego do pacem   (Luc.Hom 13, 4)   [C]

pacem meam do vobis, pacem meam relinquio vobis   (Ios.Hom 15, 1)   [C]

pacem meam do vobis, pacem meam relinquio vobis   (Lev.Hom 13, 2)   [C]

John 14:28

pater, qui misit me, maior me est   (Mat.Com A 45)   [All]

pater, qui me misit, maior <me> est   (Princ A 4, 4, 8)   [All]

John 14:30

ερχεται ο αρχων του κοσμου τουτου και εν εμοι εχει ουδεν (Cor.Cat 18)   [C]

ερχεται ο αρχων του κοσμου τουτου και εν εμοι ουκ εχει ουδεν (Rom.Cat B 50)   [C]

ερχετα <ι γαρ ο του κοσμου αρχων και εν εμοι > ουκ εχ <ει ουδεν ...   (? Fr A 4)   [Ad]

ερχεται ... ο αρχων του κοσμου τουτου και εν εμοι ευρισκει ουδεν (Ps.Cat 118)   [Ad]

ερχεται ο αρχων και εν εμοι ευρησει ουδεν   (Ps.Cat C 87, 4) [Ad]

nunc venit princeps huius mundi, et in me nihil invenit (Rom.Com A 7, 10)   [C]

ecce, nunc venit princeps huius mundi, et in me non inveniet quicquam   (Num.Hom 12, 4)   [Ad]

ecce venit mundi huius princeps et in me non invenit quidquam (Princ 2, 6, 4)   [Ad] ecce veniet princeps mundi huius, et in me non habet quidquam (Ps.Hom 5, 7)   [Ad]

venit princeps mundi istius, et in me habet nihil   (Luc.Hom 23, 6) [Ad]

et in quo princeps huius mundi veniens non invenit quidquam de suis   (Rom.Com A 9, 30)   [All]

John 15:1

εγω ειμι η αμπελος η αληθινη   (Ct.Cat A)   [C]

ο πατηρ μου ο γεωργος εστιν   (Cor.Cat 14)   [C]

εκει η αληθινη αμπελος ο Χριστος   (Dt.Cat)   [All]

ego sum vitis vera   (Ct.Com 3)   [C]

ego sum vitis vera   (Mat.Com A 53)   [C]

ego sum vitis vera   (Mat.Com A 85)   [C]

alio intellectu vitis vera, secundum quod inserti in eum homines uberrimos adferunt fructus et exculti a patre agricola pinguedinem vitis verae ex unius radicis consortio adsumunt (Ier.Hom A 3, 4)   [All]

John 15:2

... qui purgat eos, ut fructum plurimum afferant   (Num.Hom 16, 9)   [All]

John 15:3

vos autem mundi estis propter verbum, quod locutus sum vobis (Iud.Hom 8, 5)   [C]

John 15:4

μεινατε εν εμοι καγω εν υμιν   (Ct.Cat A)   [C]

εαν γαρ μη εν εμοι φησι μενητε ουδεν δυνασθε ποιειν   (Ps.Cat D 118, 36)   [All]

... omnis palmes, qui non manet in me, non potest afferre fructum (Ct.Com 3)   [All]

John 15:5

εκτος εμου ου δυνασθε ποιειν ουδεν   (Luc.Cat 182)   [All]

εαν γαρ μη εν εμοι φησι μενητε ουδεν δυνασθε ποιειν   (Ps.Cat D 118, 36)   [All]

ego sum vitis, vos palmites   (Lev.Hom 7, 2)   [C]

qui in me manet, et ego in eo   (Num.Hom 23, 4)   [Ad]

John 15:13

... αλλα τω εκοντα την ψυχην αυτου τεθεικεναι υπερ των προβατων εαυτου η υπερ των φιλων εαυτου   (Rom.Cat A 30) [All]

maiorem hac caritatem nemo habet quam ut animam suam ponat pro amicis suis   (Lev.Hom 2, 4)   [C]

quae est ecclesia amicorum eius, pro quibus animam suam ponit (Lev.Hom 5, 11)   [All]

John 15:15

ουκετι υμας λεγω δουλους   (Eph.Cat 3)   [C]

ουκετι καλω υμας δουλους αλλα φιλους   (? Fr 1)   [All]

ουκετι υμας καλω δουλους αλλα φιλους   (? Pr.Cat 15)   [All]

ουκετι γαρ λεγω υμας δουλους ειπεν τοις μαθηταις αλλα φιλους   (? Pr.Cat 17)   [All]

ουκετι λεγω υμας δουλους αλλα φιλους   (? Pr.Cat 17)   [All]

ουκετι γαρ φησιν υμας καλω δουλους αλλα φιλους   (Ps.Cat 22) [All]

iam non dicam vos servos sed amicos, quia servus nescit, quid faciat dominus eius. ego autem nota feci vobis omnia, quaecumque audivi a patre meo   (Ct.Com 2)   [C]

quia omnia vobis nota feci, quae audivi a patre meo   (Ct.Com 3) [C]

iam non dicam vos servos sed amicos; quia nota vobis feci omnia quae audivi a patre   (Rom.Com A 8, 12)   [Ad] iam non dico vos servos sed amicos   (Gen.Hom 16, 5)   [All]

iam non dico vos servos sed amicos   (Gen.Hom 16, 5)   [All]

iam non dicam vos servos sed amicos   (Rom.Com A 4, 12)   [All]

John 15:16
non vos me elegistis, sed ego vos elegi   (Ex.Hom 11, 3)   [C]

John 15:18
odit vos hic mundus, quia me priorem vestrum odio habuit
(Ios.Hom 1, 5)   [All]

John 15:19
vos autem non estis de hoc mundo   (Rom.Com A 5, 1)   [Ad]

... domino ipso dicente quia mundus quod suum est diligit   (Princ
2, 5, 4)   [All]

John 15:22
ει γαρ μη ηλθον φησι και ελαλησα αυτοις αμαρτιαν ουκ ειχον
(Lam.Cat 55)   [Ad]

nisi venissem et locutus essem eis, peccatum non haberent; nunc
autem excusationem non habent pro peccato suo   (Princ 1, 3,
6)   [C]

nisi venissem et locutus eis fuissem, peccatum non haberent; nunc
autem excusationem non habent de peccato suo   (Rom.Com A
3, 2)   [C]

nisi venissem et locutus iis fuissem, peccatum non haberent
(Ex.Hom 7, 6)   [C]

John 15:25
ινα πληρωθη ο λογος ο εν τω νομω αυτων γεγραμμενος οτι
εμισησαν με δωρεαν   (Rom.Cat B 36)   [Ad]

John 15:26
... και ως αυτον τον Παρακλητον, ο εστι το πνευμα της
αληθειας   (Ps.Cat 27, 9)   [All]

hic ergo paracletus, spiritus veritatis, qui de patre procedit (Ct.Com Pr)   [All]

et spiritui sancto ... qui ab ipso patre procedit   (Princ 3, 5, 8) [All]

John 16:11

nunc princeps huius mundi iudicatus est   (Mat.Com 12, 18)   [Ad]

ecce nunc princeps huius mundi judicatus est   (Rom.Com A 4, 11)   [Ad]

John 16:12

multa adhuc habeo quae vobis loquar, sed non potestis illa modo audire   (Ios.Hom 3, 2)   [C]

adhuc multa habeo quae vobis dicam, sed non potestis illa modo capere   (Princ 1, 3, 4)   [C]

multa adhuc habeo quae loquar vobis, sed non potestis illa modo audire   (Rom.Com A 9, 36)   [C]

John 16:13

veniet autem paracletus spiritus veritatis, et ipse vos docebit omnia   (Rom.Com A 9, 36)   [Ad]

veniet autem spiritus veritatis, qui a patre procedit   (Ios.Hom 3, 2)   [All]

John 16:14

et de meo accipiet; et ille vobis indicabit omnia   (Ios.Hom 3, 2) [All]

... de spiritu sancto dicit, quia a patre procedit, et de meo accipiet, et huius ...   (Rom.Com A 6, 13)   [All]

John 16:15

omnia quae habet pater, mea sunt   (Rom.Com A 9, 41)   [C]

pater, omnia mea tua sunt, et tua mea; propterea dixi quia de meo accipiet   (Rom.Com A 6, 13)   [All]

John 16:17
   iterum videbitis me, et gaudebit cor vestrum ...   (Gen.Hom 8, 10)
   [Ad]

John 16:20
   tribulationem habebitis in hoc mundo, et mundus gratulabitur,
      vos autem lugebitis   (Rom.Com A 2, 7)   [All]

John 16:22
   iterum videbitis me, et gaudebit cor vestrum, et gaudium vestrum
      nemo auferet a vobis   (Gen.Hom 8, 10)   [Ad]

John 16:25
   ερχεται ωρα οτε ουκετι υμιν εν παροιμιαις λαλησω αλλα
      παρρησια περι του πατρος απαγγελω υμιν   (Eph.Cat 36)
      [C]

   haec in proverbiis locutus sum vobis; veniet hora, cum iam non in
      proverbiis loquar vobis, sed manifeste de patre adnuntiem
      vobis   (Ct.Com Pr)   [C]

John 16:27
   ipse pater diligit vos   (Num.Hom 24, 3)   [Ad]

John 16:33
   θαρσειτε εγω νενικηκα τον κοσμον   (Ps.Cat 46)   [C]

   θλιψιν ... εξετε εν τω κοσμω   (Ps.Cat C 49, 3)   [Ad]

   θαρσειτε ... εγω νενικηκα τον κοσμον   (Ps.Cat 23)   [Ad]

   θαρσειτε γαρ ... εγω νενικηκα τον κοσμον   (Ps.Cat 34)   [Ad]

   συμβολον της νικης, ης νενικηκασιν τον κοσμον   (? Fr 33)
      [All]

   ... εν τω κοσμω θλιψιν εξουσιν   (Luc.Cat 134)[6]   [All]

---

[6] According to GCS 49; in SC 87 it is Fr 66.

confidite, ego vici mundum (Ios.Hom 7, 2) [Ad]

confidite, ego vici mundum (Lev.Hom 9, 5) [Ad]

confidite, ego vici mundum (Princ 3, 2, 5) [Ad]

tribulationem habebitis in hoc mundo, et mundus gratulabitur, vos autem lugebitis (Rom.Com A 2, 7) [All]

John 17:1

pater, venit hora, glorifica filium tuum, ut filius tuus glorificet te (Ex.Hom 6, 1) [C]

pater, venit hora, clarifica filium tuum, ut et filius tuus clarificet te (Mat.Com A 74) [C]

pater, clarifica filium tuum (Ct.Com 3) [Ad]

John 17:3

αλλ᾽ οτι αυτη εστι καθ᾽ υποστασιν η αιωνιος ζωη, ως και το γινωσκειν τον μονον αληθινον θεον και ον απεστειλεν Ιησουν Χριστον (Io.Cat 95) [All]

ως και το γινωσκειν τον μονον αληθινον θεον και ον απεστειλεν Ιησουν Χριστον (Io.Cat 95) [All]

haec est autem vita aeterna, ut cognoscant te solum verum Deum, et quem misisti Jesum Christum (Rom.Com A 2, 5) [C]

haec est autem vita aeterna, ut cognoscant te solum verum Deum, et quem misisti Jesum Christum (Rom.Com A 2, 7) [C]

haec est autem vita aeterna, ut cognoscant te solum verum Deum, et quem misisti Jesum Christum (Rom.Com A 6, 5) [C]

haec est autem vita aeterna, ut cognoscant te solum verum Deum, et quem misisti Jesum Christum (Rom.Com A 8, 2) [C]

... promittit deus credentibus in ipsum solum verum deum, et quem misit, Iesum Christum filium eius (Ct.Com Pr) [Ad]

credamus tantum in unum verum deum et quem misit filium suum Iesum Christum (Num.Hom 27, 10) [Ad]

vitam non habet aeternam, quia credens soli vero Deo, non credidit et filio eius Jesu Christo quem misit (Rom.Com A 2, 7) [All]

John 17:4
εγω σε εδοξασα επι της γης   (Mat.Cat 339)   [C]

John 17:5
δοξασον με πατερ τη δοξα η ειχον προ του κοσμου ειναι παρα
σοι   (Ps.Cat 4)   [Ad]

... ad patrem dicens, pater sancte, glorifica me illa gloria, quam
habui apud te, priusquam mundus esset   (Lev.Hom 7, 2)   [All]

et nunc honorifica me, tu pater, eo honore quem habui antequam
mundus esset apud te   (Mat.Com 13, 20)   [All]

... quidem regni in hominibus Christum recepisse et glorificatum
esse ad gloriam, quam habuit priusquam esset mundus,
priusquam peccarent qui ...   (Mat.Com 16, 5)   [All]

pater, glorifica me ea gloria quam habui, priusquam mundus
fieret, apud te   (Mat.Com 25, 23)   [All]

... cum esset in ea gloria apud patrem quam habuit antequam
mundus esset   (Princ 3, 5, 6)   [All]

John 17:6
ους δεδωκας μοι εκ του κοσμου σοι ησαν και εμοι αυτους
δεδωκας   (Ps.Cat 2)   [C]

manifestavi nomen tuum hominibus, quos dedisti mihi de mundo
(Mat.Com 13, 20)   [C]

John 17:9
ego inquit pro eis rogo, non pro mundo rogo, sed pro eis quos
dedisti mihi   (Mat.Com 13, 20)   [Ad]

... pater, pro quibus rogat filius patrem solis, et non pro omnium
hominum mundo   (Mat.Com 13, 20)   [All]

John 17:10
παντα τα εμα σα εστι και τα σα εμα και δεδοξασμαι εν αυτοις
(Ps.Cat 2)   [C]

και παντα τα εμα σα εισι και τα σα εμα   (? Fr E)   [Ad]

dicit ad patrem quia omnia mea tua sunt et tua mea, et
glorificatus sum in eis   (Princ 1, 2, 10)   [Ad]

dicit ad patrem: omnia mea tua sunt, et tua mea, et glorificatus
sum in his   (Rom.Com A 1, 3)   [Ad]

pater, omnia mea tua sunt et tua mea, et glorificatus sum in his
(Ex.Hom 8, 2)   [Ad]

pater, omnia mea tua sunt, et tua mea   (Rom.Com A 8, 13)   [Ad]

pater, omnia mea tua sunt, et tua mea   (Rom.Com A 9, 41)   [Ad]

omnia enim, inquit, pater, tua mea sunt   (Rom.Com A 7, 5)
[All]

John 17:11

et hi in mundo sunt, et ego ad te venio, et iam non sum in mundo,
et isti in mundo sunt   (Mat.Com 13, 20)   [Ad]

John 17:12

αλληγορουμενα ταυτα, ομοια τω παντας ους εδωκας μοι
ετηρησα και ουδεις εξ αυτων απωλετο   (Gen.Cat D 1297)
[All]

υιος απωλειας καλειται ο δε Ιησους γνους ανεχωρησεν ουκ
εδει γαρ αυτον μενειν μετα των υιων της απωλειας
(Mat.Cat 252)   [All]

omnes, inquit, quos dedisti mihi servavi, et nullus ex eis periit.
non dixit: nullum ex iis perdidi   (Rom.Com A 2, 8)   [Ad]

John 17:13

et ego ad te venio, et haec loquor in mundo, ut habeant gaudium
meum plenum in se   (Mat.Com 13, 20)   [Ad]

John 17:14

et isti non sunt de hoc mundo, sicut et ego non sum de hoc mundo
(Mat.Com A 72)   [Ad]

ego non sum ex hoc mundo. tamquam enim qui ex alio quodam
esset mundo, ita dixit quia non sum ex hoc mundo   (Princ 2, 3,
6)   [Ad]

John 17:16
> ego non sum ex hoc mundo. tamquam enim qui ex alio quodam esset mundo, ita dixit quia non sum ex hoc mundo   (Princ 2, 3, 6)   [Ad]

John 17:19
> ego sanctifico me ipsum pro iis   (Num.Hom 11, 8)   [All]

John 17:20
> non pro istis rogo solis, sed et pro omnibus qui credituri sunt per verbum eorum in me   (Princ 1, 6, 2)   [C]

John 17:21
> ut omnes unum sint, sicut ego in te, pater, et tu in me, ita et isti in nobis unum sint   (Princ 1, 6, 2)   [C]

> sicut tu in me, pater, et ego in te, ut et isti in nobis unum sint (Num.Hom 21, 3)   [Ad]

> sicut tu pater in me, et ego in te, et isti in nobis unum sint (Rom.Com A 4, 9)   [Ad]

> sicut ego in te, et tu in me, ut et isti in nobis unum sint (Rom.Com A 5, 9)   [Ad]

John 17:23
> ego in ipsis, et tu in me, ut sint et ipsi consummati in uno   (Princ 1, 6, 2)   [C]

John 17:24
> pater volo ut ubi ego sum, et isti sint mecum   (Ct.Com 3)   [All]

> pater volo ut ubi ego sum, et isti sint mecum   (Ios.Hom 17, 2) [All]

> pater volo ut ubi ego sum, et isti sint mecum   (Num.Hom 21, 3) [All]

> pater volo ut ubi ego sum, et ipsi sint mecum   (Num.Hom 28, 4) [All]

volo ubi ego sum, ut et isti ibi sint mecum   (Princ 2, 3, 5) [All]

volo ut ubi ego sum, et isti mecum sint   (Princ 2, 11, 6) [All]

pater volo ut ubi ego sum, et isti mecum sint   (Princ 3, 6, 1) [All]

pater volo ut ubi ego sum, et isti mecum sint   (Ps.Hom 5, 6)
   [All]

pater volo ut ubi ego sum, et isti sint mecum   (Rom.Com A 5, 9)
   [All]

pater volo ut ubi ego sum, et isti sint mecum   (Rom.Com A 7, 3)
   [All]

John 17:25
   pater uste, et mundus te non agnovit   (Princ 2, 5, 4) [C]

John 18:4
   ... ubi sciens Iesus, quae superventura fuerant ei, procedens foras
   dixit: quem quaeritis? (Mat.Com A 100) [All]

John 18:5
   at illi dixerunt: Iesum Nazarenum, et dixit eis: ego sum
   (Mat.Com A 100) [C]

John 18:6
   ... et abierunt et ceciderunt retrorsum (Mat.Com A 100) [All]

John 18:10
   sicut autem dicit Iohannes: et dextram auriculam amputavit apud
   quem et nomen servi dicitur, quia Malchus vocabatur
   (Mat.Com A 101) [All]

John 18:11
   reconde gladium tuum in thecam suam   (Mat.Com A 103) [C]

John 18:20
   ego palam locutus sum huic mundo; ego semper docui in
   synagoga et in templo, ubi omnes Iudaei conveniunt
   (Mat.Com A 100) [C]

John 18:36
>   si de hoc mundo esset regnum meum, ministri utique mei
>   resisterent ne traderer Iudaeis   (Mat.Com 13, 9)   [All]

John 19:7
>   nos legem habemus, et secundum legem debet mori, quia filium
>   dei se fecit   (Num.Hom 14, 4)   [Ad]

>   nos legem habemus, et secundum legem debet mori, quia filium
>   dei se fecit   (Rom.Com A 6, 12)   [Ad]

John 19:11
>   non haberes in me potestatem, nisi tibi data esset desuper
>   (Ps.Hom 5, 4)   [Ad]

>   ... debet dicere quia non haberes adversum me potestatem, nisi
>   esset tibi data desuper   (Princ 3, 2, 6)   [Ad]

John 19:12
>   si hunc dimittis, non es amicus Caesaris   (Lev.Hom 10, 2)   [C]

John 19:15
>   αρον αρον σταυρωσον αυτον   (Ez.Cat A 19)   [C]

>   τοιουτος ο επι του σωτηρος Ιουδας και οι σταυρου σταυρου
>   αυτον κεκραγοτες ...   (Ier.Cat 30)   [All]

>   αιφε αιφε τον τοιουτον απο της γης   (Ps.Cat 3)   [All]

>   αιφε σταυρου ανακεκραγασιν   (Ps.Cat A 77)   [All]

>   αιφε σταυρωσον ανακεκρασιν   (Ps.Cat C 77, 19)   [All]

>   tolle, tolle, crucifige eum   (Rom.Com A 8, 13)   [Ad]

>   ... clamantes: tolle, tolle de terra talem; crucifige, crucifige eum
>   (Ier.Hom A 3, 1)   [All]

John 19:16
>   receperunt ergo Iesum et adduxerunt et inposuerunt super eum
>   crucem   (Mat.Com 12, 24)   [C]

John 19:17

ως ο Χριστος εβασταζεν αυτου τον σταυρον· τυπος γαρ ην τουτο εκεινου   (Gen.Cat A 173)   [All]

εσω μεν εκ του πραιτωριου αυτος εβασταζεν τον σταυρον, ως Ιωαννης φησιν   (Mat.Cat 551, 3)   [All]

et portans crucem suam egressus est in locum qui dicitur Calvariae   (Mat.Com 12, 24)   [C]

crucem suam portans egressus est in locum qui dicitur Calvariae locus   (Mat.Com A 126)   [C]

... quod et Christus ipse sibi baiulavit crucem   (Gen.Hom 8, 6) [All]

John 19:19

... Πιλατου γραψαντα εν εμπαιγμω το ουτος εστιν ο βασιλευς των Ιουδαιων, ον και ...   (Mat.Cat 261)   [Ad]

John 19:23

ελαβον τα ιματια αυτου   (Mat.Cat 551, 3)   [C]

milites postquam crucifixerunt Christum, acceperunt vestimenta eius et fecerunt quattuor partes, unicuique militi partem, tunicam autem, quoniam erat non consutilis sed a sursum textilis per totum   (Mat.Com A 128)   [All]

John 19:24

dixerunt ad invicem: non conscindamus eam, sed sortiamur de ea   (Mat.Com A 128)   [All]

John 19:29

sunt autem qui et acetum et fel sicut Iohannes scribit offerunt ori eius   (Mat.Com A 137)   [All]

hi spongiam plenam ex aceto cum felle et hyssopo inponentes calamo scripturae offerunt ori eius   (Mat.Com A 137)   [All]

John 19:30

τετελεσται   (Mat.Cat 551, 3)   [C]

dixit: consummatum est   (Mat.Com A 137)   [C]

John 19:31
... quoniam rogaverunt Pilatum, ut frangerentur crura eorum et tollerentur   (Mat.Com A 140)   [Ad]

John 19:32
et prioris quidem crura fregerunt, similiter et secundi ... (Mat.Com A 140)   [All]

John 19:33
... propter quod venientes ad Iesum, quoniam iam mortuus erat, crura eius non fregerunt   (Mat.Com A 140)   [All]

John 19:34
ινα γενηται ο καθαρισμος υδατι και αιματι, απερ εξηλθεν απο της πλευρας του σωτηρος κατα τον Ιωαννην   (Lev.Cat 8, 10) [All]

nisi enim ille fuisset percussus et exisset de latere eius aqua et sanguis   (Ex.Hom 11, 2)   [All]

... et compleatur plenitudo mysterii in aqua et sanguine, quod dicitur exisse de latere Salvatoris ...   (Lev.Hom 8, 10)   [All]

John 19:36
οστουν γαρ φησιν ου συντριβησεται απ᾽ αυτου   (Mat.Cat 318) [C]

John 19:39
... εντεταφιασθαι τον Ιησουν μετα της σμυρνης και αλοης (Ps.Cat C 44, 10)   [All]

John 19:41
in quo nondum aliquis positus erat   (Mat.Com A 143)   [All]

in quo nondum aliquis positus erat   (Mat.Com A 143)   [All][7]

---

[7] This is a separate reference, not a duplicate, of the previous one.

John 20:17

dicebat: noli me tangere   (Lev.Hom 9, 5)   [C]

vade ad fratres meos et dic iis: adscendo ad patrem meum et ad patrem vestrum et ad deum meum et ad deum vestrum (Lev.Hom 12, 2)   [C]

vade ad fratres meos et dic eis: ascendo ad patrem meum et patrem vestrum, ad deum meum et ad deum vestrum (Mat.Com 17, 36)   [C]

vado ad patrem meum et patrem vestrum, deum meum et deum vestrum   (Ex.Hom 6, 2)   [C]

vado ad patrem meum et patrem vestrum, ad deum meum et ad deum vestrum   (Gen.Hom 1, 13)   [C]

vade, et dic fratribus meis   (Ez.Hom 9, 1)   [All]

John 20:22

accipite spiritum sanctum   (Luc.Hom 27, 5)   [C]

accipite spiritum sanctum   (Mat.Com 12, 11)   [C]

accipite spiritum sanctum   (Mat.Com 16, 15)   [C]

accipite spiritum sanctum   (Princ 1, 3, 2)   [C]

accipite spiritum sanctum   (Princ 1, 3, 7)   [C]

accipite spiritum sanctum, et insufflavit in unoquoque eorum (Rom.Com A 6, 13)   [Ad]

John 20:23

si cui dimiseritis peccata, dimittentur ei; si cui tenueritis, tenebuntur   (Luc.Hom 27, 5)   [C]

si cuius dimiseritis peccata dimittentur ei, si cuius autem tenueritis tenebuntur   (Mat.Com 12, 11)   [C]

si cuius dimiseritis peccata dimittentur eis; et si cuius tenueritis, tenebuntur   (Mat.Com 16, 15)   [C]

John 20:27

... πως λεγεται αυτω μη γινου απιστος αλλα πιστος   (Io.Cat
106)   [Ad]

John 20:28

ο κυριος μου και ο θεος μου   (Ct.Cat A 5)   [C]

John 20:29

quia vidisti me, inquit, credidisti; beati non videntes et credentes
(Rom.Com A 8, 6)   [Ad]

John 20:30

... et alia locutus est, quae non sunt scripta in libro isto
(Luc.Hom 27, 2)   [C]

John 21:15

... λεγοντος· αγαπας με; ... το· οτι φιλω σε   (? Pr.Cat 8)   [Ad]

John 21:17

Σιμων Ιωνα, φιλεις με;   (? Pr.Cat 8)   [C]

John 21:18

cum senueris, extendes manum tuam et cetera   (Mat.Com A 66)
[All]

John 21:25

quae si scriberentur, neque ipsum puto mundum capere potuisse
libros, qui scribendi erant   (Luc.Hom 27, 2)   [Ad]

ne ipsum quidem mundum capere arbitror libros qui scriberentur
(Princ 2, 6, 1)   [All]

Indeterminable References and Complex Conflations

The following list presents quotations and allusions whose biblical source cannot be determined, either because of the presence of close verbal parallels elsewhere in the tradition (e.g. 1:29, 36), or because of their highly conflate character (e.g. 6:33 ff). We have not differentiated among the citations, adaptations, and allusions because none of these materials can be used to reconstruct Origen's text under any circumstances.

For each reference we have given the Greek materials before the Latin, listing those drawn from the John Commentary first and alphabetizing all the others.

John 1:9; 8:12; 9:5
το φως ειμι το αληθινον   (Mat.Cat 417)

John 1:29, 36
ιδε ο αμνος του θεου   (Luc.Cat 49)[1]

John 4:23, 24
προσκυνησω σοι πνευματι και αληθεια   (Ps.Cat 5, 4)

εν τω πνευματι και αληθεια προσκυνησεις τω θεω   (Ps.Cat C 64, 2)

John 5:8, 11; Mark 2:9[2]
αρον τον κραββατον σου και περιπατει   (Io.Cat 61)

ωσπερ γαρ τω παραλυτω τον κραββατον λαβειν εκελευσεν (Io.Cat 63)

αρον τον κραββατον σου και περιπατει   (Mat.Cat 98)

---

[1] Unlike the citations provided in our other lists, nothing in the context of this reference indicates which verse Origen is citing here.

[2] The context of each of the first two references suggests that they derive from the Fourth Gospel; in neither case, however, does it indicate which verse of John 5 the author has in view.

αρον τον κραββατον φησι και περιπατει   (Ps.Cat C 40, 4)

John 5:24; 1 John 3:14
> ουδεις γαρ μη μεταβας εκ του θανατου εις την ζωην ... δυναται
> αγαπαν   (Mart 41)

> ει μεταβεβηκαμεν εκ του θανατου εις την ζωην δια του
> μεταβεβηκεναι απο απιστιας εις πιστιν, μη θαυμαζωμεν
> (Mart 41)

> ει μεταβεβηκαμεν εκ του θανατου εις την ζωην   (Mart 41)

John 6:31; Ps. 78:24
> αρτον ουρανου δεδωκεν αυτοις   (Ps.Cat C 103, 15)

John 6:33, 35, 41, 42, 48, 50, 51, 56, 58
> The following verses are allusions to the "Bread of Life
> Discourse" of John 6. Many of them draw on phrases found
> in verses 33, 35, 41, 42, 48, 50, 51, 56, 58; others represent
> complex conflations of discrete elements of one or another of
> these verses.

εγω ειμι ο αρτος της ζωης   (Io.Com 1, 21, 131)

αλλα και αρτος ζωης ειναι φησιν   (Io.Com 1, 30, 207)

εγω ειμι ο αρτος της ζωης   (Io.Com 10, 17, 99)

και αυτος ειναι ο της ζωης αρτος   (Io.Com 20, 35, 313)

εγω ειμι ο αρτος   (Cels 2, 64)

αρτος εξ ουρανου καταβαινων   (Mat.Cat 83)

πας ο φαγων τον αρτον τουτον ζησεται εις τον αιωνα
(Mat.Com 11, 14)

αρτον ζωντα εξ ουρανου καταβεβηκοτα και ζωην διδοντα τω
κοσμω   (Mat.Com 12, 5)

εγω ειμι ο αρτος   (Pr.Cat 8)

εγω ειμι ο αρτος ο εκ του ουρανου καταβας   (Ps.Cat 21, 27) εγω ειμι ο αρτος ο απο του ουρανου καταβας (Ps.Cat 36, 19)

εγω ειμι ο αρτος ο εκ του ουρανου καταβας (Ps.Cat 77, 25)

εγω ειμι ο αρτος ο εκ του ουρανου καταβας και διδους ζωην τω κοσμω (Ps.Cat C 44, 3)

ελθετε φαγετε τον εμον αρτον και ο αρτος ζων ο εξ ουρανου καταβας (Ps.Cat C 68, 23)

est proprius cibus ut panis ille vivus, qui de caelo descendit (Ct.Com, prol.)

et panem, qui de caelo descendit (Ct.Com 1)

ego sum panis, qui de coelo descendi (Ex.Hom 5, 1)

qui verus nobis panis de coelo descendit (Ex.Hom 7, 4)

ipse est enim panis vivus, qui de coelo descendit et vitam dat huic mundo (Ex.Hom 7, 8)

panis ille alit qui de coelo descendit (Gen.Hom 16, 3)

habemus enim panem vivum qui de coelo descendit (Lev.Hom 9, 7)

capiat panis illius qui de coelo descendit (Lev.Hom. 13, 5)

ego sum panis vivus (Mat.Com A 6)

sicut ergo vita est et vivus panis, qui de caelo descendit et vitam dedit huic mundo (Mat.Com A 12, 33)

inveniet in illis panem illum qui de coelo descendit (Ps.Hom 3, 10)

habentes scilicet in vobis semper panem illum qui de coelo descendit (Ps.Hom 4, 3)

habeo enim panem vitae qui de coelo descendit (Rom Com A 7, 11)

John 8:12; 9:5; (11:9)
και ετερον αγαθον φως του κοσμου (Io.Com 1, 9, 53)

ελεγεν ουν εαυτον ειναι φως του κοσμου　(Io.Com 1, 25, 158)

ο δε σωτηρ, φως ων του κοσμου, φωτιζει　(Io.Com 1, 25, 164)

εστι δε ο Χριστος, φως τυγχανων κοσμου　(Io.Com 1, 26, 167)

δια το παρακεισθαι το δυναμενον τω εγω φως ειμι του κοσμου
(Io.Com 1, 26, 171)

δια τι φως του κοσμου ο σωτηρ λεγεται　(Io.Com 1, 26, 179)

... και φως του κοσμου　(Io.Com 1, 27, 181)

αφ' ου, ωσπερ γινομεθα φως, φωτος οντος του κοσμου ...
(Io.Com 1, 35, 260)

... ου φως εστι, φως κοσμου ...　(Io.Com 1, 37, 267)

αλλ' οτε μεν Χριστος φως του κοσμου εστιν　(Io.Com 6, 59,
302)

... και φως αληθινον και φως του κοσμου και φως των ανθρωπων
(Cels 5, 10)

John 10:7, 9
... πως αυτον εκδεκτεον θυραν και ...　(Io.Com 1, 24, 154)

θυρα ο σωτηρ αναγεγραπται　(Io.Com 1, 27, 189)

ομοιως και θυρα ...　(Io.Com 2, 18, 126)

και οδος δε που και θυρα ειναι ομολογων　(Io.Com 6, 43, 224)

ειπερ ετερον εστιν οδος και θυρα　(Io.Com 19, 6, 39)

εγω ειμι η θυρα　(Mat.Cat 138, 1)

ego sum ianua　(Mat.Com 12, 12)

ego sum ... vita; ego sum ianua; ego sum resurrectio ...　(Mat.Com
A 6)

ego sum ostium　(Num.Hom 27, 2)

ego sum ostium　(Rom.Com A 4, 8)

John 10:11, 14

εγω ειμι ο ποιμην ο καλος   (Io.Com 1, 4, 22)

εγω ειμι ο ποιμην ο καλος   (Io.Com 1, 21, 126)

και παρ᾽ ετεραν πραξιν ποιμην και διδασκαλος ...   (Io.Com 1, 37, 267)

και αρχοντι χρησασθαι αυτω καθ᾽ ο ποιμην εστιν   (Io.Com 19, 6, 39)

εγω ειμι ο ποιμην ο καλος   (Ier.Hom 5, 6)

εγω ειμι ο ποιμην ο καλος   (? Pr.Cat 22)

John 10:30; 17:11, 21, 22

αλλ᾽ οταν γενωνται εν ως <ο > υιος και ο πατηρ εν εισιν   (Io.Com 1, 16, 93)

το γαρ ως εγω και συ εν εσμεν   (Io.Com 1, 26, 174)

ως εγω και συ εν εσμεν   (Io.Com 28, 21, 184)

ως εγω και συ εν εσμεν   (Cels 8, 12)

δος ινα ως εγω και συ εν εσμεν ινα και αυτοι εν ημιν εν ωσιν   (Eph.Cat 4)

ως εγω και συ εν εσμεν   (Mart 39)

πατερ γαρ φησιν αγιε δος ινα καθως εγω και συ εν εσμεν ουτω και ουτοι εν ημιν εν ωσιν   (Os.Com; Philoc 8)

δος αυτοις φησιν ινα και αυτοι εν ημιν εν ωσι καθως και εν εσμεν   (Ps.Cat C 88, 46)

δος αυτοις ινα και αυτοι εν ημιν εν ωσιν καθως εγω και συ εσμεν εν πατερ   (Ps.Cat C 144, 13)

sicut tu pater in me et ego in te unum sumus, ita et isti in nobis unum sint   (Ct.Com 1)

pater sancte, sicut ego et tu unum sumus, ut et isti in nobis unum sint   (Ez.Hom 9, 1)

pater da, ut sicut ego et tu unum sumus, ita et isti in nobis unum
sint   (Gen.Hom 1, 13)

sicut ego in te et tu in me unum sumus, ut et isti in nobis unum
sint   (Ios.Hom 17, 2)

pater, da eis, ut sicut ego et tu unum sumus, ita et isti in nobis
unum sint   (Num.Hom 16, 6)

sicut ego et tu unum sumus, ut et isti in nobis unum sint   (Princ 2,
3, 5)

sicut ego et tu unum sumus, ita et isti in nobis unum sint   (Princ
3, 6, 1)

ut quomodo ego et tu unum sumus, sic et isti in nobis unum sint
(Princ A 3, 6, 1)[3]

John 10:38; 14:10, 11, 20

... και εστιν εν τω υιω ωσπερ και αυτος εν τω πατρι   (Io.Com
20, 18, 155)

ο πατηρ εν εμοι   (Cels 8, 17)

... οτι εγω εν τω πατρι ...   (Ier.Hom 10, 7)

εγω εν τω πατρι, φασι και το ...   (Ps.Cat 70)

John 11:25; 14:6

εγω ειμι η ζωη   (Io.Com 2, 16, 115)

εγω ειμι η ζωη   (Io.Com 6, 4, 19)

εγω ειμι η ζωη   (Io.Com 6, 19, 106)

Χριστος γαρ η ζωη   (Io.Com 13, 3, 19)

εγω ειμι η ζωη   (Io.Com 20, 39, 363)

εγω ειμι η ζωη   (Io.Com 20, 39, 363)

---

[3] So GCS 5, but not SC 268: "Koetschau insère un autre passage de Jerome,
Lettre 124, 9" (pp. 239).

εγω ειμι η ζωη (Io.Com 32, 9, 106)

εγω ειμι η ζωη (Ez.Cat A 18)

εγω ειμι η ζωη (Heracl 27)

εγω ειμι η ζωη (Ier.Hom 9, 3)

εγω ειμι η ζωη (Mat.Cat 209)

εγω ειμι η ζωη (Mat.Com 12, 9)

εγω ειμι η ζωη (Mat.Com 12, 33)

εγω ειμι η ζωη (Mat.Com 12, 33)

εγω ειμι η ζωη (Mat.Com 13, 9)

εγω ειμι η ζωη (Mat.Com 15, 12)

εγω ειμι η ζωη (Ps.Cat 7, 6)

εγω ειμι η ζωη (Ps.Cat 8, 13)

εγω ειμι η ζωη (Ps.Cat 20, 5)

εγω ειμι η ζωη (Ps.Cat 26)

εγω ειμι η ζωη (Ps.Cat 37)

εγω ειμι η ζωη (Ps.Cat 48)

εγω ειμι η ζωη (Ps.Cat 65)

εγω ειμι η ζωη (Ps.Cat 79)

εγω ειμι η ζωη (Ps.Cat 87)

εγω ειμι η ζωη (Ps.Cat 113)

εγω ειμι η ζωη (Ps.Cat 123)

εγω ειμι η ζωη (Ps.Cat B 6, 6)

εγω ειμι η ζωη (Ps.Cat C 79, 19)

εγω ειμι η ζωη (Rom.Cat A 33)

εγω γαρ ειμι ... η ζωη   (Ps.Cat 29)

ego sum vita   (Es.Hom 7, 4)

ego sum vita   (Mat.Com 12, 9)

ego sum vita   (Mat.Com 12, 33)

John 12:13; Matt 21:9; (Luke 19:38); Mark 11:10; Ps. 118:26
ευλογημενος ο ερχομενος εν ονοματι του κυριου   (Ps.Cat C 117, 28)

John 12:15; Zech 9:9
noli timere fila Sion, ...   (Mat.Com 16, 14)

John 12:45; 14:9
ο ιδων αυτον εωρακε τον υιον, εωρακε δε και τον πεμψαντα αυτον   (Io.Com 13, 36, 228)

ο γαρ εωρακως φησιν εμε εωρακε τον πεμψαντα με   (Io.Com 19, 6, 35)

John 14:15, 21, 23
qui credit in me, mandata mea custodit   (Rom.Com A 2, 13)

John 14:16, 17
mittet vobis pater alium paracletum spiritum veritatis (Num.Hom 12, 1)

John 14:26; 15:26; 16:13
cum autem venerit paracletus spiritus sanctus qui ex patre
procedit ille vos docebit omnia et commonebit vos omnia quae
dixi vobis   (Princ 1, 3, 4)

John 15:1, 2, 5, 6
... πως αυτον εκδεκτεον θυραν και τινα τροπον αμπελον τινι τε αιτια οδον   (Io.Com 1, 24, 154)

εγω ειμι η αμπελος η αληθινη, υμεις τα κληματα, ο δε πατηρ
μου ο γεωργος εστιν. παν κλημα εν εμοι μενον και ποιουν
καρπον καλον, ο πατηρ μου καθαιρει ινα πλειονα καρπον
φερη· παν δε κλημα εν εμοι μενον μη φερον δε καρπον, ο
πατηρ μου εκκοπτει και εις πυρ αυτο βαλλει   (Ier.Cat 23)

omnem enim ait ramum in me manentem et afferentem fructum
   pater meus mundat, ut fructus maiores afferat   (Ct.Hom 2, 12)

ego sum vitis, vos palmites, pater meus agricola. Omnem
   palmitem qui in me manet et fructum affert, pater meus putat
   ut fructus maiores afferat; palmitem qui manet in me et
   fructum non affert, pater meus excidit in ignem mittit
   (Ez.Hom 5, 5)

ego sum vitis vera, discipuli vero palmites, pater autem agricola
   est   (Num.Hom 16, 9)

ego sum vitis vera, vos palmites, et pater meus agricola est.
   Omnem palmitem qui in me non manet, excidet illum pater
   meus. Qui autem manet in me, purgabit eum, ut fructum
   plurimum afferat   (Rom.Com A 5, 9)

John 15:25; Ps 35:19; Ps 69:4
   εμισησαν με δωρεαν   (Ps.Cat 3)

   εμισησαν με δωρεαν   (Ps.Cat B 3, 8)

John 16:16, 17, 19
   και παλιν μικρον και οψεσθε με   (Io.Com 32, 31, 385)

   και παλιν μικρον και οψεσθε με   (Io.Com 32, 31, 386)

John 16:27, 28
   ego ex deo exivi et veni in hunc mundum   (Ct.Com Pr)

   ego a deo exivi et veni in hunc mundum   (Lev.Hom 8, 10)

John 19:15; Luke 23:18, 21
   αιρε αιρε σταυρου αυτον   (Io.Com 13, 55, 373)

εληλυθοτα τουτον προεδωκαν και απεκτειναν αιρε αιρε
λεγοντες απο της γης τον τοιουτον· σταυρου σταυρου
αυτον   (Ier.Hom 18, 5)

APPENDIX THREE
Origen in the Apparatus of the NA[26]

The following list indicates places in the apparatus of the NA[26] edition in which Origen's witness should be cited or changed, based on the data collected in this study. We have noted only those readings for which the edition already provides an apparatus. After citing Origen's reading, we indicate whether it is that of the NA[26] text (*txt*, i.e. as cited in the apparatus where variation exists) or that of a variant reading (*v.l.*). Readings for which Origen's witness has been cited incorrectly in the NA[26] apparatus are marked with an asterisk.

	1:13	Or: οι ουκ ... εγεννηθησαν (*txt*)
*	1:16	Or: οτι (*txt*)[1]
*	1:18	Or: ο μονογενης θεου (*v.l.*)
	1:19	Or: omit προς αυτον (*v.l.*)
	1:26	Or: εγω (i.e., omit μεν) and μεσος (i.e., omit δε) (*txt*)
*	1:26	Or[pt]: στηκει (*v.l.*); Or[pt]: εστηκεν (*txt*)
*	1:27	Or: οπισω (i.e., omit both the article and αυτος εστιν) (*v.l.*)
	1:27	Or: ερχομενος (i.e., omit ος εμπροσθεν μου γεγονεν) (*txt*)
	1:27	Or: εγω (*txt*)
*	1:28	Remove Or[mss] from support of Βηθαβαρα[2]

---

[1] NA[26] is quite simply in error when it cites Origen in support of και. It appears to have derived the reading from the two Psalms catenae given in Appendix One (p. 377, above). On the unreliability of such data, see our discussion on pp. 18-20.

[2] Origen in fact never explicitly claims to have found this reading in any MS. See our discussion in the apparatus for 1:28.

1:28	Or: omit ο (*v.l.*)
1:30	Or: υπερ (*txt*)
1:31	Or: εν (i.e., omit τω) (*txt*)
1:38	Or: λεγεται μεθερμηνευομενον (*txt*)
* 1:39	Or: οψεσθε; remove Or^{pt} from support of ιδετε (*txt*)[3]
* 1:45	Or^{pt} Ιησουν (i.e., omit τον) (*txt*); Or^{pt} add τον (*v.l.*)
1:51	Or: υμιν (i.e., omit απ αρτον) (*txt*)
2:12	Or: και οι μαθηται (i.e., omit αυτου *ante* και and αυτου *post* μαθηται) (*v.l.*)
2:15	Or: τα κερματα (*v.l.*)
2:15	Or: ανετρεψεν (*txt*)
2:16	Or: εντευθεν (i.e., omit και) (*txt*)
2:18	Or: omit ημιν (*v.l.*)
2:22	Or: ον (*txt*)
* 2:24	Or: Ιησους (i.e., omit ο) (*txt*)
* 2:24	Or (*not* Or^{pt}): εαυτον (*v.l.*)[4]
3:5	Remove Or^{pt} from support of the omission of υδατος και
3:23	Or: omit ο (*v.l.*)
3:24	Or: ο (*txt*)

---

[3] ιδετε occurs only in an unreliable catena; οψεσθε is attested by a direct quotation that is embedded within an allusion to the verse.

[4] Only one of six references attests the personal pronoun, and that one occurs in an unreliable lemma.

3:32   Or: ο (i.e. omit και) (*txt*)

3:32   Or: τουτο (*txt*)

3:34   Remove Or from support of ο θεος το πνευμα5

4:5   Or: ο (*txt*)

4:5   Or: τω (*txt*)

4:11   Or: η γυνη (*txt*)

4:12   Or: δεδωκεν (*v.l.*)

4:14   Or: πηγη εν αυτω (*v.l.*)

4:15   Or: διερχωμαι (*txt*)

4:16   Or: αυτη (i.e., omit [ο] Iησους) (*txt*)

4:17   Or: omit αυτω (*v.l.*)

4:21   Or: πιστευε (*txt*)

4:24   Or: αυτον (*txt*)

4:25   OrPt: οιδα (*txt*)

4:25   Or: απαντα (*txt*)

*   4:29   OrPt: οσα (*txt*); OrPt: α (*v.l.*)

4:34   Or: ποιησω (*txt*)

4:35   OrPt: omit ετι (*v.l.*)

4:36   Or: ο (i.e., omit και1) (*txt*)

4:36   Or: ινα (i.e., omit και3) (*txt*)

4:37   Or: εστιν (i.e., omit ο) (*txt*)

---

5 The only evidence for this shorter reading derives from the unreliable materials assembled in Appendix One (catenae and Latin references).

4:39	Or: α (*txt*)
4:42	Or: δε (*v.l.*)
4:45	Or: οσα (*txt*)
4:46	Or: παλιν (i.e., omit ο Ιησους) (*txt*)
4:47	Or: ηρωτα (i.e., omit αυτον) (*txt*)
* 4:51	Or: παις σου
5:1	Or: ο Ιησους (*v.l.*)
5:5	Or: omit και (*v.l.*)
5:19	Or: εαν (*txt*)
5:26	Or: και τω υιω ζωην εδωκεν (*v.l.*)
5:44	Or^{pt}: omit θεου (*v.l.*)
5:47	Or^{pt}: πιστευσετε (*txt*); Or^{pt}: πιστευσητε (*v.l.*)
6:11	Or: διεδωκεν (i.e., omit τοις μαθηταις οι δε μαθηται) (*txt*)
* 6:21	Remove Or from support of την γην[6]
6:35	Or: με (*v.l.*)
* 6:38	Remove Or from support of απο[7]
* 6:45	Remove Or from support of πας (i.e., from support of the omission of ουν)[8]

---

[6] The reading is attested only in the unreliable catenae presented in Appendix One.

[7] The reading is in fact found only in allusions to the Bread of Life discourse, never in a demonstrable quotation of 6:38. See the references presented in Appendix Two.

[8] The three citations that appear to support the shorter reading in fact all begin with πας; none of them is a continuous citation of vv. 44 and 45. As we have argued repeatedly, it is impossible to determine where Origen has eliminated introductory conjunctions when he cites a verse in the course of his discussion.

6:45   Or: με (*v.l.*)

6:46   (Or): του πατρος (*v.l.*)

6:51   Or: ζησει (*txt*)

6:51   Or^pt: εστιν (*txt*); Or^pt: add ην εγω δωσω (*v.l.*)

6:52   Or: omit αυτου (*v.l.*)

6:57   Or: ζησει (*txt*)

6:58   Or: εκ του (*v.l.*)

6:58   Or: πατερες (i.e., omit υμων and υμων το μαννα])
        (*txt*)

* 7:30   Or^pt: επεβαλλεν (*v.l.*)⁹

7:39   Or: πνευμα (i.e., omit αγιον, αγιον δεδομενον,
        etc.) (*txt*)

7:41   Or: οι δε (*txt*)

7:42   Or: ουχ (*txt*)

7:42   Or: ερχεται ο χριστος (*txt*)

7:52   Or: εκ της Γαλιλαιας προφητης (*txt*)

8:14   Or^pt: η μαρτυρια μου αληθης εστιν (*v.l.*)

8:16   Or^pt: αληθης (*v.l.*); Or^pt: αληθινη (*txt*)

8:16   Or: πατηρ (*txt*)

8:21   Or: αυτοις (i.e., omit ο Ιησους) (*txt*)

8:23   Or: και ελεγεν (*txt*)

8:23   Or: τουτο του κοσμου (*txt*)

8:38   Or: α εγω (*txt*)

---

⁹ Origen's support for the reading is split.

8:38   Or: πατρι (i.e., omit μου) (*txt*)

8:39   OrPt: ητε (*v.l.*); OrPt: εστε (*txt*)[10]

8:39   OrPt: ποιειτε (*v.l.*); OrPt: εποιειτε (*txt*)[11]

8:41   Or: omit ουν (*v.l.*)

8:51   Or: τον εμον λογον (*txt*)

* 8:51   Remove OrPt from support of θεωρησει[12]

8:52   Or: omit ουν (*v.l.*)

8:52   Or: τον εμον λογον (*v.l.*)

8:59   Or: omit δε (*v.l.*)

8:59   Or: ιερου (i.e., omit και διελθων ... παρηγεν
          ουτως) (*txt*)

9:30   Or: το (*txt*)

10:8   Or: ηλθον προ εμου (*txt*)

10:16   Or: γενησονται (*txt*)

10:18   Or: αιρει (*txt*)

10:27   Or: ακουουσιν (*txt*)

* 10:28   Remove Or from support of ζωην αιωνιον διδωμι
          αυτοις[13]

* 10:41   Remove Or from support of εποιησεν σημειον[14]

---

[10] See our discussion in the apparatus for 8:39.

[11] See our discussion in the apparatus for 8:39.

[12] See our discussion in the apparatus for 8:51. Origen reads θεωρηση
(*txt*).

[13] The only evidence available for this reading is a catena fragment.
See Appendix One.

[14] The only basis for this reading is an allusion which also reads ουδε
εν (a variant for which Origen is not cited by NA[26]). Consistency requires that
Origen be cited for both variants or for neither. We believe the allusion is too
brief to be reliable for such inconsequential textual variations.

*	11:25	Remove Or from support of the omission of και η ζωη¹⁵
	11:44	Or: εξηλθεν (*txt*)
	11:44	Or: Ιησους αυτοις (*v.l.*)
	11:44	Or: αυτον (*txt*)
	11:45	Or: οι ελθοντες προς την Μαριαμ (*txt*)
	11:45	Or: α (*txt*)
	11:46	Or: add ο (*ante* Ιησους) (*v.l.*)
	11:47	Or: πολλα ποιει σημεια (*txt*)
	11:48	Or: πιστευσωσιν (*v.l.*)
*	11:50	Or: ημιν (*v.l.*); move Or^{lat} from ημιν to υμιν (*txt*)
	11:54	Or: ο ουν Ιησους (*txt*)
*	11:54	Remove Or^{pt} from support of omission of εκειθεν
	11:54	Or: εμεινεν (*txt*)
	11:54	Or: των μαθητων (*txt*)
	11:57	Or: εντολας (*txt*)
	12:1	Or: Λαζαρος (i.e., omit ο τεθνηκως) (*txt*)
	12:12	Or: οχλος (*v.l.*)
	12:12	Or: ερχεται Ιησους (i.e., omit ο) (*v.l.*)
	12:13	Or: omit λεγοντες (*ante* ωσαννα) (*txt*)
	12:13	Or^{pt}: ο βασιλευς (*v.l.*); Or^{pt}: και ο βασιλευς (*txt*)
	12:15	Or: θυγατηρ (*txt*)

---

¹⁵ See our discussion in the apparatus for 11:25.

	12:16	Or: add δε (*v.l.*)
	12:16	Or: οι μαθηται αυτου (*v.l.*)
*	12:32	Remove Or^pt from support of οταν [16]
	13:1	Or: ηλθεν (*txt*)
	13:2	Or: γινομενου (*txt*)
	13:2	Or: ινα παραδῳ αυτον (*ante* Ιουδας) (*v.l.*)
	13:2	Or: Ιουδας Σιμωνος Ισκαριωτης (*v.l.*)
	13:3	Or: ειδως (i.e., omit ο Ιησους) (*txt*)
	13:3	Or: εδωκεν (*txt*)
	13:6	Or: Πετρον (i.e., omit και) (*txt*)
	13:6	Or: αυτῳ (i.e., omit εκεινος) (*txt*)
	13:7	Or: αρτι (*txt*)
	13:8	Or: νιψῃς μου τους ποδας (*txt*)
	13:8	Or: Ιησους αυτῳ (*txt*)
	13:10	Or: ο Ιησους (*txt*)
	13:10	Or: εχει χρειαν (*txt*)
	13:10	Or: νιψασθαι (i.e., omit ει μη τους ποδας) (*v.l.*)
	13:11	Or: omit οτι (*v.l.*)
	13:12	Or: και ελαβεν (*txt*)
	13:12	Or: και ανεπεσεν (*txt*)
	13:15	Or: εδωκα (*txt*)
*	13:18	Or^pt: μετ εμου (*v.l.*); Or^pt (*not* Or): μου (*txt*)

---

[16] The only support for this reading consists of some catena fragments. See Appendix One.

13:19   Or: πιστευητε οταν γενηται (*v.l.*)

13:22   Or: εβλεπον (i.e., omit ουν) (*txt*)

13:23   Or: ην (i.e., omit δε) (*txt*)

13:24   Or: και λεγει αυτω· ειπε τις εστιν (*v.l.*)

13:25   Or: αναπεσων (*v.l.*)

13:25   Or: omit ουτως (*v.l.*)

13:26   Or: ουν ο Ιησους (*v.l.*)

13:26   Or: βαψω το ψωμιον και δωσω αυτω (*txt*)

* 13:26   Or: βαψας ουν το ψωμιον λαμβανει και (*txt*)¹⁷

13:26   Or: Ισκαριωτου (*txt*)¹⁸

13:27   Or: ο Ιησους (*txt*)

13:28   Or: δε (*txt*)

13:29   Or: ειχεν (i.e., omit ο) (*txt*)

13:29   Or: Ιησους (i.e., omit ο *ante* Ιησους) (*v.l.*)

13:30   Or: εξηλθεν ευθυς (*txt*)

13:31   Or: add ο (*ante* Ιησους) (*v.l.*)

13:32   Or: αυτω (*txt*)

13:36   Or: ακολουθησεις δε υστερον (*txt*)

13:38   Or: φωνησει (*v.l.*)

14:9   Or: τοσουτω χρονω (*txt*)

---

¹⁷ Also, remove (Or) from support of και εμβαψας το ψωμιον. See our discussion in the apparatus for 13:26.
¹⁸ See our discussion in the apparatus for 13:26.

*	14:15	Remove Or from support of τηρησατε [19]
	14:23	Or: ποιησομεθα (*txt*)
	14:26	Or: omit εγω (*v.l.*)
	14:28	Or: οτι πορευομαι (i.e., omit ειπον) (*txt*)
	14:28	Or: πατηρ (i.e., omit μου) (*txt*)
	14:30	Or[pt]: ευρησει ουδεν (*v.l.*)[20]
	15:15	Or: υμας λεγω (*v.l.*)
	16:12	Or: υμιν λεγειν (*txt*)
	16:16	Or: ουκετι (*txt*)
	16:18	Or: ο λεγει (*txt*)
	16:18	Or: omit το (*v.l.*)
	16:19	Or: ο (*txt*)[21]
	16:20	Or: add δε (*v.l.*)
*	16:23	Or [*not* (Or[pt])]: αν τι (*txt*)
	16:23	Or: δωσει υμιν εν τω ονοματι μου (*v.l.*)
	17:1	Or: add ο (*v.l.*)
*	17:1	Or[pt]: και ο υιος σου (*v.l.*); Or[pt] (*not* Or): ο υιος (*txt*)

---

[19] The only apparent support for this reading is a catena reference. See Appendix One.

[20] Origen's evidence splits three ways here; the other two readings, ευρισκει ουδεν and ουκ εχει ουδεν (*txt*), are not listed in the NA[26] apparatus.

[21] This is an accurate presentation of the evidence, but somewhat misleading. NA[26] combines two variant readings (εγνω] add ουν, and ο] omit) into one variation unit in the apparatus, but evidence is available from Origen for only one of them. We know that Origen read the article, but it cannot be determined whether his text omitted or read the conjunction.

17:5   Orᵖᵗ: παρα σοι προ του τον κοσμον ειναι (*v.l.*)

18:3   Or: omit εκ των (*v.l.*)

18:4   Or: εξηλθεν και λεγει (*txt*)

18:5   Or: αυτοις (i.e., omit ο Ιησους) (*txt*)

18:6   Or: αυτοις (i.e., omit οτι) (*txt*)

18:13   Or: απηγαγον (*v.l.*)

18:14   Or: αποθανειν (*txt*)

* 19:7   Or: νομον (i.e., omit ημων) (*txt*)²²

19:26   Or: ιδε (*txt*)

19:33   Or: ηδη αυτον (*txt*)

19:34   Or: εξηλθεν ευθυς (*txt*)

19:35   Or: και (*txt*)

* 20:17   Orᵖᵗ (*not* Or): πατερα μου (*v.l.*); Orᵖᵗ: πατερα (*txt*)

20:17   Orᵖᵗ: omit δε (*v.l.*)²³

20:17   Orᵖᵗ: omit μου (*v.l.*)

20:23   Or: αφιενται (*v.l.*)

20:25   Or: τον τυπον των ηλων (*txt*)

21:18   Or: αλλος σε ζωσει (*txt*)

21:18   Or: οισει οπου (*txt*)

21:21   Or: ουν (*txt*)

21:22   Or: μοι ακολουθει (*txt*)

21:23   Or: ουκ ειπεν δε (*txt*)

---

²² I.e., in the apparatus change Orˡᵃᵗ to Or.
²³ But see our discussion in the apparatus for 20:17.

21:23   Or: τι προς σε *(txt)*

21:25   Or^{pt}: χωρησειν *(v.l.)*; Or^{pt}: χωρησαι *(txt)*

APPENDIX FOUR

Origen in the Apparatus of the UBS³

The following list indicates places in the apparatus of the UBS³ edition in which Origen's witness should be cited or changed, based on the data collected in this study. We have noted only those readings for which the edition already provides an apparatus. After citing Origen's reading, we indicate whether it is that of the UBS³ *text* (as cited in the apparatus where variation exists) or that of a variant reading (*v.l.*). Readings for which Origen's witness has been cited incorrectly in the UBS³ apparatus are marked with an asterisk.

* 1:13   Origen: οι ουκ ... εγεννηθησαν (UBS³ text)[1]

* 1:15   Remove Origen's support from λεγων, ουτος ην ον ειπον, ο οπισω μου ερχομενος

* 1:18   Origen: ο μονογενης θεος (*v.l.*)[2]

* 1:26   Origen^pt: εστηκεν (UBS³ text); Origen^pt: στηκει (*v.l.*)[3]

* 1:28   Remove Origen's support for εν Βηθαβαρα εγενετο and εν Βηθαραβα εγενετο

* 2:15   Origen: φραγελλιον (UBS³ text)[4]

---

[1] I.e., the apparatus should be changed from Origen^lat to Origen. Moreover, Origen^lat should be removed from the list of witnesses supporting the variant reading ος ουκ ... εγεννηθη: only one loose Latin allusion supports the reading, while the two certain Latin citations do not. At most, then, the attestation should read Origen^lat 1/3.

[2] Moreover, Origen's support should probably be removed from μονογενης υιος θεου and ο μονογενης.

[3] I.e., Origen should not be cited in support of εστηκει. If percentages are to be shown, they should be given as Origen^9/15 for εστηκεν and Origen^6/15 for στηκει.

[4] If Origen is kept as a split witness, the fractions should be changed to Origen^1/11 for ως φραγελλιον and Origen^10/11 for φραγελλιον.

* 3:31-32   Origen: ερχομενος επανω παντων εστιν· ο
          εωρακεν και ηκουσεν τουτο μαρτυρει (UBS³
          text)⁵

4:11   Origen: αυτω η γυνη (UBS³ text)

* 4:51   Remove Origen from support of παις αυτου

* 5:1   Remove Origen from support of η εορτη

6:15   Origen: ανεχωρησεν (UBS³ text)

6:47   Remove Origen from support of πιστευω.

* 6:55   Origen: αληθης...αληθης (UBS³ text)⁶

* 6:58   Remove Origen from support of οι πατερες υμων

* 7:39   Origen: πνευμα (UBS³ text)⁷

* 9:4   Remove Origen from support of ημας δει

* 9:35   Remove Origen from support of θεου⁸

* 10:11   Change Origenᵍʳ,ˡᵃᵗ to Origenˡᵃᵗ

10:16   Origen: γενησονται (UBS³ text)

* 10:29   Remove Origen from support for πατρος

* 11:25   Origen: και η ζωη (UBS³ text)⁹

---

⁵ I.e., Origen's support should be withdrawn from the variant readings:
ερχομενος επανω παντων εστιν· και ο εωρακεν και ηκουσεν τουτο μαρτυρει
and ερχομενος ο εωρακεν και ηκουσεν τουτο μαρτυρει.

⁶ I.e., change his support from Origenᵍᵏ,ˡᵃᵗ³/⁵. His support for the
variant reading αληθως...αληθως should be changed to read Origenᵍʳ¹/³, ˡᵃᵗ.

⁷ I.e., the apparatus should be changed from Origenᵍʳ, ˡᵃᵗ ¹/³. His
support for the variant reading πνευμα αγιον should probably be changed to
"Origenˡᵃᵗ."

⁸ The only evidence for Origen's text at this point appears to be two
catena fragments (listed in Appendix One), both of which read ανθρωπου.

⁹ And remove Origen from support of the omission of και η ζωη.

* 11:50   Origen: ημιν (*v.l.*); Origen^lat: υμιν (UBS³ text)

  12:1   Origen: Λαζαρος (UBS³ text)

* 12:28   Remove Origen^lat from support of τον υιον

* 12:32   Origen: παντας ελκυσω (UBS³ text)¹⁰

* 12:41   Remove Origen^lat from support of οτι

* 13:2   Origen: γινομενου (UBS³ text)¹¹

* 13:2   Origen: Ιουδας Σιμωνος Ισκαριωτης (*v.l.*)¹²

* 13:10   Remove Origen from support of ουκ εχει χρειαν ει μη τους ποδας νιψασθαι

* 13:24   Remove (Origen *omit* αυτω) from support of και λεγει αυτω, Τις εστιν περι ου λεγει

* 13:26   Origen: βαψας ουν το ψωμιον λαμβανει και διδωσιν (UBS³ text)¹³

* 13:26   Origen: Ισκαριωτου (UBS³ text); Origen^pt: Ισκαριωτη (*v.l.*)¹⁴

* 14:15   Change the support for τηρησατε from Origen^gr,lat to Origen^lat ¹⁵

* 16:22   Remove Origen^gr,lat from support of αρει

---

¹⁰ Origen's support for παντας ελκυσω could be shown as Origen^gr,lat 1/2 and the support for παντα ελκυσω changed to Origen^lat 1/2.

¹¹ I.e., change support of γινομενου from Origen^4/5 to Origen, and remove Origen^1/5 from support of γενομενου.

¹² I.e., remove Origen from support of Ιουδας Σιμωνος Ισκαριωτου (UBS³ text), remove (Origen^lat) from support of Σιμωνος Ισκαριωτου, and change the (Origen^gr,lat) after Ιουδα Σιμωνος Ισκαριωτου to (Origen^3/14). The four Latin citations read *Iudae Scariotis*.

¹³ In addition, remove Origen from support of και εμβαψας το ψωμιον διδωσιν.

¹⁴ See the discussion in the apparatus for 13:26 above.

¹⁵ The only Greek support is a catena fragment, given in our list of unusable materials (Appendix One).

* 17:21   Remove Origen from support of ωσιν [16]

  21:18   Origen: αλλος σε ζωσει και οισει (UBS³ text)

---

[16] Moreover, the support for εν ωσιν should be changed from Origen^gr,lat to Origen.

APPENDIX FIVE
Heracleon in the Apparatus of the NA[26]

The following list indicates places in the apparatus of the NA[26] edition in which Heracleon's witness can now be adduced, based on the data collected in this study.[1] We have noted only those readings for which the edition already provides an apparatus. After citing Heracleon's reading, we indicate whether it is that of the NA[26] text (*txt*, i.e. as cited in the apparatus where variation exists) or that of a variant reading (*v.l.*).[2]

1:3   Herac: ουδεν (*v.l.*)

1:18   Herac: μονογενης θεος (*txt*)

1:26   Herac: στηκει (*v.l.*)

1:27   Herac: omit εγω (*v.l.*)

1:27   Herac: ικανος (*v.l.*)[3]

2:15   Herac: ποιησας (i.e., omit ως) (*txt*)

4:15   Herac: διερχωμαι (*txt*)

4:16   Herac[pt]: τον ανδρα σου (*txt*); Herac[pt]: σου τον ανδρα (*v.l.*)

4:17   Herac: εχεις (*v.l.*)

4:21   Herac: πιστευε (*txt*)

---

[1] For a fuller presentation and analysis, see Ehrman, "Heracleon and the 'Western' Textual Tradition" and idem, "Origen, Heracleon, and the Text of the Fourth Gospel," both cited in note 30 on p. 13 above. A discussion of these variations will also be provided in our second volume.

[2] We have not included the reading εστιν in 1:4, as this is suggested to be Heracleon's text by Origen's discussion, but not explicitly designated as such. See the discussion in Ehrman, "Heracleon, Origen, and the Text of the Fourth Gospel."

[3] See our discussion in the apparatus for 1:27.

4:24   Herac: omit αυτον (*v.l.*)

4:34   Herac: ποιησω (*txt*)

4:36   Herac: ινα (i.e., omit και) (*txt*)

4:37   Herac: εστιν (i.e., omit ο) (*txt*)

4:42   Herac: σην μαρτυριαν (*v.l.*)[4]

4:51   Herac: παις σου (*v.l.*)

---

[4] See our discussion in the apparatus for 4:42.

APPENDIX SIX
Heracleon in the Apparatus of the UBS[3]

The following list indicates places in the apparatus of the UBS[3] edition in which Heracleon's witness should be cited or changed, based on the data collected in this study.[1] We have noted only those readings for which the edition already provides an apparatus. After citing Heracleon's reading, we indicate whether it is that of the UBS[3] text (i.e. as cited in the apparatus where variation exists) or that of a variant reading (*v.l.*). Readings for which Origen's witness has been cited incorrectly in the UBS[3] apparatus are marked with an asterisk.[2]

* 1:4   Herac: ουδεν (*v.l.*)[3]
* 1:26   Herac: στηκει (*v.l.*)[4]
  2:15   Herac: φραγελλιον (UBS[3] text)
  4:51   Herac: παις σου (*v.l.*)

---

[1] For a fuller presentation and analysis, see the works cited in note 1 in Appendix Five.

[2] Again, we have not included the reading εστιν in 1:4. See note 2 in Appendix Five.

[3] I.e., Heracleon's witness can be retained for the reading of the *text*, but it should be cited in parentheses as "(Heracleon, ούδέν for ούδε ἕν)" (as is already done, e.g., for MS D).

[4] Moreover, remove "Heracleon[acc. to Origen]" from the support of ἕστηκεν.

BIBLIOGRAPHY

Abbreviations:

GCS	*Die griechischen christlichen Schriftsteller*
JBL	*Journal of Biblical Literature*
JTS	*Journal of Theological Studies*
NTS	*New Testament Studies*
OW	*Origenes Werke*
SC	*Sources chrétiennes*
SD	*Studies and Documents*

Bibliography of Editions Used

I. Biblical Texts and Editions

NB: For the papyri (P^{45}, P^{66}, and P^{75}) we relied on our own collations; for MSS 33, 579, 700, and 892 we relied on our own and other unpublished collations of microfilms provided by the Ancient Biblical Manuscript Center, Claremont.

Aland, Kurt; Black, Matthew; Martini, Carlo M.; Metzger, Bruce M.; and Wikgren, Allen. *The Greek New Testament*, 3rd ed. (corrected). New York: United Bible Societies, 1983. [UBS³]

Belsheim, Johannes. *Das Evangelium des Marcus nach dem griechischen Codex aureus ... purpureus Petropolitanus aus dem 9ten Jahrhundert*. Christiania, 1885. [565; includes collation of John]

Beerman, Gustav, and Gregory, Caspar René, eds. *Die Koridethi Evangelien*. Leipzig: J. C. Hinrichs, 1913. [Θ]

British Museum. *The Codex Alexandrinus in Reduced Photographic Facsimile*. Vol. 4: *New Testament and Clementine Epistles*. Introduction by F. G. Kenyon. London: British Museum, 1909. [A]

Geerlings, Jacob. *Family π in John*. SD 23. Salt Lake City: University of Utah Press, 1963. [π]

Geerlings, Jacob. *Family 13 (The Ferrar Group). The Text According to John*. SD 21. Salt Lake City: University of Utah Press, 1962. [f¹³]

Goodspeed, Edgar J. "The Freer Gospels." *American Journal of Theology* 17 (1913) 599-608. [W]

Hansell, Edward H., ed. *Novum Testamentum graece: Antiquissimorum codicum textus in ordine parallelo dispositi accedit collatio Codicis Sinaitici.* 3 vols. Oxford: Clarendon Press, 1864. [ℵ, A, B, C, D]

Harris, J. Rendel. "An Important MS of the New Testament." *JBL* 9 (1890) 31-59. [892]

Hoskier, Herman C. *A Full Account and Collation of the Greek Cursive Codex Evangelium 604.* London: David Nutt, 1890. [700]

τα ιερα βιβλια. *Codex Vaticanus graecus 1209. Phototypice expressus.* Η ΚΑΙΝΗ ΔΙΑΘΗΚΗ. Introduction by Carlo M. Martini. Vatican City, 1965 [1968]. [B]

Jülicher, Adolf. *Itala: Das Neue Testament in altlateinischer Überleiferung.* Vol. IV: *Johannes-Evangelium.* Assisted by W. Matzkow and K. Aland. Berlin: Walter de Gruyter, 1963. [a, b, e]

Η ΚΑΙΝΗ ΔΙΑΘΗΚΗ. Fascicle IV: Κατα Ιωαννην. Oxford, 1873; reprint Chicago: University of Chicago Press, n.d. [TR]

Kenyon, Frederic G., ed. *The Chester Beatty Biblical Papyri.* Fasc. II/1: *The Gospels and Acts. Text.* London: Emery Walker, 1933. [P⁴⁵]

Kenyon, Frederic G., ed. *The Chester Beatty Biblical Papyri.* Fasc. II/2: *The Gospels and Acts. Plates.* London: Emery Walker, 1934. [P⁴⁵]

Lake, Helen, and Lake, Kirsopp, eds. *Codex Sinaiticus Petropolitanus: The New Testament.* Oxford: Clarendon Press, 1911; reprint Detroit: Brown and Thomas, 1982. [ℵ]

Lake, Kirsopp. *Codex 1 of the Gospels and Its Allies.* Texts and Studies VII 3. Cambridge: University Press, 1902. [f¹]

Lake, Kirsopp. *Texts from Mount Athos.* Studia Biblica et Ecclesiastica 5, 2. Oxford, 1902. [Ψ]

Lake, Kirsopp, and New, Silva, eds. *Six Collations of New Testament Manuscripts.* Harvard Theological Studies XVII. Cambridge, Mass.: Harvard University Press, 1932; reprint New York: Kraus, 1969. [Ω, 1241]

Lyon, R. W. "A Re-Examination of Codex Ephraemi Rescriptus." *NTS* 5 (1958-59) 260-272. [corrections to Tischendorf's ed. of C]

Martin, Victor, ed. *Papyrus Bodmer II: Évangile de Jean 1-14.* Cologny-Geneva: Bibliotheca Bodmeriana, 1956. [P66]

Martin, Victor, and Barns, J. W. B., eds. *Papyrus Bodmer II, Supplément: Évangile de Jean chap. 14-21.* Nouvelle édition augmentée et corrigée. Cologny-Geneva: Bibliotheca Bodmeriana, 1962. [P66]

Martin, Victor, and Kasser, R., eds. *Papyrus Bodmer XIV-XV.* Cologny-Geneva: Bibliotheca Bodmeriana, 1961. [P75]

Moir, Ian A. *Codex Climaci Rescriptus Graecus.* Appendix 2, pp. 113-114. Cambridge: University Press, 1956. [corrections to Belsheim's collation of 565]

Nestle-Aland Novum Testamentum Graece. 26th ed. Text edited by Kurt Aland, Matthew Black, Carlo M. Martini, Bruce M. Metzger, and Allen Wikgren. Apparatus edited by Kurt Aland and Barbara Aland with the Institute for New Testament Textual Research, Münster/Westphalia. Stuttgart: Deutsche Bibelgesellschaft, 1979. [NA26]

Rettig, H. C. M., ed. *Antiquissimus quatuor evangeliorum canonicorum Codex Sangallensis Graeco-Latinus interlinearis.* Zurich: Frederich Shulthess, 1836. [Δ]

Sanders, Henry A. *The New Testament Manuscripts in the Freer Collection.* University of Michigan Studies, Humanistic Series, vol. 9. London and New York, 1916. [W]

Sanders, Henry A, ed. *Facsimile of the Washington Manuscript of the Four Gospels in the Freer Collection.* Ann Arbor: University of Michigan, 1912. [W]

Schmidtke, Alfred, ed. *Die Evangelien: Eines alten Unzialcodex nach einer Abschrift des dreizehnten Jahrhunderts.* Leipzig: J. C. Hinrichs, 1903. [579]

Scrivener, F. H. A. *A Full Collation of the Codex Sinaiticus.* 2nd ed. Cambridge, 1867. [ℵ]

Scrivener, F. H. A. *Bezae Codex Cantabrigiensis, Being an Exact Copy in Ordinary Type ... edited with a critical introduction, annotations, and facsimiles.* Cambridge: University Press, 1864; reprint Pittsburgh, PA: Pickwick Press, 1978. [D]

Tischendorf, Constantinus, ed. *Bibliorum Codex Sinaiticus Petropolitanus.* IV: *Novum Testamentum cum Barnaba et Pastore.* Petersburg, 1862; reprint Hildesheim: Georg Olms, 1969. [ℵ]

Tischendorf, Constantinus, ed. *Codex Ephraemi Syri Rescriptus sive Fragmenta Novi Testamenti.* Leipzig: B. Tauchnitz, 1843. [C]

Tischendorf, Constantinus, ed. *Monumenta Sacra Inedita.* Leipzig, 1846. [L]

Tregelles, Samuel Prideaux, ed. *The Greek New Testament. Edited from Ancient Authorities, with Their Various Readings in Full, and the Latin Version of Jerome.* London: Samuel Bagster and Sons, 1857-1879. [E, 33]

II. Editions of Origen's Works

Baehrens, W. A., ed. *Homilien zum Hexateuch in Rufins Übersetzung. Erster Teil. Die Homilien zu Genesis, Exodus und Leviticus.* GCS 29 (OW 6). Leipzig: J. C. Hinrichs, 1920. [Ex.Hom, Gen.Hom, Lev.Cat, Lev.Hom]

_____, ed. *Homilien zum Hexateuch in Rufins Übersetzung. Zweiter Teil. Die Homilien zu Numeri, Josua und Judices.* GCS 30 (OW 7). Leipzig: J. C. Hinrichs, 1921. [Ios.Cat, Ios.Hom, Iud.Hom, Num.Hom]

_____, ed. *Homilien zu Samuel I, zum Hohelied und zu den Propheten. Kommentar zum Hohelied in Rufins und Hieronymus' Übersetzungen.* GCS 33 (OW 8). Leipzig: J. C. Hinrichs, 1925. [Ct.Cat, Ct.Com, Es.Hom, Ez.Hom, Reg.Hom A]

Blanc, Cécile, ed. and trans. *Origène: Commentaire sur Saint Jean.* Tome I (Livres I-V). SC 120. Paris: Cerf, 1966. [Io.Com]

_____, ed. and trans. *Origène: Commentaire sur Saint Jean.* Tome II (Livres VI et X). SC 157. Paris: Cerf, 1970. [Io.Com]

_____, ed. and trans. *Origène: Commentaire sur Saint Jean.* Tome III (Livre XIII). SC 222. Paris: Cerf, 1975. [Io.Com]

_____, ed. and trans. *Origène: Commentaire sur Saint Jean.* Tome IV (Livres XIX et XX). SC 290. Paris: Cerf, 1982. [Io.Com]

Borret, Marcel, S.J., ed. and trans. *Origène: Contre Celse.* Tome I (Livres I et II). SC 132. Paris: Cerf, 1967. [Cels]

_____, ed. and trans. ed. and trans. *Origène: Contre Celse.* Tome II (Livres III et IV). SC 136. Paris: Cerf, 1968. [Cels]

_____, ed. and trans. *Origène: Contre Celse.* Tome III (Livres V et VI). SC 147. Paris: Cerf, 1969. [Cels]

_____, ed. and trans. *Origène: Contre Celse.* Tome IV (Livres VII et VIII). SC 150. Paris: Cerf, 1969. [Cels]

_____, ed. and trans. *Origène: Contre Celse.* Tome V: *Introduction Générale. Tables et Index.* SC 227. Paris: Cerf, 1976. [Cels]

_____, ed. and trans. *Origène: Homélies sur l'Exode.* SC 321. Paris: Cerf, 1985. [Ex.Hom]

_____, ed. and trans. *Origène: Homélies sur Ézéchiel.* SC 352. Paris: Cerf, 1989. [Ez.Hom]

_____, ed. and trans. *Origène: Homélies sur le Lévitique.* Tome I (Homélies I-VII). SC 286. Paris: Cerf, 1981. [Lev.Hom]

_____, ed. and trans. *Origène: Homélies sur le Lévitique.* Tome II (Homélies VIII-XVI). SC 287. Paris: Cerf, 1981. [Lev.Hom]

Brésard, Luc, O.C.S.O., Crouzel, Henri, S.J., and Borret, Marcel, S.J., eds. and trans. *Origène: Commentaire sur le Cantique des Cantiques.* Tome I. SC 375. Paris: Cerf, 1991. [Ct.Com]

Cadiou, René. *Commentaires inédits des Psaumes. Étude sur les textes d'Origène contenus dans le manuscrit* Vindobonensis 8. Collection d'Études Anciennes. Paris: Société d'Édition "Les Belles Lettres", 1936. [Ps.Cat E]

Crouzel, Henri, S.J., ed. and trans. *Grégoire le Thaumaturge, Remerciement à Origène, suivi de la Lettre d'Origène à Grégoire.* SC 148. Paris: Cerf, 1969. [Ep.Greg]

Crouzel, Henri, S.J., and Simonetti, Manlio, eds. and trans. *Origène: Traité des Principes.* Tome I (Livres I et II): *Introduction, Texte Critique ... Traduction.* SC 252. Paris: Cerf, 1978. [Princ]

_____, eds. and trans. *Origène: Traité des Principes.* Tome II (Livres I et II): *Commentaire et Fragments.* SC 253. Paris: Cerf, 1978. [Princ]

_____, eds. and trans. *Origène: Traité des Principes.* Tome III (Livres III et IV): *Introduction, Texte Critique ... Traduction.* SC 268. Paris: Cerf, 1980. [Princ]

_____, eds. and trans. *Origène: Traité des Principes.* Tome IV (Livres III et IV): *Commentaire et Fragments.* SC 269. Paris: Cerf, 1980. [Princ]

_____, eds. and trans. *Origène: Traité des Principes.* Tome V: *Compléments et Index.* SC 312. Paris: Cerf, 1984. [Princ]

Crouzel, Henri, S.J., Fournier, François, S.J., and Périchon, Pierre, S.J., eds. and trans. *Origène: Homélies sur S. Luc. Texte Latin et Fragments Grecs.* SC 87. Paris: Cerf, 1962. [Luc.Hom]

Dioubouniotis, C., and Harnack, A., eds. *Der Scholien-Kommentar des Origenes zur Apokalypse Johannis.* Texte und Untersuchungen 38, 3. Leipzig: J. C. Hinrichs, 1911. [? Fr]

Doutreleau, Louis, and de Lubac, Henri, S.J., eds. and trans. *Origène: Homélies sur la Genèse.* Nouvelle édition. SC 7. Paris: Cerf, 1976. [Gen.Hom]

Girod, Robert, ed. and trans. *Origène: Commentaire sur l'Évangile selon Matthieu.* Tome I: Livres X et XI. SC 162. Paris: Cerf, 1970. [Mat.Com]

Gregg, J. A. F. "The Commentary of Origen upon the Epistle to the Ephesians." *JTS* 3 (1901-1902) 233-244, 398-420, 554-576. [Eph.Cat]

Guéraud, Octave, and Nautin, Pierre, eds. *Origène: Sur la Pâque. Traité inédit publié d'après un papyrus de Toura.* Christianisme Antique 2. Paris: Beauchesne, 1979. [Pasc]

Harl, Marguerite, ed. and trans. *La Chaîne Palestinienne sur le Psaume 118 (Origène, Eusèbe, Didyme, Apollinaire, Athanase, Théodoret).* Tome I: *Introduction, Texte Critique et Traduction.* SC 189. Paris: Cerf, 1972. [Ps.Cat D]

_____, ed. and trans. *La Chaîne Palestinienne sur le Psaume 118 (Origène, Eusèbe, Didyme, Apollinaire, Athanase, Théodoret).* Tome II: *Catalogue des Fragments, Notes et Index.* SC 190. Paris: Cerf, 1972. [Ps.Cat D]

_____, ed. and trans. *Origène: Philocalie 1 - 20 sur les Écritures.* SC 302. Paris: Cerf, 1983. [Ep.Greg, Fr C, Gen.Com A, Os.Com, Ps.Com2 A, Rom.Com C]

Husson, Pierre, and Nautin, Pierre, eds. and trans. *Origène: Homélies sur Jérémie.* Tome I: *Homélies I-XI.* SC 232. Paris: Cerf, 1976. [Ier.Hom]

_____, eds. and trans. *Origène: Homélies sur Jérémie.* Tome II: *Homélies XII-XX et Homélies Latines.* SC 238. Paris: Cerf, 1977. [Ier.Hom, Ier.Hom A]

Jenkins, C. "Origen on I Corinthians." *JTS* 9 (1907-1908) 231-247, 353-372, 500-514. [Cor.Cat]

Jenkins, C. "Origen on 1 Corinthians. IV." *JTS* 10 (1908-1909) 29-51. [Cor.Cat A]

Junod, Éric, ed. and trans. *Origène: Philocalie 21-27. Sur le Libre Arbitre.* SC 226. Paris: Cerf, 1976. [Ex.Sco]

Klostermann, Erich, ed. *Jeremiahomilien, Klageliederkommentar, Erklärung der Samuel- und Königsbücher.* GCS 6 (OW 3). Leipzig: J. C. Hinrichs, 1901. [Ier.Cat, Lam.Cat, Reg.Hom]

Klostermann, Erich, and Benz, Ernst, eds. *Origenes Matthäuserklärung. I. Die griechisch erhaltenen Tomoi.* GCS 40 (OW 10). Leipzig: J. C. Hinrichs, 1935. [Mat.Com]

_____, eds. *Origenes Matthäuserklärung. II. Die lateinische Übersetzung der Commentariorum Series.* 2., bearbeitete

Auflage. Edited by Ursula Treu. GCS 38 (OW 11). Berlin: Akademie - Verlag, 1976. [Mat.Com A]

_____, eds. *Origenes Matthäuserklärung. III. Fragmente und Indices. Erste Hälfte.* GCS 41:1 (OW 12:1). Leipzig: J. C. Hinrichs, 1941. [Mat.Cat, Mat.Com B]

Klostermann, Erich, and Früchtel, Ludwig, eds. *Origenes Matthäuserklärung. III. Fragmente und Indices. Zweite Hälfte.* GCS 41:2 (OW 12:2). Berlin: Akademie - Verlag, 1955. [Mat.Cat A]

Koetschau, Paul, ed. *Die Schrift vom Martyrium. Buch I-IV gegen Celsus.* GCS 2 (OW 1). Leipzig: J. C. Hinrichs, 1899. [Mart]

_____, ed. *Buch V-VIII gegen Celsus. Die Schrift vom Gebet.* GCS 3 (OW 2). Leipzig: J. C. Hinrichs, 1899. [Orat]

_____, ed. *De Principiis (ΠΕΡΙ ΑΡΧΩΝ).* GCS 22 (OW 5). Leipzig: J. C. Hinrichs, 1913. [Princ A]

Labourt, J., ed. and trans. *Saint Jérôme. Lettres.* Vol. 6. Paris: Les Belles Lettres, 1958. [Th.Com]

Leanza, Sandro. *L'esegesi di Origene al Libro dell' Ecclesiaste.* Reggio Calabria: Edizioni Parallelo, 1975. [Qo.Cat]

Migne, J. -P. *Patrologiae Cursus Completus Series Graeca Prior.* Vol. 12. Paris, 1862. [Dt.Cat, Ex.Cat A, Gen.Cat B, Num.Cat, Ps.Cat, Ps.Hom, Ps.Hom A, Ps.Hom B]

Migne, J. -P. *Patrologiae Cursus Completus Series Graeca Prior.* Vol. 13. Paris, 1862. [Ez.Cat A, ? Pr.Cat A]

Migne, J. -P. *Patrologiae Cursus Completus Series Graeca Prior.* Vol. 14. Paris, 1862. [Rom.Com A]

Migne, J. -P. *Patrologiae Cursus Completus Series Graeca Prior.* Vol. 17. Paris, 1857. [Col.Com A, Ct.Cat A, Gal.Com, Iob.Cat, ? Pr.Cat, Ps.Cat A]

Migne, J. -P. *Patrologiae Cursus Completus Series Graeca Prior.* Vol. 23. Paris, 1857. [Ps.Cat K]

Nautin, Pierre, and Nautin, Marie-Thérèse, eds. and trans. *Origène: Homélies sur Samuel.* SC 328. Paris: Cerf, 1986.

Petit, F. "Le Dossier Origénien de la chaîne de Moscou sur la Genèse." *Le Muséon* 92 (1979) 71-104. [Gen.Cat D]

_____, ed. *Catenae Graecae in Genesim et in Exodum*, I. Catena Sinaitica. Corpus Christianorum, series Graeca 2. Turnhout: Brepols, 1977. [Gen.Cat A]

Pitra, J. B., ed. *Analecta Sacra*. Vol. 2. Tusculanis, 1884. [Iob.Cat B, Ps.Cat B]

Pitra, J. B., ed. *Analecta Sacra*. Vol. 3. Venice, 1883. [Ps.Cat C]

Preuschen, Erwin, ed. *Der Johanneskommentar*. GCS 10 (OW 4). Leipzig: J. C. Hinrichs, 1903. [Io.Cat; Io.Com 28, 32]

Ramsbotham, A. "The Commentary of Origen on the Epistle to the Romans." *JTS* 13 (1911-12) 209-24, 357-368. [Rom.Cat A]

_____. "The Commentary of Origen on the Epistle to the Romans. III." *JTS* 14 (1912-13) 10-22. [Rom.Cat B]

Rauer, Max, ed. *Die Homilien zu Lukas in der Übersetzung des Hieronymus und die griechischen Reste der Homilien und des Lukas-Kommentars*. 2d ed. GCS 49 (OW 9). Berlin: Akademie - Verlag, 1959. [Luc.Cat]

Richard, Marcel. "Les Fragments d'Origène sur *Prov. XXX, 25-31*," in *Epektasis. Mélanges Patristiques offerts au Cardinal Jean Daniélou*. Edited by Jacques Fontaine and Charles Kannengiesser. Paris: Beauchesne, 1972, 385-394. [Pr.Cat]

Robinson, J. Armitage. *The Philocalia of Origen*. Cambridge: Cambridge University Press, 1893. [Ep.Greg, Fr C, Os.Com, Rom.Com C]

Rousseau, Olivier, O.S.B., ed. and trans. *Origène: Homélies sur le Cantique des Cantiques*. 2nd ed. SC 37. Paris: Cerf, 1966. [Ct.Hom]

Sanz, Peter. *Griechische Literarische Papyri Christlichen Inhaltes I*. Mitteilungen aus der Papyrussammlung der Nationalbibliothek in Wien. Baden bei Wien: Rudolf M. Rohrer Verlag, 1946. [? Fr A]

Scherer, Jean, ed. *Le Commentaire d'Origène sur Rom. III.5 - V.7.* Institut Français d'Archéologie Orientale. Bibliothéque d'Étude 27. Cairo: Institut Français d'Archéologie Orientale, 1957. [Rom.Com]

_____, ed. and trans. *Entretien d'Origène avec Héraclide.* SC 67. Paris: Cerf, 1960. [Heracl]

Sprey, Josef, ed. *Literarische Stücke und Verwandtes.* Papyri Iandanae, fasc. 5. Leipzig and Berlin: Teubner, 1931. [? Fr E]

Staab, Karl. "Neue Fragmente aus dem Kommentar des Origenes zum Römerbrief." *Biblische Zeitschrift* 18 (1929) 72-82. [Rom.Cat]

Turner, C. H. "Origen *Scholia in Apocalypsin*." *JTS* 25 (1923) 1-16. [? Fr]